JN436419

국역 통감절요증손교주

國譯 通鑑節要 增損校註

국립중앙도서관 출판예정도서목록(CIP)

국역 통감절요증손교주. 3
편저자 · 역자 : 시습학사.
서울 : 다운샘, 2016.
p. ; cm

원표제 : 通鑑節要增損校註
참고문헌 수록
중국어 원작을 한국어로 번역
ISBN 978-89-5817-364-9 94910 : ₩40000
ISBN 978-89-5817-310-6(세트) 94910

중국 고대사〔中國古代史〕

912.03-KDC6
951.01-DDC23 CIP2016029867

국역 통감절요증손교주

國譯 通鑑節要增損校註

3

제16권~제25권

사단법인 시습학사 편저

사단법인 시습학사 역

도서출판 다운샘

목 차

범례(凡例)

1. 본서는 ≪통감절요증손교주(通鑑節要增損校註)≫(시습학사 편저, 도서출판 다운샘 발행. 2016.)를 대본으로 국역(國譯) 주해(註解)한 것이다.
2. 원문을 번역문과 대조하기 위하여 두 가지를 함께 제시하였다. 습독의 편의를 위하여 원문을 앞에 큰 활자로 제시한 뒤, 역문을 작은 활자로 제시하였다.
3. 번역의 방식은 직역을 원칙으로 하고, 경우에 따라 의역도 섞었다.
4. 본문 중에 '온공왈(溫公曰)'은 ≪자치통감(資治通鑑)≫의 '신광왈(臣光曰)'을 바꾸어 쓴 것이므로, 그 이하 내용은 황제에게 올리는 존칭으로 번역하였다. 예컨대 무인(戊寅 : 前403, 威烈王 23年)의 "臣光曰, '臣聞天子之職莫大於禮.'", 신미(辛未 : 前170, 文帝 10年)의 '臣愚以爲法者天下之公器.'에서 사마광 자신을 '신(臣)'으로 표현하였기 때문에 그 서술 내용은 존칭이 되는 것이다.
5. 구결(口訣)은 구두처(口讀處)에 다는 것을 원칙으로 하고, 경우에 따라 가감하였다. 표기는 현대표기를 하여, 중세표기 예컨대 'ㅣ'는 '가'로, 'ᄒᆞ야'는 '하여' 등으로 하였다.
6. 난해구 및 보충설명이 필요한 곳에는 각주를 달아 이해를 돕게 하였다.
7. 지도(地圖) 등을 간간이 삽입하여 전개되는 상황의 이해를 돕게 하였다.
8. 체제상 기존의 ≪소미통감절요(少微通鑑節要)≫와 특히 다르게 한 점은 ≪통감절요증손교주≫를 대본으로 하여 국역한 것이다. 그리하여 문단이 긴 것은 분단하여 변별하게 하고, 각 문단에 소제목(小題目)을 제시하여 요약하였으며, 이 소제목 그리고 주요 사건과 문구(文句)를 각 면의 좌측에 제시하여 살펴보거나 구송(口誦)하기에 편리하도록 하였다. 각 문단에는 앞에 ○표를 표시하여 구분하였고, 문단이 길어 분단한 곳에는 표시하지 않아 위의 ○표에 속하게 하였다.
9. 부록으로 주요기사일람표를 연도순으로 요약 정리하여 각 책의 뒤에 제시함으로써 일별(一瞥)하기에 편리하도록 하였다.

10. 증손교주(增損校註)의 실례(實例)를 한 가지씩 들면 다음과 같다.

增補 : "葬始皇於驪山, 下⁋錮三泉.¶"(【辛卯(前210) 始皇帝 37年】)

<신주(新注)>에 이르기를, "下錮는 구리를 녹여 부어 막게 한다〔下錮, 灌熔銅使錮塞.〕"라고 하였으니 '下錮三泉'은 '구리 용액을 쏟아 부어 깊은 샘물을 막는다〔灌注銅液以塞深泉之水也〕'를 뜻한다. 그러나 대본에는 '葬始皇於驪山下'라고 쓰였으니, '下'는 '驪山之下'를 뜻하여 글의 뜻이 맞지 않는다. 이에 ≪통감≫ 등 책에서 증보하여 그 글을 완전하게 하지 않을 수 없는 것이다.

刪削 : "皇°˙子弗陵生."(【丁亥(前94) 太始 3年】)

대본에는 '皇太子弗陵生'이라고 쓰여서, '太' 한 글자가 더 있다. 이 때 황태자는 바로 위태자(衛太子 : 戾太子) 유거(劉據)이다. 불릉(弗陵 : 위태자의 배다른 아우, 뒷날 昭帝)이 황태자가 된 것은 갑오년(甲午年 : 前87 後元二年)에 결정되었으니, '太' 글자는 더 들어간 글자이어서 삭제해야 한다.

校勘(오자의 예만 들음) : "… 徙而從者七°千˙餘家."(【丙寅(前355) 顯王 14年】)

대본에는 '徙而從者七十餘家'라고 쓰였으니 '十'은 '千'의 잘못이어서 고쳐야 한다.

集註 : "諸生傳相告引, 乃自除犯禁者四百六十餘人, 皆坑之咸陽."(【己丑 (前212) 始皇帝 35年】)

<신주(新注)>에 이르기를, "自는 '시황이 친히'이다. 除는 판결함이다.〔自, 始皇親自. 除, 判決.〕"라고 하였으니 '乃自除犯禁者四百六十餘人'은 '이에 시황제가 친히 범법한 사람 460여 명을 판결하다〔于是始皇親自判決犯法之人四百六十餘名〕'를 뜻함이지, '이에 여러 선비들이 친히 범법한 사람 460여 명 중에서 탈출하다〔于是諸生親自脫出於犯法之人四百六十餘名也〕'를 뜻함이 아니다.

기타 또 구두(口讀)를 정리한 것이 자주 있는데 역시 한 가지를 들면 다음과 같다.

"以司徒掾潁川韓韶爲嬴長. … 韶曰, '長活溝壑之人, 而以此伏罪, 含笑入地矣.'"(【丙申(156) 桓帝 永壽 2年】)

≪한어대사전(漢語大詞典)≫에 "長活은 생존케 하다〔長活, 使生存.〕"라고 하였으니

'長活溝壑之人'은 '죽어가는 사람을 생존케 하다〔使生存瀕死之人〕'를 뜻하므로 '長'은 '縣長(縣의 수령)의 長'을 뜻하는 것이 아니다. 그러나 ≪언해(諺解)≫의 구결(口訣)과 번역(飜譯)에는 "長이 活溝壑之人ᄒᆞ고 / 長이 溝壑의 人을 活ᄒᆞ고"라고 하였으니 '長'은 '縣長의 長'을 뜻하여 글의 뜻이 맞지 않는다. 이에 그 주석 '使生存'을 제시하고 그것을 따라 해석하여 '현장이 죽어가는 사람을 생존케 하다〔縣長使生存瀕死之人〕'를 뜻하지 않게 하였다.

11. 본서는 6책 50권으로 편성하였는바, 이 책은 제3책으로 16권에서 25권까지 모두 10개권이다. 후한(後漢) 광무제(光武帝) 원년(25)에서 진(晉) 함녕(咸寧) 5년(279)까지 255년간의 기사를 수록하였다.

참고문헌(參考文獻)

≪通鑑節要≫(3冊), 學民文化社, 春坊藏板, 1999. 影印本.(底本)

≪少微家塾點校附音通鑑節要≫(15冊), 江贄 編, 史炤 音譯, 王逢輯義, 劉剡 增校. 古活字本(戊申字), 刊寫者未詳〔1674~1720 추정〕, 고서, 국립중앙도서관고전운영실(보존). 청구기호 한古朝50~163.

≪少微家塾點校附音通鑑節要≫, 江贄 編, 國立中央圖書館所藏本, 刊寫者未詳, 刊寫者未詳. 청구기호 한古鮮50~171.(此本間或有所缺漏處, 則以同種古書代用之.)

≪集註通鑑節要≫(2冊), 金都鍊 編著 亞細亞文化社, 1986.

≪通鑑要解≫, 學民文化社, 1994.

≪標點索引 少微通鑑節要≫, 뿌리문화사, 1999.

≪註釋通鑑諺解≫, 池松旭, 唯一書館, 京城, 大正7.(學民文化社, 大田, 1992, 影印本, 3冊)

≪通鑑節要≫, 李忠九 譯註, 뿌리문화사, 1993.

≪懸吐完譯通鑑節要≫1, 金都鍊・鄭珉 譯註, 傳統文化硏究會, 1997.

≪譯註通鑑節要≫(9冊), 成百曉 譯註, 傳統文化硏究會, 2011.

≪資治通鑑≫(3冊), 金忠烈 譯解, 三省出版社, 1987.

≪新譯通鑑≫, 趙洙翼 譯解, 홍신문화사, 1991.

≪資治通鑑≫(11冊), 司馬光 編撰, 胡三省 音注, 洪氏出版社, 臺北, 民國69.

≪資治通鑑今註≫(15冊), 司馬光 著作, 李宗侗等 校註, 臺灣商務印書官, 臺北, 民國74.

≪資治通鑑新註≫(10冊), 資治通鑑新註編纂委員會, 陝西人民出版社, 西安, 1998.

≪資治通鑑綱目≫(4冊), 朱熹 撰(思政殿訓義), 保景文化社, 1987.

≪資治通鑑綱目≫(4冊), 朱熹 撰, 朱子全書(共27冊, 8・9・10・11冊. 標點本), 新華書店上海發行所, 2002.

≪歷代通鑑輯覽≫(4冊), 臺灣商務印書館股份有限公司, 民國61.

≪綱鑑易知錄≫(10冊), 吳楚材 編纂, 新興書局, 臺北, 民國44.

≪綱鑑合編≫(4冊), 北京市新華書店, 1985.

≪白話資治通鑑≫(20冊), 沈志華・張宏儒 主編, 中華書局, 北京, 1997.

≪傳世經典文白對照 資治通鑑≫(18冊), 沈志華・張宏儒 主編, 中華書局, 北京, 2012.

≪白話資治通鑑≫(5冊), 周國林・顧志華 主編, 岳麓書社, 湖南省 長沙市, 2005.

≪資治通鑑≫(36冊), 白楊 譯(白楊白話版), 北岳文藝出版社, 太原市, 2006.

≪通鑑故事全集≫(4冊), 尹黎雲 主編, 崑崙出版社, 北京, 2006.

≪國譯資治通鑑≫(4冊), 加藤繁・公田連太郎 譯幷註, 景仁文化社, 1996.

≪二十四史全譯≫(88冊), 世紀出版集團・漢語大詞典出版社, 上海, 2004.1.

≪資治通鑑大辭典≫, 施丁・沈志華 主編, 吉林人民出版社, 1994.

≪大漢和辭典≫(13冊), 諸橋轍次, 大修館書店, 東京, 昭和43年. 縮寫版 第2刷.

≪中文大辭典≫(10冊), 中文大辭典編纂委員會, 中國文化學院 華岡出版有限公司, 臺北市, 民國 68年. 4版.

≪漢語大詞典≫(13冊), 漢語大詞典編輯委員會 漢語大詞典編纂處, 漢語大詞典出版社, 上海, 1993. 1版.

≪漢語大字典(9冊), 漢語大字典編輯委員會, 湖北辭書出版社・四川辭書出版社, 湖北省・四川省, 1990. 1版.

≪中華字海≫(1冊), 冷玉龍 等, 中國友誼出版公司, 北京. 1994.

≪漢韓大辭典≫(16冊), 檀國大學校 東洋學硏究所, 檀國大學校出版部, 서울, 2008. 初版.

≪正中形音義綜合大字典≫, 高樹藩, 正中書局, 臺北市, 民國18年, 增訂3版.

≪中國歷代人名大辭典≫(2冊), 張撝之・沈起煒・劉德重 主編, 上海古籍出版社, 2006.

≪重篇國語辭典修訂本≫, 中華民國 教育部.1994.(http://dict.revised.moe.edu.tw/)

百度百科 : http://www.baidu.com/

어학사전, http://www.naver.com/

어학사전, http://www.daum.net/

통감절요증손교주(通鑑節要增損校註) 16권

후한기(後漢紀)

▪ 세조광무황제(世祖光武皇帝) 상(上)

在位三十三年이요 壽六十二라

재위(在位) 33년이고 수명은 62세이다.

名秀요 字文叔이니 南陽人이라 漢景帝七世孫이요 長沙定王發之後요 南頓令欽之子也라

恢廓大度요 才明勇略이라 故能芟刈羣雄하고 克復舊物이라 未及下車에 先訪儒雅하며 表行義하고 興學校하니 東漢之俗이 於斯爲美라 然不任三公하여 事歸臺閣하고 建武永平之間에 吏事刻深하니 所以中興之美가 蓋未盡焉하다

이름이 수(秀)이고 자(字)가 문숙(文叔)이니 남양(南陽) 사람이다. 한(漢)나라 경제(景帝)의 7세손(世孫)이고 장사정왕(長沙定王) 유발(劉發)의 후손이며, 남돈령(南頓令) 유흠(劉欽)의 아들이다.

큰 도량에 재주 있고 총명하며 용맹하면서 지략이 있으므로 여러 호걸들을 무찌르고서 옛 문물을 회복할 수 있었다. 수레에서 내리기도 전에 먼저 고상한 선비를 물어 찾았으며,[1] 의를 행한 이를 표창하고 학교를 일으키니, 동한의 풍속이 여기에서 아름답게 되었다. 그러나 삼공에게 맡기지 않아 정사(政事)가 대각(臺閣 : 尙

1) 수레에서 내리기도 전에 … : 광무제(光武帝)가 선비를 중시함을 말함. 주 무왕(武王)이 은(殷)나라를 무찌르고 돌아왔을 때 수레에서 내리기도 전에〔未及下車〕 황제(黃帝)의 후손을 책봉해준 고사에 의거한 것이다.(≪禮記 樂記≫)

書臺)으로 돌아갔고, 건무(建武 : 광무제 연호)·영평(永平 : 명제(明帝) 연호)의 무렵에는 관리들의 일이 각박하게 되었다. 그러므로 중흥의 아름다움이 극진하지 못하였다.

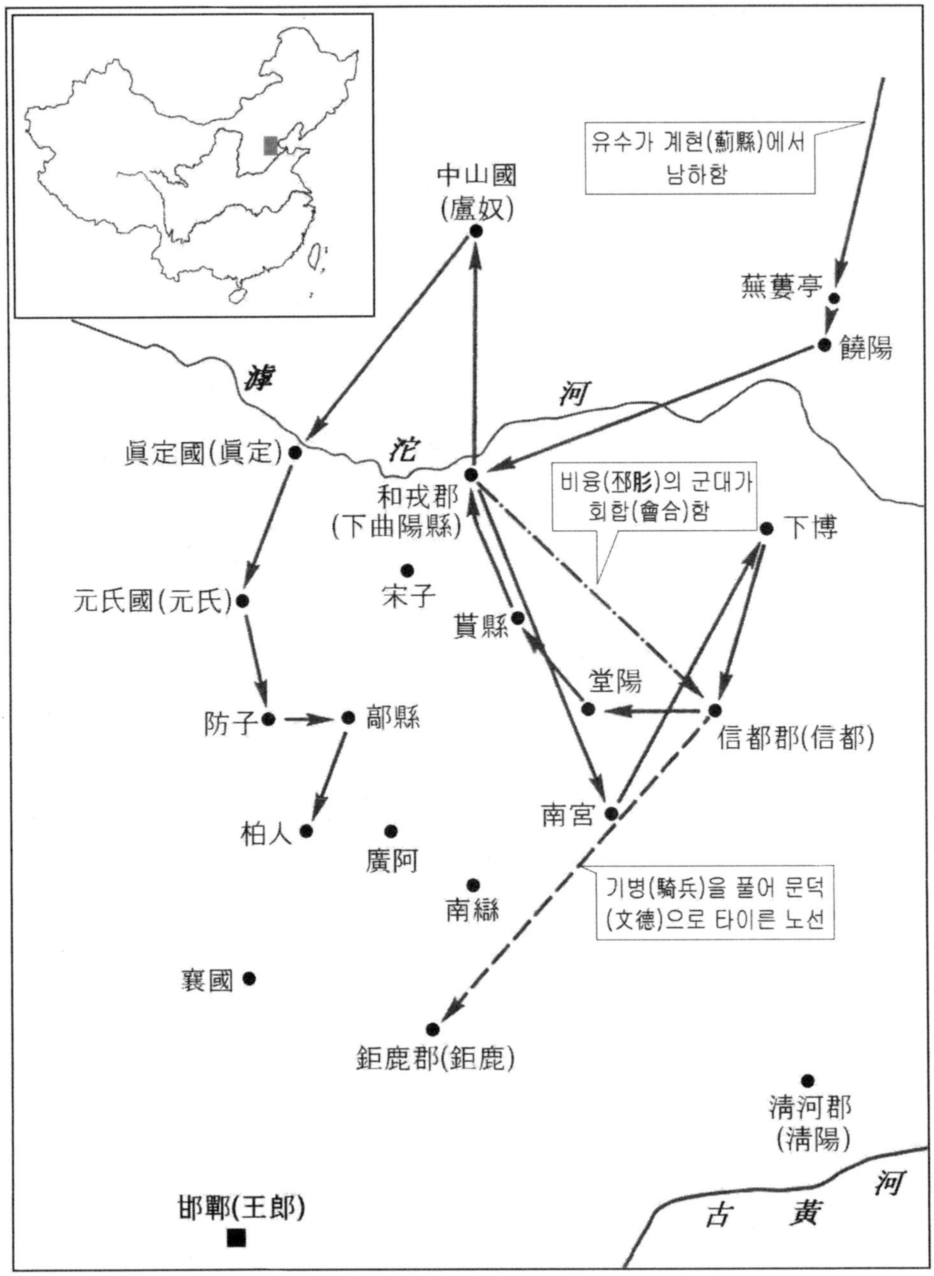

〈지도 1〉 유수(劉秀)가 하북(河北)을 돌아다니면서 전투함.(24년 2월)

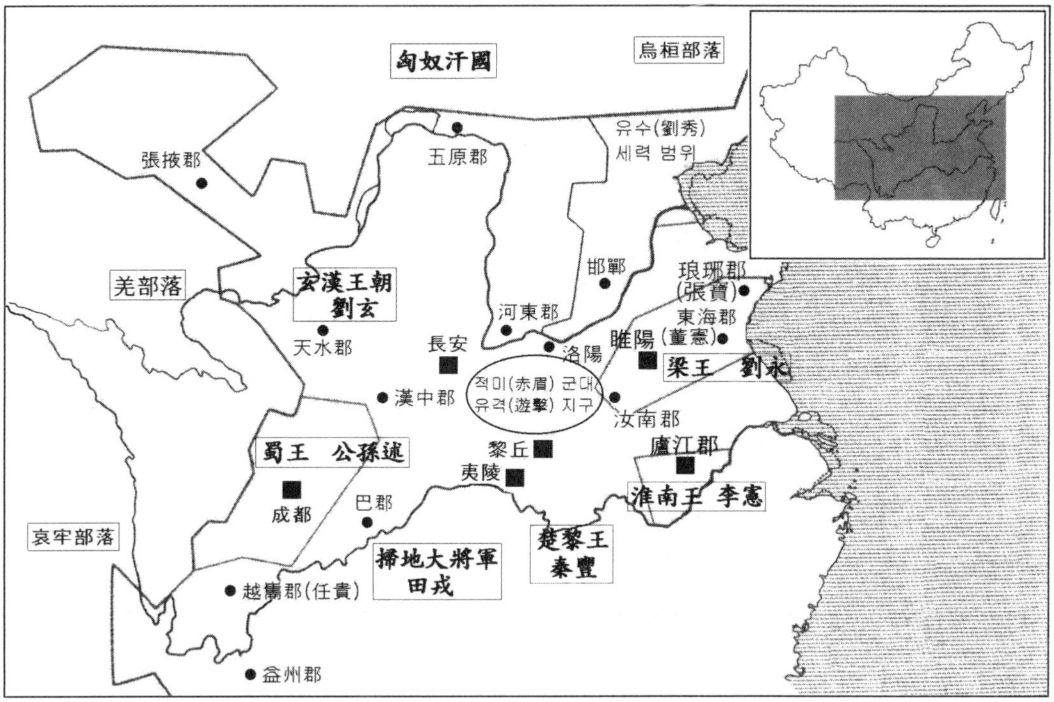

〈지도 2〉 혼란 형세(24년 연말)

【을유(乙酉 25) 건무(建武) 원년】

【公孫述建成家國】

公孫述建成家國 四月에 公孫述卽帝位하여 號成家하고 改元龍興이라하다

【공손술이 성가국을 세우다】

4월에 공손술이 황제에 즉위하여 성가국(成家國)이라 호칭하고 연호를 용흥(龍興)이라고 하였다.

○ 【蕭王連破尤來諸賊】

蕭王連破尤來諸賊 蕭王北擊尤來大槍五幡於元氏하고 追至北平하여 連破之하다

【소왕이 우래 등의 적들을 연달아 쳐부수다】

소왕(蕭王 : 劉秀)이 북으로 우래(尤來)·대창(大槍)·오번(五幡)을 원씨현(元氏縣)에서 공격하고 북평(北平)까지 쫓아가서 연달아 쳐부쉈다.

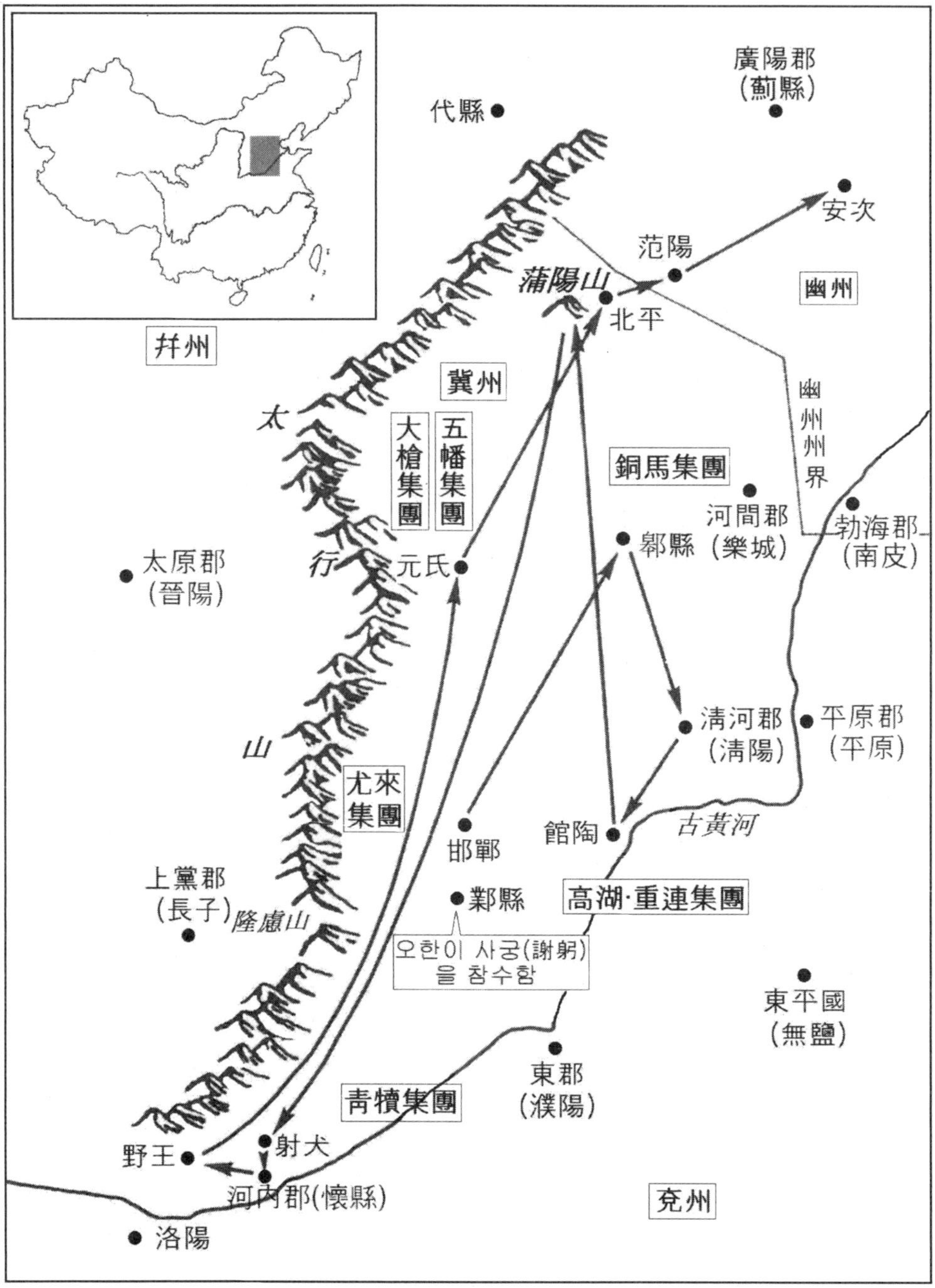

〈지도 3〉 유수(劉秀)가 하북(河北) 난민들을 소탕함.(24년 늦가을-25년 3월)

○ 【馮異吳漢等擊諸賊】

馮異吳漢等擊諸賊

馮異寇恂擊走朱鮪하고 吳漢率耿弇景丹等十三將軍追尤來等하여 斬首萬三千餘級하니 賊散入遼西遼東이라가 爲烏桓貊人所鈔擊略盡하다

【풍이와 오한 등이 적들을 격파하다】

풍이(馮異)와 구순(寇恂)은 주유(朱鮪)를 쳐서 패퇴시키고, 오한(吳漢)은 경감(耿弇)·경단(景丹) 등 13장군을 거느리고 우래 등을 쫓아가 13,000여급을 베었다. 적도들은 흩어져 요서(遼西)·요동(遼東)에 들어갔다가, 오환(烏桓)·맥인(貊人)에게 습격을 받아 모두 탈취되었다.

○ 【蕭王恤賈復之孤】

蕭王恤賈復之孤

都護將軍賈復與五校戰於眞定이라가 復傷瘡甚이어늘 王大驚曰 我所以不令賈復別將者는 爲其輕敵也러니 果然이라 失吾名將이로다 聞其婦有孕이라하니 生女耶인댄 我子娶之하고 生男耶인댄 我女嫁之하여 不令其憂妻子也라하다 復病尋愈하여 追及王於薊하고 相見甚讙하다

【소왕이 가복의 고아를 돌보다】

도호장군(都護將軍) 가복(賈復)이 오교군(五校軍)과 진정(眞定)에서 전투하다가 가복이 상처가 극심하였다. 소왕이 크게 놀라 말하기를,

"내가 가복에게 따로 지휘하게 하지 않은 이유는 그가 적을 가볍게 보기 때문이었는데, 참으로 이와 같은지라, 내 명장을 잃게 되었도다! 그 아내가 임신하였다고 들었는데, 딸을 낳게 되면 내 아들과 결혼시키고 아들을 낳게 되면 나의 딸을 시집보내어, 그 처자들을 근심하지 않게 하겠다."

하였다. 가복이 얼마 만에 병이 나아 소왕을 따라 계현(薊縣)으로 오니, 서로 만나

매우 기뻐하였다.

○【諸將請上尊號】

諸將請上尊號 還至中山하니 諸將請上尊號하되 王不聽하고 行到南平棘하여 諸將固請之하되 王不許라 耿純進曰 天下士大夫가 捐親戚하고 棄土壤하여 從大王於矢石之間者는 其計固望攀龍鱗하고 附鳳翼하여 以成其志耳어늘 今大王留時逆衆하여 不正號位하시니 純恐士大夫望絶計窮이면 則有去歸之思하여 無爲久自苦也일까하노니 大衆一散이면 難可復合이니이다 王深感曰 吾將思之하리라 行至鄗하여 召馮異하여 問四方動靜한대 異曰 更始必敗라 宗廟之憂는 在於大王하니 宜從衆議니이다 會儒生彊華自關中奉赤伏符來詣王曰 劉秀發兵捕不道하니 四夷雲集龍鬪野라 四七之際火爲主라하여늘 羣臣因復奏請하다

(攀龍附鳳以成其志) (四七之際火爲主)

【여러 장군들이 유수(劉秀)에게 황제 칭호를 올리겠다고 청하다】

돌아와 중산현(中山縣)에 이르자 여러 장군들이 <황제라는> 높은 칭호를 올리겠다고 청하였으나, 소왕 유수는 듣지 않았다. 행군하여 남평극(南平棘)에 이르러 여러 장군들이 굳이 황제 칭호를 요청하였다. 소왕이 허락하지 않자, 경순(耿純)이 나서서 말하기를,

"천하의 사대부들이 친척을 버리고 고향을 떠나 화살과 돌이 날아오는 속에서도 대왕을 따르는 것은, 그 계획이 진실로 용의 비늘을 잡고 봉황의 날개에 붙어서[2] 그 뜻을 이루기를 바라기 때문입니다. 지금 대왕께서 시간을 끌며 대중들의 뜻을 어기고 호칭과 작위를 바로하지 않으시니, 저는 사대부들이 희망이 끊어지고 계책이 궁핍해지면 돌아갈 생각을 가져 오래 스스로 고

2) 용의 비늘을 잡고 봉황의 날개에 붙어서 : 제왕에게 따라붙어 공적을 이룸을 말함. 용봉(龍鳳)은 제왕을 비유한다.

생스런 일을 하지 않을까 우려됩니다. 큰 무리는 한 번 흩어지면 다시 모이기가 어렵습니다."

하였다. 소왕이 크게 감동하여 말하기를,

"내가 생각해 보겠소."

하였다. 행군하여 학읍(鄗邑)에 도착하여 풍이(馮異)를 불러 사방의 동정을 묻자 풍이가 말하기를,

"경시(更始: 劉玄)는 반드시 패배할 것입니다. 종묘사직의 우려가 대왕에게 달려있으니, 마땅히 대중의 논의를 따르십시오!"

하였다. 마침 유생 강화(彊華)가 관중(關中)에서 ≪적복부(赤伏符)≫[3]를 받들고 소왕에게 왔는데, 그 ≪적복부≫에

"유수(劉秀)가 군대를 일으켜 부도덕한 사람을 잡으니, 사방 오랑캐가 구름같이 모여, 용이 들에서 싸우도다.[4] 28세의 때에 화(火)가 주인이 될 것이다."[5]

하였다. 여러 신하들이 이어서 다시 아뢰어 요청하였다.

【蕭王卽皇帝位】

蕭王卽皇帝位 六月에 王卽皇帝位于鄗南하여 改元하고 大赦하다

【소왕이 황제에 즉위하다】

6월에 소왕이 학읍의 남쪽에서 황제(皇帝)에 즉위하여 연호(年號)를 바꾸고[6] 크게

---

3) ≪적복부(赤伏符)≫ : 방사(方士)들이 지은 예언서. 적(赤)은 한나라가 숭상한 색깔이고, 복(伏)은 숨었다〔藏〕는 뜻이고, 부(符)는 예언서이다.

4) 용이 들에서 싸우도다 : 여러 영웅들이 힘으로 다툼을 말함. ≪주역(周易) 곤괘(坤卦)≫에 "용이 들에서 싸운다.〔龍戰于野〕"라고 하였다.

5) 28세의 때에 화(火)가 주인이 될 것이다 : 4×7인 28숫자와 관련하여 후한(後漢)이 일어남을 말함. 화(火)는 한나라를 상징한다. 28은 고조(高祖) 유방(劉邦)이 건국한 해로부터 광무제(光武帝) 유수(劉秀)가 군대를 일으킨 해(前206-22)까지가 228년이라는 설, 광무제가 28세에 군대를 일으켰다는 설, 28장군이 호응하였다는 설이 있다.

6) 연호(年號)를 바꾸고 : 즉위한 해에 연호를 바꾼 당년개원(當年改元)한 것을 말함. 왕조가 바뀔 적에는 당년개원을 한다. 그러나 선군을 계승한 경우에는 당년즉위(當年卽位)를 하되 연호를 바꾸지 않아 그 해의 남은 기간을 선제의 연도로 표방하고, 해를 넘겨 유년개원(踰年改元)을 하여 다음 해부터 자신의 연도로 한다.

사면하였다.

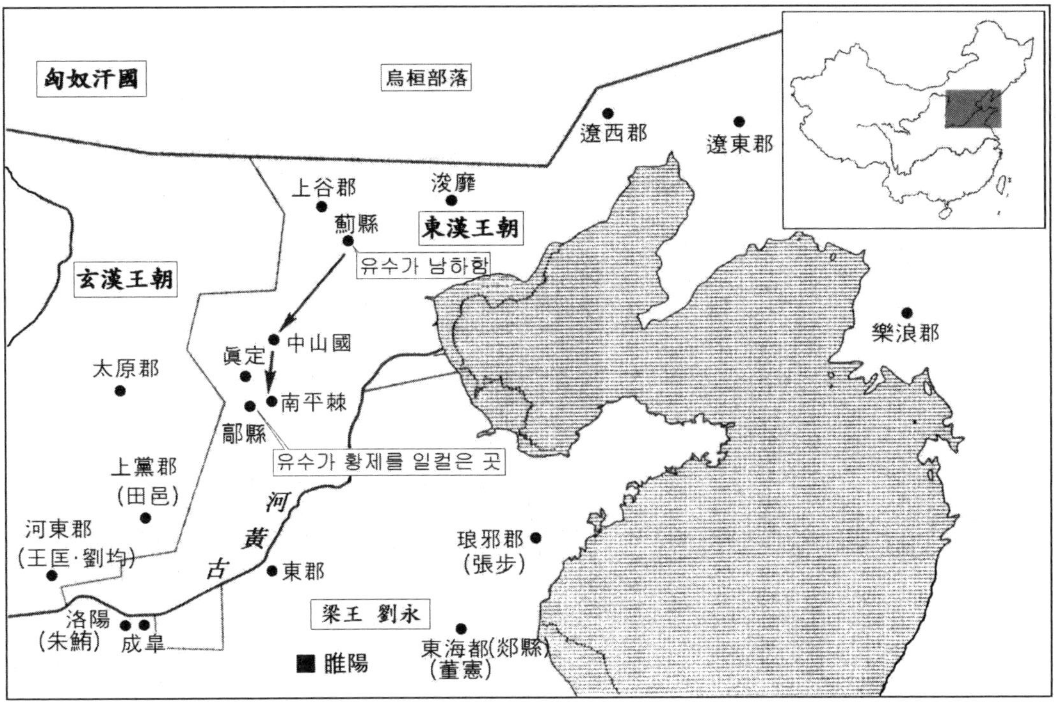

〈지도 4〉 유수(劉秀)가 학현(鄗縣)에서 황제를 일컬음.(25년 6월)

○ 【赤眉立劉盆子】

赤眉立劉盆子 赤眉西向帝城할새 以名爲羣賊이면 不可以久라하여 乃立宗室劉盆子하여 爲上將軍하다

【적미가 유분자를 세우다】

적미(赤眉 : 눈썹을 붉게 칠한 적도)가 서쪽으로 황제 유수의 성을 향하는데, '떼도둑〔群賊〕'이라는 이름이 붙으면 오래갈 수 없다고 하여, 마침내 종실 유분자(劉盆子)를 세워 상장군(上將軍)으로 삼았다.

○ 【鄧禹爲大司徒 年二十四】

鄧禹爲大司徒年二十四

七月에 帝使使持節拜鄧禹爲大司徒하고 封酇侯하니 禹時年二十四라 又議選大司空할새 帝以赤伏符曰 王梁主衛作玄武라하여 以野王令王梁爲大司空하고 吳漢爲大司馬하다

【등우가 나이 24세에 대사도가 되다】

7월에 광무제가 사신을 보내, 부절을 가지고 가서 등우(鄧禹)를 임명하여 대사도(大司徒)로 삼고 찬후(酇侯)로 봉하였다.[7] 등우는 당시 나이가 24세였다. 또 대사공(大司空)을 논의하여 뽑는데, 광무제는 ≪적복부(赤伏符)≫에

"왕량(王梁)이 위(衛)를 주장하고, 현무(玄武)가 된다."[8]

하였다고 하여, 야왕(野王) 현령(縣令) 왕량(王梁)을 대사공으로 삼고, 오한을 대사마(大司馬)로 삼았다.

○【伏湛以循良見用】

伏湛以循良見用

初에 更始以伏湛爲平原太守하니 時天下兵起하되 湛獨晏然하여 撫循百姓이러니 門下督謀爲湛起兵湛收斬之하니 於是吏民信向하여 平原一境賴湛以全이라 帝徵湛爲尙書하여 使典定舊制하고 又以鄧禹西征이라하여 拜湛爲司直하고 行大司徒事하여 車駕每出征伐에 常留鎭守하다

【복담이 어진 다스림에 의해 중용되다】

과거에 경시는 복담(伏湛)을 평원태수(平原太守)로 삼았다. 당시 천하가 군대를 일으켰으나, 복담 만은 편안히 백성들을 위로하였다. 문하독(門下督)이 복담을 위하여

7) 찬후(酇侯)로 봉하였다 : 등우의 공이 소하(蕭何)와 비슷하다고 하여 찬후(酇侯)로 봉한 것임. 찬(酇)은 전한(前漢)의 일등공신 소하(蕭何)의 봉지이다.

8) 왕량(王梁)이 위(衛)를 주장하고 현무(玄武)가 된다 : 위(衛)의 수령 왕량(王梁)이 대사공(大司空)이 된 예언임. 위(衛)는 야왕(野王)의 옛 이름이고, 현무는 북방의 수신(水神) 이름이고, 사공(司空)은 수토(水土)를 담당하는 관직이므로, 이에 대응되는 야왕 현령(縣令) 왕량을 대사공으로 삼은 것이다.

군대를 일으킬 것을 도모하자, 복담이 그를 잡아 목을 베었다. 이에 관리와 백성들이 믿고 향하여 평원의 온 구역이 복담에게 의지하여 온전하였다. 광무제가 복담을 불러 상서(尙書)로 삼아 옛 제도를 교정하게 하였다. 또 등우가 서쪽으로 정벌 갔다 하여 복담을 임명하여 사직(司直)으로 삼고 대사도를 겸직시켜, 광무제가 정벌을 나갈 때마다 항상 남아서 지키게 하였다.

○ 【封更始爲淮陽王】

封更始爲淮陽王

九月에 赤眉入長安하니 更始走하고 將相皆降이어늘 詔封更始爲淮陽王하다

【경시를 봉하여 회양왕으로 삼다】

9월에 적미가 장안(長安)에 침입하자, 경시가 도주하고 장군과 정승이 모두 항복하였다. <광무제가> 조서로 경시를 책봉하여 회양왕(淮陽王)으로 삼았다.

○ 【卓茂仁政】

卓茂仁政

初에 宛人卓茂가 寬仁恭愛하고 恬蕩樂道하여 雅實不爲華貌하고 行己在於淸濁之間하여 自束髮至白首히 未嘗與人有爭競하니 鄕黨故舊가 雖行能與茂不同이라도 而皆愛慕欣欣焉하다 哀平間爲密令하여 視民如子하여 擧善而敎하고 口無惡言하니 吏民親愛하여 不忍欺之하다 民嘗有言호대 部亭長受其米肉遺者어늘 茂曰 亭長爲從汝求乎아 爲汝有事囑之而受乎아 將平居自以恩意遺之乎아한대 民曰 往遺之耳니이다하니 茂曰 遺之而受어늘 何故言邪아하다 民曰 切聞賢明之君은 使民不畏吏하고 吏不取民이라커늘 今我畏吏하여 是以遺之한대 吏既卒受라 故來言耳니이다하니 茂曰 汝爲敝民矣로다 凡人所以羣居不亂하여 異於禽獸者는 以有仁義禮愛하

여 知相敬事也어늘 汝獨不欲修之하니 寧能高飛遠走하여 不在人間耶아 吏顧不當乘威力彊請求耳니 亭長素善吏요 歲時遺之는 禮也라하다 民曰 苟如此인댄 律何故禁之니잇고하니 茂笑曰 律設大法이요 禮順人情이니 今我以禮敎汝면 汝必無怨惡어니와 以律治汝면 汝何所措其手足乎리오 一門之內에 小者可論이요 大者可殺也니 且歸念之하라하다

【탁무의 어진 정치】

과거에 원현(宛縣) 사람 탁무(卓茂)가 관대하고 인자하며 공경스럽고 자애로우며, 담박하고 도를 즐겨서 바르며 성실하여 화려한 모습을 하지 않고, 자신의 행동을 청탁(淸濁 : 선과 악)의 사이에 두었다. 총각 때부터 늙어 백발이 될 때까지 사람들과 함께 일찍이 다툰 적이 없었다. 마을의 옛 친구들은 비록 행실과 능력이 탁무와 똑같지 않았지만 모두 탁무를 아끼고 사랑하여 기뻐하였다. 애제(哀帝)·평제(平帝) 연간에 밀현령(密縣令)이 되어 백성을 돌보기를 자식같이 하여, 착한 이를 들어 가르치고, 입으로는 나쁜 말을 하지 않으니 관리와 백성들이 친애하여 차마 속이지 못하였다. 백성 중에 일찍이,

"탁무의 휘하(麾下) 역장(驛長)이 내가 준 쌀과 고기를 받아먹었다."

하는 사람이 있었다. 탁무가 말하기를,

"역장이 너에게 요구하였느냐? 네가 일이 있어 청탁하였는데 받았느냐? 혹은 평소에 은혜로운 뜻으로 주었느냐?"

하니, 백성이 말하기를,

"가서 주었을 뿐입니다."

하였다. 탁무가 말하기를,

"주어서 받았거늘 무슨 까닭으로 말하느냐?"

하니, 백성이 말하기를,

"가만히 들으니, '현명한 임금은 백성들이 관리를 두려워하지 않게 하고, 관리가 백성에게서 취득하지 않게 한다.' 합니다. 지금 저는 관리가 두려웠기

때문에 쌀과 고기를 주었는데, 관리가 끝내 받았기 때문에 와서 말했을 뿐입니다."

하였다. 탁무가 말하기를,

"너는 도리를 파괴하는 백성이로구나! 무릇 사람이 무리지어 살면서 어지럽지 않고, 새·짐승과 다른 까닭은 인(仁)·의(義)·예(禮)·애(愛)가 있어 서로 공경하며 섬길 줄 알아서이다. 너만 홀로 인·의·예·애를 닦지 않으려 하니, 어찌 새와 짐승처럼 높이 날고 멀리 달려가서, 인간 세상에 있지 않으려 하느냐? 관리는 다만 위력(威力)으로써 강제로 청구하거나 요구해서는 안 될 뿐이니 역장은 평소 선량한 관리였고, 세시(歲時 : 일정한 계절이나 때)에 선물을 주는 것은 예의이다."

하니, 백성이 말하기를,

"만약 이와 같다면, 법에는 무슨 까닭으로 선물을 금지하였습니까?"

하였다. 탁무가 웃으며 말하기를,

"법률은 큰 법만 정하고, 예절은 인정(人情)을 따르는 것이다. 지금 내가 예절로 너를 가르치면 네가 반드시 원망과 증오가 없겠지만, 법률로 너를 다스리면 네가 어느 곳에 손발을 놓아두겠느냐? 일률적인 법률 안에서 작은 잘못은 죄를 논의할 수 있고, 큰 잘못은 죽일 수 있으니 우선 돌아가 생각하라!"

하였다.

【褒寵卓茂】

褒寵卓茂

初에 茂到縣하여 有所廢置하니 吏民笑之하고 隣城聞者皆嗤其不能하다 河南郡爲置守令커늘 茂不爲嫌하고 治事自若이러니 數年에 教化大行하여 道不拾遺라 遷京部丞하니 密人老少皆涕泣隨送이라 及王莽居攝에 以病免歸러니 上卽位에 先訪求茂하니 茂時七十餘라 甲申에 詔曰 夫名冠天下면 當受天下重賞이니 今以茂爲太

名冠天下 當受天下重賞

傅하고 封褒德侯하노라하다

【탁무를 포상하여 총애하다】

과거에 탁무가 밀현(密縣)에 부임해서 업무를 폐지하거나 신설한 것이 있었는데, 관리와 백성들이 비웃었고 이웃 성에서 들은 자들은 모두 그의 무능함을 조롱하였다. <상급기관> 하남군에서는 그 때문에 수령을 또 두었으나,[9] 탁무는 꺼리지 않고 일을 다스리기를 태연자약하게 하였는데, 수 년 만에 교화가 크게 시행되어 길에 떨어진 것을 줍지 않았다. 경부승(京部丞)으로 승진하자, 밀현의 노인과 젊은 이들이 모두 눈물을 흘리고 따르며 전송하였다. 왕망(王莽)의 거섭(居攝 : 왕망이 대리청정했을 때의 연호(年號)) 시대에 병으로 관직을 사양하고 고향으로 돌아갔다. 광무제가 즉위하여 우선 탁무를 찾았는데, 탁무는 당시 70세가 넘었다. 갑신일(9월 19일)에 조서하기를,

"명예가 천하에 으뜸이면 마땅히 천하의 중요한 상을 받아야 한다. 지금 탁무를 태부(太傅)로 삼고, 포덕후(褒德侯)로 책봉한다!"

하였다.

○ 【光武知所先務 得其本原】

光武知所先務得其本原

溫公曰 孔子稱擧善而敎不能則勸이라하니 是以舜擧皐陶하고 湯擧伊尹에 而不仁者遠은 有德故也라 光武卽位之初에 群雄競逐하여 四海鼎沸하니 彼摧堅陷敵之人과 權略詭辯之士가 方見重於世어늘 而獨能取忠厚之臣하고 旌循良之吏하여 拔於草萊之中하여 置諸群公之首하니 宜其光復舊物하고 享祚久長하니 蓋由知所先務而得其本原故也니이다

【광무제는 우선 힘쓸 바를 알아서 그 근본을 얻다】

9) 〈상급기관〉 하남군에서는 그 때문에 수령을 또 두었으나 : 하남군은 밀현의 상급기관. 탁무가 밀현령으로 있는데, 하남군에서는 수령을 또 두어 탁무와 함께 있도록 한 것이다.

온공이 말하였다.

공자(孔子)가 말하기를, '선한 사람을 등용하고 능력이 없는 사람을 가르치면 백성들이 권면된다.' 하였습니다. 그러므로 순임금이 고요(皐陶)를 등용하고 탕임금이 이윤(伊尹)을 등용하자 어질지 않은 자가 멀어진 것은 덕이 있었기 때문입니다. 광무제가 즉위한 초기에 군웅들이 각축을 벌여 온 천하가 솥 안의 끓는 물처럼 소란하였으니, 견고한 적진을 뚫고 적을 무찌를 수 있는 군인이나 권모술수를 부리고 궤변에 능숙한 선비가 한창 세상에 중시되었는데, 광무제는 홀로 충후한 신하를 취하고 선량한 관리를 표창하여 초야에서 선발해 여러 공(公)들의 첫머리에 두었으니, 옛 한나라 문물제도를 밝게 회복하며 복을 오래 누린 것이 마땅합니다. 이는 우선 힘쓸 바를 알아서 그 근본을 얻었기 때문입니다.

○ 【光武定都洛陽】

光武定都洛陽 帝遣諸將하여 圍洛陽하니 朱鮪出降하다 十月에 車駕入洛陽하여 幸南宮하고 遂定都焉하다

【광무제가 낙양에 도읍을 정하다】

광무제가 여러 장군을 보내어 낙양을 포위케 하자, 주유가 나와 항복하였다. 10월에 광무제가 낙양에 들어가 남궁(南宮)으로 가서, 마침내 그곳에 도읍(都邑)을 정하였다.

○ 【更始降赤眉】

更始降赤眉 更始遣劉恭請降하니 赤眉使其將謝祿往受之하다 更始隨祿하여 肉袒하고 上璽綬於盆子하다

【경시가 적미에게 항복하다】

경시가 유공(劉恭)을 보내어 항복하겠다고 청하자, 적미(赤眉)[10]는 장군 사록(謝祿)

10) 적미(赤眉) : 눈썹을 붉게 물들인 군대 이름. 왕망(王莽)의 시대에 일어난 농민(農民) 반란(叛亂) 세력이었다.

에게 가서 받아들이게 하였다. 경시가 사록을 따라 웃통을 벗고 인장과 인끈을 유분자(劉盆子 : 적미의 상장군)에게 올렸다.

○【鄧禹名震關西】

鄧禹名震關西 劉盆子數暴掠吏民하여 百姓不知所歸러니 聞鄧禹乘勝獨克而師行有紀하고 皆望風相携負以迎軍하니 降者日以千數라 衆號百萬하다 禹所止에 輒停車住節以勞來之하니 父老童穉는 垂髮戴白滿其車下하여 莫不感悅하니 於是名震關西라 諸將豪桀皆勸禹徑攻長安이어늘 禹曰 不然하다 今吾衆雖多나 能戰者少하고 前無可仰之積하고 後無轉饋之資어늘 赤眉新拔長安하여 財穀充實하니 鋒銳未可當也라 夫盜賊羣居無終日之計하여 財穀雖多나 變故萬端하니 寧能堅守者也리오 上郡北地安定三郡은 土廣人稀하고 饒穀多畜하니 吾且休兵北道하고 就糧養士하여 以觀其敝면 乃可圖也라하고 於是引軍北至栒邑하니 所到에 諸營堡郡邑皆開門歸附하다

【등우의 명성이 관서에 떨쳤다.】

유분자(劉盆子)가 자주 관리와 백성을 강탈하여 백성들이 귀의할 곳을 몰랐다. '등우(鄧禹)가 승세를 타고 홀로 이기며, 군대 행군에 기율이 있었다.'는 것을 듣고, 모두 풍모를 바라보고 서로 손을 잡아끌면서 등짐을 지고 와서 군대를 맞이하였다. 항복한 자가 날마다 천명으로 헤아렸으므로, 무리를 백만이라고 불렀다. 등우는 도착하는 곳마다 수레를 멈추고 부절을 세워놓고, 위로하여 오게 하였다. 백발노인과 머리 긴 아이들이 그의 수레 밑에 가득히 모여들어 감격해 기뻐하지 않는 사람이 없으니 등우의 명성이 관서(關西)에 진동하였다.

여러 장군(將軍)과 호걸(豪傑)들이 모두 등우에게 곧바로 장안을 공격하라고 권하니, 등우가 말하기를,

"그렇지 않소! 지금 우리 무리가 비록 많지만 싸울 수 있는 사람이 적으며,

앞에는 의지할 만한 비축이 없고 뒤로는 운반해 먹일만한 물자가 없소. 적미(赤眉)는 새로 장안을 빼앗아 재물과 곡식이 충분하니, 저들의 날카로움을 감당할 수 없소. 도적들이 떼 지어 사는 데에는 하루를 지낼 계책도 없어서 재물과 곡식이 비록 많다 하더라도 변고(變故)는 만 가지이니, 어찌 굳게 지킬 수 있는 자들이겠소? 상군(上郡)·북지(北地)·안정(安定) 3군은 땅이 넓은데다 인구가 적고, 곡식이 넉넉하며 가축이 많소. 우리가 잠시 군대를 북도(北道)에서 휴식시키며 양식 있는 데로 가서 군사를 양성하면서 적미의 피폐함을 노리면, 마침내 도모할 수 있을 것이오."

하였다. 이에 군대를 인솔하여 북으로 가서 순읍(栒邑)에 이르니, 이르는 곳마다 여러 군영(軍營)·보루(保壘)와 군읍(郡邑)이 모두 문을 열고 귀순하였다.

○ 【隗囂稱西州上將軍】

隗囂稱西州上將軍

初에 成紀隗囂起兵應漢이어늘 更始徵囂한대 囂至長安하니 更始以囂爲右將軍하다 後逃歸天水하여 復招聚其衆하고 興修故業하고 自稱西州上將軍이라하니 三輔士大夫避亂者多歸囂라 囂傾身引接하여 爲布衣交하여 以馬援班彪之屬爲賓客하니 由此名震西州하여 聞於山東하다

【외효가 스스로 서주상장군이라 일컫다】

과거에 성기(成紀) 사람 외효(隗囂)가 군대를 일으켜 한(漢)나라에 호응하였다. 경시가 외효를 부르자, 외효가 장안에 이르니 경시는 외효를 우장군으로 삼았다. 외효는 그 뒤에 도망쳐 천수(天水)로 돌아가서 다시 그 무리를 불러 모아 옛날의 사업을 일으키고, 스스로 서주상장군(西州上將軍)이라 불렀다. 삼보(三輔 : 서울 부근 지역)의 사대부(士大夫)로서 난리를 피하는 자들이 많이 외효에게 귀순하였다. 외효는 몸을 낮추어 접견하여 평민의 입장으로 교제하여, 마원(馬援)·반표(班彪)의 부류를 빈객(賓客)으로 삼았다. 이로 말미암아 이름이 서주에 떨치고, 산동(山東)에까지 소문났다.

○ 【馬援老當益壯】

馬援老當益壯 馬援少時에 以家用不足辭其兄況하고 欲就邊郡田牧이어늘 況曰 汝大才니 當晩成이라 良工不示人以朴이니 且從所好하라하다 援遂之北地田牧이러니 常謂賓客曰 丈夫爲志에 窮當益堅이요 老當益壯이라하다 後有畜數千頭하여 穀數萬斛이러니 旣而嘆曰 凡殖財産은 貴其能賑施也니 否則守錢虜耳라하고 乃盡散於親舊하다 聞隗囂好士하고 往從之한대 囂甚敬重하여 與決籌策하다

【마원은 늙으면 더욱 씩씩해야 한다고 하다】

마원은 젊었을 때 집안 재용의 부족으로 그의 형 마황(馬況)에게 하직하고, 변두리 군으로 가서 목축을 하려고 하였는데, 마황이

"너는 큰 재목이니 마땅히 늦게 성공하리라. 훌륭한 장인(匠人)은 남에게 〈다듬지 않은〉 원재료를 보이지 않는다. 장차 좋아하는 것을 해라!"[11]

하였다. 마원은 마침내 북지(北地)로 가서 목축을 하였다. 항상 빈객들에게

"장부(丈夫)가 뜻을 세움에 곤궁할수록 더욱 견고해야 하고, 늙으면 더욱 씩씩해야 한다."

하였다. 뒤에 가축 수천 마리와 곡식 만곡(萬斛)이 되자 이윽고 탄식하기를,

"재산을 늘리는 것은 구휼하고 베푸는 것을 귀하게 여겨서이다. 그렇지 않다면 수전노(守錢奴 : 돈 지키는 종)일 뿐이다."

하고, 마침내 친척과 친구에게 다 나누어 주었다. 마원은 외효가 선비를 좋아한다는 것을 듣고 가서 그를 따랐는데, 외효가 매우 존경하고 소중하게 여겨서 함께 계책을 결정하였다.

---

11) … 원재료를 보이지 않는다. 장차 좋아하는 것을 해라! : 원재료를 보이지 않음은 남이 장단을 헤아리지 못하게 하기 위한 것이고, 좋아하는 것을 하라고 한 것은 마원의 기량이 커서 지금은 학문을 하지 않고 목축을 하겠다고 하였으나 장래 헤아릴 수 없을 만큼 성취할 것이므로 그 청을 들어준 것이다.

【병술(丙戌 26) 건무(建武) 2년】

○ 【陰識辭加爵邑】

陰識辭加爵邑 悉封諸功臣爲列侯할새 陰鄕侯陰識는 貴人之兄也라 以軍功當增封이러니 識叩頭讓曰 臣托屬掖庭하고 仍加爵邑을 不可以示天下니이다하니 帝從之하다

【음지가 봉작과 식읍을 더해주는 것을 사양하다】

여러 공신을 모두 봉하여 열후로 삼았다. 음향후(陰鄕侯) 음지(陰識)는 음귀인(陰貴人)의 오빠이다. 군대 공으로 마땅히 봉작을 더해주려 했는데, 음지가 머리를 조아리고 사양하여 말하기를,

"제가 임금의 인척으로 있으면서 거듭하여 봉작과 식읍(食邑)을 더해주는 것을 천하에 보여서는 안 됩니다."

하니, 광무제가 그의 말을 따랐다.

○ 【以孝廉爲尙書郞】

以孝廉爲尙書郞 故事에 尙書郞以令史久次補之러니 帝始用孝廉爲尙書郞하다

【효렴을 상서랑으로 삼다】

전례에 상서랑(尙書郞)을 상서영사(尙書令史)의 오래된 순서로 임명하였는데, 광무제가 처음으로 효렴(孝廉)[12]을 등용하여 상서랑으로 삼았다.

○ 【起高廟於洛陽】

起高廟於洛陽 起高廟於洛陽하여 四時合祀高祖太宗世宗하고 建社稷于宗廟之右하고 立郊兆於城南하다

---

12) 효렴(孝廉) : 효(孝)는 효도자, 렴(廉)은 청렴자의 뜻으로, 각각 인재 선발 과목의 하나. 동한 때에 벼슬할 사람들의 필수 코스가 되었다. 뒤에 합해져 1과(科)가 되기도 하였다.

【고묘를 낙양에 세우다】

고묘(高廟 : 고조(高祖)의 사당)를 낙양에 세워 사계절에 고조·태종(太宗 : 文帝)·세종(世宗 : 武帝)을 합쳐 제사지냈다. 사직을 종묘의 오른쪽인 서쪽에 건립하고, 교조(郊兆 : 祭天壇)를 성의 남쪽에 세웠다.

○【赤眉殺掠】

赤眉殺掠 長安城中糧盡하니 赤眉縱火殺掠하고 遂入安定北地하다

【적미가 살육하고 약탈하다】

장안성(長安城) 안에 양식이 떨어지자 적미(赤眉)가 불을 놓아 살육·약탈하고, 드디어 안정(安定)과 북지(北地)를 침입하였다.

○【鄧禹入長安】

鄧禹入長安 鄧禹引兵南至長安하여 軍昆明池하여 謁祠高廟하고 收十一帝神主하여 送詣洛陽하고 因巡行園陵하고 爲置吏士奉守焉하다

【등우가 장안에 들어가다】

등우(鄧禹)가 군대를 인솔하고 남쪽으로 가서 장안에 이르러 곤명지(昆明池)에 주둔하였다. 고묘에 제사지내고, 11황제의 신주[13]를 거두어 낙양으로 보내었다. 이어서 원릉(園陵 : 제왕의 묘지)을 순행하고, 관리와 군사를 두어 제사를 받들고 묘소를 지키게 하였다.

○【糟糠之妻不下堂】

糟糠之妻不下堂 以宋弘爲大司空하다 湖陽公主新寡러니 帝與共論朝臣하여 微觀

13) 11황제의 신주 : 전한(前漢)의 11황제 신주. 11황제는 고조(高祖)·혜제(惠帝)·문제(文帝)·경제(景帝)·무제(武帝)·소제(昭帝)·선제(先帝)·원제(元帝)·성제(成帝)·애제(哀帝)·평제(平帝)이다.

其意한대 主曰 宋公威容德器는 羣臣莫及이러이다하니 帝曰 方且圖之하리이다하다 後弘被引見에 帝令主坐屛風後하고 因謂弘曰 諺言에 貴易交요 富易妻라하니 人情乎아하니 弘曰 臣聞貧賤之知不可忘이요 糟糠之妻不下堂이라하니이다하다 帝顧謂主曰 事不諧矣니이다하다

貴易交
富易妻

【조강지처는 집에서 쫓아내지 않는다】

송홍(宋弘)을 대사공(大司公)으로 삼았다. 호양공주(湖陽公主 : 광무제의 누이)가 막 과부가 되었는데 광무제가 공주와 함께 조정 신하들을 거론하면서 그녀의 뜻을 은연중에 살폈다. 공주가 말하기를,

"송홍의 위엄스러운 용모와 덕스러운 기량은 여러 신하 중에 따를 자가 없습니다."

하니, 광무제가 말하기를,

"장차 도모해 보겠소이다!"

하였다. 뒤에 송홍이 인도되어 임금을 뵙게 되자[14] 광무제가 공주를 병풍 뒤에 앉게 하고 이어서 송홍에게 말하기를,

"속담에 '귀해지면 교제를 바꾸고, 부유해지면 아내를 바꾼다.' 하였는데, 이것이 사람의 정리(情理)이겠지요."

하였다. 송홍이 말하기를,

"제가 들으니, '가난하고 빈천할 때의 친구는 잊을 수 없고, 조강지처(糟糠之妻 : 술지게미와 겨를 먹으며 함께 고생한 아내)는 집에서 쫓아내지 않는다.'라고 했습니다."

하였다. 광무제가 호양공주를 돌아보며 말하기를,

"일이 원만하게 되지 않았소이다!"

하였다.

---

14) 인도되어 임금을 뵙게 되자 : 원문 '引見'은 '인현'으로 읽는데, 황제가 신하나 빈객을 접견할 때 인도되어 들어가 뵙는 일을 뜻한다.

○【彭寵反】

彭寵反

帝之討王郎也에 彭寵發突騎以助軍하고 轉糧食하여 前後不絶이라 自負其功이러니 帝接之不能滿其意하니 以此懷不平하여 遂發兵反하여 攻朱浮於薊하다

【팽총이 반란하다】

광무제가 왕랑(王郎)을 토벌할 적에 팽총(彭寵)이 돌격 기병을 출동하여 군대를 돕고, 양식을 운반하여 줄곧 끊어지지 않게 하였다. 팽총이 그 공을 자부하였는데 광무제가 접견하였으나 팽총의 뜻을 만족시켜주지 못하였다. 이 때문에 불평을 품고 드디어 군대를 일으켜 반란하여 계성(薊城)에서 주부(朱浮)를 공격하였다.

○【賈復擊郾 吳漢擊宛】

賈復擊郾 吳漢擊宛

更始諸大將時在南方未降者尙多하다 遣賈復擊郾하여 破之어늘 尹尊降하고 吳漢擊宛하니 宛王賜降하다

【가복이 언을 치고, 오한이 원을 치다】

경시(更始)의 여러 대장들이 당시 남방에 있으면서 항복하지 않은 자가 아직도 많았다. 가복(賈復)을 파견하여 언(郾)을 쳐서 격파하자, 윤존(尹尊)이 항복하였다. 오한(吳漢)이 원(宛)을 치자, 원왕 유사(劉賜)가 항복하였다.

○【寇恂屈賈復】

寇恂屈賈復

秋에 賈復南擊召陵新息하여 平之하다 復部將殺人於潁川이어늘 潁川太守寇恂捕得하여 繫獄하다 時尙草創하여 軍營犯法을 率多相容하되 恂戮之於市하다 復以爲恥하여 過潁川할새 謂左右曰 吾與寇恂並列將帥어늘 而爲其所陷하니 今見恂이면 必手劒之하리라

하다 恂知其謀하고 不與相見이어늘 姊子谷崇曰 崇은 將也라 得帶劒侍側이라가 卒有變이면 足以相當하리이다하다 恂曰 不然하다 昔藺相如不畏秦王而屈於廉頗者는 爲國也라하다 乃敕屬縣盛供具하고 儲酒醪라가 執金吾軍入界어든 一人皆兼兩人之饌하라하고 恂出迎於道라가 稱疾而還하다 復勒兵欲追之하되 而吏士皆醉라 遂過去하다

【구순이 가복을 굴복시키다】

가을에 가복이 남으로 소릉(召陵)과 신식(新息)을 쳐서 평정하였다. 가복의 부하 장수가 영천(潁川)에서 사람을 죽였는데, 영천 태수 구순(寇恂)이 체포해 잡아 감옥에 가두었다. 이때는 아직 초창기여서 군영에서 법을 어기는 것을 대부분 서로 묵인했으나, 구순만은 그를 시장에서 죽였다. 가복이 수치스럽게 여겨 영천을 지나가면서 측근들에게 말하기를,

"나는 구순과 함께 같은 장수의 반열인데 그에게 모욕을 당하였으니, 지금 구순을 만나면 반드시 내 손으로 베어죽이겠다!"

하였다. 구순이 그의 계획을 알고 함께 만나보지 않자, 구순의 누이의 아들인 곡숭(谷崇)이 말하기를,

"저는 장수입니다. 칼을 차고 곁에 모시다가, 갑자기 변고가 생기면 충분히 감당할 수 있습니다."

하니, 구순이 말하기를,

"그렇지 않다. 옛날 인상여(藺相如)가 진(秦)나라 왕을 겁내지 않으면서도 염파(廉頗)에게 굽혔던 것은 나라를 위해서였다."[15]

---

15) 인상여(藺相如)가 … 나라를 위해서였다 : 전국(戰國) 조(趙)나라 인상여가 그의 임금 혜문왕(惠文王)을 모시고 진(秦)나라에 가서 진왕(秦王)의 부당함을 꾸짖고 외교를 성공하고 돌아오자, 혜문왕이 귀국하여 인상여를 상경(上卿)으로 삼으니, 지위가 염파(廉頗)보다 높았다. 염파는 인상여를 만나면 모욕을 주겠다고 하였는데, 인상여는 이 말을 듣고 조회할 때마다 항상 병을 핑계하고 서열을 다투려 하지 않았고, 외출하다가 염파를 멀리서 바라보고는 바로 수레를 끌고 피해서 숨으니, 인상여의 사인(舍人 : 신하)들이 모두 이것을 수치스럽게 여겼다. 인상여는 말하기를 "진왕의 위엄에도 내가 진나라 조정에서 그를 꾸짖고

하였다. 마침내 소속 현(縣)에 명령하여 음식을 성대히 마련하고 술을 마련했다가, 집금오(執金吾) 가복의 군대가 경계에 들어오면 한 명당 2인분의 음식을 차리게 하였다. 구순이 길에 나와 맞이하다가 병을 핑계하고 돌아왔다. 가복이 군대를 정비하여 쫓으려 하였으나, 관리와 군사가 다 취해서 결국 지나치고 말았다.

【寇賈結友】

寇賈結友 兩虎安得私鬭

恂遣谷崇以狀聞한대 帝乃徵恂하고 恂至하니 引見할새 時賈復先在坐라가 欲起相避하다 帝曰 天下未定에 兩虎安得私鬪리오 今日朕分之하리라하다 於是並坐極歡하고 遂共車同出하여 結友而去하다

【구순과 가복이 친구 관계를 맺다】

구순이 곡숭을 보내어 장계로 보고하였다. 광무제가 마침내 구순을 불렀고, 구순이 이르니, 인도되어 임금을 뵙게 되자 그때 가복이 먼저 자리에 있다가 일어나서로 피하려 하였다. 광무제가 말하기를,

"천하가 평정되지 않았는데 두 호랑이가 어찌 사사로이 싸울 수 있소! 오늘 내가 화해시키겠소."

하였다. 이에 같이 앉아 매우 즐거워하고, 드디어 수레를 함께 타고 궁을 나와 친구 관계를 맺고 헤어졌다.

○【馮異代鄧禹】

馮異代鄧禹

鄧禹自馮愔叛後로 威名稍損하고 又乏糧食하여 戰數不利하니 歸附者日益離散하다 赤眉暴亂三輔하고 郡縣大姓各擁兵衆하니 禹

여러 신하들을 모욕했는데, 내가 비록 둔하지만 유독 염장군을 두려워하겠는가? … 지금 두 마리 호랑이가 함께 싸우면 그 형세상 둘 다 살아남지 못한다. 내가 이렇게 하는 까닭은 국가의 위급을 우선하고 개인적인 원수를 뒤로 해서이다.〔國家之急而後私讎也〕"라고 하였는데, 염파가 이 말을 듣고 웃옷을 벗은 채 가시나무를 지고 인상여의 집 문에 이르러 사죄하여 마침내 문경지교(刎頸之交 : 생사를 같이 할 친구)를 이루었다.(본서 1책 임오(壬午 B.C.279) 난왕(赧王) 36년 참조)

不能定이라 帝乃遣偏將軍馮異代禹討之할새 車駕送至河南하여 敕異曰 三輔遭王莽更始之亂하고 重以赤眉延岑之酷하여 元元塗炭하여 無所依訴라 將軍今奉辭討諸不軌에 營堡降者는 遣其渠帥詣京師하고 散其小民하여 令就農桑하고 壞其營壁하여 無使復聚하라 征伐非必略地屠城이라 要在平定安集之耳니 諸將非不健鬪나 然好虜掠이라 卿本能御吏士하니 念自修敕하여 無爲郡縣所苦라하다 異頓首受命하고 引而西하여 所至布威信하니 羣盜多降하다

【풍이가 등우를 대신하다】

등우는 풍음(馮愔)이 반란한 이후로 위엄과 명예가 점점 줄고, 또 양식이 부족하여 전투도 자주 불리하자, 의귀했던 사람들이 날로 뿔뿔이 흩어졌다. 적미가 삼보(三輔)를 어지럽히고 군현의 큰 성씨들이 각각 군대를 가지고 있어서 등우가 평정하지 못하였다. 광무제가 마침내 편장군(偏將軍) 풍이(馮異)를 보내어 등우를 대신하여 토벌케 하였는데, 천자가 수레를 타고 전송하여 하남(河南)에 이르러 풍이에게 명령하여 말하기를,

"삼보가 왕망(王莽)과 경시의 난리를 만나고, 적미와 연잠(延岑)의 혹정이 거듭되어 백성들이 도탄에 빠져서 하소연할 데가 없소. 장군은 지금 명령을 받들어 반역자들을 토벌함에 군영에서 항복한 자는 큰 장수만 보내어 낙양에 이르게 하고, 그 백성들을 해산시켜 농사일과 누에치는 일에 나아가게 하고, 군영과 성벽을 헐어 다시 모이지 않게 하시오! 정벌은 땅을 침략하며 성을 도륙하는 것이 아니요. 요점은 반란이 평정되어 백성들이 모여 편안하게 살게 하는데 있을 뿐이오. 여러 장군들이 잘 싸우지 않는 것은 아니나, 노략질을 좋아하오. 경은 본래 관리와 군사들을 잘 제어하니, 자발적으로 정돈할 것을 생각하여 군현이 고통을 당하지 않도록 하시오!"

하였다. 풍이가 머리를 조아리고서 명령을 받고 인솔하여 서쪽으로 가서는 이르는 곳마다 위엄을 보이고 신의를 펴자, 도적들이 많이 투항하였다.

○ 【王者之志在布陳威德安民】

王者之志在布陳威德安民 溫公曰 昔周人頌武王之德曰 鋪時繹思하여 我徂惟求定이라하니 言王者之志在布陳威德安民而已니이다 觀光武所以取關中하면 用是道也니 豈不美哉아

【왕자의 뜻은 위엄스러운 덕을 펴서 백성을 편안케 하는 데에 달려있다】

온공이 말하였다.

옛날 주(周)나라 사람들이 ≪시경(詩經)≫ 〈주송(周頌) 뇌(賚)에서〉 무왕(武王)의 공덕을 칭송하여 '이 은덕을 베풀어서 내가 정벌 가서 안정을 구하리라' 하였으니, 왕자의 뜻은 위엄스러운 덕을 펴서 백성을 편안케 하는데 있을 뿐이라고 말한 것입니다. 광무제가 관중(關中)을 차지한 이유를 보면 이 도리를 사용한 것이니, 어찌 아름답지 않겠습니까?

○ 【光武詔徵鄧禹】

光武詔徵鄧禹 又詔徵鄧禹還曰 愼毋與窮寇爭鋒하라 赤眉無穀하니 自當來東이라 吾以飽待飢하고 以逸待勞라가 折箠笞之하리니 非諸將憂也라 無得復妄進兵하라하다

【광무제가 조서하여 등우를 부르다】

또 조서하여 등우를 불러 돌아오게 하여 말하기를,

"신중하여 궁박한 도적과 날카로움을 다투지 말라! 적미는 곡식이 없으니, 스스로 동쪽으로 올 것이다. 우리들이 배부르게 먹으며 저들이 배고프기를 기다리고, 편안하게 있으며 피로하기를 기다리다가, 회초리를 꺾어 그들을 매질할 것이니, 장군들이 근심할 일이 아니다. 다시는 경망하게 군대를 진격시키지 말라!"

하였다.

【정해(丁亥 27) 건무(建武) 3년】

○ 【立四親廟】

立四親廟 立四親廟於雒陽하다

【4대조의 사당을 세우다】

4대조의 사당16)을 낙양에 세웠다.

○ 【馮異大破赤眉於崤底】

馮異大破赤眉於崤底 馮異與赤眉約期會戰에 使壯士變服與赤眉同하고 伏於道側하다 旦日에 赤眉使萬人攻異前部어늘 異少出兵以救之한대 賊見勢弱하고 遂悉衆攻異어늘 異乃縱兵大戰이러니 日昃에 賊氣衰하여 伏兵卒起어늘 衣服相亂이라 赤眉不復識別하여 衆遂驚潰어늘 追擊하여 大破之於崤底하여 降男女八萬人하다 帝降璽書勞異曰 始雖垂翅回谿나 終能奮翼澠池하니 可謂失之東隅요 收之桑榆로다 方論功賞하여 以答大勳하리라하다

垂翅回谿奮翼澠池 失之東隅 收之桑榆

【풍이가 적미를 효산 아래에서 크게 격파하다】

풍이는 적미와 전투할 기일을 정하고 전투할 때에 군사들을 적미 군대처럼 복장을 위장시켜 길가에 매복하게 하였다. 아침에 적미가 군사 만 명을 보내어 풍이의 선봉 부대를 공격하자, 풍이가 소규모의 부대를 보내어 구원하게 하였다. 적군은 풍이의 군세가 미약함을 보고 마침내 전 병력을 동원하여 풍이 군대를 공격하였다. 풍이도 군대를 동원하여 크게 전투가 벌어졌다. 해가 기운 뒤 적의 기세가 꺾인 틈을 타서 매복했던 군대가 갑자기 습격하자, 복장이 혼란스러웠다. 적미가 또한 식별을 못하여 군대가 마침내 놀라 대열이 무너졌다. 풍이 군대는 적미 군대

16) 4대조의 사당 : 광무제의 고조부 용릉절후(舂陵節侯), 증조부 울림태수(鬱林太守), 조부 거록도위(鉅鹿都尉), 부 남돈령(南頓令)의 사당.

를 추격하여 효산(崤山) 아래에서 크게 격파하였는데, 투항한 남녀가 8만 명이었다. 광무제가 조서를 내려 풍이를 격려하여 말하기를,

"처음에는 비록 회계(回谿)에서 날개를 내려뜨리듯 좌절하였으나 결국에는 면지(澠池)에서 날개를 활짝 펼치듯 떨쳤으니, 동우(東隅 : 시초)에서 실패를 했지만 뒤에는 상유(桑榆 : 결말)에서 성공을 거두었다고 할 만하도다! 장차 공(功)과 상(賞)을 논의하여 큰 공훈에 보답하겠다."

하였다.

【待劉盆子以不死】

待劉盆子以不死 赤眉餘衆東向宜陽이어늘 帝親勒六軍하여 嚴陳以待之러니 赤眉忽遇大軍에 驚震不知所謂하여 乃遣劉恭乞降曰 盆子將百萬衆降陛下하리니 何以待之닛고하니 帝曰 待汝以不死耳라하다 盆子及丞相徐宣以下三十餘人肉袒降하고 上所得傳國璽綬하고 積兵甲

赤眉降 宜陽城西하니 與熊耳山齊라 赤眉衆尙十餘萬人이어늘 帝令縣廚皆賜食하다

【유분자를 죽이지 않는 것으로 대우를 하다】

적미의 잔당들이 동쪽으로 의양(宜陽)을 향하자, 광무제가 직접 6군을 통솔하여 진영을 엄중히 갖추고 그들을 기다렸다. 적미는 갑자기 대규모 군대를 만나자, 놀라 두려움에 떨면서 어찌할 줄을 몰라 이윽고 유공(劉恭)을 보내어 항복을 청하기를,

"유분자가 백 만의 군대를 거느리고 항복하려고 합니다. 어떻게 대우해 주시겠습니까?"

하니, 광무제는 말하기를,

"너를 죽이지 않는 것으로 대우하겠다."

하였다. 유분자 및 승상 서선(徐宣) 이하 30여 명이 웃통을 벗은 채 항복하고, 획득한 전국새수(傳國璽綬 : 국가를 전하는 인장과 인끈)를 바쳤다. 무기와 갑옷을 의양

성 서쪽에 쌓았는데, 웅이산(熊耳山)과 높이가 같았다. 적미의 무리가 아직도 10만 여명이었는데, 광무제가 의양현의 주방(廚房)에 명령하여 그들에게 음식을 내려주도록 하였다.

○【劉永稱帝】

劉永稱帝 初에 梁王劉永據國起兵하여 以董憲張步爲將軍하고 專據東方稱帝睢陽하고 復立步爲齊王이러니 帝方北憂漁陽하고 南事梁楚라 故步得專集齊地하여 據郡十二焉하다

【유영이 황제라고 칭하다】

과거에 양왕(梁王) 유영(劉永)이 나라를 점거하고 군대를 일으켜 동헌(董憲)과 장보(張步)를 장군으로 삼고, 동방을 독점하여 수양(睢陽)에서 황제라 칭하고, 다시 장보를 세워 제왕(齊王)을 삼았다. 광무제는 당시에 북으로는 어양(漁陽)이 근심거리였고, 남쪽에서 양국(梁國)・초국(楚國)과 전쟁하였으므로, 장보는 제(齊)지역을 온전히 병합하여 12군(郡)을 점거할 수 있었다.

○【張豐反】

張豐反 涿郡太守張豐反하여 與彭寵連兵하다 時關中衆寇猶盛이라 馮異且戰且行하여 屯軍上林苑中하고 以擊豪傑不從令者하니 威行關中하다

【장풍이 반란하다】

탁군태수(涿郡太守) 장풍(張豐)이 반란을 일으켜 팽총(彭寵)과 군대를 연합하였다. 당시 관중에는 많은 도적들이 여전히 번성하였으므로, 풍이는 한편으로는 싸우며 한편으로는 진군하여 군대를 상림원 안에 주둔시키고 명령을 따르지 않는 호걸들을 공격하니 위엄이 관중에 떨쳤다.

○ 【斬劉永】

斬劉永 蓋延圍睢陽하여 斬劉永한대 蘇茂奔垂惠하여 共立永子紆爲梁王하다

【유영의 목을 베다】

합연(蓋延)이 수양을 포위하여 유영(劉永)의 목을 베자, 소무(蘇茂)가 수혜(垂惠)로 도망쳐 함께 유영의 아들 유우(劉紆)를 세워 양왕(梁王)으로 삼았다.

○ 【耿弇自請遠征】

耿弇自請遠征 耿弇從容言於帝하여 自請北收上谷兵하여 定彭寵於漁陽하고 取張豐於涿郡하고 還收富平獲索하고 東攻張步하여 以平齊地한대 帝壯其意하여 許之하다

【경감이 스스로 원정할 것을 청하다】

경감(耿弇)이 광무제에게 조용히 말하여, 북으로 상곡군(上谷郡)의 군대를 거두어 어양에서 팽총을 평정하고, 탁군에서 장풍을 사로잡고, 돌아오는 길에 부평(富平)과 획색(獲索)을 거두고, 동으로 장보를 공격하여 제나라 땅을 평정하겠다고 자청하였다. 광무제가 그의 뜻을 장하게 여겨 허락하였다.

【무자(戊子 28) 건무(建武) 4년】

○ 【吳漢王梁擊破五校】

吳漢王梁擊破五校 吳漢王梁擊破五校於臨平하다

【오한과 왕량이 오교를 격파하다】

오한(吳漢)과 왕량(王梁)이 임평(臨平)에서 오교(五校)를 격파하였다.

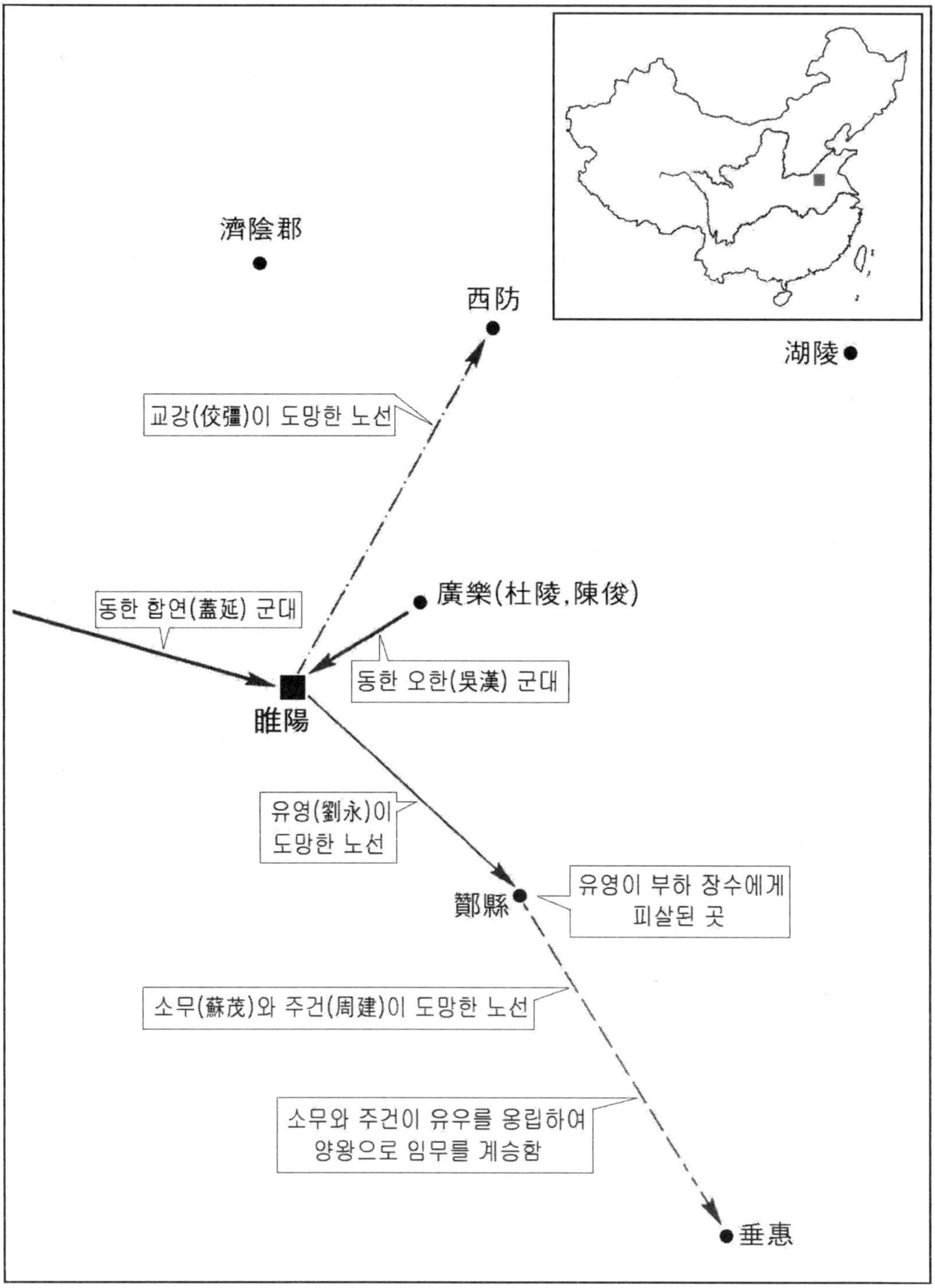

〈지도 5〉 한제(漢帝) 유영(劉永)이 피살되고 유우(劉紆)가 양왕(梁王)을 계승함.(27년 10월)

○ 【耿弇祭遵禽張豐】

耿弇祭遵禽張豐 耿弇祭遵等討張豐於涿郡禽之하다

【경감과 채준이 장풍을 사로잡다】

경감(耿弇)과 채준(祭遵) 등이 탁군에서 장풍을 토벌하여 사로잡았다.

○ 【侯霸保全臨淮】

侯霸保全臨淮 王莽末에 天下亂이어늘 臨淮大尹侯霸獨能保全其郡이러니 帝徵霸會壽春하여 拜尙書令하다 時朝廷無故典하고 又少舊臣이라 霸明習故事하여 收錄遺文하고 條奏前世善政法度하여 施行之하다

【후패가 임회군을 보전하다】

왕망 말기에 천하가 어지러웠으나 임회군(臨淮郡)의 대윤(大尹) 후패(侯霸)만은 그 군을 보전하였다. 광무제가 후패를 불러 수춘(壽春)에서 만나 상서령을 제수하였다. 당시 조정에는 옛 제도가 없었고, 또 원로 신하가 적었다. 후패는 전례를 밝게 익혀 산실된 글들을 모아 기록하고, 이전 시대의 훌륭한 정치와 법도를 조목별로 아뢰어 시행하게 하였다.

○ 【公孫述井底蛙】

公孫述井底蛙 更始之末에 公孫述卽皇帝位於成都하다 隗囂使馬援往觀述한대 援素與述同里閈으로 相善이라 以爲旣至에 當握手歡如平生이러니 而述盛陳陛衛以延援入하고 交拜禮畢에 使出就舘하고 更爲援製都布單衣交讓冠하고 會百官於宗廟中하여 立舊交之位하다 述鸞旗旄騎하여 警蹕就車하여 磬折而入하니 禮饗官屬甚盛하다 欲授援以封侯大將軍位하니 賓客皆樂留어늘 援曉之曰 天下雌雄未定

이어늘 公孫不吐哺走迎國士하여 與圖成敗하고 反修飾邊幅하여 如偶人形하니 此子何足久稽天下士乎아하고 因辭歸하여 謂囂曰 子陽은 井底蛙耳라 而妄自尊大하니 不如專意東方이니이다하다

【공손술은 우물 안 개구리이다】

경시(更始) 말년에 공손술(公孫述)이 성도에서 황제에 즉위하자, 외효(隗囂)가 마원(馬援)을 보내어 공손술을 살피게 하였다. 마원이 본래 공손술과 같은 마을 출신으로 서로 사이가 좋았다. 마원은 성도에 도착하면 공손술이 손을 부여잡고 평소처럼 반가워할 것이라 생각하였다. 그런데 공손술이 뜰 앞에 호위병을 삼엄하게 세워놓은 채 마원을 청하여 들어오게 하고, 서로 절하는 예를 마치자 관사(館舍)로 나아가게 하였다. 다시 마원을 위하여 도포단의(都布單衣)와 교양관(交讓冠)을 만들고, 모든 관료를 종묘의 안에 모이게 하여 옛 친구로 대접하였다. 공손술이 난기(鸞旗)와 모기(旄騎)로 경계하고 벽제하며 수레에 올라 몸을 경쇠처럼 구부리며 들어왔는데, 예의를 갖추어 연향했고 관속이 매우 성대하였다. 마원을 제후로 봉하고 대장군으로 임명하고자 하니, 마원의 수종(隨從)들이 모두 즐거워하여 머물려고 하였는데, 마원이 그들을 깨우쳐 말하기를,

"천하의 자웅(雌雄 : 승부)이 정해지지 않았는데, 공손술이 먹던 음식을 뱉고 달려가 국가의 선비를 맞이하여17) 함께 성패를 도모하지 않고, 도리어 겉다리를 꾸미는 데에 힘쓰고 있으니 허수아비의 형상과 같다. 이 사람이 어떻게 천하의 선비들을 오래 머물게 할 수 있겠는가?"

하고는 바로 하직하고 돌아가 외효에게,

"자양(子陽 : 공손술)은 우물 안 개구리일 뿐입니다. 그런데도 제멋대로 자신을 높이며 큰 체 하고 있으니, 오로지 동방의 광무제18)와 결속하는 데에 뜻을 두는 것만 못합니다."

하였다.

---

17) 먹던 음식을 뱉고 달려가 국가의 선비를 맞이하여 : 주(周)나라 주공(周公)이 현인(賢人)을 맞이한 고사. 주공은 현인을 맞이하는 일로 한 번 목욕하다 세 번이나 머리칼을 움켜쥐어 중단하였고, 한 번 밥 먹다가 세 번이나 토해내어 중단하는 경우가 있었다.

18) 동방의 광무제 : 동방은 낙양(雒陽)을 뜻하는데, 이 때 광무제는 낙양에 도읍을 정하고 있었다.

【光武大度同高祖】

光武大度同高祖 馬援遨遊二帝間 非但君擇臣 臣亦擇君 帝王自有眞

囂乃使援奉書洛陽하다 援初到에 帝在宣德殿南廡下하여 但幘하고 坐하여 迎笑라 謂援曰 卿遨遊二帝間하니 今見卿에 使人大慙이라하니 援頓首辭謝하고 因曰 當今之世에 非但君擇臣이라 臣亦擇君耳니이다 臣與公孫述同縣하여 少相善이라 臣前至蜀에 述陛戟而後進臣이어늘 臣今遠來에 陛下何知非刺客姦人하시고 而簡易若是잇가하다 帝復笑曰 卿非刺客이라 顧說客耳로다하니 援曰 天下反復하여 盜名字者不可勝數나 今見陛下恢廓大度가 同符高祖하니 乃知帝王自有眞也로소이다하다

【광무제의 넓고 큰 도량이 한 고조와 같다】

외효가 마침내 마원을 사신으로 보내어 낙양에 글을 올리게 하였다. 마원이 처음 도착했을 때, 광무제가 선덕전 남쪽 행랑 아래에서 두건만 쓰고 앉아 그를 웃으며 맞이하였다. 마원에게 말하기를,

"경이 두 황제의 사이에서 분주히 왔다 갔다 하니, 지금 경을 보기에 부끄럽기 그지없소."

하니, 마원은 머리를 조아려 하례하고 이어서 말하기를,

"지금 세상에는 단지 임금만 신하를 선택할 뿐만 아니라, 신하도 임금을 선택합니다. 저는 공손술과 동향〔무릉현(茂陵縣)〕 출신으로 젊어서 사이가 좋았습니다. 제가 지난번에 촉(蜀 : 공손술의 처소)에 갔었는데, 공손술은 뜰 앞에 호위병을 엄중히 세우고 난 뒤에야 저를 맞이하였습니다. 저는 지금 먼 곳에서 왔는데, 폐하께서는 제가 자객이나 간악한 사람이 아님을 어떻게 아시고 이와 같이 간편하게 대하시는 것입니까?"

하였다. 광무제가 다시 웃으며,

"경은 자객이 아니라, 다만 유세꾼일 뿐이오!"

하니, 마원이 말하기를,

"천하가 반란하여 황제의 명칭을 도용하는 자들을 이루 다 헤아릴 수 없습니다. 지금 폐하께서 넓고 큰 도량이 한 고조와 같으니 제왕에는 본래 진짜가 있음을 알겠습니다."

하였다.

【기축(己丑 29) 건무(建武) 5년】

○ 【光武才明勇畧 非人敵】

光武才明勇畧非人敵

帝使來歙持節送馬援歸隴右하다 隗囂與援共臥起하여 問以東方事曰 前到朝廷하니 上引見數十하사 每接燕語한대 自夕至旦하시니 才明勇畧이 非人敵也요 且開心見誠하여 無所隱伏하니 闊達多大節은 畧與高帝同하고 經學博覽과 政事文辨은 前世無比니이다하다 囂曰 卿謂何如高帝오한대 援曰 不如也니 高帝無可無不可어니와 今上好吏事하사 動如節度하시고 又不喜飮酒니이다하니 囂意不懌曰 如卿言인댄 反復勝邪아하다

【광무제의 재능과 지혜, 용맹과 책략은 상대할 사람이 없다】

광무제가 내흡(來歙)을 시켜 부절을 가지고 마원(馬援)을 전송하여 농우(隴右)로 돌아가게 하였다. 외효(隗囂)가 마원과 함께 자고 일어나 동방의 일에 대해 물었는데, 마원이 말하기를,

"일전에 광무제의 조정에 이르자 광무제가 인도시켜 알현케 한 것이 수십 차례였습니다. 뵐 때마다 한담을 나누었는데 저녁부터 아침까지 하였습니다. 〈광무제의〉 재능과 지혜, 용맹과 책략은 다른 사람이 상대할 수 없습니다. 또한 마음을 열고 진심을 보여 숨기는 것이 없으니, 활달하며 큰 절도가 많음은 고제(高帝 : 유방(劉邦))와 같았고, 경학을 널리 읽은 것과 정사와 문장 논변은 앞 시대에서 견줄 사람이 없습니다."

하였다. 외효가 말하기를,

"경의 생각에는 고제에 비해 어떻소?"

하니, 마원이 말하기를,

"고제만 못합니다. 고제는 옳고 그름에 얽매이지 않았지만, 지금 황제는 정사를 좋아하여 행동이 법도에 맞고, 또 술 마시는 것을 좋아하지 않습니다."

하였다. 외효가 속으로 기뻐하지 않으면서 말하기를,

"경의 말대로라면 도리어 고제보다 낫겠소이다!"

하였다.

○ 【馬武王霸擊蘇茂周建破之】

馬武王霸擊蘇茂周建破之

馬武王霸擊蘇茂周建破之한대 建於道死하고 茂犇下邳하여 與董憲合하고 劉紆犇佼彊하다

【마무와 왕패가 소무와 주건을 쳐서 격파하다】

마무(馬武)와 왕패(王霸)가 소무(蘇茂)와 주건(周建)을 쳐서 격파하였다. 주건은 길에서 죽었고, 소무는 하비(下邳)로 도망쳐 동헌(董憲)과 합류하였고, 유우(劉紆)는 교강(佼彊)에게로 도망쳤다.

○ 【封子密爲不義侯】

封子密爲不義侯

彭寵의 蒼頭子密等三人이 殺寵以降이어늘 帝封子密爲不義侯하다

【자밀을 불의후로 봉하다】

팽총(彭寵)의 노복인 자밀(子密) 등 3명이 팽총을 죽이고 항복하자, 광무제가 자밀을 불의후(不義侯)로 봉하였다.

○ 【以郭伋爲漁陽太守】

以郭伋爲漁陽太守

帝以郭伋爲漁陽太守하다 伋承離亂之後하여 養民訓兵하여 開示威信하니 盜賊銷散하고 匈奴遠迹하여 在職五年에 戶口增倍하다

【곽급을 어양태수로 삼다】

광무제가 곽급(郭伋)을 어양태수(漁陽太守)로 삼았다. 곽급이 난리를 겪은 뒤를 <수습하기 어려운 국면을> 이어받아 백성을 양육하고 군대를 훈련시켜 위신을 세우니, 도적이 흩어져 없어지고 흉노가 멀리 자취를 감추었다. 어양태수로 재직한지 5년이 되자 호구(戶口)가 두 배로 늘었다.

○ 【吳漢破富平獲索賊】

吳漢破富平獲索賊

吳漢率耿弇等擊富平獲索賊於平原하여 大破之어늘 上因詔弇進討張步하다

【오한이 부평과 획색의 적을 격파하다】

오한(吳漢)이 경감(耿弇) 등을 거느리고 부평(富平)과 획색(獲索)의 적도들을 평원(平原)에서 쳐서 크게 격파하자, 광무제가 이어서 경감에게 조서를 내려 장보(張步)를 진격하여 토벌하게 하였다.

○ 【光武自將討龐萌】

光武自將討龐萌

平敵將軍龐萌은 爲人遜順하니 帝信愛之하여 常稱曰 可以託六尺之孤하고 寄百里之命者는 龐萌是也라하고 使與蓋延共擊董憲하다 時詔書獨下延而不及萌이라 萌以爲延譖己라하여 自疑하고 遂反襲延軍하여 破之하고 與董憲連和하여 自號東平王이어늘 帝聞之하고 大怒하여 自將討萌할새 與諸將書曰 吾嘗以龐萌爲社稷臣이러

龐萌社稷臣

니 將軍得無笑其言乎아 老賊當族이니 其各厲兵馬하여 會睢陽하라하다

【광무제가 직접 지휘하여 방맹을 토벌하려 하다】

평적장군(平敵將軍) 방맹(龐萌)은 사람됨이 겸손하고 유순하여 광무제가 그를 믿고 아꼈으며 항상 칭찬하기를,

"어린 임금을 맡기고, 제후를 맡길 만한19) 자는 바로 방맹이다."

하였다. 그를 시켜 합연(蓋延)과 함께 동헌(董憲)을 치게 하였는데, 당시 조서가 합연에게만 내려오고, 방맹에게는 오지 않았다. 방맹은 합연이 자기를 참소했다고 의심하고, 거꾸로 합연의 군대를 습격하여 격파하고, 동헌과 연합하여 스스로 동평왕(東平王)이라 하였다. 광무제가 그 소식을 듣고 크게 노하여, 직접 지휘하여 방맹을 토벌하려고 하면서 여러 장군들에게 보낸 글에 말하기를,

"내가 항상 방맹을 사직의 신하라고 하였는데, 장군들이 내 말을 비웃지 않을 수 있겠는가? 늙은 도적을 마땅히 멸족할 것이니, 각각 병마를 정비하여 수양(睢陽)에 집합하라."

하였다.

○ 【班彪謂漢必復興】

班彪謂漢必復興 隗囂問於班彪曰 往者周亡에 戰國並爭하여 數世然後定이라 意者從橫之事復起於今乎아 將承運迭興하여 在於一人也아하다 彪曰 周之廢興이 與漢殊異하니 昔周爵五等할새 諸侯從政하여

本根旣微 枝葉彊大 本根旣微에 枝葉彊大라 故其末流有從橫之事하니 勢數然也어니와 漢承秦制하여 改立郡縣하니 主有專己之威하고 臣無百年之柄이러니 至

19) 어린 임금을 맡기고, 제후를 맡길 만한 : 증자(曾子)가 "6척(尺) 키의 어린 임금을 부탁할 수 있고, 100리(里) 되는 제후국을 맡길 수 있고, 큰 절개를 지켜야 할 일이 앞에 닥쳐도 그 뜻을 빼앗을 수 없다면 군자다운 사람인가. 군자다운 사람이다.〔曾子曰 可以託六尺之孤 可以寄百里之命 臨大節而不可奪也 君子人與 君子人也〕"라고 한 데서 온 말이다.(≪論語 泰伯≫)

於成帝하여 假借外家하고 哀平短祚하여 國嗣三絶이라 故王氏擅朝하여 能竊號位하니 危自上起나 傷不及下라 是以卽眞之後에 天下引領而歎하니 十餘年間에 中外騷擾하고 遠近俱發하여 假號雲合에 咸稱劉氏를 不謀同辭하니 方今雄桀帶州域者가 皆無六國世業之資하고 而百姓謳吟思仰하니 漢必復興을 已可知矣니라한대 囂曰 生言周漢之勢可也어니와 至於但見愚人習識劉氏姓號之故로
秦失其鹿 劉季逐而掎之 而謂漢復興은 疏矣로다 昔秦失其鹿에 劉季逐而掎之하니 時民復知漢乎아하다

【반표가 한나라는 반드시 다시 일어날 것이라고 하다】

외효가 반표(班彪)에게 묻기를,

"옛날에 주(周)나라가 멸망하자 전국이 서로 다투어 여러 대가 지난 뒤에야 평정되었소. 생각해 보건대 합종(合從)과 연횡(連橫)의 일이 지금 다시 일어나겠소? 또는 천운을 이어 바뀌어 일어남이 한 사람에게 있겠소?"

하자, 반표가 말하였다.

"주(周)나라의 흥망은 한(漢)나라와 다릅니다. 옛날 주나라는 다섯 등급으로 작위를 주었는데, 제후들이 각자 정치를 하여 근본(주나라)은 미약해지고 지엽(제후)이 강대해졌습니다. 그러므로 주나라 말기에 합종과 연횡의 일이 있었으니, 형세와 운수가 그러했던 것입니다. 한나라는 진(秦)나라 제도를 잇고 군과 현을 바꾸어 세웠으니[20], 군주는 자신만이 독재할 위엄을 가지고 있었고, 신하에게는 백년의 장구한 권력이 없었습니다. 성제(成帝)에 이르러 〈권세를〉 외가에 빌려주고, 애제(哀帝)·평제(平帝)는 재위 기간이 짧아 국

---

20) 한나라는 진(秦)나라 제도를 잇고 군과 현을 바꾸어 세웠으니 : 진나라는 주나라의 공·후·백·자·남(公侯伯子男) 오등작(五等爵) 봉건(封建) 제후국(諸侯國)을 폐지하고 천하를 36군(郡)으로 편성하여 군수(郡守)를 두었는데, 한나라는 한편으로 진나라를 이어 군(郡)을 두어 군수에게 관할케 하였으나, 한편으로는 변경하여 왕국(王國)을 두어 동성(同姓) 유씨(劉氏)로 왕(王)을 삼아 관할하게 하였다. 그리하여 한나라는 군수의 군과 왕의 왕국이 병존하였는데 이를 군국(郡國)으로 합칭한다.

가의 후사가 세 번이나 끊어졌습니다.[21] 그러므로 왕씨(王氏: 왕망(王莽))가 조정을 제멋대로 독점하여 황제의 호칭과 지위를 훔칠 수 있었으니, 국가의 위기는 황제에게서 일어났으나 그 피해는 백성에게 미치지 않았습니다.[22] 그러므로 왕망이 정식 황제에 즉위한 뒤 천하가 목을 빼고 한탄하였으며, 십여 년 동안 안팎이 소란하고, 멀고 가까운 데서 모두 들고 일어나 황제 호칭을 빌려서 대중을 구름처럼 모을 적에 모두 유씨(劉氏)라고 일컫기를 논의할 것 없이 한 목소리를 냈습니다. 지금 주역(州域)을 점거한 웅걸들은 모두 육국(六國 : 전국(戰國)의 여섯 나라)처럼 대를 이어 내려오던 국가 기업의 바탕이 없고, 백성들은 한나라를 노래하고 읊조리며 생각하고 그리워하니 한나라가 반드시 다시 일어날 것을 이미 알 수 있습니다."

외효가 말하였다.

"선생이 주나라와 한나라의 형세를 말한 것은 옳으나, 그대가 다만 어리석은 사람들이 유씨의 성과 호칭을 익숙히 아는 것을 본 이유만으로 한나라가 다시 일어난다고까지 말한 것은 고루하오! 옛날 진나라가 그 사슴(보위)을 잃자 유계(劉季 : 유방(劉邦))가 달려가 잡았는데 당시 백성들이 한나라를 알았습니까?"

【班彪著王命論】

班彪著王命論

彪乃爲之著王命論以風切之曰 昔堯之禪舜曰 天之曆數在爾躬이라하시니 舜亦以命禹하사 洎于稷契하얀 咸佐唐虞러니 至湯武而有天下하고 劉氏承堯之祚하니 堯據火德而漢紹之하여 有赤帝子之符어늘 俗見高祖興於布衣하고 不達其故하여 至比天下於逐鹿하여 幸捷而得之라하되 不知神器有命하여 不可以智力求也하니 悲夫라 此世所以多亂臣賊子也로다 夫餓饉流隷가 飢寒道路에 所願

---

21) 국가의 후사가 세 번이나 끊어졌습니다 : 성제(成帝)·애제(哀帝)·평제(平帝)가 아들이 없음을 말함.

22) 국가의 위기는 … 그 피해는 백성에게 미치지 않았습니다 : 성제(成帝)가 권력을 외가에 빌려주었으나 백성들에게 죄가 미쳐가지 않음을 말함.

不過一金이나 然終轉死溝壑은 何則고 貧窮亦有命也일새니 況乎天子之貴와 四海之富와 神明之祚를 可得而妄處哉아 故雖遭離阨會하여 竊其權柄하여 勇如信布하고 彊如梁籍하고 成如王莽이라도 然卒潤鑊伏質하여 烹醢分裂이어든 又況么麽不及數子오 而欲闇奸天位者乎아 昔陳嬰之母以嬰家世貧賤으로 卒富貴不祥이라하여 止嬰勿王하고 王陵之母知漢必得天下하고 伏劒而死하여 以固勉陵하니 夫以匹婦之明으로도 猶能推事理之致하며 探禍福之機하여 而全宗祀於無窮하며 垂策書於春秋어든 而況大丈夫之事乎아 是故窮達有命하고 吉凶由人이라 嬰母知廢하고 陵母知興하니 審此二者면 帝王之分決矣라 加之高祖寬明而仁恕하시고 知人善任使하사 當食吐哺하여 納子房之策하시고 拔足揮洗하여 揖酈生之說하시고 擧韓信於行陳하시며 收陳平於亡命하시니 英雄陳力하고 羣策畢擧라 此高帝之大畧所以成帝業也니라 若乃靈瑞符應은 其事甚衆이라 故淮陰留侯謂之天授非人力也라하니 英雄誠知覺寤하여 超然遠覽하고 淵然深識하여 收陵嬰之明分하고 絶信布之覬覦하면 則福祚流於子孫하여 天祿其永終矣리라한대 囂不聽이어늘 彪遂避地河西한대 竇融以爲從事하여 甚禮重之어늘 彪遂爲融畫策하여 使之專意事漢焉하다

(窮達有命 吉凶由人)

(班彪爲竇融畫策)

【반표가 왕명론을 짓다】

반표가 이에 외효를 위하여 ≪왕명론(王命論 : 제왕과 천명의 논의)≫을 지어 풍자하여 비판하니 다음과 같았다. "옛날 요(堯)가 순(舜)에게 선양(禪讓)하며 '천운(天運)이 네 몸에 있다.'라고 하였는데, 순도 우(禹)에게 그것으로 명하였다. 직(稷)과

설(契)에 이르러서는 모두 당(唐 : 요)과 우(虞 : 순)를 도왔더니, 설의 후손 탕왕(湯王)과 직의 후손 무왕(武王)에 이르러서 천하를 소유하였다. 유씨(劉氏)는 요의 제위를 이었으니, 요는 화덕(火德)에 의거하였는데 한나라가 이를 계승하였으며[23] 적제자(赤帝子 : 화덕의 후손)의 예언이 있었다. 세상 사람들은 한고조가 평민에서 일어난 것만 보고는 그 까닭을 알지 못하여, 심지어는 천하를 사슴을 쫓는 것에 비유하여 요행으로 이겨 얻었다 하지만, 제위는 천명이 있어 지혜와 힘으로 구할 수 없음을 알지 못하니, 슬프도다! 이것이 세상에 무도한 신하와 못된 자식이 많게 된 까닭이다. 대저 기근으로 타향을 떠도는 미천한 백성들이 길에서 굶주리고 떨 적에, 바라는 것이 돈 한 푼에 불과하거늘 끝내 죽음의 구렁텅이로 굴러 떨어지는 것은 어째서인가? 궁핍한 것도 역시 천명이 있기 때문이다. 하물며 천자의 존귀함과 사해의 부유함과 신명이 내리는 복록을 함부로 누릴 수 있겠는가! 그러므로 비록 재난을 만나 권력을 훔치고, 한신(韓信)과 영포(英布)처럼 용맹하며, 항량(項梁)과 항적(項籍)처럼 강하고, 왕망(王莽)처럼 이루어내더라도, 결국 가마솥에 적셔 끓여지고 도끼 모탕에 엎어져 잘리며, 삶아지고 젓 담가지며 사지가 찢기는데, 하물며 좀생이들로 위의 몇 사람에도 미치지 못하면서 몰래 천자의 자리를 침범하려는 자들이야 말할 것이 있겠는가!

옛날 진영(陳嬰)의 어머니는 진영의 집안이 대대로 빈천하다가 갑자기 부귀해지는 것은 상서롭지 못하다고 여겨 왕(王)이 되지 말라고 진영을 만류하였다. 왕릉(王陵)의 어머니는 한나라가 반드시 천하를 얻을 것을 알고 칼에 엎어져 죽으면서 한왕(漢王 : 유방)을 돕도록 왕릉을 굳게 권면하였다. 평범한 여인의 명석함으로도 능히 사리의 이치를 추측하고, 화복(禍福)의 기미를 살펴서 제사를 무궁한 후세에 보존하고, 기록을 역사에 전했는데, 하물며 대장부의 일이야 말할 것이 있겠는가?

이러한 이유로 곤궁과 영달은 천명에 달려있고, 길함과 흉함은 사람에 달려 있다. 진영의 어머니는 아들이 왕이 되면 멸망할 것을 알았고, 왕릉의 어머니는 한나라가 흥할 것을 알았으니, 이 두 가지를 살펴보면 제왕의 분수가 결정될 것이다. 이에 더하여 고조는 관대하며 명민하고 어질며 후덕하였고, 사람을 알아보아 잘 임용하여 부렸다. 음식을 먹다가도 토해내고서 자방(子房 : 장량(張良))의 책략을 받아들였고,[24] 발을 씻다가도 물리치고서 역생(酈生 : 역이기(酈食其))의 말을 받아

23) 유씨(劉氏)는 요의 제위를 이었으니, … 한나라가 이를 계승하였으며 : 요의 화덕을 오행상생(五行相生)의 순서에 의한 계승으로 한나라가 화덕을 표방한 것을 말함. 이러한 연관성은 한나라가 천명에 의해 건국되었다는 정통성을 확립하게 되는 것이다. 이 설은 한나라 유향(劉向)이 제기하였다.

24) 음식을 먹다가도 토해내고서 자방(子房 : 장량(張良))의 책략을 받아들였고 : 역이기가 전

들였으며[25] 한신을 졸병에서 발탁하였고 진평(陳平)을 망명자에서 거두어들이니, 영웅들이 힘을 펼치고 여러 책략이 모두 거행되었다. 이것이 고제의 원대한 지략으로 황제의 사업을 이룰 수 있었던 까닭이다. 상서로운 조짐이 현실에 들어맞아 나타나는 것은 그 일이 매우 많았다. 그러므로 회음후(淮陰侯) 한신과 유후(留侯) 장량이 고조를 일러 '하늘이 준 것이요, 사람의 힘이 아니다.'라고 하였다. 영웅들이 진실로 어떤 잘못이나 사실 등을 깨달아 알고 초연하게 멀리 보고 심원하게 깊이 알아서, 왕릉과 진영이 자신의 분수를 확실히 알았던 것을 받아들이고, 한신과 영포가 가졌던 분수에 넘치는 야심을 끊어버린다면, 복록이 자손에게 흘러내려가 하늘의 녹봉이 장구히 이어질 것이다!"

외효가 받아들이지 않자 반표는 떠나 하서(河西)로 피하였는데, 두융(竇融)이 그를 종사(從事)로 삼아 극진히 예우하고 정중히 대하였다. 반표가 드디어 두융을 위하여 계책을 내어 일념으로 한나라를 섬기게 하였다.

○ 【竇融歸漢】

竇融歸漢 初에 竇融自守河西聞帝威德하고 心欲東向이나 以河西隔遠으로 未能自通하여 乃從隗囂受建武正朔한대 囂皆假其將軍印綬하다

隗囂內懷異心 囂外順人望이나 內懷異心하여 使辯士張玄說融等曰 更始事已成

一姓不再興之效 이라가 尋復亡滅하니 此一姓不再興之效라 當各據土宇하여 與隴蜀合從이면 高可爲六國이요 下不失尉佗니라하다 融等召豪傑議之하니 其中識者皆曰 今皇帝姓名見於圖書하니 漢有再受命之符라하여늘 融遂決策東向하여 遣長史劉鈞等奉書詣洛陽하다

국(戰國) 육국(六國)의 후손을 세워 우리 편을 확립해놓자고 하자, 한왕 유방은 도장을 새기고 역이기를 보내 그들을 세우려 하다가 장량에게 물었는데, 장량이 8가지 어려움을 발언하니, 한왕은 음식을 먹다가 토해내고 역이기를 질책하며 일을 망칠 뻔하였다고 하였다.

25) 발을 씻다가도 물리치고서 역생(酈生 : 역이기(酈食其))의 말을 받아들였으며 : 역이기가 감문(監門)이었을 때 패공(沛公) 유방에게 조언을 하려고 만나게 되었는데, 패공은 걸터앉아서 두 여자에게 발을 씻기고 있었다. 역이기는 절을 하지 않고 크게 읍례(揖禮)를 하면서 "귀하가 무도한 진나라를 주벌하려면 걸터앉아 어른을 만나는 것은 마땅치 않소!"라고 하자, 패공은 일어나 옷을 단속하며 사과하고 윗자리에 모셨는데, 역이기가 계책을 말해주었다.

【두융이 한나라로 귀순하다】

본래 두융은 스스로 하서(河西)를 지키고 있었는데 광무제의 위엄과 덕망을 듣고 마음은 광무제가 있는 동쪽으로 향하고 싶었지만, 하서가 멀리 떨어져 있어 직접 통할 수 없었다. 그래서 외효를 통해 건무(建武 : 광무제 연호)를 쓴 책력을 받아 복종하였는데, 외효가 모두에게 장군 관직을 서리(署理)로 수여하였다. 외효는 겉으로는 사람들의 기대를 따르는 듯했지만 속으로는 딴 마음을 품고 있어, 말솜씨가 능란한 인물인 장현(張玄)을 시켜 두융 등에게 유세하기를,

"경시(更始 : 劉玄)의 국가 수립은 이루어졌다가 곧 다시 멸망하였으니, 이는 하나의 성씨(姓氏 : 劉氏)가 다시 일어나지 못할 징험입니다. 마땅히 각기 자신의 땅에 웅거하여 농(隴)의 외효(隗囂), 촉(蜀)의 공손술(公孫述)과 합종 조약을 맺으면, 잘되면 전국 시대의 6국처럼 될 수 있고, 안되면 남해위(南海尉) 조타(趙佗)[26]만큼 못되지 않을 것입니다."

하였다. 두융 등이 호걸들을 불러 의논했는데, 그 중 식견 있는 이들이 모두 말하기를,

"지금 황제 유수(劉秀)의 성명이 예언서에 보이니, 한나라가 다시 천명을 받을 조짐입니다."

하였다. 두융이 드디어 유수가 있는 동쪽으로 향할 계책을 결정하고, 장사(長史) 유균(劉鈞) 등을 보내어 서찰을 받들고 낙양에 가게 하였다.

【光武明見萬里之外】

光武明見萬里之外
光武賜融璽書

帝見鈞懽甚하여 禮饗畢에 乃遣令還할새 賜融璽書曰 今益州有公孫子陽하고 天水有隗將軍하니 方蜀漢相攻에 權在將軍이라 擧足左右에 便有輕重이라 以此言之인댄 欲有相厚豈有量哉아 欲遂立桓文하여 輔微國인댄 當勉卒功業이요 欲三分鼎足하여 連衡合從인

26) 남해위(南海尉) 조타(趙佗) : 진(秦) 이세황제(二世皇帝) 때 남해위(南海尉) 임효(任囂)가 병들어 죽게 되자 용천령(龍川令) 조타(趙佗)를 불러 남해위의 일을 행하게 하였는데, 이를 위타(尉佗)라고 불렀다. 임효가 죽자 조타는 중국이 혼란한 틈을 타서 스스로 즉위하여 남월무왕(南粤武王)이라고 하였다. 유방(劉邦)이 한을 건국한 뒤에 조타를 남월왕(南越王)에 봉하였다.

댄 亦宜以時定이라 天下未幷하여 吾與爾絶域이요 非相呑之國이니

王者有分土無分民 今之議者가 必有任囂教尉佗制七郡之計하리니 王者有分土하고

無分民하니 自適己事而已라하고 因授融爲涼州牧하다 璽書至河

河西皆驚 西하니 河西皆驚하여 以爲天子明見萬里之外라하다

【광무제가 만 리 밖까지 훤히 보다】

광무제는 유균을 보고 매우 기뻐하여 연향례(宴享禮)를 마친 뒤 돌려보내면서 두융에게 조서를 내려 말하였다.

"지금 익주(益州)에는 공손자양(公孫子陽 : 공손술)이 있고, 천수(天水)에는 외효 장군이 있다. 바야흐로 촉과 한이 서로 공격하는데 관건(關鍵)을 쥔 것은 장군(두융)에게 있으니, 발을 들어 왼쪽으로 향하면 촉이 중해지고 오른쪽으로 향하면 한이 중해지는 경중이 결정된다. 이것으로 말한다면 둘이 서로 후대하고자 함이 어찌 한량이 있겠는가! 제환공과 진문공과 같은 이를 세워 미약한 나의 나라를 돕고자 한다면 마땅히 힘써 공업을 이루어야할 것이요, 세 발 솥처럼 셋으로 나누어 연횡과 합종의 연맹을 맺고자 한다면 마땅히 시세를 의거해 보아 결정해야 할 것이다. 천하가 아직 통일되지 않아 내가 그대와 지역적으로 단절되어 있으니 서로 병탄할 나라도 아니다. 지금 논의 가운데 필시 임효(任囂 : 위타의 상관)가 위타(尉佗)에게 가르쳐준 일곱 개 군(郡)을 제어하는 계책27)이 있을 것이다. 왕자는 땅을 제후들에게 몫으로 주어도 백성을 몫으로 주지는 않으니,28) 스스로 자기의 일을 알맞게 할 뿐이다."

이어 두융을 임명하여 양주목(涼州牧)으로 삼았다. 조서가 하서에 이르자, 하서 사람들이 모두 놀라며 천자가 만 리 밖까지 훤히 내다본다고 하였다.

---

27) 임효(任囂 : 위타의 상관)가 위타(尉佗)에게 가르쳐준 일곱 개 군(郡)을 제어하는 계책 : 남해위 임효가 조타에게 남해(南海)·울림(鬱林)·창오(蒼梧)·합포(合浦)·교지(交趾)·구진(九眞)·일남(日南)의 일곱 군을 제어할 계책을 일러 준 것을 말함. 당시에 일곱 군은 설치하지 않았고 광무제가 뒤에 설치한 명칭으로 말한 것이다.

28) 왕자는 땅을 제후들에게 몫으로 주어도 백성을 몫으로 주지는 않으니 : 땅은 고정되어 있어 제후에게 몫을 지어 줄 수 있으나 백성들은 거처가 고정되지 않아 왕래하므로 몫을 지어줄 수 없다는 것이다. 원문 분(分)은 부(扶)와 문(問)의 반절로 거성(去聲)으로써 '몫을 짓다.'는 뜻이고, '나누다.'는 뜻이 아니다.

○ 【耿弇破張步】

耿弇破張步

張步聞耿弇至하고 使其將軍歷下하고 又分兵屯祝阿하고 別於泰山鍾城列營數十以待之어늘 弇渡河하여 先擊祝阿하여 拔之하다 時張步都劇이라가 弇至臨淄城하여 出不意하여 半日拔之하고 入據其城하여 以激怒步하니 步兵二十萬이 至臨淄大城東하여 將攻弇이어늘 弇大破之하다 是時帝在魯하여 聞弇爲步所攻하고 自往救之할새 未至에 陳俊謂弇曰 劇虜兵盛하니 可且閉營休士하여 以須上來니라한대 弇曰 乘輿且到하니 臣子當擊牛釃酒以待百官이어늘 反欲以賊虜遺君父耶아하다 乃出兵大戰하여 自旦及昏히 復大破之하니 殺傷無數하고 溝塹皆滿하다 弇知步困將退하고 豫置左右翼爲伏以待之러니 人定時에 步果引去어늘 伏兵起縱擊하여 追至鉅昧水上하니 八九十里에 僵尸相屬하고 收得輜重二千餘兩하다

臣子當擊牛釃酒以待百官

【경감이 장보를 격파하다】

장보(張步)는 경감(耿弇)이 쳐들어온다는 소식을 듣고 자신의 휘하 장군을 역하성(歷下城)에 파견하고, 또 군대를 나누어 축아현(祝阿縣)에 주둔하게 하고, 따로 태산(泰山)의 종성(鍾城)에 수십 진영을 진열시켜 대기하도록 하였는데, 경감이 황하를 건너서 먼저 축아성을 공격하여 빼앗았다. 당시 장보는 극현(劇縣)에 도읍하였는데, 경감이 임치현(臨淄縣)에 당도하여 무방비한 텅 빈 곳으로 출격하여 한나절 만에 함락시키고 그 성에 들어가 점거하여 장보를 격분시켰다. 장보의 20만 군대가 임치현 대성(大城) 동쪽에 이르러 경감을 공격하려 하였는데, 경감이 그를 크게 격파하였다. 이 때 광무제가 노성(魯城)에 있다가 '경감이 장보에게 공격을 받는다.'는 소식을 듣고 직접 가서 구원하려 하였다. 광무제가 도착하기 전에 진준(陳俊)이 경감에게 말하기를,

"극현의 오랑캐(장보) 군대가 성대하니, 잠시 진영을 닫고 군사를 쉬게 하여 광무제께서 오시기를 기다리는 것이 좋겠습니다."

하니, 경감이 말하기를,

"천자께서 오려 하시니 신하가 마땅히 소를 잡고 술을 걸러 백관을 대접해야 하거늘, 도리어 적 오랑캐를 군부(君父)에게 남겨 주려 하느냐?"

하고, 마침내 군대를 출동시켜 크게 싸웠다. 새벽부터 저물녘까지 싸워 다시 크게 격파하니, 죽이거나 다치게 한 자를 셀 수 없었고, 도랑과 참호(塹壕)가 시체로 가득 찼다. 경감은 장보가 곤궁하여 퇴각할 것을 알아차리고 미리 좌우익을 배치시켜 잠복하여 대기하게 하였다. 인정(人定: 밤10시쯤) 때에 장보가 과연 군대를 이끌고 떠나는데, 복병이 일어나 종횡무진 공격하여 추격해 거매수(鉅昧水) 가에 이르렀다. 80~90리에 걸쳐 시체가 서로 이어졌고, 경감이 군수 물품차 2천여 대를 획득하였다.

【耿弇比韓信】

耿弇比韓信 步還劇하고 後數日에 車駕至臨淄하여 自勞軍할새 羣臣大會하다 帝謂弇曰 昔韓信破歷下以開基러니 今將軍攻祝阿以發迹하니 此皆齊之西界라 功足相方이요 而韓信襲擊已降이어늘 將軍獨拔勍敵하니 其功又難於信也로다 又田橫烹酈生이러니 及田橫降에 高帝詔衛尉不聽爲仇하니 張步前殺伏隆이나 若步來歸命이면 吾當詔大司徒釋其怨하리니 又事尤相類也로다 將軍前在南陽에 建此

有志者事竟成 大策하여 常以爲落落難合이라하더니 有志者事竟成也로다하다

【경감을 한신에 견주다】

장보가 극현으로 돌아가고, 며칠 뒤에 천자가 임치현에 도착하여 직접 군사들을 위로할 때 여러 신하들이 많이 모였다. 광무제가 경감에게 말하였다.

"옛날 한신(韓信)은 역하(歷下)를 격파하여 왕업을 열었는데, 지금 장군은 축아현을 공격하여 공적을 세웠으니, 이는 모두 제(齊)나라의 서쪽 경계이며 공적도 충분히 비교할 만하오. 그런데 한신은 이미 항복한 자를 습격하였지만29) 장군은 홀로 강한 적을 물리쳤으니, 그 공은 또한 한신보다 성대

한 것이오. 또 전횡(田橫)이 역생(酈生: 酈食其)을 삶아 죽였으나, 전횡이 항복한 뒤에 고제(高帝)께서 위위(衛尉 : 역이기 동생 酈商)에게 명령하여 원수 갚는 것을 허락하지 않았소.30) 장보가 앞서 복륭(伏隆)을 죽였으나, 만약 장보가 귀순해 온다면 나도 대사도(大司徒 : 복륭의 아들 복담(伏湛))에게 명령하여 원망을 풀게 할 것이니, 일이 더욱 비슷하오. 장군이 이전에 남양(南陽)에 있으면서 장보(張步)를 치라는 이 큰 계책을 세워 나는 항상 '엉성하여 성공하기 어렵다.'고 여겼더니 뜻이 있는 이는 일을 끝내 이루는구려!"

【耿弇未嘗挫折】

耿弇未嘗挫折 帝進幸劇할새 耿弇復追張步하니 步犇平壽어늘 蘇茂將萬餘人來救之한대 帝遣使告步茂호대 能相斬降者는 封爲列侯라하니 步遂斬茂하여 詣弇軍門降이어늘 弇入據其城하니 衆尙十餘萬이요 輜重七千餘兩이라 皆罷遣歸鄕里하고 封步爲安丘侯하다 弇復引兵至城陽하여 降五校餘黨하니 齊地悉平이어늘 振旅還京師하다 弇爲將에 凡所平郡四十六이요 屠城三百한대 未嘗挫折焉하다

【경감은 꺾인 적이 없다】

---

29) 한신은 이미 항복한 자를 습격하였지만 : 역이기(酈食其)가 제왕(齊王) 전광(田廣)을 설득하자 전광이 한나라에 항복하고 수비를 해제하였다. 한신은 제나라가 항복하였다는 소식을 듣고 공격을 멈추려고 하였으나 괴통(蒯通)이 한신을 설득하여 제나라를 공격하게 하였다.

30) 전횡(田橫)이 역생(酈生: 酈食其)을 삶아 죽였으나 … 원수 갚는 것을 허락하지 않았소 : 전횡은 조카 전광(田廣)을 제왕(齊王)으로 세우고, 자신은 상(相)이 되었다가 한신이 전광을 공격하였고 이 때 전광과 전횡이 역이기를 죽였다. 전광이 한신의 공격에 죽자 전횡 자신이 제왕이 되었으나 한나라 군대에 격파되었다. 고제(高帝 : 유방(劉邦))가 즉위하자 전횡은 500여명을 데리고 섬으로 들어갔다. 고제가 전횡을 부르니 전횡은 "신(臣)이 폐하의 사신 역이기를 삶아 죽였는데 지금 듣건대 역이기의 아우 역상(酈商)이 위위(衛尉) 벼슬에 있다고 합니다. 신은 겁나서 명령을 따르지 못하겠습니다."라고 하자, 고제는 역상에게 명하기를 "전횡이 오거든 감히 해치는 자는 멸족시키리라."라고 하여, 역상에게 형의 원수를 갚지 못하게 하였다.

광무제가 전진하여 극에 갔다. 경감이 다시 장보를 추격하니 장보가 평수현(平壽縣)으로 도망하였는데, 소무(蘇茂)가 만여 명을 이끌고 와서 구원하였다. 광무제가 사신을 보내 장보와 소무에게 말하기를,

"상대를 죽이고 항복하는 자는 봉하여 열후(列侯)로 삼겠다."

하였다. 장보가 드디어 소무를 죽여 경감의 군문으로 와서 항복하였다. 경감이 평수성(平壽城)에 들어가 점령하였는데, 군대가 아직도 10여만 명이고 큰 화물차가 7천여 대였다. 그들을 모두 해산시켜 고향으로 돌아가게 하고, 장보를 안구후(安丘侯)에 봉하였다. 경감이 다시 군대를 이끌고 성양(城陽)에 이르러 오교(五校)의 잔당들을 항복시키니, 제(齊) 지역이 다 평정되었으므로 군대를 철수하여 서울로 돌아왔다. 경감이 장수가 되어 평정한 군(郡)이 46개이고 도륙한 성이 3백이었는데 패한 적이 없었다.

○ 【初起太學】

初起太學

初起太學하다 車駕還宮하고 幸太學하여 稽式古典하고 修明禮樂하니 煥然文物可觀矣하다

【처음으로 태학을 세우다】

<동한에> 처음으로 태학(太學)을 세웠다. 광무제가 궁으로 돌아와 태학에 행차하여 옛 법을 살펴 본받고 예악을 닦아 밝히니, 찬란한 문물이 볼 만하였다.

○ 【馮異惶懼】

馮異惶懼

馮異治關中하여 出入三歲에 上林成都라 人有上章言호대 異威權至重하니 百姓歸心하여 號爲咸陽王이라하니 帝以章示異한대 異皇懼하여 上書陳謝어늘 詔報曰 將軍之於國家에 義爲君臣이요 恩猶父子하니 何嫌何疑완대 而有懼意리오하다

【풍이가 두려워하다】

풍이(馮異)가 관중(關中)을 다스리고 3년 만에 상림원(上林苑)이 도시를 이루자, 어떤 사람이 글을 올려,

"풍이의 위엄과 권세가 막중하니, 백성들이 마음으로 귀의하여 함양왕(咸陽王)이라 부릅니다."

하니, 광무제가 그 글을 풍이에게 보여 주었다. 풍이가 두려워하여 글을 올려 사죄하자, 조서에 이르기를,

"장군은 국가에 있어서 의리로는 임금과 신하가 되고 은혜로는 아버지와 아들과 같은데, 무엇이 꺼림칙하며 무엇이 의심스럽기에 두려하는 뜻을 가지시오?"

하였다.

○【隗囂持二心】

隗囂持二心 隗囂矜己飾智하여 每自比西伯하고 與諸將議欲稱王하다 帝復遣
隗囂自比西伯 來歙說囂遣子入侍한대 囂聞劉永彭寵皆已破滅하고 乃遣長子恂
隨歙詣闕하다 囂將王元이 說囂曰 天水完富하고 士馬最強하니 元
一丸泥東封函谷關 請以一丸泥爲大王東封函谷關하리니 圖王不成이라도 其敝猶足
神龍失勢與蚯蚓同 以霸라 要之컨대 魚不可脫於淵이니 神龍失勢면 與蚯蚓同이니이다
隗囂遣子入質 하다 囂心然元計하여 雖遣子入質이나 猶負其險阨하여 欲專制方面
하다

【외효가 두 마음을 갖다】

외효(隗囂)는 자신을 과시하고 지혜가 있는 것처럼 꾸며 매번 자신을 서백(西伯 : 문왕)에 견주고 여러 부하 장군들과 논의하여 왕(王) 호칭을 쓰려 하였다. 광무제는 내흡(來歙)을 다시 보내어 아들을 보내 입시(入侍)하도록 설득하게 하였는데 외효는 유영과 팽총이 이미 멸망되었다는 소식을 듣고 마침내 아들 외순(隗恂)을 보내 내흡을 따라 광무제의 궁궐에 가게 하였다. 외효의 부하 장군 왕원(王元)이 외효에게 유세하기를,

"천수군(天水郡)은 완전하고 부유하며 군사와 말이 가장 강력하니, 제가 청컨대 한 덩이 진흙(소수의 병력)을 가지고 대왕을 위하여 동쪽으로 함곡관(函谷關)을 봉쇄하겠습니다. 왕천하(王天下)를 도모하다 잘못되더라도 오히려 패자(覇者)가 되기에 충분합니다. 요컨대 물고기는 연못을 벗어나서는 안 되니, 신비한 용도 형세를 잃으면 지렁이와 같습니다."

하였다. 외효가 내심 왕원의 계책이 옳다고 여겨, 비록 아들을 광무제에게 인질로 보냈지만 오히려 지형의 험준함을 믿고 한 구역을 전적으로 다스리려 하였다.

○ 【周黨嚴光等不屈】

周黨嚴光等不屈

是歲에 詔徵處士太原周黨會稽嚴光等至京師하니 黨入見에 伏而不謁하고 自陳願守所志어늘 博士范升奏曰 伏見太原周黨東海王良山陽王成等이 蒙受厚恩하여 使者三聘에 乃肯就車하고 及陛見帝廷에 黨不以禮屈하고 伏而不謁하며 偃蹇驕悍하여 同時俱逝하니이다 黨等文不能演義하고 武不能死君하고 釣采華名하여 庶幾三公之位하니 臣願與坐雲臺之下하여 考試圖國之道하여 不如臣言이어든 伏虛妄之罪오 而敢私竊虛名하여 誇上求高면 皆大不敬이니이다하다 書奏에 詔曰 自古明王聖主가 必有不賓之士하니 伯夷叔齊不食周粟하고 太原周黨不受朕祿하니 亦各有志焉이라 其賜帛四十匹하여 罷之하라하다 帝少與嚴光同遊學이러니 及卽位에 以物色訪之하여 得於齊國하여 累徵乃至어늘 拜諫議大夫한대 不肯受하고 去하여 耕釣於富春山中하여 以壽終於家하다

文不能演義武不能死君

明王聖主有不賓之士

【주당과 엄광 등이 굽히지 않다】

이 해에 조서를 내려 처사인 태원(太原)의 주당(周黨)과 회계(會稽)의 엄광(嚴光) 등을 불러 서울에 이르게 하였다. 주당이 들어와 광무제를 뵈는데 엎드리기만 한 채

절을 하지 않고, 스스로 뜻한 바를 지키기를 원한다고 말하였다. 박사 범승(范升)이 아뢰기를,

"삼가 살펴보건대, 태원의 주당, 동해(東海)의 왕량(王良), 산양(山陽)의 왕성(王成) 등은 황제의 두터운 은혜를 입었으면서도 사신이 세 번 초빙하고 나서야 겨우 수레를 타고 왔고, 조정에서 폐하를 알현할 적에 주당은 예를 갖추어 굽히지 않고 엎드리기만 한 채 절을 하지 않았으며, 교만하고 사납게 굴더니 함께 가버렸습니다. 주당 등은 글로는 의리를 발휘하지 못하고 무용으로는 군주를 위하여 죽지 못하면서 화려한 명예만을 낚아 3공의 지위를 바라니, 저는 그들과 운대(雲臺 : 신하들이 논의하는 누대)의 아래에 참석하여 나라를 경영하는 방도를 시험해 보고자 합니다. 신의 말과 다르다면 제가 허망한 말을 한 죄를 받을 것이고, 저들이 감히 사사로이 헛된 명예를 훔쳐 임금께 과시하고 고상한 명예를 구한 것이라면 모두 대불경(大不敬: 황제를 공경하지 않음) 죄에 해당되는 것입니다."

하였다. 글이 황제에게 올라가자 조서에 다음과 같이 말하였다.

"예로부터 명철한 왕과 덕이 높은 임금에게는 반드시 빈객으로 예우하지 못하는 높은 선비가 있는 법이다. 백이(伯夷)와 숙제(叔弟)는 주(周)나라 곡식을 먹지 않았고, 태원의 주당은 나의 녹봉을 받지 않으니, 또한 각각 뜻이 있어서이다. 비단 40필을 주어 돌려보내도록 하라"

광무제가 젊었을 적에 엄광(嚴光)과 함께 공부하러 다녔었는데, 즉위한 뒤에 화상(畫像)을 그려 그를 찾게 하였다. 제(齊)나라에서 엄광을 찾아서 여러 번 부른 뒤에야 이르렀다. 간의대부(諫議大夫)에 임명하였지만 받지 않고 떠나, 부춘산(富春山)에서 농사짓고 낚시질하며 집에서 수명(壽命)을 마쳤다.

【王良連徵不應】

王良連徵不應

王良後歷沛郡太守大司徒司直할새 在位恭儉하여 布被瓦器하고 妻子不入官舍하다 後以病歸러니 一歲復徵이어늘 至滎陽하여 疾篤하여 不任進道라 過其友人한대 友人不肯見曰 不有忠言奇謀而取大位하여 何其往來屑屑不憚煩也오하고 遂拒之한대 良慙하여 自後

連徵不應하고 卒於家하다

【왕량이 연이은 부름에 응하지 않다】

왕량은 뒤에 패군태수(沛郡太守)와 대사도사직(大司徒司直)을 지냈다. 벼슬에 있으면서 공손하고 검소하여 베 이불을 덮으며 질그릇을 사용하였고 처자식을 관사에 들이지 않았다. 뒤에 병으로 귀향하였는데 1년 만에 다시 부름을 받았다. 형양(滎陽)에 이르러 병이 심해져 부임길에 나아 갈 수 없어 친구를 찾아갔는데, 친구가 만나려 하지 않으며 말하기를,

"충성스러운 말이나 기발한 책략도 없이 큰 벼슬만 차지하고서 어찌 그리도 부산하게 다니며 번거로움을 꺼리지 않는가?"

하고, 끝내 거절하였다. 왕량은 창피하게 여겨 이후로 연이은 부름에도 응하지 않고 집에서 일생을 마쳤다.

○ 【嚴光披羊裘釣澤中】

嚴光披羊裘釣澤中

本傳曰 光字子陵이니 少與光武同遊學이러니 及光武卽位에 光乃變姓名하고 隱身不見이어늘 帝思其賢하여 乃令以物色訪之러니 後齊國上言호대 有一男子가 被羊裘釣澤中이라하여늘 帝疑其光하여 乃備安車玄纁하여 遣使聘之하니 三反而後至하다 車駕卽日幸其舘하니 光臥不起어늘 帝卽其臥所하여 撫光腹曰 咄咄子陵아 不可相助爲理耶아하니 光乃張目熟視曰 昔唐堯著德에 巢父洗耳하니 士故有志라 何至相迫乎아하다 帝曰 子陵아 我竟不能下汝耶아하고 於是升輿歎息而去하다

唐堯著德 巢父洗耳

【엄광이 양 가죽옷을 입고 연못에서 낚시질하다】

≪후한서(後漢書) 엄광열전(嚴光列傳)≫에 말하였다.

엄광의 자는 자릉(子陵)으로 젊을 적에 광무제와 함께 다니며 학업을 하였다. 광

무제가 즉위한 뒤에 엄광은 결국 성명을 바꾸고 몸을 숨겨 만나주지 않았다. 광무제가 그의 어짊을 생각하여 마침내 화상을 그려 찾게 하였는데, 뒤에 제나라에서 말을 올리기를,

"어느 한 남자가 은자의 양 가죽옷을 입고 못에서 낚시질하고 있습니다."

하였다. 광무제는 그가 엄광인가 미심쩍어 마침내 안락 수레와 검고 붉은 비단을 갖추어 사신을 보내 초빙하였는데, 초빙을 세 번 반복한 뒤에야 이르렀다. 천자가 그날 바로 그 관사에 갔으나 엄광은 누워서 일어나지 않았다. 광무제가 엄광이 누운 곳에 나아가 그의 배를 쓰다듬으며 말하기를,

"어허, 자릉아! 서로 도와 정치할 수 없겠느냐?"

하니, 엄광이 이에 눈을 부릅뜨고 한참 쳐다보다가 말하기를,

"옛날에 당요(唐堯 : 요임금)가 덕을 드러내자 소부(巢父)가 귀를 씻었으니,[31] 선비란 본디 뜻이 있기 때문입니다. 어찌 핍박하십니까?"

하였다. 광무제가 말하기를,

"자릉아! 내가 끝내 너를 설득할 수 없는 것이냐?"

하고, 이에 수레를 타고 탄식하며 떠났다.

【嚴光以足加光武腹上】

嚴光以足加光武腹上 復引光入하여 論道舊故하여 相對累日하고 因共偃臥할새 光以足
客星犯御座 加帝腹上이러니 明日에 太史奏客星犯御座甚急이러이다하니 帝笑
嚴光耕於富春山 曰 朕故人嚴子陵共臥爾로라하다 除爲諫議大夫한대 不屈하고 乃
嚴陵瀨 耕於富春山하니 後人名其釣處爲嚴陵瀨焉하다

【엄광이 발을 광무제의 배 위에 얹다】

다시 엄광을 불러들여 옛날 일을 이야기하며 서로 대화하기를 며칠 동안 하였다. 함께 누웠는데 엄광이 발을 광무제의 배 위에 얹었다. 다음날 태사(太史: 천문

31) 당요(唐堯 : 요임금)가 덕을 드러내자 소부(巢父)가 귀를 씻었으니 : 요임금이 천하를 허유(許由)에게 양보하자 허유가 도망하였는데, 소부는 그 말을 듣고 귀를 연못가에서 씻었다고 한다. 한편 허유가 귀를 씻었는데 소부가 허유에게 은둔하라고 권하였다고도 한다.

관원)가 아뢰기를,

"객성이 임금의 자리를 침범하여 매우 급박합니다."

하니, 광무제가 웃으며 말하기를,

"내가 친구 엄자릉과 함께 누웠을 뿐이다."

하였다. 그를 임명하여 간의대부로 삼았으나 뜻을 굽히지 않고 마침내 부춘산에서 농사를 지었다. 후세 사람들이 그가 낚시질하던 곳을 이름 지어 '엄릉뢰(嚴陵瀨 : 엄릉 여울)'라고 하였다.

통감절요증손교주(通鑑節要增損校註) 17권

후한기(後漢紀)

▪ 세조광무황제(世祖光武皇帝) 하(下)

【경인(庚寅 30) 건무(建武) 6년】

○ 【吳漢平江淮山東】

吳漢平江淮山東 吳漢等拔朐하여 斬董憲龐萌하니 江淮山東悉平하다

【오한이 장강·회하·산동을 평정하다】

오한 등이 구읍(朐邑)을 빼앗아 동헌(董憲)과 방맹(龐萌)을 참수하니, 장강(長江)·회하(淮河)·산동(山東)이 모두 평정되었다.

○ 【光武騰書隴蜀 告示禍福】

光武騰書隴蜀告示禍福 帝積苦兵間이라 以隗囂遣子內侍하고 公孫述遠據邊陲라하여 乃謂諸將曰 且當置此兩子於度外耳라하고 因休諸將於雒陽하고 分軍士於河內하고 數騰書隴蜀하여 告示禍福하다

【광무제가 농과 촉에 글을 보내 화를 받을지 복을 받을지에 대해 말해주다】

광무제는 전쟁 속에서 오래 고생하였다. 외효(隗囂)가 아들을 보내 대궐에서 시중들게 하고 공손술(公孫述)이 멀리 변방에 웅거하고 있다고 하여 마침내 여러 장군들에게 말하기를,

"잠시 이 두 사람을 마음에 두지 않아야겠다."

하고, 이어서 여러 장군들을 낙양에 휴식시키고 군사를 하내에 분산하였으며, 자주 농(隴 : 외효)과 촉(蜀 : 공손술)에 글을 보내 화를 받을지 복을 받을지에 대해 말해 주었다.

○【詔慰馮異】

詔慰馮異 馮異自長安入朝어늘 帝謂公卿曰 是我起兵時主簿也라 爲吾披荊棘하고 定關中이라하고 旣罷에 賜珍寶錢帛하고 詔曰 倉卒蕪蔞
豆粥麥飯之報 亭豆粥과 滹沱河麥飯에 厚意久不報호라하니 異稽首謝曰 臣聞管
無忘射鉤檻車 仲謂齊桓公曰 願君無忘射鉤하소서 臣無忘檻車라하니 齊國賴之
馮異不忘巾車之恩 하니 臣亦願國家無忘河北之難하소서 小臣不敢忘巾車之恩호리이다하다 留十餘日에 令與妻子還西하다

【조서를 내려 풍이를 위로하다】

풍이(馮異)가 장안으로부터 들어와 조회하자, 광무제가 공·경들에게 말하기를,

"이 사람은 내가 군대를 일으킬 때 주부(主簿)였는데, 나를 위하여 가시밭길을 헤치고 관중을 평정하였다."

하고, 조회를 마친 뒤에 진기한 보물과 돈과 비단을 내리고 조서하기를,

"갑자기 마련했던 무루정(蕪蔞亭)의 콩죽[1]과 호타하(滹沱河)의 보리밥[2]에 대한 후의를 오래도록 갚지 못했노라!"

하니, 풍이가 머리를 조아리고 사례하기를,

"제가 들으니 관중(管仲)이 제나라 환공(桓公)에게 말하기를, '원컨대 임금께서는 허리띠의 갈고리에 화살을 맞았던 일을 잊지 마소서. 저도 함거(檻車)

---

1) 무루정(蕪蔞亭)의 콩죽 : 광무제가 전쟁을 하면서 무루정에 이르러 춥고 배고플 때 풍이가 콩죽을 마련하여 올린 고사.

2) 호타하(滹沱河)의 보리밥 : 광무제가 무루정을 지나 남궁(南宮)에 이르러 풍우를 만났을 때 풍이가 보리밥을 올려 먹고 나서 호타하를 건넌 고사.

에 갇혀 제나라에 온 것을 잊지 않겠습니다.'[3] 하였는데, 제나라가 이를 힘입었습니다. 저 또한 원컨대 천자께서는 하북(河北)의 난리를 잊지 마소서. 신도 감히 건거향(巾車鄕)의 은혜[4]를 잊지 않겠습니다."

하였다. 10여일을 머물고 나서 처자와 함께 서쪽의 임소로 돌아갈 것을 명령하였다.

○ 【隗囂反】

隗囂反

五月에 隗囂發兵反하다

【외효가 반란하다】

5월에 외효가 군대를 일으켜 반란하였다.

○ 【幷省縣國 減損吏員】

幷省縣國 減損吏員

六月에 詔曰 夫張官置吏는 所以爲民也라 今百姓遭難하여 戶口耗少어늘 而縣官吏職이 所置尙繁하니 其令司隷州牧各實所部하여 省減吏員하고 縣國不足置長吏者幷之하라하다 於是幷省四百餘縣하고 吏職減損하여 十置其一하다

3) 관중(管仲)이 제나라 환공(桓公)에게 말하기를, … 함거(檻車)에 실려 제나라에 온 것을 잊지 않겠습니다 : 곤궁하며 고난한 때를 회상하여 삼가며 교만하지 않아 천하를 오래 소유하려는 의지를 말함. 함거는 죄수를 싣는 수레. 춘추 제나라 양공(襄公) 때 정치가 어지럽게 되자 포숙아(鮑叔牙)는 공자(公子) 소백(小白)을 모시고 거(莒)나라로 망명하였는데 양공이 피살되었다. 관중은 소홀(召忽)과 함께 공자 규(糾)를 모시고 노(魯)나라로 망명하였다. 관중은 소백이 귀국할 때 도중에서 소백을 공격하여 소백의 허리 띠 갈고리 쇠를 맞추어 소백이 화를 모면하였다. 소백은 먼저 제나라에 귀국하여 임금이 되었는데 바로 환공이다. 환공이 노나라에 압력을 넣어 공자 규를 죽이게 하니 공자 규는 자살하였다. 관중은 죄수가 되어 함거에 실려 제나라로 돌아왔다. 환공은 관중을 재상으로 삼았는데 관중은 환공을 보좌하여 제후의 패자(霸者)가 되게 하였다.

4) 건거향(巾車鄕)의 은혜 : 광무제가 건거향(巾車鄕)에서 왕망(王莽)의 연리(掾吏)인 풍이(馮異)를 사로잡았다가 곧바로 용서하고 등용한 고사.

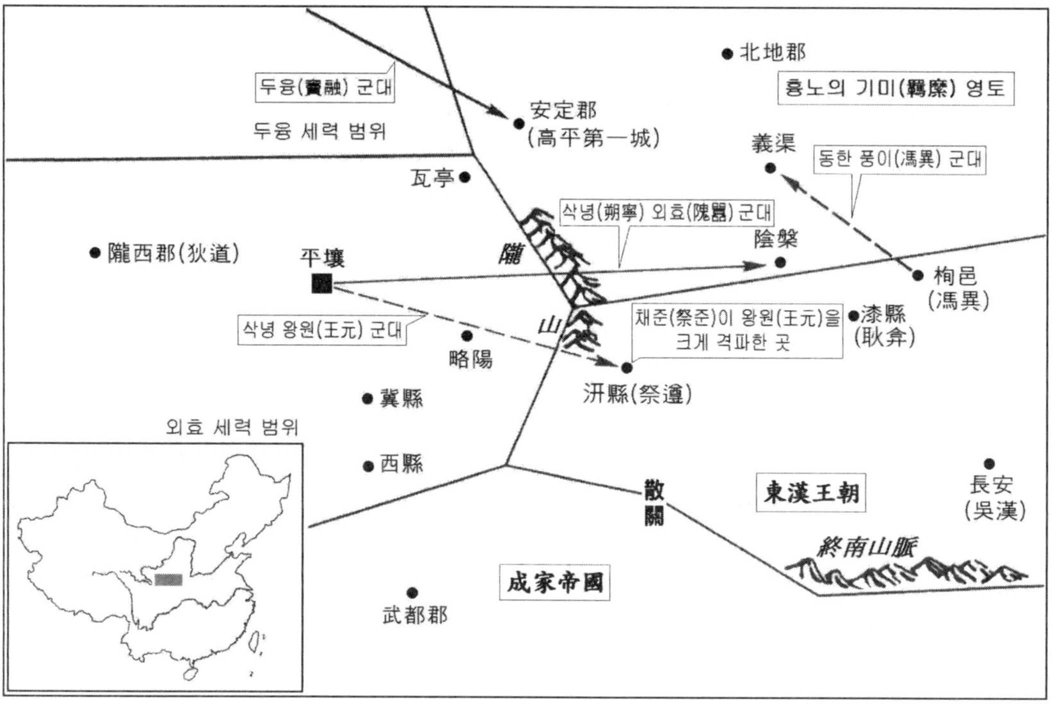

〈지도 6〉 삭녕왕(朔寧王) 외효(隗囂)가 반란하여 동한을 공격함.(30년)

【군현과 봉국을 합병해 줄이고 관리를 줄였다】

6월에 조서하기를,

"관직을 만들어 관리를 둠은 백성을 위한 것이다. 지금 백성이 난리를 만나 집과 인구가 줄었는데, 국가 관리의 관직을 설치한 곳이 오히려 많아졌다. 그 사예(司隸)와 주목(州牧)에게 각각 관할하는 곳을 실사하여, 관원을 줄이고 군현과 봉국 가운데 높은 관리를 둘 수 없는 곳은 합병시켜라."

하였다. 이에 4백 여현을 합병해 줄이고, 관리의 직책도 줄여 10에 1을 두었다.

○ 【朱浮上疏 使牧守易代頗簡】

朱浮上疏 使牧守易代頗簡

執金吾朱浮上疏曰 昔堯舜之盛에 猶加三考하고 大漢之興도 亦累功效하여 吏皆積久하니 至長子孫하니이다 間者守宰數換易하여 迎新相代에 疲勞道路하니 尋其視事日淺에 未足昭見其職이어늘

既加嚴切하여 人不自保라 願陛下遊意於經年之外하고 望治於一世之後면 天下幸甚이니이다하니 帝采其言하여 自是牧守易代頗簡하다

【주부가 상소하여 수령의 교체가 자못 줄어들게 하다】

집금오(執金吾) 주부(朱浮)가 상소하기를,

"옛날 요·순의 태평성대에도 오히려 성적을 세 번 고과(考課)하였고,[5] 한나라가 흥성할 때에도 역시 공적을 쌓게 하여 관리가 모두 오랫동안 근무하니, 심지어 장자와 장손까지 전해갔습니다. 근래에 수령이 자주 바뀌어, 신임수령을 맞이하며 서로 교대하기에 도로에서 피로합니다. 살펴보면 그 직무를 수행하기에 날수가 적어 그 직무를 명확히 알기에도 부족하거늘, 이미 더욱 엄격하게 하여 사람들이 스스로 보전하지 못하기 때문입니다. 원컨대 폐하께서는 일 년 이상 직책에 두도록 유념하시고, 한 세대 뒤에 치적이 나기를 바라신다면 천하가 매우 다행일 것입니다."

하였다. 광무제가 그의 말을 채용하여 이때부터 수령의 교체가 자못 줄어들게 되었다.

○【三十稅一】

三十稅一 十二月에 詔曰 頃者師旅未解하여 用度不足이라 故行什一之稅러니 今糧儲差積하니 其令郡國收見田租하되 三十稅一을 如舊制하라하다

【30분의 1을 세금으로 거두다】

12월에 조서하기를,

"일전에 전쟁이 그치지 않아 국가의 경비가 부족했으므로 10분의 1을 걷는

5) 삼고(三考) : 치적을 세 번 고과함을 말함. 순(舜) 임금 때에 세 번 고과하고 나서 내치거니 올려주었다.

세금 제도를 시행하였다. 지금 양식이 다소 비축되었으니, 각 군국(郡國)에서 현재 농지세를 걷되 30분의 1을 세금으로 거두었던 옛 제도와 같이 하라!"6)

하였다.

○ 【馬援極陳滅囂之術】

馬援極陳滅囂之術

先是에 馬援聞隗囂欲貳於漢하고 數以書責譬之한대 囂得書增怒러니 及囂發兵反에 援乃上書曰 願聽詣行在所하여 極陳滅囂之術하소서한대 帝乃召之하니 馬援具言謀畫하다

【마원이 외효를 멸망시킬 계책을 자세히 진술하다】

이보다 앞서 마원(馬援)은 외효가 한나라에 두 마음을 가지고 있다는 것을 듣고, 자주 편지로 책망하고 비평하였는데, 외효는 편지를 받고 더욱 노여워하였다. 외효가 군대를 일으켜 반란하자 마원이 마침내 글을 올리기를,

"행재소(行在所 : 천자의 처소)에 나아가 외효를 멸망시킬 계책을 자세하게 진술하도록 허락해 주십시오."

하였다. 광무제가 마침내 마원을 부르니, 그가 계획을 모두 말하였다.

【신묘(辛卯 31) 건무(建武) 7년】

○ 【上書者不得言聖】

上書者不得言聖

三月 晦에 日有食之어늘 詔百僚各上封事한대 其上書者不得言聖하라하다

6) 30분의 1을 세금으로 거두었던 옛 제도와 같이 하라 : 한(漢) 경제(景帝) 2년에 농지세를 30분의 1로 세금을 걷게 하였는데, 지금 경제의 제도에 의거했으므로 옛 제도라고 말한 것이다.

【글을 올리는 자에게 황제를 성이라 하지 못하다】

3월 그믐에 일식이 있자, 조서를 내려 모든 관리들에게 각각 봉사(封事)를 올리게 하였는데, 글을 올리는 자에게 황제를 성(聖)이라 칭하지 말도록 하였다.

○ 【鄭興諫嚴急】

鄭興諫嚴急 日君象月臣象

太中大夫鄭興上疏曰 頃年日食每多在晦하니 先時而合은 皆月行疾也라 日君象月臣象이니 君亢急則臣促迫이라 故月行疾하나니 今陛下高明而群臣惶促하니 宜留思柔克之政하고 垂意洪範之法하소서하다 帝躬勤政事하여 頗傷嚴急이라 故興奏及之하다

【광무제의 엄격하고 성급한 것에 대해 정흥이 간언하다】

태중대부(太中大夫) 정흥(鄭興)이 상소하기를,

"근년에 일식이 대부분 그믐에 있었으니[7] 시기보다 앞서 달이 해와 합쳐짐[8]은 모두 달의 운행이 빨라서입니다. 해는 임금의 상징이고, 달은 신하의 상징입니다. 임금이 높고 성급하면 신하가 촉박하므로 달의 운행이 빠른 것입니다. 지금 폐하께서 높고 밝으시어 여러 신하들이 황급해 하오니, 의당 부드러움으로 극복하는 정무를 생각하시고, 홍범(洪範)의 법에 마음을 두십시오."

하였다. 광무제가 정사에 부지런하여 꽤 엄격하고 성급한 것이 결점이었으므로 정흥이 상소를 올린 것이다.

---

7) 일식이 대부분 그믐에 있었으니 : 일식은 그 자체가 변고인데 초하루에 있지 않고 그믐에 있는 것은 더 큰 변고임을 말함. 달은 음(陰)으로 신하의 상징이고 해는 양(陽)으로 임금의 상징인데, 일식은 달(신하)이 해(임금)를 가려 침식하는 것은 큰 변고로 여겼다. 일식이 그믐에 있게 된 것은 책력을 잘못 만든 것이다. 이에 대하여는 "일식은 초하루, 월식은 그믐인데, '그믐에 일식했다.'고 한 것은 역산(曆算)을 잘못한 듯하다.(日蝕則朔, 月蝕則望, 而云'晦日食之', 恐歷錯誤.)"고 한 것이 있다.(≪史記 孝文本紀≫ '十一月晦 日有食之'〈正義〉)

8) 달이 해와 합쳐짐 : 원문 합(合)은 해·달·지구가 운행하다가 일직선상에 있게 됨을 말함. 일식은 지구와 해 사이에 달이 들어가 일직선이 되어 달이 빛을 반사하지 않아 보이지 않으면서 해를 가릴 때에 이루어진다.

○ 【陳元諫令司隸察三公】

陳元諫令司隸察三公
師臣者帝 賓臣者霸

大司農江馮上言 宜令司隸校尉督察三公하니이다하니 司空掾陳元上疏曰 臣聞師臣者帝하고 賓臣者霸라 故武王以太公爲師하고 齊桓以夷吾爲仲父하고 近則高帝優相國之禮하고 太宗假宰輔之權하니 陛下宜修文武之聖典하고 襲祖宗之遺德하여 勞心下士하고 屈節待賢이요 誠不宜使有司察公輔之名이니이다한대 帝從之하다

【사예에게 삼공을 감독하게 하는 것에 대해 진원이 간언하다】

대사농(大司農) 강빙(江馮)이 말하기를,

"마땅히 사예교위(司隸校尉)에게 삼공(三公)을 감독하게 해야 합니다."

하니, 사공연(司空掾)인 진원(陳元)이 상소하기를,

"제가 들으니, '신하를 스승으로 삼는 사람은 황제가 되고, 신하를 손님으로 예우하는 사람은 패자(霸者)가 된다.'라고 하였습니다. 이 때문에 무왕이 태공 여상(呂尙)을 스승으로 삼았고, 제나라 환공이 이오(夷吾) 관중(管仲)을 중부(仲父)로 삼았고, 가까이로는 고제(高帝: 劉邦)는 상국 소하(蕭何)를 예로 우대하였고,[9] 태종(太宗: 文帝)은 재보(宰輔) 신도가(申屠嘉)에게 권력을 주었습니다.[10] 폐하께서는 마땅히 문왕과 무왕의 성스러운 법도를 연구하고 조상들께서 남기신 공덕을 계승하여, 마음을 써서 선비를 우대하고, 기개를 굽히시어 현자를 대우해야 합니다. 진실로 담당관을 시켜 공보(公輔 : 재상)의 하는 일을 살피게 해서는 안 됩니다."

하였는데, 광무제가 그것을 따랐다.

○ 【鄭興非讖】

---

9) 상국 소하를 예로 우대하였고 : 유방(劉邦)은 소하를 상국(相國)으로 삼고 칼 차며 신 신고 전각에 오르게 하고, 조회에 들어올 때에 종종걸음을 치지 않도록 하였다.

10) 태종(太宗: 文帝)은 재보(宰輔) 신도가(申屠嘉)에게 권력을 주었습니다 : 신도가가 환관 등통(鄧通)을 꾸짖으려고 승상부(丞相府)로 부르자 문제가 등통에게 가도록 하고, 조금 뒤에 신도가에게 사람을 보내어 사례하고 등통을 불러오게 하였다.

鄭興非讖 帝好圖讖이라 與鄭興議郊祀事할새 帝曰 吾欲以讖斷之하노니 何如오하니 對曰 臣不爲讖이니이다하다 帝怒曰 卿不爲讖은 非之耶아한대 興皇恐曰 臣於書有所未學이요 而無所非也이니이다하니 帝意乃解하다

【정흥이 도참을 그르게 여기다】

광무제는 도참(圖讖: 예언)을 좋아하였다. 정흥과 교(郊)제사의 일을 논의하면서 광무제가 말하기를,

"나는 도참으로 결정하려고 하는데, 어떻소?"

하니, 정흥이 대답하기를,

"저는 도참을 쓰지 않습니다."

하였다. 광무제가 화를 내며 말하기를,

"경이 도참을 쓰지 않는 것은 그르다고 여겨서인가?"

하였는데, 정흥이 겁내어 말하기를,

"저는 책에서 아직 도참을 배우지 못한 것이지, 그르다는 것은 아닙니다."

하니, 광무제의 마음이 그제야 풀렸다.

○【召父杜母】

召父杜母 南陽太守杜詩政治淸平하니 百姓便之하고 又修治陂池하여 廣拓土田하니 郡內比室殷足하여 時人以方於召信臣하니 南陽爲之語曰 前有召父러니 後有杜母라하다

【아버지 같은 소신신과 어머니 같은 두시】

남양태수(南陽太守) 두시(杜詩)가 정치를 청렴하고 공정하게 하니, 백성들이 편안해 하였다. 또 저수지를 잘 관리하여 농지를 널리 개척하자, 남양군 안이 집마다 풍족하여 당시 남양 백성들이 소신신(召信臣)[11]에 견주었다. 남양군 백성들이 두시

를 위하여 말하기를,

"옛날에 아버지 같은 소신신이 있었는데, 지금은 어머니 같은 두시가 있구나!"

하였다.

【임진(壬辰 32) 건무(建武) 8년】

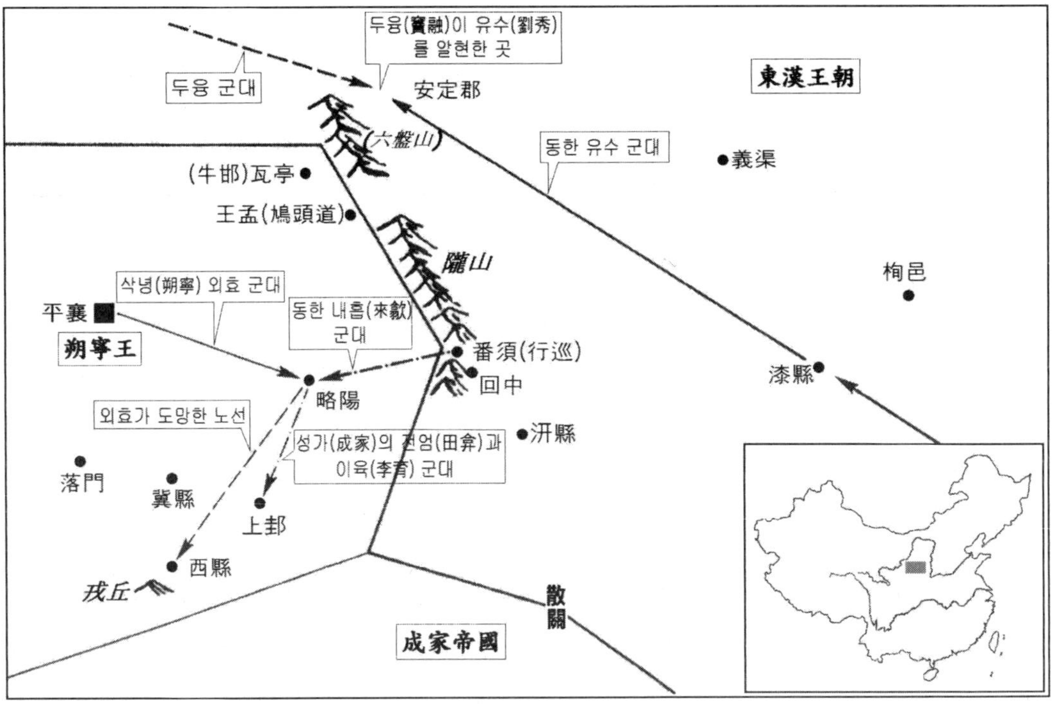

〈지도 7〉 동한(東漢)이 서주(西州)로 진격하고 외효(隗囂)가 서현(西縣)으로 도망함.(32년)

11) 소신신(召信臣) : 일찍이 남양태수(南陽太守)로 있다가 뒤에 하남(河南)으로 옮겼는데, 치적과 행실이 항상 일등이었다. 백성을 돌보기를 자식처럼 하고 백성을 위하여 이익을 일으키기를 좋아하여, 친히 농사짓기를 권장하고 도랑을 파서 물을 소통하게 하니, 호구(戶口)가 배나 증가하였고 관리와 백성들이 모두 그를 공경하고 사랑하여 '소부(召父)'라고 불렀다.

○【光武親征隗囂】

光武親征隗囂 夏에 帝自將征隗囂할새 光祿勳郭憲諫曰 東方初定하니 車駕未可遠征이니이다하고 乃當車拔佩刀以斷車靷하되 帝不從하고 西至漆하다

【광무제가 직접 지휘하여 외효를 치다】

여름에 광무제가 직접 지휘하여 외효를 치려고 할 때에, 광록훈(光祿勳) 곽헌(郭憲)이 간언하기를,

"동방이 막 평정되었으니, 천자께서 멀리 정벌하러 가서는 안 됩니다."

하고, 마침내 수레를 가로 막고, 차고 있던 칼을 빼어 수레 고삐를 잘랐다. 광무제가 그의 말을 따르지 않고, 서쪽으로 가서 칠현(漆縣)에 도착하였다.

【馬援聚米爲山谷】

馬援聚米爲山谷 諸將多以王師之重으로 不宜遠入險阻라하여 計猶豫未決이러니 帝召馬援問之한대 援因說隗囂將帥有土崩之勢하니 兵進有必破之狀이라하고 又於帝前聚米爲山谷하고 指畫形勢하여 開示衆軍所從

虜在吾目中 道徑하고 往來分析하여 昭然可曉라 帝曰 虜在吾目中矣라하고 明旦에 遂進軍하다 數道上隴할새 使王遵以書招牛邯하여 下之하고 拜邯太中大夫하다 於是囂大將十三人屬縣十六衆十餘萬皆降하다 囂將妻子犇西城이어늘 詔告隗囂曰 若束手自詣면 父子相見이요 保無他也리라한대 囂終不降하니 於是誅其子恂하다 潁川盜賊群起하여 寇沒屬縣하고 河東守兵亦叛하여 京師騷動이라 帝聞之曰

光武悔不用郭子橫之言 吾悔不用郭子橫之言이로다하다

【마원이 쌀을 모아 산과 골짜기를 만들다】

得隴望蜀 여러 장군들이 대부분 말하기를,

"소중한 황제 군대가 멀리 험난한데 들어가는 것은 마땅하지 않다."

하여, 계책을 주저하며 결정하지 못하였다. 광무제가 마원을 불러 물었는데, 마원이 이어서 대답하기를,

"외효의 장수들은 땅이 무너질 듯한 형세에 있어서 우리 군대가 전진하면 반드시 격파될 상황입니다."

하였다. 또 광무제 앞에서 쌀을 모아 산과 골짜기를 만들고 적과 나의 쌍방의 형세를 지적하여 여러 군대가 갈 길을 펼쳐 보이고, 왕래할 것을 분석하여 환히 알 수 있게 하였다. 광무제는 말하기를,

"오랑캐가 내 안중에 들어있구나!"

하고, 다음날 아침에 드디어 군대를 진격시켰다.

몇 개 길로 농산(隴山)에 올라갈 때, 글을 써서 왕준(王遵)에게 주어 우감(牛邯)을 불러들여 항복하게 하고는 우감을 태중대부(太中大夫)에 임명하였다. 이에 외효의 대장(大將) 13명과 소속된 16현과 부하들 10여만 명이 다 항복하였다. 외효는 아내와 자식을 데리고, 서성(西城)으로 도망쳤는데, 광무제는 조서로 외효에게 말하기를,

"만약 손을 묶고 스스로 나아오면, 너와 네 아들12)이 서로 만날 것이고 해가 없을 것을 보장한다."

하였지만, 외효는 끝내 항복하지 않았다. 이에 그 아들 외순(隗恂)을 주살하였다.

영천군(潁川郡)의 도적이 떼 지어 일어나 영천군에 소속된 현들을 공격해 함락시키고, 하동군(河東郡)을 수비하던 군대도 반란하여 서울이 소동하였다. 광무제는 그 소식을 듣고 말하기를,

"나는 곽자횡(郭子橫 : 郭憲)이 정벌하지 말라고 한 말을 듣지 않은 것을 후회한다!"

하였다.

○ 【得隴望蜀】

---

12) 너와 네 아들 : 외효(隗囂)와 외효의 큰 아들 외순(隗恂). 외효는 외순을 일찍이 광무제에게 인질로 보냈으므로, 광무제가 외효에게 항복하면 아들과 만나게 해 주겠다고 하였다.

秋八月에 帝自上邽晨夜東馳할새 賜岑彭等書曰 兩城若下면 便可將兵南擊蜀虜하리니 人苦不知足이로다 旣平隴에 復望蜀이온여 每一發兵에 頭須爲白이로다하다

每一發兵頭須爲白

농을 평정하고 다시 촉을 바라다】

가을 8월에 광무제가 상규군(上邽郡)으로부터 밤낮으로 동쪽으로 달려갈 때에 잠팽(岑彭) 등에게 편지를 보내기를,

"두 성(城 : 西城·上邽)이 만일 함락되면, 곧 군대를 거느리고 남쪽으로 가서 촉 오랑캐(공손술)를 칠 것이니, 사람이란 참으로 만족할 줄을 모르는구려! 이미 농산을 평정하고 나서, 다시 촉을 바라다니![13] 한 번 군대를 출동할 적마다 머리와 수염이 하얗게 변하는구려!"

하였다.

○【復借寇君一年】

復借寇君一年

九月에 車駕還宮이러니 帝謂執金吾寇恂曰 潁川迫近京師하니 當以時定이라 惟念獨卿能平之耳니 從九卿復出以憂國可也인저하니 對曰 潁川聞陛下有事隴蜀이라 故狂狡乘間相詿誤耳니 如聞乘輿南向이면 賊必惶怖歸死하리니 臣願執銳前驅하리이다하다 帝從之하다 庚申에 車駕南征하니 潁川盜賊悉降이라 寇恂竟不拜郡한대 百姓遮道曰 願從陛下復借寇君一年하노이다하니 乃留恂長社하여 鎭撫吏民하고 受納餘降하다

13) 이미 농산을 평정하고 나서 다시 촉을 바라다니 : 득롱망촉(得隴望蜀)의 고사. 만족함이 없는 욕심을 말한다.

【다시 구군(寇君 : 寇恂)을 1년만 빌려 달라고 하다】

9월에 천자가 <낙양의> 궁으로 돌아왔다. 광무제는 집금오(執金吾) 구순(寇恂)에게 말하기를,

"영천(潁川)이 서울과 가까우니, 마땅히 제 때에 평정해야겠소. 오직 경만이 평정할 수 있을 것이라 생각하오. 구경(九卿 : 집금오)으로서 다시 출정하여 나라를 위하여 애쓰는 것이 좋겠소."

하니, 구순이 대답하기를,

"영천에서는 폐하께서 농(隴)·촉(蜀)에서 전쟁한다는 것을 들었으므로 교활한 자들이 틈을 타서 반란을 일으켰을 뿐입니다. 만일 천자께서 남쪽으로 향함을 들으면, 적은 반드시 두려워하여 귀순할 것입니다. 제가 창을 잡고 앞장서겠습니다."

하였다. 광무제는 그의 말을 따랐다. 경신(庚申 : 6일)에 광무제가 남쪽을 정벌하자, 영천의 도적이 다 항복하였다. 구순을 끝내 영천 군수(郡守)에 임명하지 않자, 백성들이 길을 막고 말하기를,

"폐하로부터 다시 구군(寇君 : 寇恂)을 1년만 빌려 주시기 바랍니다!"

하니, 영천군에 소속된 장사현(長社縣)에 머물게 하여 관리와 백성을 위안케 하고, 나머지 항복하는 자들을 받아들이게 하였다.

【耿純降盜】

耿純降盜 東郡濟陰盜賊亦起어늘 帝遣李通王常擊之할새 以耿純嘗爲東郡太守하여 威信著於衛地라하여 遣使拜太中大夫하여 使與大兵會東郡하다 東郡聞純入界하고 盜賊九千餘人皆詣純降하니 大兵不戰而還이어늘 璽書復以純爲東郡太守하다

【경순이 도적을 항복시키다】

동군(東郡)과 제음군(濟陰郡)에도 도적이 역시 일어나, 광무제가 이통(李通)과 왕상(王常)을 보내어 공격하였다. 경순(耿純)이 일찍이 동군태수(東郡太守)가 되어 위엄과

신의가 위땅〔衛地: 동군 관할〕에 드러났으므로, 사신을 보내 경순을 태중대부로 임명하여 경순을 이통과 왕상이 거느린 대병과 함께 동군에서 회합(會合)하게 하였다. 동군에서는 경순이 경계에 들어왔다는 것을 듣고 도적 9천여 명이 다 경순에게 나와 항복하자, 대병은 싸우지 않고 돌아왔다. 조서로 다시 경순으로 동군태수를 삼았다.

【계사(癸巳 33) 건무(建武) 9년】

○ 【祭遵憂國奉公】

祭遵憂國奉公

祭遵薨하다 遵爲人이 廉約小心하여 克己奉公하고 賞賜盡與士卒하고 約束嚴整하니 所在吏民不知有軍하다 取士皆用儒術하고 對酒設樂에 必雅歌投壺하고 臨終에 遺戒薄葬하고 問以家事호되 終無所言하다 其後朝會에 帝每歎曰 安得憂國奉公如祭征虜者乎아 하다

【채준이 나라를 위해 애쓰고 공무를 받들다】

채준(祭遵)이 죽었다. 채준의 사람됨이 청렴·검약하며 조심성이 있어, 자신의 사욕을 극복하고 공무를 받들어 행하였다. 포상으로 받은 것들을 모두 사졸에게 나누어 주고, 군대의 기율이 엄정하니, 그가 근무한 곳에 관리와 백성들은 군대가 있는 줄도 몰랐다. 인재를 뽑을 적에 모두 유학자를 등용하였고, 술자리를 차리고 음악을 연주할 때에는 반드시 ≪시경(詩經)≫의 아(雅)를 노래하며 투호를 하였다. 죽을 때에 간소하게 장사 지낼 것을 당부하고, 집안일을 물었으나 끝내 말한 것이 없었다. 그 뒤 조회에서 광무제는 항상 감탄하기를,

"어찌 정로장군(征虜將軍 : 채준) 같이 나라를 위해 애쓰며 공무를 받드는 사람을 얻을 수 있으랴!"

하였다.

○ 【隗囂恚憤而卒】

隗囂恚憤而卒 隗囂病且餓하고 恚憤而卒하니 王元周宗立囂少子純爲王하고 總兵據冀하다 秋에 來歙率馮異等五將軍討隗純於天水하다

【외효가 성나 분통터져 죽었다】

외효는 병든 데다 또 굶주리고, 성나서 분통터져 죽었다. 왕원(王元)・주종(周宗)이 외효의 작은 아들 외순(隗純)을 세워 왕으로 삼고 군사를 거느리고 기현(冀縣)에 주둔하였다. 가을에 내흡(來歙)이 풍이 등 다섯 장군을 이끌고, 외순을 천수(天水)에서 토벌하였다.

【갑오(甲午 34) 건무(建武) 10년】

○ 【隗純降】

隗純降 十月에 隗純降하니 隴右遂安하다

【외순이 항복하다】

10월에 외순(隗純)이 항복하니, 농우(隴右)가 드디어 안정되었다.

【을미(乙未 35) 건무(建武) 11년】

○ 【岑彭破蜀兵】

岑彭破蜀兵 三月에 岑彭數攻田戎等하되 不克이어늘 帝遣吳漢하여 發荊州兵하여 與彭會荊門하다 彭裝戰船數千艘하다 閏月에 岑彭令軍中募攻浮橋할새 先登者上賞하다 於是偏將軍魯奇應募而前한대 時東風狂急하여 魯奇船逆流而上하여 直衝浮橋하고 因飛炬焚之하다 風怒火盛하여 橋樓崩燒라 岑彭悉軍하여 順風並進하니 所向無前이라

蜀兵大亂하여 溺死者數千人이라 長驅入江關하여 令軍中無得虜掠하니 百姓大喜하여 爭開門降하다

【잠팽이 촉한 군대를 격파하다】

3월에 잠팽(岑彭)이 전융(田戎) 등을 자주 공격하였으나, 이기지 못하였다. 광무제가 오한(吳漢)을 보내 형주(荊州)의 군대를 출동시켜 잠팽과 형문(荊門)에서 만나게 하였다. 잠팽이 전투함 수천 척을 정비하였다. 윤3월에 잠팽이 군대 안에 명하여 부교를 공격할 자를 모집하면서 먼저 올라가는 자에게 큰 상을 주겠다고 하였다. 이에 편장군(偏將軍) 노기(魯奇)가 응모(應募)하여 전진하는데, 이 때 동풍이 맹렬하게 불자 노기는 배를 타고 거슬러 올라가 곧바로 부교에 충돌하고 이어서 횃불을 던져 불태웠다. 바람이 거세고 불이 치솟아 다리 누각이 불타 무너졌다. 잠팽은 군사를 다 동원하여 순풍을 타고 아울러 전진하게 하니, 향하는 곳마다 앞에 당할 자가 없었다. 촉(蜀)의 군대가 크게 어지러워져 빠져 죽는 자가 수천 명이었다. 멀리 적을 몰아 강관(江關)으로 들어가서 군대 안에 명령을 내려 노략질하지 못하게 하자, 백성들이 크게 기뻐하여 다투어 문을 열고 항복하였다.

○ 【來歙被刺】

來歙被刺 公孫述以王元爲將軍하여 使與領軍環安拒河池하다 六月에 來歙與蓋延等進攻元安하여 大破之하니 蜀人大懼하여 使刺客刺歙하니 未殊에 馳召蓋延하다 延見歙하고 因伏悲哀하여 不能仰視하니 歙叱延曰 虎牙何敢然가 今使者中刺客하여 無以報國이라 故呼巨卿하여 欲相屬以軍事어늘 而反效兒女子涕泣乎아 刃雖在身하니 不能勒兵斬公邪아하니 延收淚强起하여 受所誡하다 歙自書表曰 臣夜人定後에 爲何人所賊傷하여 中臣要害하니 臣不敢自惜이나 誠恨奉職不稱하여 以爲朝廷羞니이다 夫理國以得賢爲本하니 太中大夫段襄이 骨骾可任이라 願陛下裁察하소서 又臣兄弟不肖하여

終恐被罪하니 陛下哀憐하사 數賜敎督하소서하고 投筆抽刃而絶하다 帝聞하고 大驚하고 省書攬涕하다 以揚武將軍馬成守中郞將代之하다 歙喪還洛陽하니 乘輿縞素臨吊하고 送葬하다

【내흡이 찔려 죽다】

공손술이 왕원(王元)으로 장군을 삼아 영군 환안(環安)과 함께 하지를 방어하게 하였다. 6월에 내흡(來歙)이 합연(蓋延) 등과 함께 진격하여 왕원과 환안을 공격해 크게 격파하였다. 촉 사람들이 크게 두려워하여 자객을 시켜 내흡을 찔렀다. 내흡이 아직 죽지 않았을 적에 합연을 급히 불렀다. 합연이 내흡을 보고는 이어서 엎드려 슬퍼하면서 쳐다보지 못하였다. 내흡이 합연을 꾸짖기를,

"호아(虎牙 : 합연의 직책)가 어찌 감히 그러하는가! 지금 사자(使者 : 나)가 자객에게 칼을 맞아 국가에 보답하지 못하게 되었으므로 거경(巨卿 : 합연의 자)을 불러 군대 일을 맡기려 하거늘 도리어 아녀자의 울먹임을 본받는가! 찔린 칼날이 내 몸속에 있으나 병사에게 명령하여 그대를 목 베지 못하겠는가!"

하니, 합연이 눈물을 거두고 억지로 일어나서 명령을 받았다. 내흡은 손수 표문(表文)을 써서 올리기를,

"신이 밤중 인정(人定) 때에 어느 사람에게 상해를 당해 신의 치명적 급소가 맞았습니다. 신은 감히 자신을 애석해 하지 않으나 진실로 직책을 받드는 데에 걸맞지 못하여 조정에 수모를 끼쳤습니다. 나라를 다스림은 현인을 얻는 것으로 근본을 삼는데 태중대부 단양(段襄)이 정직하여 임명할 만하니, 폐하께서는 헤아려 살펴보소서. 또 신의 형제들은 못나서 끝내 죄를 지을까 우려되니 폐하께서는 가련해하시어 자주 가르쳐 독촉해 주십시오."

하고, 붓을 던지고 칼날을 뽑은 뒤에 절명하였다.[14]

광무제는 이 소식을 듣고 크게 놀라고는 표문을 보면서 눈물을 뿌렸다. 양무장군 마성(馬成)으로 수중랑장(守中郞將 : 서리중랑장)을 삼아 내흡의 후임으로 삼았다. 내흡의 영구(靈柩)가 낙양에 돌아오자 광무제는 흰 상복을 입고 가서 조문하고 영구를 전송하였다.

14) 칼날을 뽑은 뒤에 절명하였다 : 무기에 찔린 이는 칼날이 몸에 있을 적에는 죽지 않고 칼날을 뽑으면 숨이 끊어진다.

【貴戚斂手以避二鮑】

貴戚斂手以避二鮑

趙王良이 從帝送歙喪還이라가 入夏城門하여 與中郎將張邯爭道하여 叱邯旋車하고 又詰責門候하여 使前走數十步어늘 司隸校尉鮑永劾奏호되 良無藩臣禮하니 大不敬이니이다하다 良尊戚貴重이어늘 而永劾之하니 朝廷肅然하다 永辟扶風鮑恢爲都官從事하니 恢亦抗直하여 不避彊禦라 帝常曰 貴戚且斂手以避二鮑라하다

【귀척도 손을 모아 거두고 두 명 포씨를 피하다】

조왕(趙王) 유량(劉良 : 광무제 숙부)이 광무제를 따라 내흡의 장례에 참석하고 돌아오다가 하성(夏城) 문에 들어가면서 중랑장(中郎將) 장감(張邯)과 길을 먼저 가려고 다투다가, 장감을 꾸짖어 수레를 돌리게 하고, 또 문후(門候 : 성문 담당 장교)를 꾸짖어 수십 보를 달려가게 하였다. 사예교위(司隸校尉) 포영(鮑永)이 탄핵하여 아뢰기를,

"유량은 제후로서의 예의가 없으니, 매우 공손하지 못합니다."

하였다. 유량은 종친으로서 귀중했는데, 포영이 탄핵하니 조정이 숙연해졌다. 포영이 부풍(扶風)의 포회(鮑恢)를 추천하여 도관종사(都官從事)를 삼았는데, 포회도 강직하여 권력가를 피하지 않았다. 광무제가 항상 말하기를,

"귀척도 손을 거두고 두 포씨(포영, 포회)를 피하는구나."

하였다.

○【公孫述使刺客殺岑彭】

公孫述使刺客殺岑彭

公孫述使其將延岑拒廣漢하고 侯丹拒黃石이어늘 岑彭襲擊侯丹하여 大破之하고 因晨夜倍道兼行二千餘里하여 徑拔武陽하고 使精騎馳擊廣都할새 去成都數十里하여 勢若風雨하니 所至皆犇散하다 初에 述聞漢兵在平曲이라 故遣大兵逆之러니 及彭至武陽하여

公孫述驚曰是何神也

繞出延岑軍後하니 蜀地震駭라 述大驚하여 以杖擊地曰 是何神也오하다 十月에 公孫述使刺客詐爲亡奴하여 降岑彭하고 夜에 刺殺彭하다

【공손술이 자객을 시켜 잠팽을 죽이다】

공손술(公孫述)이 부하 장군 연잠(延岑)에게 광한(廣漢)을 방어하게 하고, 후단(侯丹)에게 황석(黃石)을 방어하게 하였다. 잠팽이 후단을 습격하여 크게 격파하고, 이어서 밤낮으로 2배 속도를 내어 2000여리를 가서 곧바로 무양(武陽)을 빼앗았다. 정예 기병을 시켜 달려가 광도(廣都)를 공격하게 하였는데, 성도(成都)에서 수십 리 되는 거리를 비바람 치는 형세로 달려가니, 이르는 곳마다 모두 도망해 흩어졌다. 처음에는 공손술이 한(漢)나라 군대가 평곡(平曲)에 있다고 들었으므로, 대군을 보내어 맞싸우게 했었다. 잠팽이 무양에 이르러 연잠의 군대 후미를 감돌아 나오자, 촉 지역이 경악하였다. 공손술이 크게 놀라 지팡이로 땅을 치며 말하기를,

"이렇게 어찌 신속한가!"

하였다.

10월에 공손술이 자객을 시켜 도망한 노비로 가장해서 잠팽에게 항복하였다가 밤에 잠팽을 찔러 죽이게 하여 잠팽이 죽었다.

○ 【馬成平武都】

馬成平武都

馬成等破河池하고 遂平武都하다

【마성이 무도를 평정하다】

마성(馬成) 등이 하지(河池)를 격파하고, 드디어 무도군(武都郡)을 평정하였다.

○ 【郭伋諫用南陽人】

郭伋諫用南陽人

郭伋爲并州牧하여 過京師할새 帝問以得失한대 伋曰 選補衆職인댄 當簡天下賢俊이요 不宜專用南陽人이니이다하다 是時在位多鄉

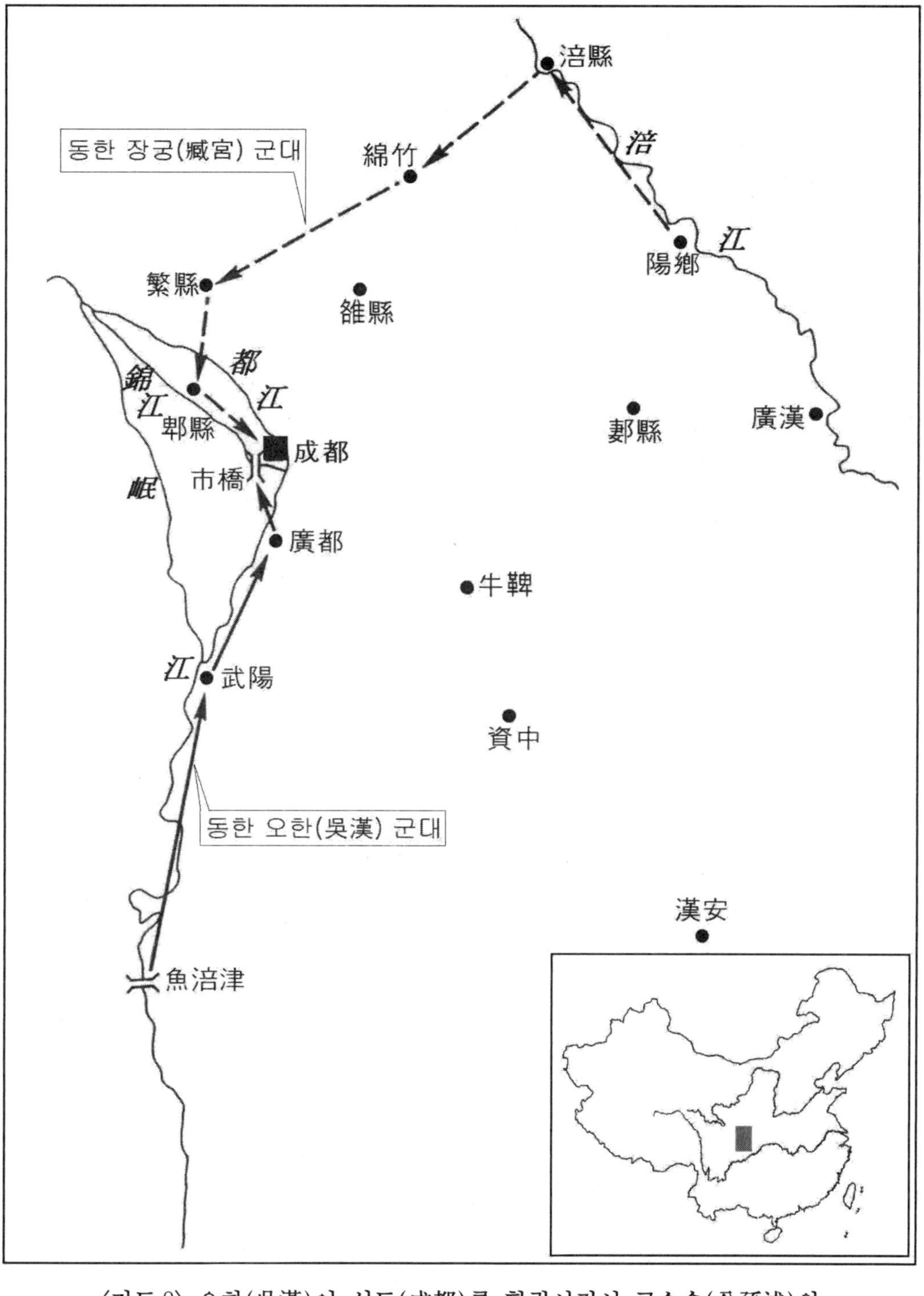

〈지도 8〉 오한(吳漢)이 성도(成都)를 함락시켜서 공손술(公孫述)의 성가국(成家國)이 멸망함.(36년 1월-11월)

曲故舊라 故伋言及之하다

【곽급이 남양 사람을 등용하는 것을 간언하다】

곽급(郭伋)이 병주목(幷州牧)이 되어 서울에 왔는데, 광무제가 정치의 득실을 물어보니, 곽급이 말하기를,

"여러 관리 직책을 선발하여 보충하려면 마땅히 천하의 현인과 준걸을 간택해야지, 오로지 〈폐하의 고향인〉 남양(南陽) 사람만을 등용해서는 안 됩니다."

하였다. 이때 관직에는 광무제의 고향의 옛 친구가 많았으므로, 곽급이 이것을 언급한 것이다.

【병신(丙申 36) 건무(建武) 12년】

○ 【吳漢八戰八克】

吳漢八戰八克

吳漢將步騎二萬進逼成都하여 與公孫述戰於廣都成都之間하여 八戰八克하다

【오한이 여덟 번 싸워 여덟 번 승리하다】

오한이 보병과 기병 2만 명을 거느리고 성도로 진격하여, 공손술과 더불어 광도(廣都)와 성도의 사이에서 전투하여 여덟 번 싸워 여덟 번 승리하였다.

○ 【高午刺公孫述 述死】

高午刺公孫述述死

十一月에 臧宮軍咸陽門하니 述自將數萬人攻吳漢하고 使延岑拒宮하다 大戰할새 岑三合三勝하다 自旦及日中에 軍士不得食하여 並疲어늘 漢因使護軍高午唐邯將銳卒數萬擊之하니 述兵大亂이라 高午犇陳刺述하여 洞胸墮馬한대 左右輿入城이러니 述以兵屬

延岑하고 其夜에 死하니 明旦에 延岑以城降하다

【고오가 공손술을 찔러 공손술이 죽었다】

11월에 장궁(臧宮)이 성도(成都)의 함양문(咸陽門)에 주둔하자, 공손술이 스스로 수만 명을 지휘하여 오한을 공격하고, 연잠에게는 장궁을 방어하게 하였다. 크게 전투를 하였는데 연잠이 세 번 싸워 세 번 이겼다. 아침부터 대낮까지 싸우느라 군사들이 먹지를 못해 모두 피로하자 오한이 이를 이용하여 호군(護軍) 고오(高午)와 당감(唐邯)에게 정예군졸 수만을 인솔하여 공손술을 치게 하였다. 공손술의 군대가 크게 어지러워지자, 고오가 진영으로 달려가 공손술을 찔러 가슴을 꿰뚫어 말에서 떨어뜨리자, 측근들이 들고 성으로 들어갔다. 공손술이 군대를 연잠에게 맡기고, 그날 밤에 죽었다. 다음날 아침에 연잠이 성을 가지고 항복하였다.

○ **【李業等不事公孫述】**

李業等不事公孫述 初에 述徵廣漢李業爲博士한대 業固稱疾不起라 述羞不能致하여 使大鴻臚尹融奉詔命以劫業하여 若起則受公侯之位로되 不起賜以毒酒하리라하니 業乃嘆曰 古人危邦不入하고 亂邦不居는 爲此故也로다하고 遂飮毒而死하다 述又聘巴郡譙玄한대 玄不詣어늘 亦

保志全高 遣使者以毒藥劫之하다 太守自詣玄廬하여 勸之行한대 玄曰 保志全高면 死亦奚恨가하고 遂受毒藥하다 玄子瑛泣血叩頭於太守하고 願奉家錢千萬以贖父死하니 太守爲請한대 述許之하다 述徵蜀郡王皓王嘉할새 恐其不至하여 先繫其妻子하니 皓嘉皆自殺하다 犍

漆身爲癩 爲費貽不肯仕述하여 漆身爲癩하여 陽狂以避之하고 同郡任永馮信皆托靑盲以辭徵命하니라

【이업 등이 공손술을 섬기지 않았다】

예전에 공손술이 광한(廣漢)의 이업(李業)을 불러 박사(博士)를 삼았으나, 이업이

군이 병을 핑계로 나오지 않았다. 공손술은 이업을 불러올 수 없음을 부끄러워하여 대홍려(大鴻臚) 윤융(尹融)에게 조서를 받들어 이업을 겁박하게 하기를,

"만약 나오면 공후(公侯)의 지위를 받을 것이지만, 나아오지 않으면 독주(毒酒)를 내리겠다."

하니, 이업이 탄식하기를,

"옛사람이 위태로운 나라에 들어가지 않고, 어지러운 나라에 살지 않은 것은 이 때문이었구나."

하고, 드디어 독주를 마시고 죽었다.

공손술이 또 파군(巴郡)의 초현(譙玄)을 초빙하였는데, 초현이 이르지 않자 역시 사신을 보내어 독약을 가지고 위협하였다. 태수 자신이 초현의 집에 가서 나아가기를 권하자, 초현이 말하기를,

"뜻을 보전하여 온전히 고상하게 되면 죽은들 또한 어찌 유감스럽겠소!"

하고, 마침내 독약을 받았다. 초현의 아들 초영(譙瑛)이 피눈물을 흘리며 태수에게 머리를 조아리고 집안의 돈 1천만을 바쳐 아버지 죽음을 대신하게 하기를 원하였다. 태수가 그를 위하여 요청하자 공손술이 허락하였다.

공손술이 촉군(蜀郡)의 왕호(王皓)와 왕가(王嘉)를 초빙할 적에 오지 않을까 우려하여 그 아내와 자식을 먼저 구금하니, 왕호와 왕가는 모두 자살하였다. 건위군(犍爲郡)의 비이(費貽)는 공손술에게 벼슬하지 않으려고 하여, 몸에 옻칠하고 문둥이가 되어 거짓 미친 체하면서 그를 피하였다. 같은 건위군 사람 임영(任永)과 풍신(馮信)도 모두 청맹안(靑盲眼 : 눈병)을 핑계로 불러들이는 명령을 사양하였다.

【擢用西土賢士】

擢用西土賢士 帝旣平蜀에 譙玄已卒이어늘 祠以中牢하고 敕所在還其家錢하고 而表李業之閭하고 徵費貽任永馮信하니 會永信病卒하고 獨貽仕至合浦太守하다

【서쪽 지역의 어진 선비를 뽑아 쓰다】

광무제가 촉을 평정했을 때에는 초현이 이미 죽은 뒤였는데, 중뢰(中牢 : 양, 돼

지 제물)로 제사지내고, 소재지에 칙령을 내려 그 집에 속전(贖錢 : 죄 대신 바친 돈)을 돌려주게 하고, 이업의 마을 문에 정표하게 하였다. 비이(費貽)·임영(任永)·풍신(馮信)을 불렀는데, 마침 임영과 풍신은 병으로 죽었고, 오직 비이만 벼슬하여 합포태수(合浦太守)에 이르렀다.

○ 【任延言忠臣不私】

任延言忠臣不私

帝以睢陽令任延爲武威太守하고 親見하여 戒之曰 善事上官하여 無失名譽하라하다 延對曰 臣聞忠臣不私하고 私臣不忠이라하니 履正奉公은 臣子之節이요 上下雷同은 非陛下之福이니 善事上官은 臣不敢奉詔니이다하니 帝歎息曰 卿言是也로다하다

【임연이 충성스런 신하는 부화뇌동하지 않는다고 말하다】

광무제가 수양현령(睢陽縣令) 임연(任延)을 무위태수(武威太守)로 삼고, 직접 만나 경계하기를,

"상관(上官)을 잘 섬겨서 명예를 실추하지 말라."

하였다. 임연이 대답하기를,

"제가 듣건대, 충성스런 신하는 부화뇌동하지 않고, 부화뇌동하는 신하는 충성스럽지 않다고 합니다. 정도(正道)를 이행하여 공무를 받드는 것이 신하의 절의요, 위아래가 부화뇌동하는 것은 폐하께 복이 아닙니다. 상관을 잘 섬기라는 말씀은 제가 감히 조서를 받들 수가 없습니다."

하니, 광무제가 감탄하기를,

"경의 말이 옳다."

하였다.

【정유(丁酉 37) 건무(建武) 13년】

○ 【不貴名馬寶劍】

不貴名馬寶劍 時異國有獻名馬者한대 日行千里하고 又進寶劍한대 價直百金이라 詔以劍賜騎士하고 馬駕鼓車하다 上雅不喜聽音樂하고 手不持珠玉하다

【명마와 보검을 귀하게 여기지 않다】

당시 외국에서 명마를 바쳤는데 하루에 천리를 갔고, 또 보검을 바쳤는데 값이 1백 량(兩)의 황금(黃金)이었다. 광무제가 조서를 내려 칼은 기사(騎士)에게 주고, 말은 북을 실은 수레를 끌게 하였다. 광무제는 평소 음악 듣기를 좋아하지 않았고, 손에는 주옥(珠玉)을 잡지 않았다.

【郅惲拒關】

郅惲拒關 嘗出獵이라가 車駕夜還이러니 上東門候郅惲拒關不開라 上令從者見面於門間한대 惲曰 火明遼遠이라하고 遂不受詔어늘 上乃回하여 從東中門入하다 明日에 惲上書諫曰 昔文王不敢盤于游田하고 以萬民惟正之供이러시니 而陛下遠獵山林하여 夜以繼晝하시니 如社稷宗廟何리잇고 書奏에 賜惲布百匹하고 貶東中門候爲參封尉하다

【질운이 성문을 막다】

사냥을 나갔다가 광무제의 수레가 밤에 돌아오는데, 상동문후(上東門候) 질운(郅惲)이 문을 막고 열어주지 않았다. 광무제가 따르는 자를 시켜 문 사이로 얼굴을 보이게 하였는데, 질운이 말하기를

"등불이 멀어 잘 안 보입니다!"

하고, 결국 명령을 따르지 않자, 광무제는 마침내 우회하여 동중문(東中門)으로 들어왔다. 다음날 질운이 글을 올려 간언하기를,

"옛날 문왕은 사냥하기를 즐기지 않았고, 백성들에게는 정해진 공물만 거두

어 들였습니다. 그런데 폐하께서는 밤을 낮 삼아 먼 산림에 있는 사냥터에 나가 계시니, 사직과 종묘를 어찌 하시겠습니까!"

하고, 글을 아뢰자, 광무제가 질운에게 베 100필을 내리고, 동중문후(東中門候)를 강등하여 참봉현위(參封縣尉)로 삼았다.

【褒封功臣】

褒封功臣 大饗將士功臣하고 定封鄧禹爲高密侯하여 食四縣하고 李通爲固始侯하고 賈復爲膠東侯하여 食六縣하고 餘各有差하다

【공신에게 봉작을 주다】

장사(將士)와 공신(功臣)에게 크게 연향을 베풀고 봉작을 정하였는데, 등우(鄧禹)로 고밀후(高密侯)를 삼아 4현을 식읍(食邑)으로 주고, 이통(李通)으로 고시후(固始侯)를 삼고, 가복(賈復)으로 교동후(膠東侯)를 삼아 6현을 식읍으로 주고, 나머지는 각각 차등을 두었다.

【光武隴蜀平後 不言兵】

光武隴蜀平後不言兵 帝在兵間久하여 厭武事하고 且知天下疲耗하여 思樂息肩하고 自隴蜀平後로 非警急이면 未嘗復言軍旅하다 皇太子嘗問攻戰之事한대 帝曰 昔衛靈公問陳에 孔子不對하시니 此非爾所及이라하다 鄧禹賈復知帝偃干戈하고 修文德하며 不欲功臣擁衆京師하고 乃去甲兵하고 敦儒學하다

【광무제는 농과 촉이 평정된 이후로 군대에 대해 말하지 않다】

광무제는 오랜 기간 동안 전쟁을 치른 터라 전쟁하는 일을 싫어하고, 또 천하가 피폐해졌음을 알고는 편안하게 잠시 휴식해야 한다고 생각하였다. 농(隴)과 촉(蜀)이 평정된 이후로부터 긴급한 일이 아니면 다시는 군대에 대해 말한 적이 없

었다. 황태자가 공격과 전투의 일을 묻자 광무제는 말하기를,

"옛날 위령공(衛靈公)이 진법(陳法)에 대해 묻자, 공자는 대답하지 않았다. 이는 네가 언급할 것이 아니다!"

하였다. 등우와 가복은 황제가 전쟁을 종식하고 무예를 억제하고 문덕(文德)을 강구하며, 공신들에게는 서울에서 군사를 소유하지 않게 하려는 것을 알고서, 마침내 갑옷과 병기를 버리고 유학을 숭상하였다.

【保全功臣】

保全功臣 帝亦思念하여 欲完功臣爵土하여 不令以吏職爲過하고 遂罷左右將軍官하니 耿弇等亦上大將軍將軍印綬하고 皆以列侯就第하니

奉朝請 加位特進하고 奉朝請하다 鄧禹內行淳備하여 有子十三人한대 各

鄧禹有子十三人 各使守一藝 使守一藝하여 修整閨門하고 教養子孫하니 皆可以爲後世法이요 資用國邑하여 不修産利하다 賈復爲人剛毅方直하고 多大節이라 旣還私第에 闔門養威重이러니 朱祜等薦復宜爲宰相이로되 帝方

功臣不用 以吏事責三公이라 故功臣並不用이라 是時에 列侯唯高密固始膠東三侯與公卿參議國家大事하여 恩遇甚厚하다 帝雖制御功臣이나 而每能回容하여 宥其小失하고 遠方貢珍甘에 必先徧賜諸侯하여 而太官無餘라 故皆保其福祿하여 無誅譴者하다

【공신을 보호하여 안전하게 하다】

광무제는 또한 깊이 생각하여 공신의 벼슬과 토지를 완전히 보전하게 하고자 하여, 관리의 직책으로 허물을 짓지 않게 하려고 하고 드디어 좌우 장군의 관직을 없앴다. 경감(耿弇) 등이 또한 대장군과 장군의 인수(印綬)를 반납하고, 모두 열후의 신분으로 집으로 물러났는데, 지위를 특진(特進)으로 더하고 봉조청(奉朝請: 조정 회의만 참석하는 특별 직책)을 하게 하였다.

등우는 집안에서의 품행이 순수하고 완전하였다. 13명의 아들이 있었는데, 각각

한 종류의 기예를 익히도록 하여, 집안의 법도를 바로잡게 하였고, 자손들을 잘 가르쳐 모두 후세의 법도가 될 만하였다. 비용은 식읍에서 거두어들인 것만 쓰고 개인적 영리를 강구하지 않았다. 가복은 사람됨이 굳세고 바르며 큰 절의가 있었다. 자기 집으로 물러난 뒤로는 문을 닫고 위엄과 중후함을 길렀다. 주호(朱祜) 등은 가복을 추천하여 마땅히 재상을 삼아야 한다고 하였으나, 광무제는 한창 관리 일을 삼공에게 책임 지워주고 있었으므로 공신들은 모두 임용하지 않았다. 이때에 열후는 오직 고밀후(高密侯 : 鄧禹), 고시후(固始侯 : 李通), 교동후(膠東侯 : 賈復) 세 열후만이 공경(公卿)들과 국가의 큰일을 함께 논의하였는데, 광무제의 우대가 매우 컸다. 광무제가 비록 공신들을 제어하였으나 매번 법을 굽혀 포용하여, 작은 실수를 용서하였고, 먼 곳에서 진귀하고 맛있는 음식을 공물로 바치면, 반드시 우선 제후에게 두루 내려주어, 태관(太官: 주방 담당 관청)에는 남는 것이 없었다. 그러므로 공신들이 그들의 복록을 모두 보전하여, 죽임을 당하거나 견책을 받는 자가 없었다.

○【天下少事】

天下少事 時兵革既息하니 天下少事하여 文書調役에 務從簡寡하여 至乃十存一焉하다

【천하에 사건이 적다】

이때에 전쟁이 끝난 뒤이어서 천하에 사건이 적었다. 문서와 부역을 징발하는 데는 간략함을 힘써 따라 마침내 10중에 1만 남는 데에 이르렀다.

【무술(戊戌 38) 건무(建武) 14년】

○【梁統更請定律】

梁統更請定律 梁統上疏曰 臣竊見元帝初元五年에 輕殊死刑三十四事요 哀帝建平元年에 輕殊死刑八十一事라 其四十二事手殺人者는 減死

一等하니 自是以後로 著爲常準이라 故人輕犯法하고 吏易殺人이니이다 經曰 爰制百姓을 于刑之衷이라하니 衷之爲言은 不輕不重之謂也니이다 自高祖至于孝宣히 海內稱治러니 至初元建平而盜賊浸多하니 皆刑罰不衷하여 愚人易犯之所致也니이다 由此觀之컨대 則刑輕之作이 反生大患하여 惠加奸軌하고 而害及良善也니이다하다 事寢하여 不報하다

【양통이 법률을 정할 것을 다시 청하다】

양통(梁統)이 상소하기를,

"제가 보건대 원제(元帝) 초원(初元) 5년(B.C.44)에 참수형(斬首刑)을 감형해 준 경우가 34가지 일이 있었고, 애제(哀帝) 건평(建平) 원년(B.C.6)에 참수형을 감형해 준 경우가 81가지 일이 있었습니다. 그 중 42가지 사건은 손수 사람을 죽인 자도 사형에서 한 등급을 감형해주니, 이로부터 그 기록이 일정한 법이 되었습니다. 그러므로 사람들이 법에 저촉되는 것을 가벼이 여기고, 관리는 쉽게 사람을 죽였습니다. ≪서경(書經)≫ 〈여형(呂刑)〉에 이르기를 '이에 백성을 제어하기를 형벌의 알맞음〔衷 : 中道〕으로 한다.' 하였으니, 충(衷)이란 말은 가볍지도 않고 무겁지도 않음을 말합니다. 고조(高祖)로부터 선제(宣帝)에 이르기까지 천하가 잘 다스려졌다고 칭송하였는데, 초원·건평 연간에 이르러 도적이 점점 많아졌으니 모두 형벌이 알맞지 못하여 어리석은 사람들이 쉽게 법을 저촉함으로 인해 초래된 것입니다. 이러한 사실로 보건대 형벌을 가볍게 해주는 조치가 도리어 큰 근심을 낳아, 은혜는 범법자에게 더해지고, 폐해는 선량한 사람에게 미치게 됩니다!"

하였다. 이 일을 묵살하고 회답하지 않았다.

【기해(己亥 39) 건무(建武) 15년】

○ 【韓歆以直諫死】

韓歆以直諫死

春에 大司徒韓歆免하다 歆好直言하고 無隱諱하여 帝每不能容이라 歆於上前證歲將饑凶할새 指天畫地하고 言甚剛切이라 故坐免歸田里러니 帝猶不釋하고 復遣使宣詔責之하니 歆及子嬰皆自殺하다 歆素有重名이러니 死非其罪하니 衆多不厭이라 帝乃追賜錢穀하여 以成禮葬之하다

【한흠이 직간 때문에 죽다】

봄에 대사도(大司徒) 한흠(韓歆)이 파면되었다. 한흠은 바른 말을 좋아해 숨기거나 두려워 피하는 것이 없었는데, 광무제가 그럴 때마다 용납하지 못하였다. 한흠이 광무제 앞에서 그 해 농사가 흉년이 들 것을 밝힐 때 손으로 하늘을 가리키고 땅을 그으며 말이 매우 거칠고 단정적이었기 때문에 그 일로 파면당해 향리로 돌아갔다. 광무제는 그래도 화가 풀리지 않아 다시 사신을 보내어 조서를 내려 꾸짖으니, 한흠과 아들 한영(韓嬰)이 모두 자살하였다. 한흠은 평소 큰 명성이 있었는데, 죽을죄가 아닌데 죽으니 많은 사람들이 대부분 승복하지 않았다. 광무제는 추후에 돈과 곡식을 하사품으로 내리고 예를 갖추어 장사지내게 하였다.

○ 【韓歆死 爲仁明之累】

韓歆死爲仁明之累

溫公曰 "昔高宗命說曰 若藥弗瞑眩이면 厥疾弗瘳라하니 夫切直之言은 非人臣之利요 乃國家之福也라 是以人君夙夜求之하여 唯懼弗得聞하나니 惜乎라 以光武之世而韓歆用直諫死하니 豈不爲仁明之累哉아

【한흠이 죽은 것은 어질고 밝은 정치에 결함이 된다】

온공이 말하였다.

옛날 은나라 고종(高宗 : 武丁)이 부열(傅說)에게 명령하기를, "만일 약을 먹어 정신이 어찔하지 않으면, 그 병이 낫지 않는다." 하였으니, 극히 바른 말

은 신하의 이익이 아니라, 바로 국가의 복입니다. 그러므로 임금은 밤낮으로 그것을 구하여, 오직 듣지 못할까 우려해야 합니다. 애석합니다! 광무제의 시대에 한흠이 강직한 말을 한 것으로 죽었으니, 어찌 인의와 명철한 정치에 결함이 되지 않겠습니까?

○ 【檢覈州郡墾田】

檢覈州郡墾田

帝以天下墾田多不以實自占하고 又戶口年紀互有增減이라하여 乃詔下州郡檢覈하니 於是刺史太守多爲詐巧하여 苟以度田爲名하여 聚民田中하고 幷度廬屋里落하니 民遮道啼呼하며 或優饒豪右하고 侵刻羸弱하다 時諸郡各遣使奏事할새 帝見陳留吏牘上有書라 視之云 潁川弘農可問이어니와 河南南陽不可問이라하여늘 帝詰吏由趣한대 吏不肯服하고 抵言於長壽街上得之라하니 帝怒하다 時皇子東海公陽年十二라 在幄後言曰 吏受郡敕하여 當欲以墾田相方耳니이다하니 帝曰 卽如此면 何故言河南南陽不可問고하다 對曰 河南帝城이라 多近臣하고 南陽帝鄕이라 多近親하니 田宅踰制하여 不可爲準이니이다하다 帝令虎賁將詰問吏한대 吏乃首服하니 如東海公對라 上由是益奇愛陽하고 遣謁者考實二千石長吏阿枉不平者하다

河南南陽不可問

【주와 군을 조사하여 농토를 개간하다】

광무제는 전국의 개간 농지가 사실대로 헤아려 신고하지 않은 것이 많고, 또한 가구 수, 인구 수, 나이를 늘리거나 줄임이 있다고 하여 마침내 조서를 주와 군에 내려 사실을 조사하도록 하였다. 이에 자사와 태수가 대부분 교묘히 속이면서 구차하게 농지를 측량한다는 명분을 내세워, 농지 중에 백성들을 모아 놓고 농막과 가옥, 마을을 아울러 측량하니, 백성들이 길을 막고 울부짖으며, 혹은 호족을 우대

해 주고, 가난하고 힘없는 사람들을 침해하였다.

당시에 여러 군에서 각각 사신을 보내 일을 아뢰었는데 광무제가 진류군(陳留郡) 관리가 올린 공문서에 글이 적혀있는 것을 보았다. 그것을 살펴보니,

"영천(潁川)과 홍농(弘農)은 조사해도 되지만, 하남(河南)과 남양(南陽)은 조사해서는 안 된다."

라고 쓰여 있었다. 광무제가 진류군 관리에게 유래와 의도를 힐책하자 진류군 관리가 자백하려 하지 않고,

"장수가(長壽街 : 거리 이름)에서 얻었습니다."

라고 속여 말하니, 광무제가 노하였다. 이때 광무제의 아들 동해공(東海公) 유양(劉陽)이 12세였는데, 휘장 뒤에 있다가 말하기를,

"진류군 관리는 군수의 명령을 받아서 단지 다른 군현의 개간한 땅과 서로 비교하려 했을 뿐입니다."

하였다. 광무제가 말하기를,

"만약 이와 같다면, 무슨 까닭으로 하남과 남양은 조사해서는 안 된다고 말한 것인가?"

하니, 대답하기를,

"하남은 황제의 성(城)인지라, 친근한 신하가 많고, 남양은 황제의 고향인지라, 가까운 친척이 많으니, 농지와 집이 규정을 초과하여 기준대로 공평히 할 수가 없습니다."

하였다. 광무제가 호분장(虎賁將)을 시켜 관리를 힐문하니, 관리가 마침내 자백하여 죄지었다고 하였는데, 동해공의 대답과 같았다. 광무제는 이로 말미암아 더욱 유양을 기특히 여겨 사랑하였고, 알자(謁者 : 관명)를 보내 이천석(二千石) 고위 관리로서 아첨해 굽혀서 공평하지 않은 자들을 살펴 조사하게 하였다.

○【張堪爲政 樂不可支】

張堪爲政 樂不可支 桑無附枝 麥穗兩岐

張堪拜漁陽太守하다 堪視事八年에 匈奴不敢犯塞하고 勸民耕稼하여 以致殷富하니 百姓歌曰 桑無附枝하고 麥穗兩岐라 張君爲政하니 樂不可支라하다

【장감이 정사를 하니 즐거움을 가눌 수 없다】

장감(張堪)을 어양태수(漁陽太守)로 임명하였다. 장감이 직무를 수행한 지 8년이 되자 흉노는 감히 변방을 침범하지 못했고, 백성에게 농사를 권장하여 부유함을 이루었다. 백성들이 노래하기를,

"뽕나무는 곁가지가 없고, 보리는 이삭이 두 개가 났도다! 장감 태수께서 정무를 보시니, 즐거움을 가눌 수 없구나!"

하였다.

○ 【徵側忿怨】

徵側忿怨 交趾鸁泠縣雒將女子徵側이 甚雄勇이라 交趾太守蘇定以法繩之한대 徵側忿怨하다

【징측이 분노하다】

교지(交趾) 미령현(鸁泠縣)의 낙장(雒將 : 낙민(雒民)의 장군)의 딸 징측(徵側)이 매우 용감하였다. 교지태수(交趾太守) 소정(蘇定)이 법을 적용하여 다스리자 징측은 분노하였다.

【경자(庚子 40) 건무(建武) 16년】

○ 【徵側反】

徵側反 春 二月에 徵側與其妹徵貳反하여 凡略六十五城하여 自立爲王하고 都鸁泠하다 交趾刺史及諸太守僅得自守하다

【징측이 반란하다】

봄 2월에 징측(徵側)이 그의 여동생 징이(徵貳)와 반란하여 65개 성(城)을 빼앗아 스스로 즉위하여 왕이 되고 미령(鸁泠)에 도읍하였다. 교지자사(交趾刺史) 및 여러 태수들은 겨우 자신만 지킬 수 있었다.

○【遣使解散群盜】

遣使解散群盜

郡國群盜處處並起하여 郡縣追討할새 到則解散하고 去復屯結한대 青徐幽冀四州尤甚이라 冬十月에 遣使者下郡國하여 聽群盜自相糾擿하고 五人共斬一人者는 除其罪하니 於是更相追捕하여 賊並解散이라 徙其魁帥於他郡하고 賦田受稟하여 使安生業하니 自是牛馬放牧不收하고 邑門不閉하다

五人共斬一人者除其罪

【사신을 보내 떼도적을 해산시키다】

군국(郡國) 곳곳에서 떼도적이 동시에 일어났다. 군과 현의 군사들이 쫓아 토벌할 적에 가면 흩어졌다가 떠나면 다시 모였는데, 청주(青州)・서주(徐州)・유주(幽州)・기주(冀州) 네 주가 특히 심하였다. 겨울 10월에 사자(使者)를 군국에 내려 보내, 떼도적들이 스스로 규찰하여 적발하도록 허락하고 다섯이 함께 한 명을 목 베는 자에게는 그들의 죄를 면제해주니, 이에 다시 서로 쫓고 잡아서 도적이 모두 흩어졌다. 그 괴수를 다른 군으로 옮기고, 농지를 주고 급여를 주어 생업을 안정시키니, 이로부터는 소와 말을 방목하여 우리에 거두어들이지 않았고, 성문을 닫지 않았다.

【신축(辛丑 41) 건무(建武) 17년】

○【郭后廢 陰氏爲后】

郭后廢陰氏爲后

郭后寵衰하여 數懷懟하니 上怒之하여 廢皇后郭氏하고 立貴人陰氏爲皇后하다

【곽후를 폐위하고 음씨를 황후로 삼다】

곽후(郭后)가 총애를 잃고 자주 원망하는 마음을 품으니, 광무제가 노하였다. 황후 곽씨를 폐위하고, 귀인 음씨(陰氏)를 세워 황후로 삼았다.

○ 【以柔道治天下】

以柔道治天下 帝幸章陵하여 修園廟하고 祠舊宅하고 觀田廬하며 置酒作樂하고 賞賜하니 時宗室諸母因酣悅相與語曰 文叔少時謹信하여 與人不款曲하고 唯直柔耳러니 今乃能如此로다하니 帝聞之하고 大笑曰 吾治天下에 亦欲以柔道行之라하다

【유순한 도로 천하를 다스리다】

광무제가 장릉현(章陵縣)에 행차하여 묘지의 사당을 보수하고 옛 집에서 제사지내고, 농막을 돌아보았으며, 술상을 차리고 음악을 연주하게 하고 포상을 하였다. 이때 종실의 어머니뻘 되는 사람들이 술이 얼근하게 취하여 기뻐하며 서로 말하기를,

"문숙(文叔 : 광무제 자)이 젊었을 때에 신중하고 진실하여 남들과 다정하게 지내지 않고, 오직 바르고 유순할 뿐이더니, 지금 이와 같이 되었구나!"

하였다. 광무제는 그것을 듣고 크게 웃으며 말하기를,

"나는 천하를 다스릴 때도 또한 유순한 도리로 행하고자 합니다."

하였다.

○ 【馬援擊交趾】

馬援擊交趾 徵側等寇亂連年하니 拜馬援爲伏波將軍하고 以扶樂侯劉隆爲副하여 南擊交趾하다

【마원이 교지를 공격하다】

징측(徵側) 등이 해마다 노략질을 하자 마원(馬援)을 복파장군(伏波將軍)으로 임명하고 부악후(扶樂侯) 유륭(劉隆)을 부관으로 하여 남쪽으로 교지(交趾)를 공격하게 하였다.

【임인(壬寅 42) 건무(建武) 18년】

○ 【馬援大破徵側】

馬援大破徵側 馬援緣海而進하여 隨山刊道千餘里하다 至浪泊上하여 與徵側等戰하여 大破之하다

【마원이 징측을 크게 격파하다】

마원이 바닷가를 따라 전진하여 산을 따라 천여 리나 길을 냈다. 낭박(浪泊)에 이르러 징측(徵側) 등과 전투하여 크게 격파하였다.

【계묘(癸卯 43) 건무(建武) 19년】

○ 【廢彊立陽】

廢彊立陽 郭后旣廢에 太子彊意不自安이라 郅惲說太子曰 久處疑位면 上違孝道요 下近危殆니 不如辭位以奉養母氏라하여늘 太子從之하여 數因左右及諸王陳其懇誠하고 願備藩國하니 上不忍하여 遲回者數歲라 六月에 詔曰 春秋之義에 立子以貴하니 東海王陽은 皇后之子라 宜承大統이요 皇太子彊은 崇執謙退하여 願備藩國하니 父子之情에 重久違之라 其以彊爲東海王하고 立陽爲皇太子하고 改名莊하라하다

【유강을 폐위하고 유양을 세우다】

곽후가 폐위되자 태자 유강(劉彊)은 마음이 자연히 편안하지 못하였다. 질운(郅惲)이 태자를 설득하기를,

"의심을 받는 자리에 오래 있으면 위로는 효도에 어긋나게 되고, 아래로는 위태로움에 가까워집니다. 태자의 자리를 사양하여 어머님을 받들어 모시는

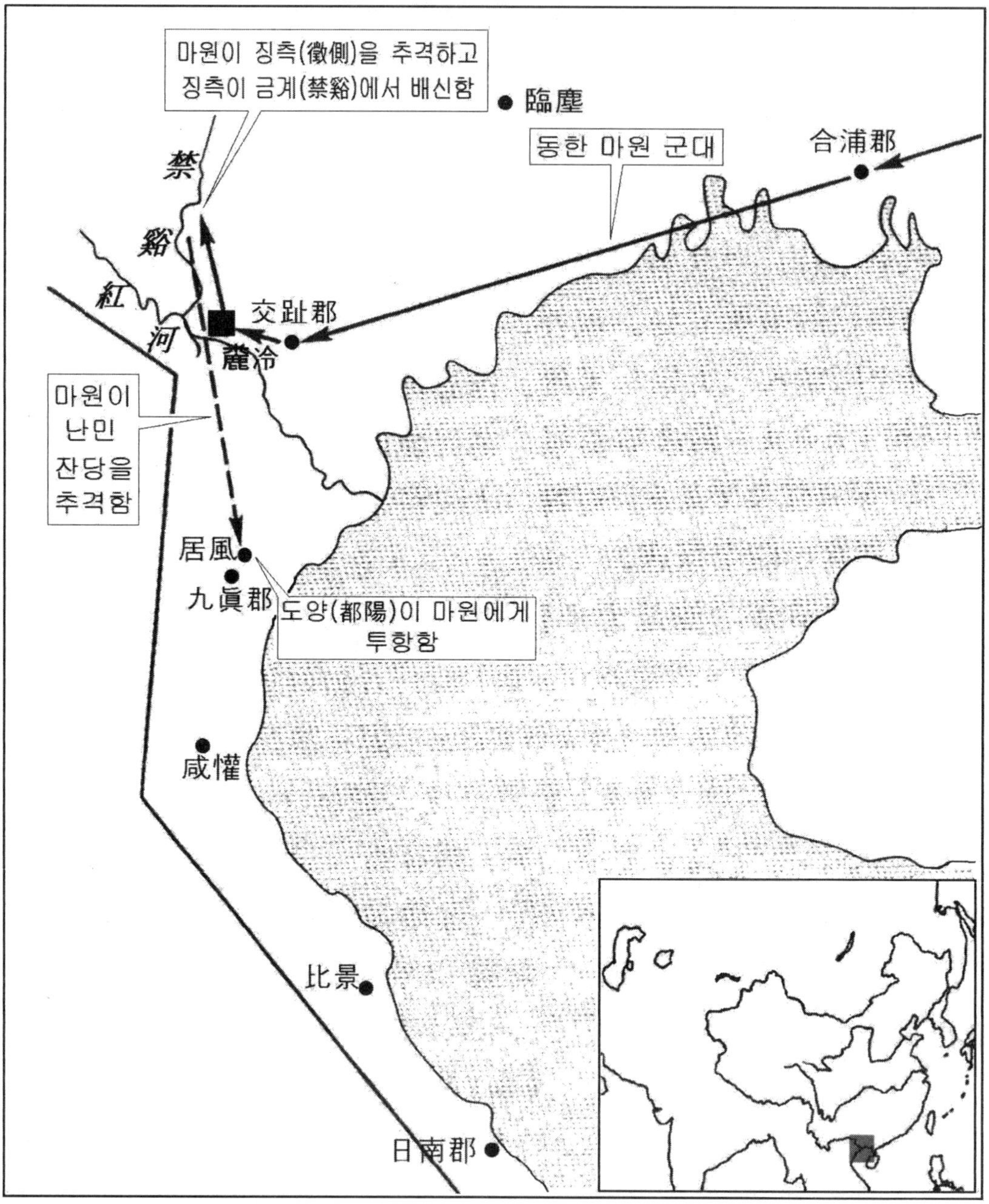

〈지도 9〉 마원(馬援)이 교지(交址)의 민란(民亂)을 평정함.(42년-43년)

것만 못합니다."

하였다. 태자 유강은 그 말을 따라 자주 측근과 여러 왕들을 통해 그의 간곡한 뜻을 전달하고 제후국을 마련해 주기를 원하였다. 광무제는 차마 그렇게 하지 못하

여 머뭇거린 것이 수년이었다. 6월에 조서하기를,

"춘추(春秋)의 의리(義理)는 아들을 태자로 세울 때 신분의 귀한 순서로 하였다. 동해왕 유양은 황후의 아들이니 황제의 계통을 이어야 한다. 황태자 유강은 겸양을 굳게 지키며 제후국을 마련해 주기를 원하니, 부자의 정에 그 뜻을 오래 어기기가 어렵다. 유강을 동해왕으로 삼고, 유양을 황태자로 삼아 이름을 장(莊)으로 고친다."

하였다.

○【幸太學】

幸太學 上以桓榮爲議郎하여 使授太子經하고 車駕幸太學하니 會諸博士論難於前하다 榮辨明經義한대 儒者莫之及이라 特加賞賜하다

【태학에 행차하다】

광무제가 환영(桓榮)을 의랑(議郎)으로 삼아서 태자에게 경서를 가르치게 하였다. 광무제가 태학에 행차하였는데, 마침 여러 박사들이 광무제 앞에서 토론을 하였다. 환영이 경서의 의미를 분명하게 밝히자 유학자들이 그에게 따를 자가 없었기 때문에 특별히 상을 주었다.

○【董宣彊項】

董宣彊項 陳留董宣爲雒陽令이러니 湖陽公主蒼頭白日殺人하고 因匿主家하니 吏不能得이라 及主出行에 以奴驂乘이어늘 宣於夏門亭候之라가 駐車叩馬하고 以刀畫地하여 大言數主之失하고 叱奴下車하여 因格殺之하다 主卽還宮訴帝한대 帝大怒하고 召宣하여 欲箠殺之러니 宣叩頭曰 願乞一言而死하노이다하니 帝曰 欲何言고하다 宣曰 陛下聖德中興이어시늘 而縱奴殺人하시니 將何以治天下乎잇가 臣不

(방주: 以刀畫地, 大言數主之失 / 縱奴殺人)

須箠라 請得自殺하노이다하고 卽以頭擊楹하여 流血被面이라 帝令小黃門持之하고 使宣叩頭謝主한대 宣不從이어늘 彊使頓之하니 宣兩手據地하며 終不肯俯라 主曰 文叔爲白衣時에 藏亡匿死하되 吏

威不能行一令

不敢至門이러니 今爲天子하여 威不能行一令乎아하니 帝笑曰 天

天子不與白衣同

子不與白衣同이라하고 因敕하여 彊項令出하라하고 賜錢三十萬하니 宣悉以班諸吏하다 由是能搏擊豪彊하니 京師莫不震慄하다

【동선은 목이 뻣뻣하다】

진류(陳留)의 동선(董宣)이 낙양령(雒陽令)이 되었다. 호양공주(湖陽公主)의 하인이 대낮에 사람을 죽이고 이어서 호양공주의 집에 숨으니, 관리가 잡을 수 없었다. 호양공주가 외출하게 되자, 하인을 마차에 함께 타게 하였다. 동선이 하문정(夏門亭 : 하문의 만수정(萬壽亭))에서 기다렸다가 수레를 멈추게 하고 말고삐를 잡고 칼로 땅을 그으면서 큰 소리로 호양공주의 잘못을 조목조목 세어 꾸짖고, 하인을 질책하여 수레에서 내리게 하여 맨손으로 쳐 죽였다.

호양공주가 즉시 궁으로 돌아가 광무제에게 호소하니, 광무제가 크게 노하고 동선을 불러 채찍으로 쳐 죽이려 하자, 동선이 엎드려 머리로 땅을 두드리며 말하기를,

"한 마디 말을 하고 죽고자합니다."

하니 광무제가 말하기를,

"무슨 말을 하려 하느냐?"

하였다. 동선이 말하기를,

"폐하께서 성스러운 공덕으로 중흥을 하였는데, 하인을 풀어 사람을 죽이시니 장차 어떻게 천하를 다스리시겠습니까? 저는 채찍에 맞아 죽기를 기다리지 않겠으니, 자살할 수 있게 해 주십시오!"

하고는 즉시 머리를 기둥에 부딪쳐서 피가 흘러 얼굴을 뒤덮었다. 광무제는 소황문(小黃門 : 환관)을 시켜 그를 붙잡게 하고, 동선에게 머리로 땅을 두드려 호양공주에게 사과하게 하였는데 동선이 따르지 않자, 억지로 그에게 머리를 조아리게 하려 했으나 동선은 두 손으로 땅을 짚고 버티며 끝내 순순히 머리를 구부리려고

하지 않았다. 호양공주가 말하기를,

"문숙(文叔 : 광무제 자)이 평민이었을 때에 도망자를 감추어 주고 죽을 사람을 숨겨 주었으나, 관리들이 감히 문에 이르지 못했었는데 지금 천자가 되어서는 위엄이 한 명의 현령에게도 시행되지 못한단 말이오?"

하였다. 광무제가 웃으며 말하기를,

"천자는 평민과 같지 않습니다."

하고, 이어서 광무제가 명령하기를,

"목이 뻣뻣한 낙양령은 나가라!"

하고, 삼십만 전을 내려주니, 동선은 그 돈을 모두 수하 관리들에게 나누어 주었다. 이로부터 세력가들을 잡아서 칠 수 있게 되니, 서울에서 떨지 않는 이가 없었다.

【갑신(甲辰 44) 건무(建武) 20년】

○ 【吳漢願無赦】

吳漢願無赦 廣平忠侯吳漢病篤이어늘 車駕親臨하여 問所欲言한대 對曰 臣愚는 無所知識이요 惟願陛下愼無赦而已라하다

【오한이 사면하지 않기를 바라다】

광평충후(廣平忠侯) 오한(吳漢)이 병이 위독하자 광무제가 친히 임하여 하고 싶은 말을 물었는데, 대답하기를,

"저는 아는 것이 없습니다. 오직 폐하께서는 신중하게 하시어 〈죄를 범한 자들을〉 사면하지 않으시기를 바랄 뿐입니다."

하였다.

○ 【郭況金穴】

郭況金穴 以郭況爲大鴻臚하고 帝數幸其第하여 賞賜金帛하니 豊盛莫比라

京師號況家爲金穴이라하다

【곽황의 집은 황금을 쌓아두는 동굴이다】

곽황(郭況)을 대홍려(大鴻臚)로 삼고 광무제가 자주 그 집에 행차하여 황금과 비단을 상으로 내려주니, 풍성함을 비할 자가 없었다. 서울에서는 곽황의 집을 '황금을 쌓아두는 동굴'이라고 불렀다.

○ 【馬援願以馬革裹尸】

馬援願以馬革裹尸

男兒要當死於邊野

秋九月에 馬援自交趾還이어늘 孟冀迎勞之한대 援曰 方今匈奴烏桓尙擾北邊하니 欲自請擊之하노라 男兒要當死於邊野하여 以馬革裹尸還葬耳니 何能臥床上하여 在兒女子手中耶아하다 冀曰 諒하다 爲烈士當如是矣라하다

【마원이 말가죽으로 시체를 싸기를 원하다】

가을 9월에 마원(馬援)이 교지(交趾)에서 돌아오자 맹기(孟冀)가 맞이하여 노고를 치하하였는데 마원이 말하기를,

"지금 흉노와 오환(烏桓)이 아직도 북쪽 변방을 어지럽게 하고 있으니 자청하여 그들을 공격하고자 하오. 남아는 마땅히 변방의 들에서 죽어 말가죽으로 시체를 싸서 돌아와 장사지낼 뿐이니, 어찌 침상 위에 누워 아녀자의 손안에 있을 수 있겠소!"

하였다. 맹기가 말하기를,

"진실하도다! 기개 있는 선비는 당연히 이와 같아야 한다."

하였다.

【을사(乙巳 45) 건무(建武) 21년】

○ 【不受西域】

不受西域 莎車王賢이 欲兼幷西域하니 諸國愁懼하여 車師等十八國俱遣子入侍하고 願得都護어늘 帝以中國初定에 北邊未服이라하여 皆還其
還侍子 侍子하고 厚賞賜之하다

【서역을 받아들이지 않다】

사거왕(莎車王) 현(賢)이 서역을 겸병하려고 하니, 여러 나라가 근심하고 두려워하였다. 거사(車師 : 고사국(姑師國)) 등 열여덟 나라가 모두 아들을 들여보내 시중들게 하고, 도호(都護)[15]에게 보호받기를 원하였다. 광무제는 중국이 처음 평정되고 북쪽 변방은 아직 복종하지 않았으므로, 시자(侍子 : 천자에게 볼모로 보낸 아들)들을 모두 돌려보내고 후하게 상을 내렸다.

【병오(丙午 46) 건무(建武) 22년】

○ 【劉昆反風滅火 虎北渡河】

劉昆反風滅火虎北渡河 初에 劉昆爲江陵令이러니 縣有火災어늘 昆向火叩頭하니 火尋滅하고 後爲弘農太守러니 虎皆負子渡河라 帝聞而異之하여 徵昆爲光祿勳하고 帝問昆曰 前在江陵에 反風滅火하고 後守弘農에 虎北渡河하니 行何德政而致是事오하니 對曰 偶然耳니이다하다 左右皆笑하니 帝嘆曰 此長者之言也라하고 顧命書諸策하다

【유곤은 바람을 거꾸로 불게 하여 불을 끄고, 호랑이가 북쪽으로 하수를 건너가게 하다】

과거에 유곤(劉昆)이 강릉령(江陵令)이 되었는데 강릉현(江陵縣)에 화재가 났는데, 유곤이 불을 향하여 머리를 조아리자 불이 얼마 후 꺼졌으며, 뒤에 홍농태수(弘農

15) 도호(屠戶) : 관명(官名). 한나라 선제(宣帝) 때 서역도호(西域都護)를 두어 서역의 여러 나라들을 총감독하게 하고, 아울러 남북도(南北道)를 감호(監護)하게 하였는데, 서역 지구(地區)의 최고 높은 관직이다.

太守)가 되었는데 호랑이가 모두 새끼를 업고 황하(黃河)를 건너갔다. 광무제가 이 말을 듣고 기이하게 여겨 유곤을 불러 광록훈(光祿勳)으로 삼았다. 광무제가 유곤에게 묻기를,

"지난번 강릉현(江陵縣)에 있을 때는 바람을 반대로 불게 하여 불을 끄고, 뒤에 홍농군(弘農郡)을 맡았을 때에는 호랑이가 북쪽으로 황하를 건너가게 하였으니, 어떤 도덕 정무를 행하였기에 이러한 일을 이루었소?"

하니, 대답하기를,

"우연일 뿐입니다."

하였다. 좌우의 신하들이 모두 웃으니, 광무제가 감탄하기를,

"이는 장자(長者)의 말이다."

하고, 사관을 돌아보며 사책(史策)에 쓰도록 명하였다.

○【閉關謝西】

閉關謝西 西域諸國侍子久留敦煌하니 皆愁思亡歸라 莎車王賢知都護不至하고 擊破鄯善하고 攻殺龜茲王하니 鄯善王安上書호대 願復遣子

更請都護 入侍하고 更請都護하노니 都護不出이면 誠迫於匈奴라하여늘 帝報

東西南北自在 曰 今使者大兵未能得出이니 如諸國力不從心이면 東西南北自在也라하다 於是鄯善車師復附匈奴하다

【관문을 닫고 서쪽을 버리다】

서역의 여러 나라에서 보낸 시자(侍子)들이 오랫동안 돈황(敦煌)에 머무르니, 모두 근심하여 도망쳐 돌아갈 것을 생각하였다. 사거왕(莎車王) 현(賢)은 한나라 도호(都護)가 오지 않을 것을 알고는 선선국(鄯善國)을 격파하고 구자국(龜茲國)의 왕을 쳐서 죽이니, 선선왕(鄯善王) 안(安)이 글을 올리기를,

"다시 아들을 보내어 입시(入侍)하기를 원하고, 다시 도호를 청하오니 도호가 나오지 않으면 진실로 흉노에게 핍박받습니다."

하였다. 광무제가 답서를 보내기를,

"지금 사자(使者)와 대병(大兵)이 나갈 수가 없으니, 만일 여러 나라들의 역량이 마음을 따르지 못한다면 동서남북에 따르고 싶은 대로 하라."

하였다. 이에 선선국과 거사국(車師國)이 다시 흉노에 붙었다.

【무신(戊申 48) 건무(建武) 24년】

○ 【匈奴款塞】

匈奴款塞 匈奴八部大人共議立日逐王比爲呼韓邪單于하고 款五原塞하며 願永爲藩蔽하여 扞禦北虜라하여늘 事下公卿하니 議者皆以爲호대 天下初定에 中國空虛하고 夷狄情僞難知하니 不可許니이다한대 五官中郞將耿國獨以爲호대 宜如孝宣故事하사 受之하여 令東扞鮮卑하고 北拒匈奴하고 率厲四夷하여 完復邊郡케하소서하니 帝從之하다

【흉노가 오원새의 문을 두드려 항복하다】

흉노의 여덟 부(部) 대인(大人: 추장)이 공동으로 논의하여 일축왕(日逐王) 비(比)를 세워 호한야선우(呼韓邪單于)로 삼고, 오원새(五原塞)에 와서 항복하며 영원히 울타리가 되어 북쪽 오랑캐를 막아내겠다고 하였다. 이 일을 공·경에게 회부하였는데, 의논하는 자들이 모두 말하기를,

"천하가 막 평정되어 중국이 텅 비어 있고, 오랑캐는 진정과 허위를 알기 어려우니, 허락해서는 안 됩니다."

하였는데, 오관중랑장(五官中郞將) 경국(耿國)만은 홀로 말하기를,

"마땅히 효선황제(孝宣皇帝)의 옛일[16]과 같이 하셔서 그들을 받아들이시어 동쪽으로는 선비를 막고, 북쪽으로는 흉노를 막고, 사방 오랑캐의 본보기로

---

16) 효선황제(孝宣皇帝)의 옛일 : 한 선제(宣帝) 감로(甘露) 2년(己巳 B.C.52)에 흉노(匈奴)의 호한야선우(呼韓邪單于)가 오원새(五原塞, 오원군(五原郡) 요새)에 찾아와서 흉노의 진귀한 보물을 바치고 조회하기를 원하자, 조서를 내려 "선우의 지위는 제후왕(諸侯王)의 위에 있게 하고, 알현할 때에 '신(臣)' 이라고 일컫되 이름을 부르지 않도록 하라."라고 우대한 일을 말함.(本書 2책 甘露 2년(己巳 B.C.52) 참조)

하여 변경의 군(郡)을 완전히 회복케 하십시오."

하니, 광무제가 그의 말을 따랐다.

○ 【馬援矍鑠】

馬援矍鑠 秋七月에 武陵蠻寇臨沅이어늘 馬成討之나 不克이라 馬援請行하니 帝愍其老하여 未許한대 援曰 臣尙能被甲上馬니이다하니 帝令試之하다 援據鞍顧眄하여 以示可用이어늘 帝笑曰 矍鑠哉是翁이여하고 遂遣援將四萬餘人征五溪하다 援謂友人杜愔曰 吾受厚恩하여 年

甘心瞑目 迫日索에 常恐不得死國事러니 今獲所願하니 甘心瞑目이로다하다

【마원은 용감하고 건장하다】

가을 7월에 무릉(武陵)의 만족(蠻族)이 임원(臨沅)을 노략질하자 마성(馬成)이 토벌했으나 이기지 못하였다. 마원(馬援)이 가기를 요청하자 광무제가 그의 연로함을 염려하여 허락하지 않았는데, 마원이 말하기를,

"신이 아직도 갑옷을 입고 말에 오를 수 있습니다."

하니, 광무제가 그를 시험해보게 하였다. 마원이 말안장에 걸터앉아서 돌아보며 쓰일 만함을 보이자, 광무제가 웃으며 말하기를,

"용감하고 건장하도다, 이 노인이여!"

하고, 드디어 마원을 보내 4만여 명을 인솔하여 오계(五溪)를 정벌하게 하였다. 마원이 친구인 두음(杜愔)에게 말하기를,

"내가 나라의 두터운 은혜를 입고서 나이 늙어 살날이 다하여 항상 국가의 일로 죽지 못할까 두려워하였는데, 지금 소원을 얻었으니, 기쁜 마음으로 눈을 감겠다."

하였다.

○ 【日逐王稱藩】

日逐王稱藩

冬 十月에 匈奴日逐王比自立爲南單于하고 遣使詣闕奉藩稱臣이어늘 上以問朗陵侯臧宮한대 宮曰 匈奴飢疫分爭하니 臣願得五千騎以立功하노이다하니 帝笑曰 常勝之家는 難與慮敵이니 吾方自思之호리라하다

常勝之家 難與慮敵

【일축왕이 번국(藩國)이라 칭하다】

겨울 10월에 흉노 일축왕 비가 스스로 즉위하여 남선우(南單于)가 되고, 사신을 보내 대궐에 이르게 하여 번국(藩國 : 속국(屬國))의 예를 받들어 신하라고 일컬었다. 광무제가 이 일로 낭릉후(朗陵侯) 장궁(臧宮)에게 묻자, 장궁이 말하기를,

"흉노는 굶주리고 전염병이 도는 데다 분쟁하고 있으니, 저는 5천 명의 기병을 얻어 공을 세우고 싶습니다."

하니, 광무제가 웃으며 말하기를,

"항상 이기는 사람과는 함께 적을 의논하기 어렵소. 내가 장차 스스로 생각해보겠소."

하였다.

【기유(己酉 49) 건무(建武) 25년】

○【馬援萬里還書誡兄子】

馬援萬里還書誡兄子

馬援軍至臨鄉하여 擊破蠻兵하여 斬獲二千餘人하다 援兄子嚴敦並喜譏議하고 通輕俠이어늘 援前在交趾에 還書誡之曰 吾欲汝曹聞人過失을 如聞父母之名하여 耳可得聞이언정 口不可得言也하노라 好議人長短하며 妄是非政法은 此吾所大惡也라 寧死언정 不願聞子孫有此行也하노라 龍伯高敦厚周愼하여 口無擇言하고 謙約節儉하여 廉公有威하여 吾愛之重之하니 願汝曹效之하노라 杜季良

聞人過失 如聞父母之名

效伯高不得 刻鵠不成尙類鶩 / 效季良不得 畫虎不成反類狗

豪俠好義하여 憂人之憂하고 樂人之樂하여 父喪致客에 數郡畢至하니 吾愛之重之나 不願汝曹效也하노라 效伯高不得이라도 猶爲謹敕之士니 所謂刻鵠不成尙類鶩者也어니와 效季良不得이면 陷爲天下輕薄子하리니 所謂畫虎不成反類狗者也니라하다

【마원이 만 리 밖에서 형의 아들을 편지로 경계시키다】

마원의 군대가 임향(臨鄕)에 이르러 만족의 군대를 격파하여 2천여 명을 목 베거나 사로잡았다. 마원의 형의 아들인 마엄(馬嚴)과 마돈(馬敦)이 모두 비판하고 평론하기를 좋아하며 경박한 자와 왕래하였는데, 마원이 이전에 교지(交趾)에 있으면서 편지를 보내 경계시켰다.

"나는 너희들이 남의 과실을 들으면 부모의 이름을 들은 것과 같이하여, 귀로는 들을 수 있을지라도 입으로는 말하지 않기를 바란다. 남의 장점과 단점을 논하기 좋아하며, 함부로 정치와 법도를 시비하는 것은 내가 대단히 미워하는 것이다. 차라리 죽을지언정 자손들에게 이러한 행동이 있다는 것을 듣기를 원하지 않는다. 용백고(龍伯高 : 龍述)는 돈독하며 치밀하고 두루하며 삼가서 입에서 가릴 말이 없었고, 겸손하며 신중하고 절약하며 검소하여 청렴하고 공정하며 위엄이 있어서, 내가 애지중지하니, 너희들에게 그를 본받게 하고 싶다. 두계량(杜季良 : 杜保)은 호방하고 의협심이 강하며 의를 좋아하여, 남의 근심을 근심하고 남의 즐거움을 즐거워해서 아버지 초상에 조문객이 오는데 여러 군에서 모두 왔으니, 내가 애지중지하지만 너희들에게 본받게 하고 싶지 않다. 용백고를 본받다가 그렇게 되지 못하더라도 오히려 신중하고 조심하는 선비가 될 것이니, 이른바 '고니를 조각하다가 이루지 못하더라도 오히려 오리와 비슷하다.'는 것이다. 두계량을 본받다가 그렇게 되지 못하면 타락하여 천하의 경박한 사람이 될 것이니, 이른바 '호랑이를 그리다가 이루지 못하면 도리어 개와 비슷하다.'[17]는 것이다."

---

17) 고니를 조각하다가 이루지 못하더라도 오히려 오리와 비슷하다 … 호랑이를 그리다가 이루지 못하면 도리어 개와 비슷하다 : 고니와 오리는 비슷하고 호랑이와 개는 매우 다르므로, 고니를 조각하다가 오리와 비슷해지면 남들이 비난하지 않지만, 호랑이를 그리다가 개와 비슷해지면 남들이 비웃어 모욕을 받게 된다는 뜻으로, 이러한 비유를 설정하여 조카들을 크게 경계시킨 것이다.

【馬援餌薏苡】

馬援餌薏苡

馬援卒後被譖

初에 援在交趾에 常餌薏苡實하여 能輕身하며 勝瘴氣하고 軍還에 載之一車러니 及卒後에 有上書譖之者하여 以爲前所載還皆明珠文犀라하여늘 帝怒하니 援妻孥惶懼하여 不敢以喪還舊塋하고 槀葬城西하다

【마원이 율무를 먹다】

과거에 마원이 교지에 있으면서 항상 율무를 먹어서 몸을 가뿐히 하며 풍토병을 이겨냈었다. 군대가 돌아올 때 율무를 수레 1대에 실어왔는데 그가 죽은 후에 글을 올려 헐뜯는 자가 말하기를,

"예전에 싣고 돌아온 것이 모두 야광주와 무늬가 있는 물소 뿔입니다."

하니, 광무제가 노하였다. 마원의 아내와 아들이 두려워 감히 마원의 시신을 선영(先塋)으로 돌려오지 못하고, 시신을 풀로 싸서 성 서쪽에 묻었다.

【경술(庚戌 50) 건무(建武) 26년】

○ 【作壽陵】

作壽陵

霸陵獨完受其福

初作壽陵할새 帝曰 古者帝王之葬에 皆陶人瓦器木車茅馬하여 使後世之人不知其處라 太宗識終始之義하시고 景帝能述遵孝道하시니 遭天下反覆에 而霸陵獨完受其福하니 豈不美哉아 今所制地不過二三頃하고 無爲山陵하여 波池裁令流水而已하여 使迭興之後에 與丘隴同體케하라하다

【수릉을 만들다】

과거에 수릉(壽陵)[18]을 만들 적에, 광무제가 말하기를,

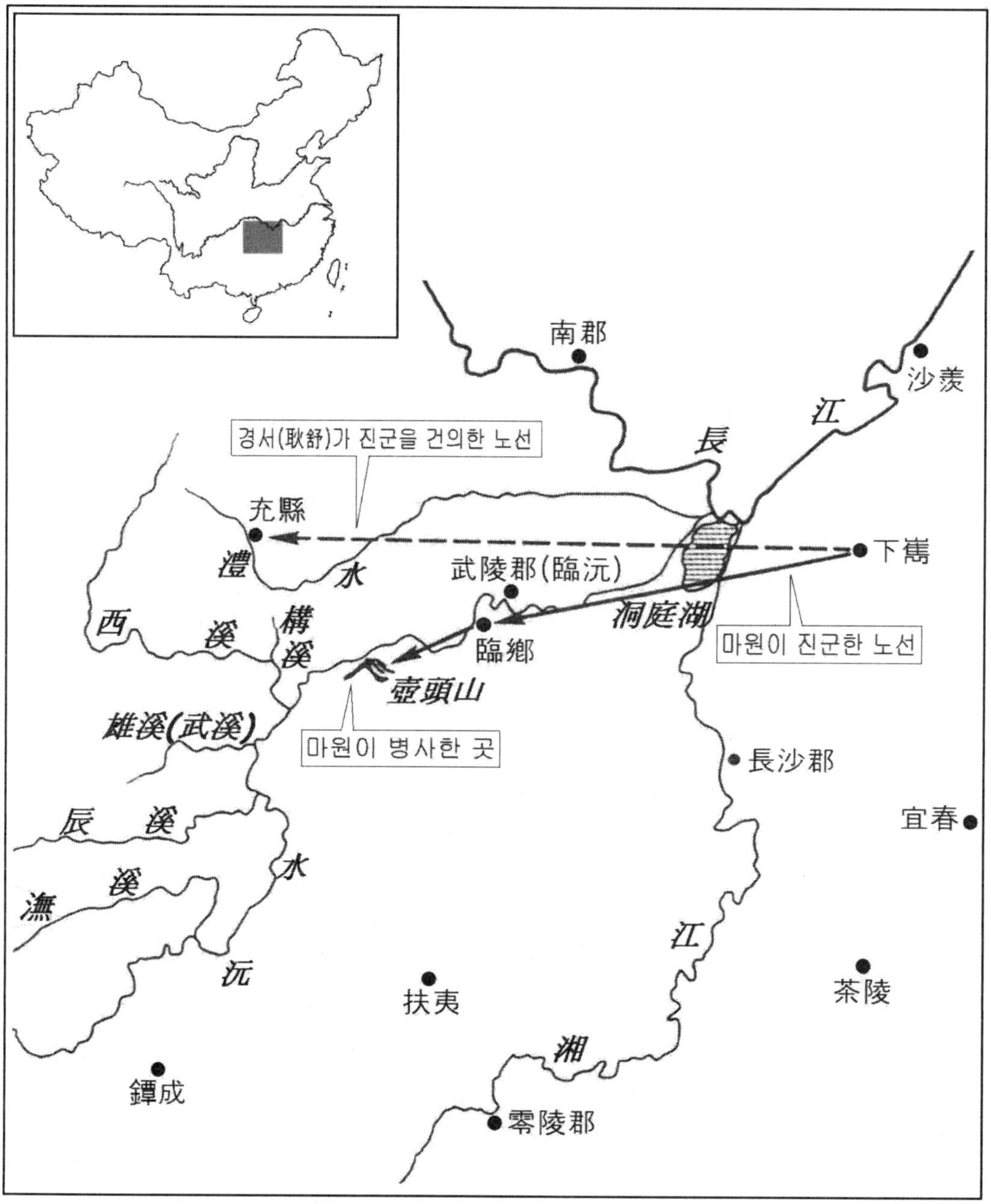

〈지도 10〉 마원(馬援)의 죽음.(49년)

"옛날 제왕을 장사지낼 때 모두 도자기 인형, 질 그릇, 나무 수레를 만들고,

18) 수릉(壽陵) : 황제가 생전에 만든 산소. 한나라 문제(文帝)가 처음 만들었다. 오래간다[久長]는 뜻을 취한 것이다.

떠 풀로 말을 만들어서 후세 사람에게 매장지(埋葬地)를 알지 못하게 하였다. 태종(太宗 : 한 문제)께서는 사생(死生)의 뜻을 깨우치셨고, 경제(景帝)께서는 능히 효도를 따르셨습니다. 천하의 큰 난리를 만나서도 패릉(霸陵 : 문제의 능)만은 유독 그 복을 완전히 받았으니,[19] 어찌 아름답지 않은가? 지금 수릉을 만들 땅은 2~3경(頃)을 넘지 않게 하고, 산릉을 만들지 말고 연못에 겨우 물만 흐르게 하여 왕조가 바뀌어 일어난 후에 작은 산이나 큰 언덕과 형체를 같게 하라!"

하였다.

【신해(辛亥 51) 건무(建武) 27년】

○【勿受北匈奴使】

勿受北匈奴使

北匈奴遣使詣武威求和親이어늘 帝召公卿廷議하되 不決이러니 皇太子言曰 南單于新附나 而反交通北虜하니 臣恐南單于將有二心하리이다하니 帝然之하여 告武威太守勿受其使하다

【북흉노의 사신을 받아들이지 않다】

북흉노가 무위군(武威郡)에 사신을 보내 화친을 요구하자, 광무제가 공과 경을 불러 조정에서 의논하였으나 결정하지 못하였다. 황태자가 말하기를,

"남선우(南單于)가 새로 귀순하였다가 배반하여 북흉노와 왕래하니, 저는 남선우가 장차 두 마음을 가질까 두렵습니다."

하니, 광무제가 옳다고 여겨 무위태수에게 알려서 북흉노 사신을 받아들이지 않게 하였다.

○【臧馬請伐匈奴】

19) 천하의 큰 난리를 만나서도 패릉(霸陵 : 문제의 능)만은 유독 그 복을 완전히 받았으니 : 적미(赤眉) 군대가 장안(長安)에 침입하였을 때 패릉만 발굴하지 않은 것을 말함.

臧馬請伐匈奴

臧宮馬武上書曰 匈奴貪利하고 無有禮信하여 窮則稽首하고 安則侵盜하니 虜今人畜疫死하고 旱蝗赤地하여 疲困乏力하여 不當中國一郡하니 今命將臨塞하여 厚縣購賞이면 北虜之滅이 不過數年하리이다하다

【장궁과 마무가 흉노를 토벌하기를 청하다】

장궁(臧宮)과 마무(馬武)가 글을 올려 말하였다.

"흉노는 이익을 탐하고 예절과 신의가 없어, 곤궁하면 머리를 조아리고 편안하면 침략합니다. 오랑캐가 지금 사람과 가축이 전염병으로 죽고 가뭄과 메뚜기로 땅이 황폐해져 피곤하고 기력이 다하여 중국의 한 군(郡)도 당해내지 못하니, 지금 장군에게 명령하여 요새에 이르게 하여 후하게 현상금을 걸면 북쪽 오랑캐의 멸망은 몇 년을 넘기지 못할 것입니다."

【不事邊功】

不事邊功

柔能制剛 弱能制彊

詔報曰 黃石公記曰 柔能制剛하고 弱能制彊하며 舍近謀遠者는 勞而無功하고 舍遠謀近者는 逸而有終이라 故曰 務廣地者荒하고 務廣德者彊이라하니 今國無善政하여 災變不息이어늘 而復欲遠事邊外乎아 誠能擧天下之半以滅大寇가 豈非至願이리오마는 苟非其時면 不如息民이라하니 自是諸將莫敢復言兵事者하다

【변방의 공을 위해 전쟁하지 않다】

조서로 회답하기를,

"≪황석공기(黃石公記)≫에 '부드러움은 굳셈을 제어할 수 있고, 약함은 강함을 제어할 수 있다. 가까운 것을 버리고 먼 것을 도모하는 자는 고생하여 공이 없고, 먼 것을 버리고 가까운 것을 도모하는 자는 편안하여 유종의 미가 있다. 그러므로 땅을 넓히기에 힘쓰는 자는 황폐하게 되고, 덕을 넓히기

에 힘쓰는 자는 강해진다.' 하였다. 지금 국가에 훌륭한 정치가 없어서 재변이 그치지 않는데, 다시 멀리 변방 밖으로 전쟁을 하려 하는가? 진실로 국력의 반만 써서 큰 도적을 멸망시키는 것이 어찌 지극한 바람이 아니겠는가마는 만일 적절한 때가 아니라면 백성을 쉬게 하는 것만 못하다."

하니, 이로부터 여러 장수들이 감히 다시 전쟁하는 일을 말하는 자가 없었다.

【임자(壬子 52) 건무(建武) 28년】

○ 【桓榮稽古之力】

桓榮稽古之力 以博士桓榮爲太子少傅하여 賜以輜車乘馬하니 榮大會諸生하고 陳其車馬印綬曰 今日所蒙이 稽古之力也라하다

【환영의 고서를 연구한 힘】

박사(博士) 환영(桓榮)을 태자소부(太子少傅)로 삼아 짐수레와 말 네 필을 하사하였다. 환영이 여러 학생을 많이 모아놓고 그 수레와 말과 인수(印綬)를 늘어놓은 채 말하기를,

"오늘 입은 은혜는 고서(古書)를 연구한 힘이다."

하였다.

【갑인(甲寅 54) 건무(建武) 30년】

○ 【却封禪之請】

却封禪之請 車駕東巡하니 群臣上言호대 卽位三十年이니 宜封禪泰山이라하여늘 詔曰 卽位三十年에 百姓怨氣滿腹하니 吾誰欺리오 欺天乎아 曾謂泰山不如林放乎아 何事汚七十二代之編錄이리오하니 於是群臣不敢復言하다

【봉선하자는 청을 물리치다】

광무제가 동쪽을 순찰하자 여러 신하들이 말을 올리기를,

"즉위한지 30년이니 마땅히 태산에 봉선(封禪)을 하여야 합니다."

하였는데 조서하기를,

"즉위한지 30년에 백성들은 원망스러운 기운이 뱃속에 가득하니, '내가 누구를 속이겠는가? 하늘을 속이겠는가?', '일찍이 태산(泰山)이 임방(林放)만 못하단 말인가?'[20] 어인 일로 72대의 편록(編錄)[21]을 더럽히겠는가?"

하였다. 이에 여러 신하들이 감히 다시 말하지 못하였다.

【을묘(乙卯 55) 건무(建武) 31년】

○【第五倫嘆 一見決聖主】

第五倫嘆 一見決聖主

京兆掾第五倫領長安市하여 公平廉介하니 市無奸枉이라 每讀詔書에 常嘆息曰 此聖主也라 一見決矣라하다

【제오륜이 광무제를 한 번만 봐도 결정하는 성주라고 감탄하다】

경조연(京兆掾) 제오륜(第五倫)이 장안 시장(市長 : 장터 책임자)을 겸직하여 공평하고 청렴하며 정직하니, 시장거리에 위반하거나 부정함이 없었다. 조서를 읽을 때마다 항상 감탄하기를,

"이 분은 성군이시다! 한번 보고 바로 결정하시는구나!"

하였다.

---

20) 일찍이 태산(泰山)이 임방(林放)만 못하단 말인가? : 태산 신령이 참람한 사람의 제사를 받지 않음을 말함. 임방이 공자(孔子)에게 예(禮)의 본질을 물었는데, 계손씨(季孫氏)가 참람하게 제후가 아니면서 태산에 제사를 지내자 공자가 비평한 말이다. 광무제의 조서는 공자의 비평한 말을 인용하여 하늘이 태평성세를 이루지 못한 황제의 봉선을 받지 않을 것이라고 하였는데, 이는 광무제가 겸손하여 봉선을 하지 않으려 함을 표명한 것이다.

21) 72대의 편록(編錄) : 고대에 72군왕이 봉선을 한 기록. 봉(封)은 높은 곳에서 하늘에 올리는 제사로 태산(泰山)에서 행하였고, 선(禪)은 높은 곳에서 하늘에 올리는 제사로 양보(梁父)에서 행하였다.

【병진(丙辰 56) 중원(中元) 원년】[22]

○【封禪】

封禪 赤劉之九 會命岱宗

上讀河圖會昌符曰 赤劉之九에 會命岱宗이라하여늘 上感此文하여 乃詔梁松等按索河雒讖文하니 言九世當封禪者三十六事라하다 於是張純等復奏請封禪하니 上乃許焉하다 天子御輦登山하여 日中後에 到山上하여 更衣하다 晡時에 升壇北面하니 尙書令奉玉牒檢한대 天子以寸二分璽親封之하다

【봉선하다】

광무제가 ≪하도회창부(河圖會昌符)≫(예언서의 일종)를 읽어보니,

"화덕(火德) 유씨(劉氏) 9대에[23] 대종(岱宗 : 태산)에서 모여 고한다."

하였다. 광무제가 이 글에 감동하여 마침내 양송(梁松) 등에게 조서를 내려 ≪하락참문(河雒讖文)≫을 찾아보게 했는데,

"9대에 마땅히 봉선할 곳이 36가지 일이다."

하였다. 이에 장순(張純) 등이 다시 봉선할 것을 아뢰어 청하니, 광무제가 마침내 허락하였다. 광무제 수레가 태산을 등산하여 한낮이 된 뒤에 산 정상에 도착하여 옷을 갈아입었다. 오후 4시경에 제단에 올라 북쪽을 바라보니 상서령이 옥첩(玉牒 : 옥간(玉簡) 문서)과 옥검(玉檢 : 수은 섞은 금가루 위에 찍은 도장)을 바치자 광무제가 촌이분새(寸二分璽 : 1촌 2분의 옥검도장(卽玉檢圖章))를 찍어 친히 봉함하였다.

○【不納祥瑞】

不納祥瑞

京師醴泉湧出하고 又有赤草生於水涯하고 郡國頻上甘露어늘 群臣奏言호대 靈物仍降하니 宜令太史撰集하여 以傳來世하소서하여늘

---

22) 중원(中元) : 건무 중원(建武中元)의 생략. 이하도 같다.

23) 화덕(火德) 유씨(劉氏) 9대에 : 화덕(火德)은 한나라를 뜻하고, 9대는 광무제가 고조(高祖 : 유방)의 9대손에 당함을 말함.

帝不納하고 常自謙無德하고 郡國所上을 輒抑而不當이라 故史官罕得記焉하다

【상서로운 물건을 받지 않다】

서울에 예천(醴泉 : 단 샘)이 솟아나고, 또 적초(赤草)가 물가에 자라났으며, 군국(郡國)에서 자주 감로수(甘露水)를 받쳤다. 여러 신하들이 아뢰기를,

"영험한 물건이 이어서 내려오니, 마땅히 태사에게 편집하게 하여 후대에 전해야 합니다."

하였는데, 광무제가 받아들이지 않았다. 항상 스스로 겸손하여 덕이 없다 하고, 군국에서 올린 것을 번번이 억제하며 감당하려 하지 않았다. 그러므로 사관이 기록할 것이 드물었다.

○ 【桓譚諫用讖文】

桓譚諫用讖文 宣布圖讖

是歲에 起靈臺明堂辟雍하여 宣布圖讖於天下하다 帝以赤伏符卽位하여 由是信用讖文하고 多以決定嫌疑어늘 桓譚上疏極言讖之非經하니 帝大怒曰 桓譚非聖無法하니 將下하여 斬之하라한대 譚叩頭流血이어늘 良久에 乃得解하여 出爲六安郡丞하다

【환담이 도참의 글을 사용하는 것에 대해 간언하다】

이 해에 영대(靈臺)·명당(明堂)·벽옹(辟雍)을 세워서 도참(圖讖)을 천하에 선포하였다. 광무제가 ≪적복부(赤伏符)≫(예언서의 일종)의 예언대로 즉위하였기에 이로 말미암아 도참의 글을 믿고 의심나는 일을 대부분 결정하였다. 환담(桓譚)이 상소하여 도참이 경전이 아님을 극력 말하자, 광무제가 크게 노하여 말하기를,

"환담은 성스러운 것을 비난하고 법을 무시하였으니, 잡아 끌어내려 목 베어라!"

하였다. 환담이 머리를 찧어 피가 흘렀는데, 한참 지나서야 광무제의 노여움이 풀렸다. 외직으로 내쫓아 육안군(六安郡) 승(丞 : 군수의 부관)으로 삼았다.

【정사(丁巳 57) 중원(中元) 2년】

○ 【光武恢復前烈】

光武恢復前烈 二月에 帝崩하니 年六十二라 帝每旦視朝하고 日仄乃罷하며 數引公卿郎將講論經理하고 夜分乃寐하니 皇太子見帝勤勞不怠하고 承間諫曰 陛下有禹湯之明이시나 而失黃老養性之福하시니 願頤愛精神하여 優遊自寧하소서하니 帝曰 我自樂此하니 不爲疲也로라하다 雖以征伐濟大業이나 及天下旣定에 乃退功臣而進文吏하다 明愼政體하며 總攬權綱하고 量時度力하여 擧無過事라 故能恢復前烈하여 身致太平하다

樂此不爲疲也

【광무제가 이전 황제의 공업을 회복하다】

2월에 광무제가 서거하니 나이가 62세였다. 광무제는 매일 아침 조회를 하고 해가 기울어서야 비로소 끝냈으며, 자주 공·경과 낭장(郎將)들을 불러 오경(五經)의 의리를 강론하고 한 밤중에야 잠을 잤다. 황태자가 광무제의 부지런히 일하고 게을리 하지 않음을 보고는 기회를 틈타 간언하기를,

"폐하께서는 우임금과 탕임금의 총명함을 지니셨으나, 황제(黃帝)와 노자(老子)가 말한 양생으로 얻는 복을 놓치고 계십니다. 정신을 기르고 아껴, 여유를 가지고 편안히 지내시기를 바랍니다."

하니, 광무제가 말하기를,

"내가 스스로 이를 즐겨서 피로하지 않다."

하였다. 광무제는 비록 정벌로 대업(大業)을 이룩했지만 천하가 안정되고 나서는 공신들을 물리치고 문관들을 발탁하였다. 정치 요체를 밝혀 신중히 하며, 조정 대권을 통틀어 관할하고, 때를 가늠하며 역량을 헤아려 조처함에 잘못된 일이 없었다. 그러므로 이전 황제의 공업을 회복하여 몸소 태평성대를 이룰 수 있었다.

○ 太子卽皇帝位하다

태자가 황제(皇帝 : 孝明皇帝)에 즉위하였다.

○ 三月丁卯에 葬光武皇帝於原陵하다

3월 정묘일에 광무제를 원릉(原陵)에 장사지냈다.

○ 【光武一札十行】

光武一札十行

後漢書循吏傳敍曰 光武長於民間하여 頗達情僞하여 見稼穡艱難과 百姓病害라 至天下已定하여 務用安靜하여 解王莽之繁密하고 還漢世之輕法하며 身衣大練하고 色無重綵하며 耳不聽鄭衛之音하고 手不持珠玉之玩하며 宮房無私愛하고 左右無偏恩하고 其以手迹賜方國者가 皆一札十行에 細書成文하니 勤約之風이 行於上

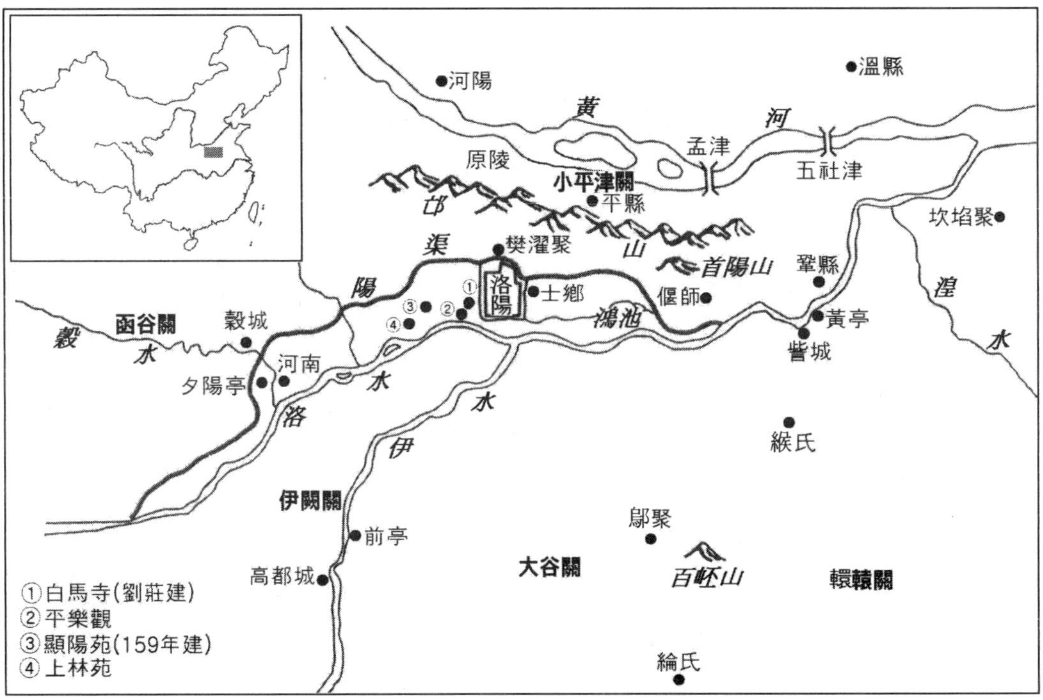

〈지도 11〉 낙양(洛陽) 근교(近郊) 및 원릉(原陵) 위치도.(58년)

下라 故能內外匪懈하며 百姓寬息이나 然建武永平之間에 吏事刻深하여 亟以謠言單辭로 轉易守長하니 故朱浮數上諫書하고 而鍾離意亦規諷殷勤하여 以長者爲言이나 而不能得也라 所以中興之美가 蓋未盡焉하다

【광무제가 한 개의 글판에 열 줄씩 쓰다】

≪후한서≫ 〈순리전(循吏傳)〉서(敍)에 말하였다.

"광무제는 민간에서 성장하여 실정과 허위를 잘 알았고, 농사의 어려움과 백성의 고통을 알았다. 천하가 평정되자 안정에 힘써 왕망의 번다하며 세밀한 법을 없애고, 전한(前漢) 때의 간략한 법[24]으로 되돌렸다. 몸에는 올이 굵은 비단옷을 걸치고 두 가지로 채색된 옷을 입지 않았으며, 귀로는 정(鄭)나라와 위(衛)나라의 어지러운 음악을 듣지 않았고, 손에는 주옥 노리개를 들지 않았으며, 궁방에는 사사로이 사랑하는 이가 없었고, 측근에는 편애하는 신하가 없었다. 친필을 지방 제후국에 내릴 적에는 모두 한 개의 글판에 열 줄씩 작은 글씨로 글을 썼다. 근면·절약의 기풍이 위아래에 시행되었으므로 안팎이 게으르지 않아 백성들이 느긋이 휴식하였다. 그러나 건무(建武 : 광무제)와 영평(永平 : 명제) 동안에 관리의 일이 가혹하여 자주 노래 말과 한쪽 말로 수령(守令)과 우두머리를 바꾸었다. 주부(朱浮)가 자주 글을 올려 간언하고, 종리의(鍾離意) 역시 은근히 권고하고 풍자하여 후덕자로 처신하라고 말하였지만 잘 되지 않았다.[25] 그래서 중흥의 아름다움이 극진하지 못하였다."

---

24) 전한(前漢) 때의 간략한 법 : 한 고조(高祖)의 약법(約法) 3장(章), 문제(文帝)의 육형(肉刑) 제거를 말한다.

25) 종리의(鍾離意) … 잘 되지 않았다 : 명제(明帝)가 편협하게 살피는 성격으로 보고 들어 은밀히 발각하는 것을 총명이라 여기고, 또 몽둥이로 낭관(郎官)을 매질하여 조정이 떨었고 다투어 각박하게 하자 유독 종리의가 간쟁하여 자주 조서(詔書)를 되돌려 보낸 일을 말함.

통감절요증손교주(通鑑節要增損校註) 18권

후한기(後漢紀)

▪ 현종효명황제(顯宗孝明皇帝)

在位十八年이요 壽四十八이라

名莊이요 光武第四子라 建武永平之政에 爲東都之稱首나 然鍾離意宋均之徒가 常以察慧爲言하니 夫豈弘人之度未優乎아

재위(在位) 18년이고 수명(壽命)은 48세이다. 이름은 장(莊)이고 광무제의 넷째 아들이다.

건무(建武)·영평(永平) 동안의 정치는 동도(東都 : 후한)에서 으뜸으로 일컬어지지만, 종리의(鍾離意)와 송균(宋均)의 등은 항상 너무 밝게 살핀다고 간언하였으니, 혹은 큰 사람의 도량이 부족했던 것인가!

【무오(戊午 58) 영평(永平) 원년】

○【東平王請修禮樂】

東平王請修禮樂

東平王蒼以爲中興三十餘年에 四方無虞하니 宜修禮樂이라하여 乃與公卿共議定南北郊冠冕車服制度及光武廟登歌八佾舞數하여 上之하다

【동평왕이 예절과 음악을 강구하기를 청하다】

동평왕(東平王) 유창(劉蒼)이 '중흥한 지 30여년 되어 사방에 근심이 없어졌으니,

예절과 음악을 강구해야 한다.'라고 말하여, 마침내 공·경들과 함께 논의하고 남북의 교제사(郊祭祀)에서 사용하는 모자·수레·복장의 제도 및 광무제의 사당에서 사용하는 등가(登歌 : 당(堂)에 올라 부르는 노래)와 팔일무(八佾舞 : 8열 줄 춤)의 수를 정하여 올렸다.

【기미(己未 59) 영평(永平) 2년】

○ 【宗祀光武於明堂】

宗祀光武於明堂

春 正月에 宗祀光武於明堂하고 禮畢에 登靈臺하여 望雲物하다

【명당에서 광무제를 높여 제사지내다】

봄 정월에 명당(明堂 : 천자의 집무소)에서 광무제를 높여 제사지냈다. 예식을 마치고 영대(靈臺 : 기상대)에 올라 태양 가의 구름 기운 빛을 살펴보았다.

○ 【辟雍大射】

辟雍大射

三月에 臨辟雍하여 初行大射禮하다

【벽옹의 대사례】

3월에 명제가 벽옹(辟雍 : 대학)에 가서 처음으로 대사례(大射禮)[1]를 시행하였다.

○ 【初行養老禮】

初行養老禮

冬 十月에 上幸辟雍하여 初行養老禮할새 以李躬爲三老하고 桓榮

三老五更

爲五更하다 禮畢에 引桓榮及弟子升堂하여 上自爲下說하니 諸儒執經問難於前할새 冠帶縉紳之人圜橋門而觀聽者가 蓋億萬計하다

---

1) 대사례(大射禮) : 왕이 제사에 참여시킬 인사를 뽑기 위해 거행하는 활쏘기 의식. 뒤에는 국가적으로 거행하는 활쏘기 의식을 말한다.

【처음으로 양노례를 시행하다】

겨울 10월에 명제가 벽옹(璧雍)에 가서 처음으로 양로례(養老禮 : 노인을 우대하는 예)를 시행하였는데, 이궁(李躬)을 삼로(三老)로 삼고, 환영(桓榮)을 오경(五更)[2]으로 삼았다. 예식이 끝나자 환영과 그의 제자들을 이끌어 들여 대청에 오르게 하고 명제가 친히 경서를 강론하였다. 여러 선비가 경서를 가지고 명제의 앞에서 질문하며 논난(論難)할 때에, 관을 쓰고 띠를 매고 홀을 꽂고 큰 띠를 맨 선비들이 벽옹의 다리에 있는 문에 빙 둘러서서 보고 듣는 사람이 매우 많았다.

○【明帝尊師】

明帝尊師 上自爲太子로 受尙書於桓榮이러니 及卽帝位에도 猶尊榮以師禮하다

【명제가 스승을 높이다】

명제가 태자였을 때부터 환영에게 ≪상서(尙書)≫를 배웠는데, 황제에 즉위해서도 여전히 환영을 스승의 예로 높이 받들었다.

【경신(庚申 60) 영평(永平) 3년】

○【馬后大練】

馬后大練 德冠後宮 立貴人馬氏爲皇后하니 后는 援之女也라 德冠後宮이러니 旣正位宮闈에 愈自謙肅하며 好讀書하다 常衣大練하며 裙不加緣하니 朔望諸姬主朝請할새 望見后袍衣踈麤하고 以爲綺縠이라가 就視하고 乃笑어늘 后曰 此繒特宜染色이라 故用之耳하다

【마황후의 거친 비단 옷】

2) 삼로(三老) … 오경(五更) : 천자가 부형의 예(禮)로 우대하는 관직. 한나라 때는 삼로와 오경이 각각 1명씩 있었다.

귀인(貴人) 마씨(馬氏)를 세워 황후로 삼으니, 황후는 마원의 딸이다. 후궁 중에서 덕성이 가장 훌륭했는데 황후가 된 뒤에 더욱 스스로 겸손하고 엄숙하였으며 독서를 좋아하였다. 항상 거친 비단 옷을 입고, 치마에 선을 두르지 않았다. 초하루와 보름에 여러 후궁(後宮)과 공주들이 궁에 들어가 황후를 뵐 적에, 황후의 포의(袍衣 : 상의(上衣))가 거친 것을 멀리서 보고, 무늬가 있는 고운 비단이라고 생각했다가 가까이 나아가 살펴보고는 마침내 웃음을 터뜨렸다. 황후가 말하기를,

"이 비단이 특히 염색에 적합했기에 썼을 뿐이오."

하였다.

○ 【圖畫功臣於雲臺】

圖畫功臣於雲臺

帝思中興功臣하여 乃圖畫二十八將於南宮雲臺할새 以鄧禹爲首하고 次馬成吳漢王梁賈復陳俊耿弇杜茂寇恂傅俊岑彭堅鐔馮異王霸朱祐任光祭遵李忠景丹萬修蓋延邳肜銚期劉植耿純臧宮馬武劉隆이요 又益以王常李通竇融卓茂하여 合三十二人이요 馬援以椒房之親이라하여 獨不與焉하다

馬援不與雲臺

【운대에 공신의 초상화를 그리다】

명제가 동한을 중흥시킨 공신을 생각하여 마침내 남궁(南宮)의 운대(雲臺 : 궁중의 누대 이름)에 28장군의 초상화를 그려두었다. 등우를 수석으로 하고, 다음은 마성·오한·왕량·가복·진준·경감·두무·구순·부준·잠팽·견담·풍이·왕패·주우·임광·채준·이충·경단·만수·합연·비융·요기·유식·경순·장궁·마무·유륭으로 하고, 또 왕상·이통·두융·탁무를 더하여 도합 32명이었다. 마원은 황후의 친족(황제의 장인)이라고 하여 혼자만 그 안에 끼지 않았다.

○ 【劉平以善政被徵】

劉平以善政被徵

鍾離意薦全椒長劉平하니 詔徵拜議郞하다 平在全椒에 政有恩惠하여 民或增貲就賦하고 或減年從役하니 刺史太守行部에 獄無繫

囚하고 人自以得所하니 不知所問하여 唯班詔書而去하다

【유평이 정치를 잘하여 부름을 받다】

종리의(鍾離意)가 전초현(全椒縣) 현장(縣長) 유평(劉平)을 추천하자, 조서로 그를 불러 의랑(議郎)에 임명하였다. 유평이 전초현에서 근무할 때 행정에 은혜를 베풀자, 백성들이 혹은 재산을 부풀려 세금을 내거나 나이를 줄여 부역을 하였다. 태수가 휘하의 각 현(縣)을 순시할 적에 전초현의 감옥에는 구금된 죄수가 없었고, 백성들이 스스로 제자리를 얻었다고 여기니, 자사와 태수가 물을 것이 없어 조서만 반포하고 떠나갔다.

○【明帝撞郎】

明帝撞郎

帝性褊察하여 好以耳目隱發爲明하니 公卿大臣數詆毁하고 近臣尙書以下至見提曳하다 嘗以事怒郎藥崧하여 以杖撞之한대 崧走入床下어늘 帝怒甚하여 疾言曰 郎出하라한대 崧乃曰 天子穆穆하고 諸侯皇皇하니 未聞人君이 自起撞郎하니이다하니 帝乃赦之하다 是時朝廷莫不悚慄하여 爭爲嚴切以避誅責하되 唯鍾離意獨敢諫爭하여 數封還詔書하고 臣下過失을 輒救解之하다

【명제가 낭관을 때리다】

명제는 성품이 편협하고 세세히 살펴서 귀와 눈을 써서 남의 은밀함을 발각해 내는 것을 총명하다고 여기기를 좋아하였다. 공·경과 대신들은 자주 욕을 먹었고, 측근으로서 상서(尙書 : 관직 이름) 이하가 심지어 맞거나 끌려 다녔다. 일찍이 일 때문에 낭관 약숭(藥崧)에게 노하여 지팡이로 때리자, 약숭이 평상 밑으로 도망쳐 들어갔다. 명제가 노여움이 심해져 급하게 말하기를,

"낭관은 나오라!"

하였는데, 약숭이 말하기를,

"천자는 엄숙하시고 제후는 성대하니, 임금이 낭관을 때린다는 것을 듣지

못하였습니다."

하니, 명제가 마침내 그를 용서하였다. 이때 조정에는 두려워 떨지 않는 사람이 없어, 앞 다투어 엄격히 하여 죽음과 질책을 피하였다. 오직 종리의만은 홀로 감히 간쟁하여 자주 조서를 봉한 채 되돌려 올려 보냈으며, 신하들의 과실을 번번이 구제하고 해명해주었다.

○【郭賀行部去襜帷】

郭賀行部去襜帷

荊州刺史郭賀가 官有殊政이어늘 上賜以三公之服과 黼黻冕旒하고 敕行部去襜帷하여 使百姓見其容服하여 以章有德하다

【곽하가 소속 현을 순행할 때 수레 앞 휘장을 없애게 하다】

형주자사 곽하(郭賀)는 재직하면서 특이한 행정 공적이 있어서 명제가 삼공(三公)의 복장인 보(黼)·불(黻)·면류(冕旒)[3]를 내렸다. 그리고 명령하여 <곽하가> 소속 현을 순행할 때에는 수레 앞 휘장을 없애, 백성들이 곽하의 용모와 복장을 보게 하여 그의 공덕이 있음을 드러나게 하였다.

【갑자(甲子 64) 영평(永平) 7년】

○【北匈奴遣使求合市】

北匈奴遣使求合市

北匈奴遣使求合市어늘 上冀其交通하면 不復爲寇하고 許之하다

【북흉노가 사신을 보내 상호 교역하기를 요구하다】

북흉노가 사신을 보내 상호 교역하기를 요구하였는데, 명제는 교역하면 다시는 도적질하지 않을 것을 기대하여 허락하였다.

---

3) 보(黼)·불(黻)·면류(冕旒) : 보(黼)는 도끼 모양 무늬, 불(黻)은 아(亞) 글자 모양 무늬로 옷에 수놓은 것이다. 면류(冕旒)는 면류관의 앞뒤에 구슬을 꿰어 내린 줄이다.

○【宋均無復虎患】

宋均無復虎患 以東海相宋均爲尙書令하다 初에 均爲九江太守하여 五日一聽事하고 悉省掾史하고 閉督郵府內하니 屬縣無事하고 百姓安業하다 九江舊多虎暴하여 常募設檻穽하되 而猶多傷害어늘 均下記屬縣曰 夫江淮之有猛獸는 猶北土之有雞豚也라 今爲民害는 咎在殘吏어늘 而勞勤張捕하니 非憂恤之本也라 其務退姦貪하며 思進忠善하고 可一去檻穽하고 除削課制하라하니 其後無復虎患이어늘 帝聞均名이라 故任以樞機하다

【송균이 다시 호랑이 피해의 걱정을 없애다】

동해국(東海國) 국상(國相)인 송균(宋均)을 상서령(尙書令)으로 삼았다. 과거에 송균이 구강태수(九江太守)일 적에 5일에 한 번씩 일을 처리하고, 연・사(掾・史 : 하급 관직 이름)를 다 줄이며, 독우부(督郵府 : 감찰・옥송 등을 맡은 부서) 안의 문을 닫으니, 소속 현(縣)에 아무 탈이 없었고 백성들이 생업을 편안히 하였다. 구강군에 옛날부터 호랑이의 피해가 많아, 항상 사람을 모집하여 우리와 함정을 설치했지만 여전히 상해를 입은 사람이 많았다. 송균이 소속 현에 훈령(訓令)을 공포하기를,

"장강(長江)과 회하(淮河) 일대에 사나운 짐승이 있는 것은 북쪽 땅에 닭과 돼지가 있는 것과 같다. 지금 백성들이 피해를 입은 것은 잘못이 잔혹한 관리에게 있는데, 애써 우리와 함정을 설치하여 잡으니, 백성을 근심하고 구휼하는 근본이 아니다. 간사한 관리와 탐욕스러운 아전들을 제거하는 데 힘쓰고, 충성스럽고 선량한 사람을 등용하기를 생각하며, 일체 우리와 함정을 없애고, 부과한 세금을 면제하거나 삭감하라!"

하니, 그 뒤로 다시는 호랑이 피해의 걱정이 없었다. 명제는 송균의 명성을 들었으므로 추기(樞機 : 상서령) 벼슬을 임명하였다.

【을축(乙丑 65) 영평(永平) 8년】

○ 【鄭衆不拜單于】

鄭衆不拜單于 遣越騎司馬鄭衆使北匈奴한대 單于欲令衆拜러니 衆不爲屈하니 單于圍守하고 閉之不與水火한대 衆拔刀自誓라 單于恐而止어늘 乃更發使하여 隨衆還京師하다

【정중이 선우에게 절하지 않다】

월기사마(越騎司馬) 정중(鄭衆)을 북흉노에 사신 보냈다. 선우(單于)가 정중에게 절하게 하려 하였으나, 정중이 굴복하지 않았다. 선우가 정중을 포위하고 그를 유폐시켜 물과 불을 주지 않았는데, 정중이 칼을 빼어 스스로 맹서하자 선우가 두려워하여 그쳤다. 마침내 다시 사신을 출발시켜, 정중을 따라 서울로 돌아가게 하였다.

○ 【置度遼營】

置度遼營 南匈奴知漢與北虜交使하고 內懷嫌怨하여 欲畔하고 密使人詣北虜하여 令遣兵迎之하다 鄭衆出塞하여 得其使人하고 乃上言호대 宜更置大將하여 以防二虜交通이라하니 由是始置度遼營하다

【도료영을 설치하다】

남흉노는 한나라가 북흉노와 사신을 교환함을 알아차리고 마음으로 혐의와 원망을 품어 배반하려 하고는 몰래 사람을 시켜 북흉노에게 가서, 군대를 보내 자기의 사신을 맞이하게 하였다. 정중이 요새를 나가 그 사신을 잡고는 마침내 글을 올리기를,

"다시 대장(大將)을 두어 남흉노와 북흉노가 왕래하는 것을 막아야 합니다."

하였다. 이로 말미암아 처음으로 도료영(度遼營)을 설치하였다.

○ 【求天竺佛法】

求天竺佛法 初에 帝聞西域有神하니 其名曰佛이라 因遣使之天竺求其道하고

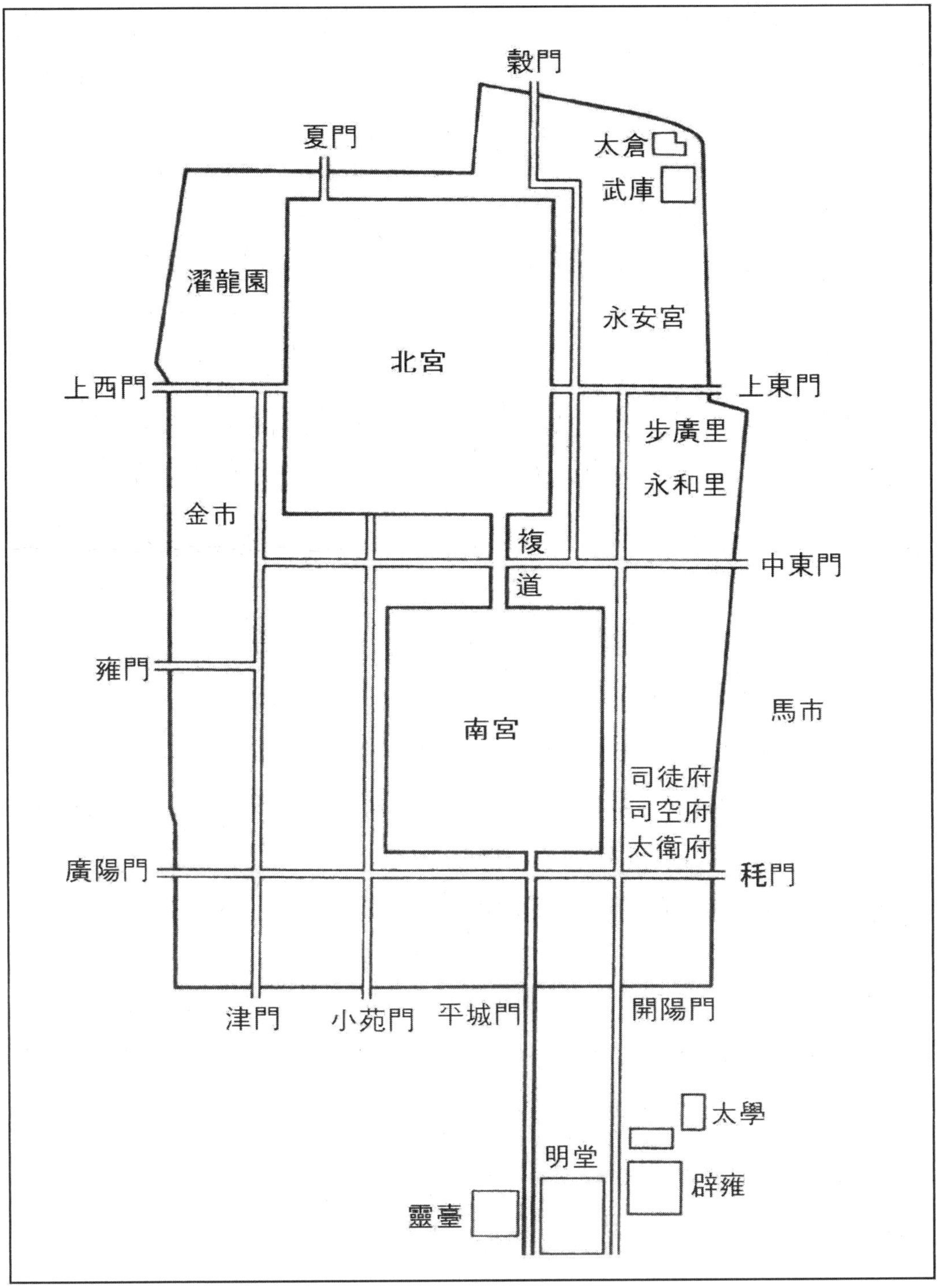

〈그림 12〉 동한(東漢) 왕조 낙양성(洛陽城).(65년 10월)

得其書及沙門以來하니 其書大抵以虛無爲宗하고 貴慈悲不殺하고 以爲人死에 精神不滅하여 隨復受形하여 生時所行善惡이 皆有報應이라 故所貴修練精神하여 以至爲佛이라 善爲宏闊勝大之言
楚王英最先好佛 하여 以勸誘愚俗하고 精於其道者를 號曰沙門이라하니 於是中國始傳其術하여 圖其形像한대 而王公貴人에 獨楚王英最先好之하다

【천축국의 불법을 구하다】

과거에 명제는 서역(西域)에 신(神)이 있으니, 그 이름이 '부처'라고 들었다. 이로 인해 사신을 천축국(天竺國 : 인도)에 보내어 불교의 도리를 구하고, 불교의 경전 및 사문(沙門 : 중)을 얻어 왔다. 불경은 대개 허무(虛無)를 근본으로 삼고, 자비하여 죽이지 않음을 귀하게 여겼고, 내용은 '사람이 죽으면 정신이 소멸되지 않고, 그것에 따라 다시 형체를 받아, 살았을 때 했던 선악이 모두 응보가 있으므로 귀하게 여기는 것은 정신을 수련하여 부처가 되는 데 이르는 것이다.'라고 하였다. 불교도들은 광대하며 심원한 말을 잘하여 어리석은 속세 사람들을 교화하여 인도하고, 불교의 도리에 정통한 사람을 사문(沙門)이라고 불렀다. 이에 중국에 처음으로 불교 학술이 전해져 부처의 형상을 그렸는데, 왕공(王公)과 귀인(貴人) 중에 유독 초왕(楚王) 유영(劉英)이 가장 앞장서서 불교를 좋아하였다.

【병인(丙寅 66) 영평(永平) 9년】

○ 【明帝崇尙儒學】

明帝崇尙儒學 帝崇尙儒學하여 自皇太子諸王侯及大臣子弟功臣子孫히 莫不受
四姓小侯 經하고 又爲外戚樊氏郭氏陰氏馬氏諸子立學於南宮하고 號四姓小侯라하고 置五經師하여 搜選高能以授其業하고 自期門羽林之
匈奴遣子入學 士로 悉令通孝經章句하고 匈奴亦遣子入學하다

【명제가 유학을 숭상하다】

명제가 유학(儒學)을 숭상하여 황태자와 여러 왕후(王侯)로부터 대신(大臣)의 자제와 공신(功臣)의 자손에 이르기까지 경서(經書)를 수업하지 않는 사람이 없었다. 또 외척(外戚)인 번씨(樊氏)·곽씨(郭氏)·음씨(陰氏)·마씨(馬氏)의 여러 아들들을 위하여 남궁(南宮)에 학사(學舍)를 세우고, 사성소후(四姓小侯)라 불렀다. ≪오경(五經)≫의 선생을 두었으니, <학문에> 출중하고 어진 사람을 찾아 선발하여 그에게 수업을 받게 하였다. 기문(期門 : 관청 이름)·우림(羽林 : 호위 군사)의 군사로부터 모두 ≪효경(孝經)≫의 장구(章句)를 통달하게 하고, 흉노도 아들을 보내 학교에 들어가게 하였다.

【무진(戊辰 68) 영평(永平) 11년】

○ 【東平王爲善最樂】

東平王
爲善最
樂

東平王蒼來朝하고 月餘에 還國이어늘 帝遣使手詔賜東平國中傅曰 日者問東平王호대 處家何等最樂고한대 王言호대 爲善最樂이라하니 其言甚大라 今送列侯印十九枚하노니 諸王子年五歲已上能趨拜者를 皆令帶之하라하다

送列侯
印十九
枚

【동평왕이 선행을 가장 즐거워하다】

동평왕(東平王) 유창(劉蒼)이 와서 조회하고, 한 달 남짓이 지나 봉국(封國)으로 돌아갔다. 명제가 사신을 보내 동평국(東平國) 중부(中傅 : 왕후의 사부(師傅))에게 손수 쓴 조서(詔書)를 내리기를,

"일전에 동평왕에게 묻기를, '집에 있을 때 무슨 일이 가장 즐거운가?' 했었는데, 동평왕이 말하기를, '선행을 하는 것이 가장 즐겁습니다.' 하였으니, 그 말이 매우 훌륭하다. 지금 열후(列侯)의 도장 열아홉 개를 보내니, 〈동평왕의〉 여러 왕자 중에 나이가 다섯 살 이상으로 종종걸음하며 절할 수 있는 자는 모두 도장을 차게 하라."

하였다.

【기사(己巳 69) 영평(永平) 12년】

○【天下安平】

天下安平 是時에 天下安平하여 人無徭役하고 歲比登稔하여 百姓殷富하니 粟斛三十이요 牛羊被野하다

【천하가 평안하다】

이때에 천하가 평안하여 사람들은 부역이 없었고, 해마다 풍년들어 백성들이 부유하였다. 곡식이 1곡(斛)에 30문(文)이었고, 소와 양이 들판에 깔렸다.

【경오(庚午 70) 영평(永平) 13년】

○【楚王英廢徙丹陽】

楚王英廢徙丹陽 金龜玉鶴 楚王英與方士作金龜玉鶴하여 刻文字爲符瑞한대 男子燕廣告英與漁陽王平顏忠等造作圖書하여 有逆謀라하거늘 廢徙丹陽하다

【초왕 유영이 폐위되어 단양에 귀양가다】

초왕(楚王) 유영(劉英)이 방사(方士)와 함께 금거북〔金龜〕과 옥학〔玉鶴〕을 만들어 글자를 새겨 부서(符瑞 : 상서로운 조짐)를 만들었다. 연광(燕廣)이라는 남자(男子)가 유영과 어양(漁陽) 사람 왕평(王平)·안충(顏忠) 등이 예언서를 만들어 역모를 꾸몄다고 고발하였다. 유영이 폐위되어 단양군(丹陽郡)으로 귀양갔다.

【신미(辛未 71) 영평(永平) 14년】

○【楚王英之獄】

楚王英之獄 楚王英至丹陽自殺하다 是時에 窮治楚獄하여 至累年하니 其辭語

相連하여 自京師親戚諸侯州郡豪傑及考安吏하여 阿附坐死徙者以千數오 而繫獄者尙數千人하다 是時에 上怒甚하니 吏皆惶恐하여 諸所連及을 率一切陷入하고 無敢以情恕者하다 侍御史寒朗心傷其冤하여 上疏力言其無辜한대 帝意解하여 詔遣朗出하고 後二日에 車駕自幸洛陽獄錄囚徒하여 理出千餘人하니 時天旱이라가 卽大雨하다 馬后亦以楚獄多濫이라하여 乘間爲帝言之한대 帝惻然感悟하여 夜起彷徨하니 由是多所降宥하다

寒朗上疏訟冤

【초왕 유영의 옥사】

초왕 유영이 단양군에 이르러 자살하였다. 이때 초왕 유영의 옥사(獄事)를 끝까지 다스려 여러 해에 이르렀다. 그 진술이 서로 연관되어 서울의 친척과 제후와 주(州)·군(郡)의 호걸로부터 수사하는 관리에 이르기까지 초왕에게 아부하여 죽거나 귀양간 자가 천 명을 헤아렸고, 감옥에 갇힌 자가 아직도 수천 명이었다. 이때 명제의 노여움이 극심하니, 관리들이 모두 두려워하여 여러 연좌된 자들을 모두 일체 죄에 몰아넣고 감히 인정(人情)으로써 용서하는 경우가 없었다. 시어사(侍御史) 한랑(寒郎)이 마음으로 그들의 억울함을 슬퍼하여 상소해서 그 죄가 없음을 강력하게 말하자, 명제의 노여워하는 마음이 풀어져 조칙으로 한랑을 파견해 보냈다. 이틀 뒤에 명제가 몸소 낙양(洛陽) 감옥에 행차하여 죄수들을 살펴 기록하고, 천여 명을 심리해 석방하였다. 이 때 날씨가 가물다가 바로 큰 비가 내렸다. 마황후(馬皇后)도 역시 초나라 유영의 옥사가 너무 지나치다고 하여 기회를 보아 명제에게 말하였다. 명제가 측은히 여기며 감동받고 깨달아 밤중에 일어나 방황하였으니, 이로 말미암아 사면해준 것이 많았다.

○ 【作壽陵】

作壽陵

初作壽陵할새 制호대 令流水而已요 無得起墳하라

【수릉을 만들다】

처음[4] 수릉(壽陵 : 미리 만드는 산소)을 만드는데, 제서(制書)에 "물만 흘러가게 할 뿐이고 봉토를 만들지 말라."

하였다.

【임신(壬申 72) 영평(永平) 15년】

○ 【耿秉請擊匈奴】

耿秉請擊匈奴 耿秉數請擊匈奴어늘 帝從之하다

【경병이 흉노를 격파할 것을 청하다】

경병(耿秉)이 누차 흉노를 격파할 것을 요청하자, 명제가 그 말을 따랐다.

【계유(癸酉 73) 영평(永平) 16년】

○ 【班超以三十六人立功西域】

班超以三十六人立功西域 遣秉與竇固等分道並出하여 伐北匈奴러니 固獨有功하다 固使假司馬班超與從事郭恂俱使西域이러니 超行到鄯善하니 鄯善王廣奉超禮敬甚備라가 後忽更疎懈라 超謂其官屬曰 此必有北虜使來라 明者睹未萌이온 況已著耶아하다 乃會其吏士三十六人曰 不入虎穴이면 不得虎子라하고 因夜以火攻虜營하여 斬其使及從士三十餘級하고 餘衆百許人悉燒死라 明日乃還하여 召鄯善王廣하여 以虜使首示之하니 一國震怖하다 廣叩頭하며 願屬漢하여 無二心이라하고 遂納子爲質이어늘 還白竇固한대 固大喜하여 具上超功

(난외: 不入虎穴, 不得虎子)

4) 처음 : 건무(建武 : 광무제 연호) 26년에 '처음〔初作壽陵〕'이라고 하였으므로 '처음'이 아니라는 견해가 있다.

西域與漢絶六十五載乃復通焉

效하고 復使超使于窴한대 其王廣德降하니 於是諸國皆遣子入侍하다 西域與漢絶六十五載러니 至是乃復通焉하다

【반초가 36명을 지휘하여 서역에서 공을 세우다】

경병과 두고(竇固) 등을 보내 길을 나누어 출발시켜 북흉노를 치는데, 두고가 홀로 공을 세웠다. 두고가 가사마(假司馬 : 부사마(副司馬)) 반초(班超)와 종사관(從事官) 곽순(郭恂)을 함께 서역(西域)에 사신가게 하였는데, 반초가 가다가 선선(鄯善)에 이르렀다. 선선국왕 광(廣)이 반초를 받들면서 예의와 공경을 극진히 갖추다가, 뒤에 돌연 바뀌어 소홀하고 태만히 하였다. 반초가 그 관속들에게 이르기를,

"이는 반드시 북 오랑캐〔북흉노〕의 사신이 왔기 때문이다. 눈이 밝은 자는 싹트기 전에 보거늘, 하물며 이미 드러난 것이겠는가?"

마침내 그 관리와 군사 36명을 모아놓고 말하기를,

"호랑이 굴에 들어가지 않으면, 호랑이 새끼를 잡을 수 없다."

하였다. 이어서 밤에 오랑캐 군영을 불로 공격하여, 그 사신과 따르는 군사 30여 명의 수급(首級)을 베니, 나머지 무리 100여 명은 모두 불에 타죽었다. 다음날 이내 돌아와 선선국 왕 광을 불러 오랑캐 사신의 머리를 보여주자, 온 나라가 두려워하였다. 광이 머리를 조아리며,

"원컨대 한(漢)나라에 소속되어 두 마음을 갖지 않겠습니다."

하고, 드디어 아들을 한나라로 들여보내 인질로 삼았다. 돌아와 두고에게 보고하자, 두고가 크게 기뻐하여 반초의 공적을 갖추어 올리고, 다시 반초에게 우전(于窴)에 사신가게 하였는데, 우전왕 광덕(廣德)이 항복하였다. 이에 여러 나라가 모두 아들을 보내어 한나라 궁궐에 입시(入侍)하니, 서역이 한나라와 왕래를 단절한 지 65년이 되었는데 이때에 이르러 비로소 다시 통하였다.

○【廉范破匈奴】

廉范破匈奴

北匈奴大入雲中이어늘 太守廉范拒之할새 吏以衆少로 欲移書傍

交縛兩炬 三頭爇火

郡求救어늘 范不許하고 會日暮하여 范令軍士各交縛兩炬하고 三頭爇火하니 營中星列하다 虜謂漢兵救至라하여 大驚하여 待旦將退

어늘 范令軍中蓐食하고 晨에 往赴之하여 斬首數百級하니 虜自相轔藉하여 死者千餘人이라 由此不敢復向雲中하다

【염범이 흉노를 격파하다】

북흉노가 대거 운중군(雲中郡)으로 침입하자 운중군 태수(太守) 염범(廉范)이 그들을 막았는데, 관리들이 운중군의 군대가 적다고 하며 옆 군(郡)에 공문을 보내 구원병을 요구하고자 하였으나, 염범이 허락하지 않았다. 마침 날이 저물어 염범이 군사들에게 각각 두 개의 횃불을 교차시켜 묶고 세 끝부분에 불을 붙이게 하니,[5] 병영 안이 별들이 나열된 듯이 환하였다. 북흉노들이 한나라 군대의 구원병이 이르렀다고 생각하여 크게 놀라, 아침을 기다려 후퇴하려 하였다. 염범이 군대 안에 명령하여 새벽에 일찍 일어나 이부자리에서 밥을 먹고, 새벽에 달려가서 수백 명의 수급을 베었다. 북흉노들이 서로 수레에 깔리고 밟혀서 죽은 자가 1천여 명이었으니, 이로 말미암아 감히 다시는 운중군을 향하지 못하였다.

【갑술(甲戌 74) 영평(永平) 17년】

○ 【遠夷內附】

遠夷內附 益州刺史朱輔宣示漢德하여 威懷遠夷하니 自汶山以西로 前世所不至와 正朔所未加의 白狼槃木等百餘國이 皆擧種稱臣奉貢할새

唐菆歌頌漢德 白狼王唐菆作詩三章하여 歌頌漢德이어늘 輔使譯而獻之하다

【먼 오랑캐들이 한나라 조정에 귀의하다】

익주자사(益州刺史) 주보(朱輔)가 한(漢)나라의 덕정(德政)을 선양하여 위엄으로 먼 오랑캐들을 회유하였다. 문산(汶山) 서쪽으로부터 이전 시대에 한나라가 이르지 못했던 곳과 통치권이 아직 미치지 못했던 백랑(白狼)·반옥(槃木) 등 100여 국에서

5) 두 개의 횃불을 교차시켜 묶고 세 끝부분에 불을 붙이게 하니 : 두 개 횃불을 '十' 자처럼 묶고 세 끝부분에 불을 붙이고 손으로 한 끝을 잡아 적군에게 병사들이 많은 것처럼 보이게 한 것이다.

모든 종족들이 신하라 일컫고 공물을 바쳤다. 백랑왕(白狼王) 당추(唐菆)가 시(詩) 3장(章)을 지어 한나라의 덕을 노래하여 찬송하자, 주보가 한문으로 번역하여 한나라에 바치게 하였다.

○【戊己校尉】

戊己校尉 竇固耿秉擊西域하여 平車師하고 奏復置西域都護及戊己校尉하다

【무기교위】

두고(竇固)와 경병(耿秉)이 서역을 쳐서 거사(車師)를 평정하고, 조정에 아뢰어 서역도호(西域都護), 무교위(戊校尉), 기교위(己校尉)[6]를 다시 두었다.

【을해(乙亥 75) 영평(永平) 18년】

○【北單于擊車師】

北單于擊車師 北單于遣左鹿蠡王하여 率二萬騎擊車師하다

【북선우가 거사를 공격하다】

북선우(北單于)가 좌녹려왕(左鹿蠡王)을 보내 2만의 기병을 이끌고 거사를 공격하였다.

○【耿恭穿井得水】

耿恭穿井得水 耿恭以疏勒城傍有澗水可固라하여 引兵據之러니 匈奴擁絶澗水어늘 恭於城中穿井十五丈하되 不得水라 吏士渴乏하여 至笮馬糞

---

6) 무교위(戊校尉) 기교위(己校尉) : 관명(官名). 애초 무기교위(戊己校尉)를 두었고, 무교위(戊校尉)와 기교위(己校尉)로 나누어 설치하기도 하였는데, 서역(西域)의 둔전(屯田) 일을 관장하였다. '戊己'는 천간(天干) 10개 중에 가운데에 있으므로 서역의 가운데에 처하여 여러 나라를 다스리게 하였다.

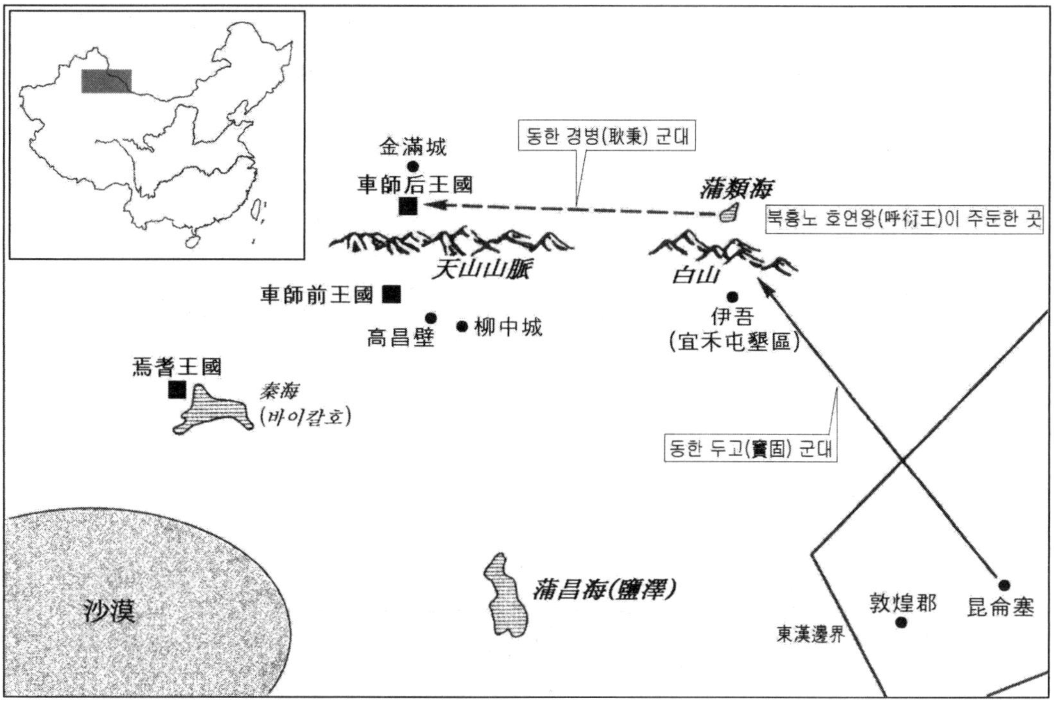

〈지도 13〉 두고(竇固)가 서역에 진격하고 거사(車師)가 항복함.(74년 11월)

率士輓籠 汁而飮之하니 恭身自率士輓籠하니 有頃에 水泉犇出이어늘 乃令吏士揚水以示虜하니 虜出不意라 以爲神明이라하여 遂引去하다

【경공이 우물을 파서 물을 얻다】

경공(耿恭)은 소륵성(疏勒城) 곁에 시냇물이 있어 견고히 지킬 수 있다고 여겨, 군대를 이끌고 그곳을 점령하였는데, 흉노가 시냇물을 막아 끊어버렸다. 경공이 성 안에 15길이나 되는 우물을 팠으나 물을 얻지 못하여, 관리와 군사들이 너무 목이 말라 심지어 말똥을 짜서 즙을 마셨다. 경공이 몸소 군사를 거느리고 삼태기로 흙을 나르니, 얼마 뒤에 샘물이 솟구쳐 나왔다. 마침내 관리와 군사를 시켜 <소륵성에 올라가> 물을 뿌리게 하여 흉노에게 보이게 하니, 흉노가 뜻밖의 상황이었으므로 신명(神明)이라 생각하고 드디어 군사를 이끌고 떠나갔다.

○ 【明帝遵奉建武制度】

明帝遵奉建武制度 后妃之家不得封侯與政 郎官上應列宿 反支日不受章奏

八月에 帝崩하니 年四十八이라 帝遵奉建武制度하여 無所變更하니 后妃之家不得封侯與政하다 館陶公主爲子求郎이어늘 不許하고 而賜錢千萬하고 謂羣臣曰 郎官上應列宿하고 出宰百里하니 苟非其人이면 則民受其殃이니 是以難之하노라하다 公車以反支日不受章奏러니 帝聞而怪之曰 民廢農桑하고 遠來詣闕이어늘 而復拘以禁忌면 豈爲政之意乎아하고 於是遂蠲其制하다 帝爲後宮親屬을 竟不用하니 是以吏得其人하고 民樂其業하여 遠近畏服하고 戶口滋殖焉하다

【명제가 건무 연간의 제도를 그대로 따르다】

8월에 명제가 서거하였는데, 나이가 48세였다. 명제는 건무(建武 : 광무제의 연호) 연간의 제도를 그대로 따라 변경한 것이 없었으니, 황후(皇后)와 비빈(妃嬪)의 집안이 후(侯)에 봉해지거나 정치에 참여하지 못하였다. 관도공주(館陶公主 : 광무제의 딸)가 아들을 낭관으로 삼기를 요구하였으나 허락하지 않고 돈 1,000만전을 하사하고, 여러 신하들에게 말하기를,

"낭관은 위로 하늘의 여러 별에 호응하고, 외방으로 나가서는 100리나 되는 지역의 수령이 되니, 만일 적임자가 아니면 백성들이 그 재앙을 받게 된다. 이 때문에 공주의 청을 따르기 어려워하는 것이다."

하였다.

공거(公車 : 상소를 받는 관청)에서 반지일(反支日 : 금기일)[7]에는 상소를 받아들이지 않았는데, 명제가 그 일을 듣고 괴이하게 여겨 말하기를,

"백성들이 농사일과 누에치기를 그만두고 멀리 와서 대궐에 이르렀는데, 다시 금기일이라 하여 지장을 주면 어찌 정치를 하는 뜻이겠는가?"

하고, 마침내 그 제도를 없앴다.

명제는 후궁의 친속들을 끝내 등용하지 않자 이 때문에 관리는 적임자를 얻었

---

7) 반지일(反支日 : 금기일) : 길일이 아닌 금기일. 매달 초하루의 일진에 의해 반지일이 정해진다. 궁중에서는 이날 상소를 받아들이지 않았다.

고, 백성은 생업을 즐겁게 행하였다. 멀고 가까운 모든 사람들이 두려워 굴복하고, 국가의 호구(戶口)가 더욱 불어났다.

○ 太子卽位하니 年十八이라

태자가 즉위하니, 나이가 18세였다.

▪ 숙종효장황제(肅宗孝章皇帝)

在位十三年이요 壽三十一이라

名炟이요 明帝太子라 厭明帝苛切하여 每事務從寬厚나 然寵任竇憲하여 以啓外戚用權之漸하니 此其所短也하다

재위(在位) 13년이고 수명은 31세이다.

이름은 달(炟)이고 명제의 태자이다. 명제의 가혹하고 엄격한 것을 싫어하여 매사를 너그럽고 후하게 하였으나, 보헌(寶憲)을 총애하며 신임하여 외척이 권세를 부리게 하는 단서를 열었으니, 이것이 그 단점이다.

【병자(丙子 76) 건초(建初) 원년】

○ 【楊終請罷邊兵】

楊終請罷邊兵 楊終上䟽曰 間者北征匈奴하고 西開三十六國하여 百姓頻年服役하고 轉輸煩費하니 愁困之民足以感動天地라 陛下宜留念省察이니이다하다 帝下其章하니 第五倫亦同終議어늘 牟融鮑昱皆以爲호대 孝子無改父之道하나니 征伐匈奴하며 屯戍西域은 先帝所建이니 不宜回異라한대 終復上書曰 秦築長城에 功役繁興이어늘 胡亥不

不以介鱗易我衣裳

革하여 卒亡四海라 故孝元棄珠厓之郡하고 光武絶西域之國하니 不以介鱗易我衣裳이니이다하니 帝從之하다

【양종이 변방의 군대를 해산하기를 청하다】

양종(楊終)이 상소하기를,

"근래에 북쪽으로 흉노를 정벌하고, 서쪽으로 36국을 개척하여 백성이 해마다 부역을 하고 수송에 번거롭고 비용이 많이 들었으니, 근심하며 피곤한 백성들은 충분히 재앙이 일어나도록 천지를 감동시킬 수 있습니다. 폐하께서는 마땅히 유념하여 살피셔야 합니다."

하였다. 장제가 그 상소를 내려 논의하게 하자, 제오륜(第五倫)도 양종의 의론과 같았다. 모융(牟融)과 포욱(鮑昱)이 모두 말하기를,

"효자는 아버지가 하시던 방법을 고치지 않는 법입니다. 흉노를 정벌하고 서역에 군대를 주둔시키는 일은 돌아가신 황제께서 내세우신 것이니, 변경해서는 안 됩니다."

하였다. 양종이 다시 상소하기를,

"진(秦)나라가 만리장성을 쌓아서 공사(工事)가 번거롭게 일어났으나, 호해(胡亥)가 이를 고치지 않아 끝내 천하를 잃었습니다. 그러므로 원제(元帝)는 주애군(珠厓郡)을 버렸고, 광무제는 서역의 나라들과 단절하였으니, 오랑캐의 문화로 우리의 중화 문화를 바뀌지 않게 하신 것입니다."

하니, 장제가 그 말을 따랐다.

○ 【陳寵請尙寬厚】

陳寵請尙寬厚

春正月丙寅에 詔호대 二千石勉勸農桑하고 罪非殊死어든 須秋按驗하고 有司明愼選擧하여 進柔良하고 退貪猾하며 順時令하고 理冤獄하라하다 是時承永平故事하여 吏政尙嚴切하니 尙書決事가 率近於重이라 尙書陳寵以帝新卽位하니 宜改前世苛俗이라하여 乃上疏

賞不僭刑不濫 寧僭無濫

曰 臣聞先王之政이 賞不僭하며 刑不濫이나 與其不得已론 寧僭無濫이라하니 往者斷獄嚴明은 所以威懲姦慝이니 姦慝旣平이면 必宜濟之以寬이라 夫爲政猶張琴瑟하여 大絃急者小絃絶하나니 陛下宜隆先王之道하사 蕩滌煩苛之法하여 輕薄箠楚以濟群生하고 全廣至德以奉天心하소서하니 帝深納寵言하여 每事務於寬厚하다

【진총이 너그럽고 후함을 숭상할 것을 청하다】

봄 정월 병인(丙寅 : 23일)에 조서를 내리기를,

"이천석(二千石 : 태수 등 최고급 관원)의 관원은 농업(農業)과 잠업(蠶業)을 권면하고, 죄가 참수형(斬首刑)에 해당하는 것이 아니면 가을을 기다려 조사하여 검증하고, 담당관은 인재 선발을 밝게 신중히 하여 유순하며 선량한 자들을 등용하고, 탐욕스러우며 교활한 자들을 물리치며, 시령(時令 : 시기별 정령(政令))을 따르고 억울한 옥사를 다스려라!"

하였다. 이 때 영평(永平 : 명제의 연호) 연간의 옛 일을 받들어 관리들의 행정이 엄격하며 박절한 것을 숭상하니, 상서(尙書)가 일을 결단하는 것이 대부분 엄중한 쪽으로 가까이 하였다. 상서(尙書) 진총(陳寵)이 장제(章帝)가 새로 즉위하였으니, 이전 시대의 가혹한 풍속을 고쳐야 한다고 하여 마침내 상소하기를,

"신이 들으니, '선왕(先王)의 정치는 포상을 넘치게 내리지 않았고 형벌을 남용하지 않았는데, 어찌하지 못하기보다는[8] 차라리 포상을 넘치게 내릴지언정 형벌을 남용하지는 않았다.' 하였습니다. 지난날 옥사를 판결할 적에 엄격하며 분명하게 한 것은 위엄으로 간특함을 징계하기 위한 것이었으니, 간특함이 이미 평정되었으면 반드시 관대함으로 구제해야합니다. 정치를 함은 거문고와 비파를 조율하는 것과 같아 큰 줄을 너무 팽팽하게 하면 작은 줄이 끊어지는 법이니, 폐하께서는 선왕의 도를 높이시어 번거로우며 가혹

---

8) 어찌하지 못하기보다는 : 원문 '與其不得已'는 ≪좌전(左傳) 양공(襄公)≫ 26년의 "만일 불행하여 포상과 형벌이 지나치면 차라리 포상을 넘치게 내릴지언정 형벌을 남용하지는 않으며, 선인(善人)을 잃기보다는 차라리 부정한 자를 이롭게 하겠다.〔若不幸而過, 寧僭無濫, 與其失善, 寧其利淫.〕"에서 유래한 것으로, '不得已'는 '若不幸而過'와 '失善'의 뜻이 되어, '포상과 형벌이 지나치게 되거나 선인을 잃게 됨'을 말한다.

한 법을 모조리 없애고, 태형(笞刑)을 가볍게 하여 백성들을 구제하고, 지극한 덕을 온전히 넓혀 천심(天心)을 받드소서."

하였다. 장제가 진총의 말을 깊이 받아들여 매사를 너그러우며 후하게 하였다.

【정축(丁丑 77) 건초(建初) 2년】

○ 【馬廖勸成德政】

馬廖勸成德政 / 好劍客多創瘢好細腰多餓死

太后兄衛尉馬廖慮美業難終하여 上疏勸成德政曰 夫改政移風은 必有其本이라 傳曰 吳王好劍客하니 百姓多創瘢하고 楚王好細腰하니 宮中多餓死라하고 長安語曰 城中好高結하니 四方高一尺이요 城中好廣眉하니 四方且半額이요 城中好大袖하니 四方全匹帛이라하니 斯言如戲나 有切事實이니이다하니 太后深納之하다

【마료가 도덕 정치를 이루도록 권면하다】

태후의 오라버니인 위위(衛尉) 마료(馬廖)가 마태후가 제창한 아름다운 왕업을 잘 마치지 못할까 염려하여, 도덕 정치를 이루도록 권면하여 상소하기를,

"정치를 바꾸고 풍속을 바꾸는 데는 반드시 그 근거가 있습니다. 고서(古書)에 이르기를, '오왕이 검객을 좋아하자 백성 중에 검에 다친 흉터 있는 자가 많았고, 초왕이 가는 허리의 여자를 좋아하자 궁중에 굶어 죽는 사람이 많았다.'라고 하였습니다. 장안의 속담에 말하기를, '도성 안에서 높게 틀어 올린 상투를 좋아하자 온 지방에서는 상투 높이가 한 자까지 올라갔고, 도성 안에서 넓은 눈썹을 좋아하자 온 지방에서는 눈썹이 이마의 반이 되었으며, 도성 안에서 넓은 소매를 좋아하자 온 지방에서는 소매에 비단 한 필이 모두 들어갔다.'라고 하였으니, 이 말이 농담 같지만 사실은 절실합니다."

하니, 태후가 그 말을 깊이 받아들였다.

○ 【第五倫請尚寬政】

第五倫請尚寬政

第五倫上疏曰 光武承王莽之餘하여 頗以嚴猛爲政하니 後代因之하여 遂成風化라 郡國所擧가 類多辦職俗吏요 殊未有寬博之選以應上求者也라 秦以酷急亡國하고 王莽亦以苛法自滅하니 故勤勤懇懇이 實在於此니이다하니 上善之하다 倫雖天性峭直이나 然常疾俗吏苛刻하여 論議每依寬厚云하다

【제오륜이 너그러운 정치를 숭상할 것을 청하다】

제오륜(第五倫)이 상소하기를,

"광무제께서 왕망(王莽)의 뒤를 이어 자못 엄격하게 정치를 하시자, 후대에 이어서 마침내 기풍을 이루게 되었습니다. 군국(郡國)에서 추천하는 사람들은 대부분 맡은 직책만 힘쓰는 속된 관리이고, 관대하여 포용력이 있는 이를 선발하여 임금의 요구에 부응하는 경우는 거의 없습니다. 진나라는 혹독함과 서두름으로 나라를 망하게 하였고, 왕망도 가혹한 법으로 스스로 멸망하였습니다. 그러므로 애써 간절히 상소하는 것은 진실로 여기에 있습니다."

하니, 장제가 그 말을 훌륭히 여겼다. 제오륜은 비록 천성이 준엄하며 강직하였으나, 항상 속된 관리들의 가혹하고 각박한 것을 미워하여 그의 논의는 늘 너그럽고 후함을 따랐다.

【기묘(己卯 79) 건초(建初) 4년】

○ 【楊終請議五經】

楊終請議五經

校書郎楊終建言호대 宣帝博徵群儒하여 論定五經於石渠閣하니 方今天下少事라 學者得成其業이어늘 而章句之徒가 破壞大體하니 宜如石渠故事하여 永爲後世則하소서하니 帝從之하다

【양종이 5경을 논의할 것을 청하다】

교서랑(校書郞) 양종(楊終)이 건의하기를,

"선제(宣帝)께서는 널리 많은 유학자를 불러 석거각(石渠閣)에서 ≪5경(五經)≫을 논의해 교정(校定)하셨습니다. 지금 천하에 사건이 적어 학자들이 업적을 이룰 수 있는데, 구절의 뜻만 찾는 학자들은 전체의 뜻을 파괴합니다. 석거각의 옛 일[9]과 같이 하여 길이 후세의 법칙으로 삼으십시오."

하니, 장제가 그 말을 따랐다.

【白虎觀議五經同異】

白虎觀議五經同異

十一月에 詔太常하여 博士郎官及諸儒會白虎觀하여 議五經同異하라하고 帝親稱制臨決하고 作白虎議奏하니 名儒丁鴻樓望成封桓郁班固賈逵及廣平王羨皆與焉하다

【백호관에서 5경의 같고 다름을 논의하다】

11월에 태상(太常)에게 조서를 내리기를,

"박사(博士)·낭관(郎官)과 여러 유학자들은 백호관(白虎觀)에 모여 ≪5경≫의 같고 다름을 논의하라."

하였다. 장제가 친히 제(制 : 황제의 명령)를 일컬으며 임석하여 결정하고 ≪백호의주(白虎議奏)≫를 지었는데, 이름난 유학자인 정홍(丁鴻)·누망(樓望)·성봉(成封)·환욱(桓郁)·반고(班固)·가규(賈逵)와 광평왕(廣平王) 유선(劉羨)이 모두 여기에 참여하였다.

【신사(辛巳 81) 건초(建初) 6년】

○【廉范五絝】

廉范五絝

廉范遷蜀郡太守하다 成都民物豐盛하고 邑宇逼側이라 舊制에 禁

9) 석거각의 옛 일 : 선제가 석거각에서 ≪5경≫을 교정한 일은 ≪자치통감≫ 권27 감로(甘露) 3년(B.C.51)에 보인다. 석거각은 장안(長安)의 미앙전(未央殿) 북쪽에 있는 도서관이다.

民夜作以防火災러니 范乃毁削先令하고 但嚴使儲水而已하니 百

廉叔度來何暮 姓以爲便하여 歌之曰 "廉叔度여 來何暮오 不禁火하니 民安作이로다 昔無襦러니 今五袴로다하다

【염범의 바지 다섯 벌】

염범(廉范)이 촉군 태수(蜀郡太守)로 승진하였다. 성도(成都)의 백성들은 물자가 풍성하였고, 성읍(城邑)의 집들이 밀집되어 있었다. 옛 제도에는 백성들이 밤에 작업하는 것을 금지하여 화재를 예방했는데, 염범이 마침내 이전의 금지령을 없애고 다만 엄중히 방화수를 비축하게 하니, 백성들이 편리하게 여겨서 노래하기를,

"염숙도(廉叔度 : 염범의 자)여, 어이 늦게 왔는가! 불을 금하지 않으니, 백성들이 편히 작업하는구나. 전에는 짧은 옷도 없었는데, 지금은 바지가 다섯 벌이로다!"

하였다.

【계미(癸未 83) 건초(建初) 8년】

○ 【切責竇憲】

切責竇憲 中郞將竇憲恃宮掖聲勢하여 以賤直請奪沁水公主園田한대 主逼畏不敢計하다 後發覺하니 帝大怒하여 召憲切責曰 深思前過奪主

棄憲如孤雛腐鼠 田園時에 何用愈趙高指鹿爲馬乎아 久念使人驚怖로다 國家棄憲을 如孤雛腐鼠耳니라하니 憲大懼어늘 皇后爲毁服深謝하니 良久乃得解하다

【두헌을 몹시 꾸짖다】

중랑장(中郎將) 두헌(竇憲)이 황제의 인친이라는 궁중의 위세(威勢)를 믿고 싼 값으로 심수공주(沁水公主: 명제의 딸)의 동산과 농지를 청하여 빼앗았는데 공주는 위세

에 눌려 감히 따지지 못하였다. 뒤에 발각되자, 장제가 크게 노하여 두헌을 불러 몹시 꾸짖기를,

"깊이 생각해보니, 지난번 네가 심수공주의 전원을 빼앗았을 적에 어찌 조고(趙高)가 사슴을 가리켜 말이라고 한 것보다 더 심하게 속였는가! 오래 생각할수록 사람을 놀라 두려워하게 하는구나! 국가에서 너 두헌을 버리기를 한 마리 새 새끼나 썩은 쥐처럼 할 뿐이다."

하였다. 두헌이 크게 두려워하고, 두황후가 두헌을 위하여 황후 옷을 벗고 깊이 사죄하니, 한참만에야 노여움이 풀렸다.

○【竇憲何異指鹿爲馬】

竇憲何異指鹿爲馬

溫公曰 人臣之罪는 莫大於欺罔이니 是以明君疾之라 孝章謂竇憲何異指鹿爲馬는 善矣나 然卒不能罪憲하니 則姦臣安所懲哉아 夫人主之於臣下에 患在不知其姦하니 苟或知之而復赦之하면 則不若不知之爲愈也니 何以言之오 彼或爲姦而上不之知하면 猶有所畏나 既知而不能討하여 彼知其不足畏也면 則放縱而無所顧矣리라 是故知善而不能用하고 知惡而不能去는 此人主之深戒也하다

知惡而不能去人主之深戒

【두헌은 사슴을 가리켜 말이라고 한 농락과 무엇이 다른가!】

온공이 말하였다.

신하의 죄는 임금을 속이는 것보다 큰 것이 없으니, 이 때문에 명철한 임금은 그것을 싫어합니다. 장제가 두헌에게 '사슴을 가리켜 말이라고 한 것과 무엇이 다르겠느냐!'라고 한 것은 잘한 것입니다만, 결국 두헌에게 죄를 묻지 못하였으니, 간신을 어찌 징벌할 것입니까? 무릇 임금이 신하를 대하는 데 있어 근심은 신하의 간악함을 알지 못함에 있으니, 만일 혹 알고서도 다시 용서해 준다면, 모르는 것이 나은 것만 못합니다. 왜 이렇게 말하겠습니까? 저들이 혹 간사한 짓을 했는데 임금이 그것을 알지 못하면 여전히 두려워하는 것이 있지만 임금이 알고 나서도 다스리지 않아 간신들이 임금을 두

려워할 것이 못 된다는 것을 알게 되면 방종하면서도 반성하는 바가 없을 것입니다. 이 때문에 선함을 알고도 등용하지 못하고 악함을 알고도 제거하지 못하는 것은 임금이 깊이 경계해야 할 일입니다.

○【周紆問大姓主名】

周紆問大姓主名
先問大姓主名
豈能知此賣菜傭

周紆爲雒陽令하여 下車에 先問大姓主名하니 吏數閭里豪强以對어늘 紆厲聲怒曰 本問貴戚若馬竇等輩어늘 豈能知此賣菜傭乎아하다 於是部吏望風旨하여 爭以激切爲事하니 貴戚跼蹐하여 京師肅淸하다

【주우가 세력 있는 집안의 이름을 묻다】

주우(周紆)가 낙양령(雒陽令)이 되어서 부임하는 수레에서 내리자 먼저 세력 있는 집안의 우두머리 이름을 물었다. 관리가 마을에서 매우 세력 있는 자를 헤아려 대답하자, 주우가 소리치며 노하여 말하기를,

"내가 본래 마씨(馬氏)나 두씨(竇氏) 등과 같은 임금의 인척을 물었거늘, 어찌 이렇듯 채소 파는 품팔이꾼들을 알 것이냐?"

하였다. 이에 소속 관리들이 강경한 의도를 알아차려서, 다투어 엄격하고 철저하게 일하니, 귀척들이 조심하여 서울이 엄숙하고 깨끗해졌다.

【갑신(甲申 84) 원화(元和) 원년】

○【韋彪上議貢擧法】

韋彪上議貢擧法

陳事者多言호대 郡國貢擧가 率非功次라 故守職益懈하고 而吏事寖疏하니 咎在州郡이니이다하다 有詔下公卿朝臣議하니 大鴻臚韋彪上議曰 夫國以簡賢爲務하고 賢以孝行爲首하나니 是以求忠臣必

孟公綽優於趙魏老

於孝子之門이라 夫人才行少能相兼이라 是以孟公綽優於趙魏老로되 不可以爲滕薛大夫니이다 忠孝之人은 持心近厚하고 鍛鍊之吏는 持心近薄하니 士宜以才行爲先이요 不可純以閥閱이라 然其要歸는 在於選二千石하니 二千石賢이면 則貢擧皆得其人矣하다

【위표가 공거법을 건의하다】

일을 진술하는 자들이 대부분 말하기를,

"군국의 공거(貢擧 : 인재 천거)가 대부분 공로의 차례대로 되지 않았습니다. 그래서 직무를 행하는 것이 더욱 태만해지고, 관리의 일이 점점 소홀해지니, 잘못이 주(州)와 군(郡)에 있습니다."

하였다. 조서를 내려 공경과 조정 신하들에게 회부하여 의논하게 하였다. 대홍려(大鴻臚) 위표(韋彪)가 건의하기를,

"국가는 현자(賢者)를 선발하는 것을 급선무로 삼고, 현자는 효행을 으뜸으로 치니, 이 때문에 충신은 반드시 효자의 집안에서 찾는 법입니다. 사람 가운데는 재주와 행실을 겸비한 이가 적습니다. 그러므로 맹공작(孟公綽)은 조(趙) 씨와 위(魏) 씨의 원로가신(元老家臣) 노릇에는 충분하지만, 등(滕)나라와 설(薛)나라의 대부(大夫)가 될 수는 없는 것입니다.10) 충성하고 효도하는 사람은 마음가짐이 후덕함에 가까이하고, 가혹한 관리는 마음을 가짐이 각박함에 가까이합니다. 선비는 재주와 행실을 우선으로 삼아야 하고, 순전히 문벌로만 해서는 안 됩니다. 그러나 그 관건은 이천석(二千石 : 연봉 이천석의 군수(郡守) 등을 말함)을 선발하는데 달려 있습니다. 이천석의 관리가 어질면, 공거에 모두 마땅한 사람을 얻을 것입니다."

하였다.

○ 【彊直自遂 南陽朱季】

10) 맹공작(孟公綽)은 … 대부(大夫)가 될 수는 없는 것입니다. : 도덕자는 대가(大家)의 일이 적은 지위의 원로 노릇을 할 수 있으나 소국(小國)의 일이 많은 실무책임자가 될 수 없음을 말함. 맹공작은 춘추(春秋) 노(魯)나라 대부(大夫). 조(趙) 씨와 위(魏) 씨는 진(晉)나라의 대부. 등(滕)나라와 설(薛)나라는 춘추의 소국(小國).(≪論語 憲問≫)

彊直自遂 南陽朱季

十月에 幸宛하여 召前臨淮太守朱暉하여 拜尙書僕射하다 暉在臨淮에 有善政이러니 民歌之曰 彊直自遂는 南陽朱季로다 吏畏其威하고 民懷其惠라하다 時坐法免家居라 故上召而用之하다

【강직을 스스로 수행함은 남양의 주계이다】

10월에 장제가 원현(宛縣)에 행차하여 전 임회태수(臨淮太守) 주휘(朱暉)를 불러 상서복야(尙書僕射)로 임명하였다. 주휘는 임회에 있으면서 선정을 베풀었는데, 백성들이 노래하기를,

"강직을 스스로 수행함은 남양(南陽)의 주계(朱季 : 주휘)로다! 관리는 그 위엄을 두려워하고, 백성은 그 은혜를 그리워한다!"

하였다. 주휘는 당시에 법에 걸려 면직되어서 집에 있었기 때문에 장제가 불러서 등용하였다.

○ 【朱暉諫行均輸】

朱暉諫行均輸

尙書張林上言호대 縣官經用不足하니 宜自煮鹽하고 及復修武帝均輸之法이니이다하다 朱暉固執以爲不可曰 均輸之法은 與賈販無異라 鹽利歸官이면 則下民窮怨이니 誠非明主所宜行이니이다하다

【주휘가 균수법 시행에 대해 간언하다】

상서 장림(張林)이 말을 올리기를,

"조정의 경상(經常) 비용이 넉넉하지 못합니다. 조정이 소금을 굽는 것을 관장하고, 또 무제(武帝)의 균수법(均輸法)[11]을 다시 시행해야 하겠습니다."

하였다. 주휘가 불가하다고 여겨 고집하기를,

"균수법은 장사와 다름이 없습니다. 소금의 이익이 관청으로 돌아가면, 아래 백성들이 궁핍해지고 원망하게 되니 진실로 명철한 임금이 시행할 것이 아

11) 균수법(均輸法) : 지방의 공물(貢物)을 서울로 운반하지 않고 가격이 비싼 곳으로 운반하여 판매하는 법. 한 무제(武帝) 때 시작되었다.

넙니다."
하였다.

○ 【毛義捧檄】

毛義捧檄 廬江毛義와 東平鄭均이 皆以行義稱於鄉里라 南陽張奉慕義名하여 往候之러니 坐定而府檄適至하여 以義守安陽令이라 義捧檄而入한대 喜動顏色이어늘 奉心賤之하여 辭去러니 後義母死어늘 徵辟皆不至라 奉乃歎曰 賢者固不可測이로다 往日之喜는 乃爲親屈也로다하다 帝下詔褒寵義均하다

賢者固不可測

【모의가 임명장을 받들다】

여강(廬江)의 모의(毛義)와 동평(東平)의 정균(鄭均)이 모두 의로움을 행한 것으로 향리에서 칭송을 받았다. 남양(南陽)의 장봉(張奉)이 모의의 명성을 사모하여, 찾아가서 인사를 하고 앉아있는데 때마침 관청의 임명장이 도착하여 모의로 안양현령(安陽縣令)을 제수하였다. 모의가 임명장을 들고 들어가는데 얼굴에 희색이 가득하였다. 장봉은 마음속으로 천하다고 여겨 하직인사를 하고 가버렸다. 그 후에 모의는 어머니가 돌아가시자, 국가의 부름에 모두 가지 않았다. 장봉은 이에 탄식하기를,

"어진 이를 진실로 헤아릴 수 없도다! 지난날 그가 기뻐했던 것은 바로 어머니를 위하여 자신을 굽힌 것이었구나!"

하였다. 장제는 조서를 내려 모의와 정균을 포상하고 총애하였다.

【을유(乙酉 85) 원화(元和) 2년】

○ 【詔戒俗吏矯飾】

詔戒俗吏矯飾 詔曰 夫俗吏矯飾外貌하여 似是而非하니 朕甚厭之하고 甚苦之하노

日計不足 月計有餘

라 安靜之吏는 悃愊無華하여 日計不足이나 月計有餘하나니 如襄城令劉方은 吏民同聲謂之不煩하니 雖未有他異나 斯亦殆近之矣로다 夫以苛爲察하고 以刻爲明하고 以輕爲德하고 以重爲威하여 四者或興이면 則下有怨心이라 吾詔書數下에 冠蓋接道하되 而吏不加治하고 民或失職하니 其咎安在오 勉思舊令하여 稱朕意焉하라하다

【조서를 내려 속된 관리가 허위로 꾸미는 것을 경계하다】

조서하기를,

"속된 관리들은 겉모양만 허위로 꾸며 옳은 듯하면서도 실제로는 그르니, 나는 그런 것을 매우 싫어하고 괴로워한다. 편안하고 정숙한 관리는 정성스러워서 화려하게 꾸밈이 없어, 날로 따져보면 부족한 듯하나, 달로 따져보면 남음이 있다. 예컨대 양성현령(襄城縣令) 유방(劉方)은 관리와 백성들이 이구동성으로 그를 번거롭지 않다고 말하니, 비록 다른 특이함은 있지 않으나, 그는 거의 이 경우에 가깝다. 가혹함을 잘 살핌으로 여기고, 각박함을 똑똑함으로 여기며, 세금을 가볍게 해주는 것을 덕으로 여기고, 과중하게 하는 것을 위엄으로 여겨서 네 가지가 혹 일어나면 아래 백성들에게 원망하는 마음이 있게 된다. 내가 조서를 자주 내려 사자의 관(冠)과 수레덮개가 길에 이어지도록 왕래해도 관리들은 더 잘 다스리지 않고 백성들은 혹 직분을 잃으니, 그 잘못은 어디 있는가? 과거의 법령을 힘써 생각하여, 나의 뜻에 맞게 하라!"

하였다.

○ 【祠孔子於闕里】

祠孔子於闕里

二月 乙丑에 帝耕於定陶하고 三月己丑에 進幸魯하고 庚寅에 祠孔子於闕里하다

【궐리에서 공자에게 제사지내다】

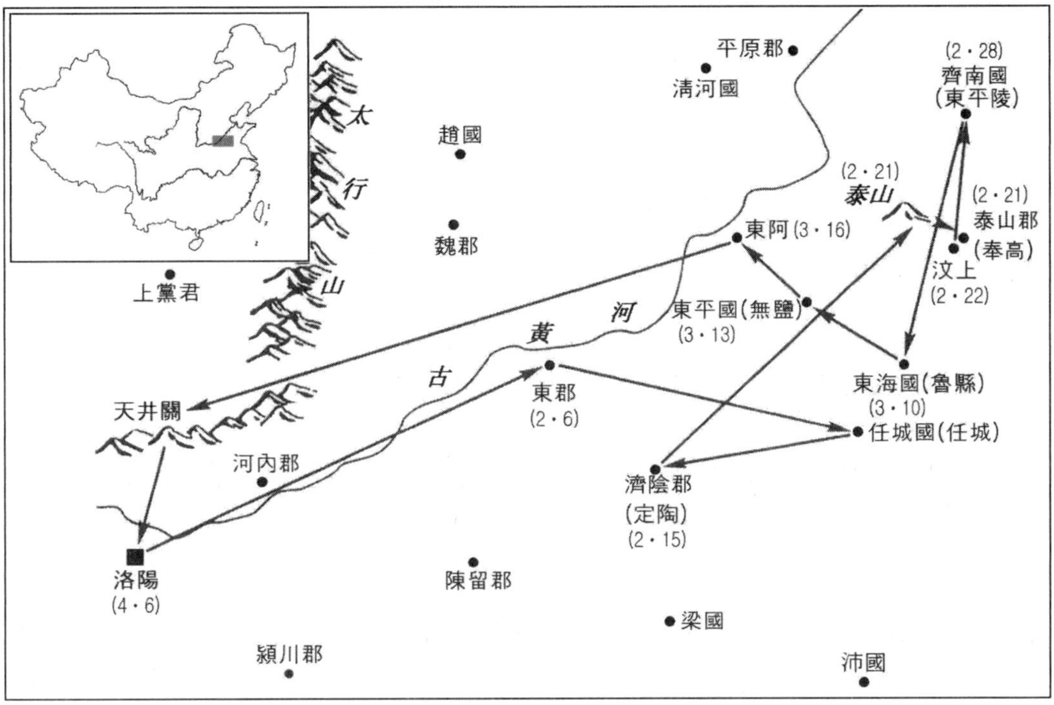

〈지도 14〉 장제 유달(劉炟)의 동방 순행.(85년 2월-4월)

2월 을축(15)일에 장제가 정도현(定陶縣)에서 밭을 갈고, 3월 기축(10)일에 나아가 노현(魯縣)으로 행차하고, 경인(11일)에 궐리(闕里)에서 공자에게 제사지냈다.

【병술(丙戌 86) 원화(元和) 3년】

○ 【曹褒定漢禮】

曹褒定漢禮

博士魯國曹褒上疏하여 以爲호대 宜定文制하여 著成漢禮하소서하다 太常巢堪以爲호대 一世大典은 非褒所定이니 不可許니이다하다 帝知諸儒拘攣하여 難與圖始하고 朝廷禮憲을 宜以時立일새 乃拜褒侍中하다 玄武司馬班固以爲호대 宜廣集諸儒하여 共議得失이니이다하다 帝曰 諺言에 作舍道旁이면 三年不成이라하고 會禮之家는 名

作舍道旁三年不成會禮之家名爲聚訟

爲聚訟이라 互生疑異하여 筆不得下라 昔堯作大章에 一夔足矣라

하다

【조포가 한나라 예를 정하다】

박사(博士) 노국(魯國) 조포(曹褒)가 상소하기를,

"문물(文物) 제도(制度)를 정하시어, 한나라의 예법을 저술해 이루어야 합니다."

하였다. 태상(太常) 소감(巢堪)이 말하기를,

"한 시대의 큰 법전은 조포가 정할 수 있는 것이 아니니, 허락해서는 안 됩니다."

하였다. 장제는 여러 유학자들이 꼬투리 잡아 그들과 시작하기가 어려움을 알았지만 조정의 예의와 법령을 시대에 맞게 해야 하므로 마침내 조포를 시중에 임명하였다. 현무사마(玄武司馬) 반고(班固)가 말하기를,

"여러 유학자들을 널리 모아서 잘잘못을 함께 논의케 하여야 합니다."

하였다. 장제가 말하기를,

"속담에 '집을 길 가에 지으면 3년이 되어도 이루지 못한다.'하고, 모여 예를 논하는 사람들을 부르기를 '모여 송사한다.'고 한다. 그들은 의심과 이견을 서로 내어 글을 써내려가지 못한다. 옛날 요임금이 ≪대장(大章)≫ 음악을 만들 적에 악관(樂官) 기(夔) 한 명으로도 충분하였다."

하였다.

【정해(丁亥 87) 장화(章和) 원년】

○ 【召褒 授以叔孫通漢儀】

召褒授以叔孫通漢儀 春 正月에 帝召褒하여 授以叔孫通漢儀十二篇曰 此制散略하여 多不合經하니 今宜依禮條正하여 使可施行하라하다

【조포를 불러 숙손통의 ≪한의≫를 주다】

봄 정월에 장제는 조포를 불러, 숙손통(叔孫通)의 ≪한의(漢儀)≫ 12편을 주며 말하기를,

"이 제도는 소략하여 경서의 뜻과 부합되지 않는 것이 많으니, 이제 마땅히 예(禮)에 의하여 조목별로 바로잡아 시행할 수 있게 하라."

하였다.

【무자(戊子 88) 장화(章和) 2년】

○ 【竇憲專權】

竇憲專權 正月에 帝崩하니 年三十一이라 太子卽位하니 年十歲라 竇太后臨朝하니 竇憲兄弟皆在親要之地하다

【두헌이 권력을 독점하다】

정월에 장제가 서거하니, 나이가 31세였다. 태자가 즉위하였는데, 나이가 10세였다. 두태후(竇太后)가 대리정치를 하니, 두헌(竇憲) 형제가 모두 측근의 중요한 지위에 있게 되었다.

○ 【竇憲伐北匈奴】

竇憲伐北匈奴 北匈奴飢亂이어늘 以竇憲爲車騎將軍하여 伐北匈奴하다

【두헌이 북흉노를 정벌하다】

북흉노(北匈奴)가 기근이 들고 어지러워졌다. 두헌을 차기장군(車騎將軍)으로 삼아 북흉노를 정벌하였다.

통감절요증손교주(通鑑節要增損校註) 19권

후한기(後漢紀)

▪ 효화황제(孝和皇帝)

在位十七年이요 壽二十七이라

재위가 17년이고, 수명이 27세이다.

名肇요 章帝第四子라 母梁貴人所生이니 竇皇后養之하다 諡法不剛不柔曰和라 宦官外戚이 迭爲消長하여 漢家之禍가 自此始矣하다

이름은 조(肇)이고 장제(章帝)의 넷째 아들이다. 어머니 양귀인(梁貴人)의 소생이니, 두황후(竇皇后)가 길렀다. 시법(諡法)에 강하지도 않고 부드럽지도 않은 것을 화(和)라고 한다. 환관(宦官)과 외척(外戚)이 번갈아 쇠약하고 번성하여 한나라의 재앙이 이로부터 시작되었다.

【기축(己丑 89) 영원(永元) 원년】

○ 【竇憲破北單于】

竇憲破北單于 六月에 竇憲耿秉將精騎萬餘하고 與北單于戰于稽洛山하여 大破之하니 降者가 前後八十一部二十餘萬人이라 憲秉出塞三千餘里

登燕然山刻石勒功 하여 登燕然山하여 命中護軍班固刻石勒功하여 紀漢威德而還하다

【두헌이 북선우를 격파하다】

6월에 두헌(竇憲)과 경병(耿秉)이 정예 기병 만 여명을 거느리고, 북선우(北單于)와 계락산(稽洛山)에서 싸워 크게 격파하니, 항복한 자가 모두 81개 부대 20여만 명이었다. 두헌과 경병이 요새에서 3천여 리를 나가서 연연산(燕然山)에 올라, 중호군(中護軍) 반고(班固)에게 명령하여 돌에 공적을 새겨서 한나라의 위엄과 공덕을 기록하고 돌아왔다.

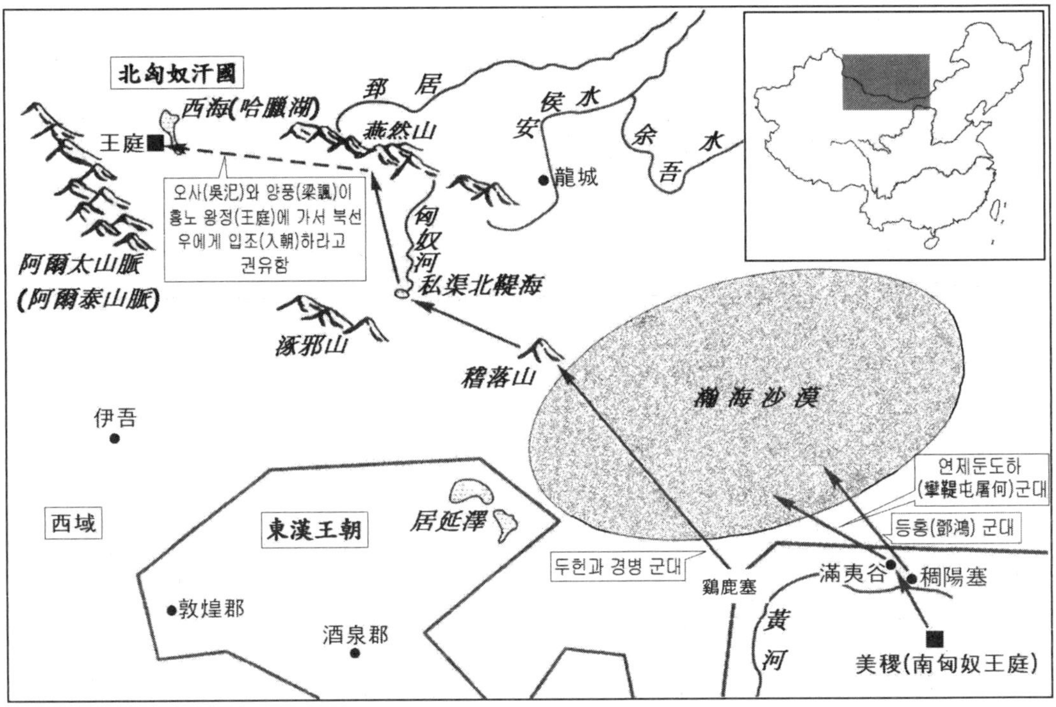

〈지도 15〉 동한의 대군이 세 길로 북흉노(北匈奴)를 공격함.(89년 6월)

【신묘(辛卯 91) 영원(永元) 3년】

○ 【漢兵出塞五千餘里】

漢兵出塞五千餘里

正月에 竇憲以北匈奴微弱이라하여 欲遂滅之하다 二月에 遣耿夔任尙하여 圍於金微山하여 大破之하고 出塞五千餘里而還하니 自

漢出師所未嘗至也하다

【한나라 군대가 요새에서 5천여 리를 출병하다】

정월에 두헌이 북흉노(北匈奴)가 약하다고 여겨 멸망시키고자 하였다. 2월에 경기(耿夔)·임상(任尙)을 보내어, 금미산(金微山)에서 <북흉노를> 포위하여 크게 격파하였다. 요새에서 5천여 리를 나갔다가 돌아오니, 한(漢)나라가 출병한 이래로 이른 적이 없었던 곳이었다.

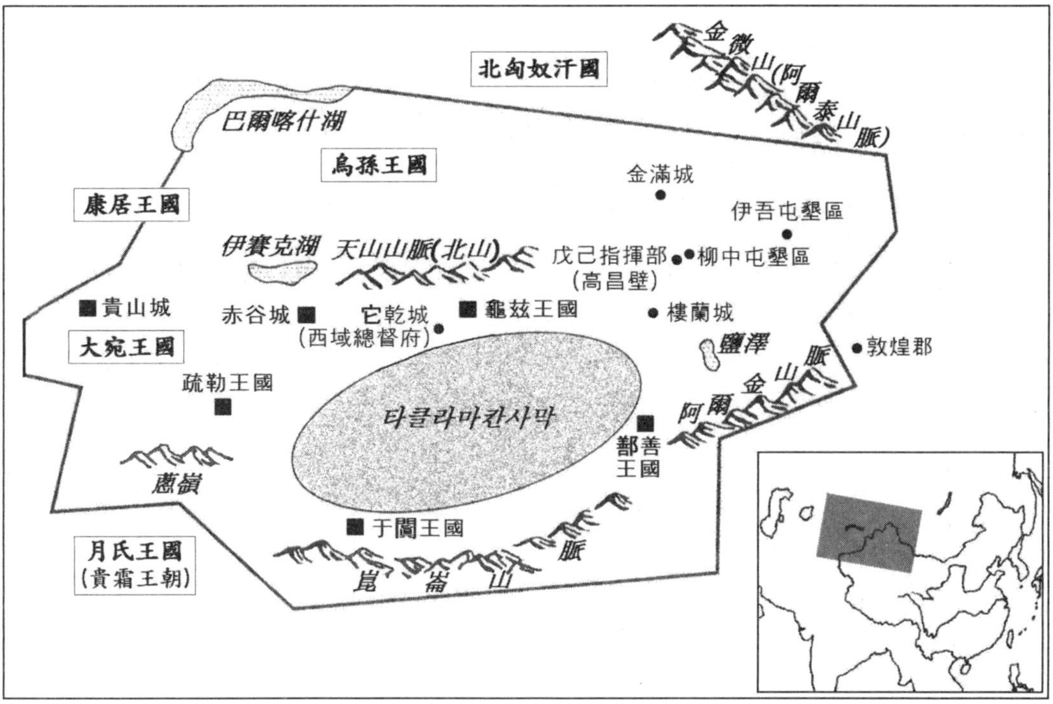

〈지도 16〉 동한이 서역총독부(西域總督府)를 설치함.(91년 12월)

○ 【竇憲受賂】

竇憲受賂 竇憲既立大功에 威名益盛하니 刺史守令이 多出其門하여 競賦斂吏民하여 共爲賂遺하다

【두헌이 뇌물을 받다】

두헌이 큰 공을 세우고 나자 위엄과 명성이 더욱 성대해졌다. 자사와 수령이 대부분 그의 문하에서 나와서, 다투어 관리와 백성에게 세금을 부과하며 징수하여 함께 뇌물을 바쳤다.

【임진(壬辰 92) 영원(永元) 4년】

○ 【竇憲伏誅】

竇憲伏誅

竇氏父子兄弟가 充滿朝廷하니 是時에 憲兄弟專權이라 帝以朝臣上下莫不附憲이나 獨中常侍鄭衆이 謹敏有心幾라하여 遂與衆定議誅憲하다 帝以太后故로 不欲名誅憲하여 迫令自殺하다

【두헌이 주살되다】

두헌의 부자와 형제가 조정에 가득하였으니, 이 때 두헌의 형제가 권력을 장악하였다. 화제(和帝)는 조정의 높고 낮은 신하 중에 두헌에게 아부하지 않는 이가 없는데 오직 중상시(中常侍) 정중(鄭衆)만이 신중하고 민첩하며 마음에 기지(氣志)가 있다고 여겨서, 드디어 정중과 함께 두헌을 죽이는 일을 의논하였다. 화제가 두태후 때문에 정식 죄명으로 두헌을 죽이고 싶지 않아서, 압박하여 자살하게 하였다.

○ 【班固著漢書 班昭踵成之】

班固著漢書 班昭踵成之

班固가 以竇氏賓客으로 收捕하여 死獄中하다 固嘗著漢書라가 尙未就하여 詔固女弟曹壽妻昭踵而成之하다

【반고가 ≪한서(漢書)≫를 저술하고 반소가 이어 완성하다】

반고(班固)가 두씨의 빈객이라는 이유로 체포되어 감옥 안에서 죽었다. 반고가 일찍이 『한서(漢書)』를 저술하다가 아직 완성하지 못하였기에 조서를 내려 반고의 여동생이면서 조수(曹壽)의 아내인 반소(班昭)에게 이어 완성하게 하였다.

○ 【宦官用權】

宦官用權 帝策勳班賞할새 鄭衆每辭多受少하니 帝由是賢之하여 常與之議論政事하니 宦官用權自此始矣하다

【환관이 권력을 쓰다】

화제가 공훈을 책록하여 상을 나누어주었는데, 정중이 늘 많은 것을 사양하고 적은 것을 받았다. 화제가 이로 말미암아 그를 어질다고 여겨 항상 그와 함께 정사를 논의하였으니, 환관이 권력을 쓰는 것이 이로부터 시작되었다.

【정유(丁酉 97) 영원(永元) 9년】

○ 【梁氏自此盛】

梁氏自此盛 皇太后竇氏崩이어늘 追尊母梁貴人爲皇太后하고 追封謚皇太后父竦爲褒親愍侯 封梁竦三子爲侯하니 梁氏自此盛矣하다

【양씨가 이로부터 번성하다】

황태후 두씨(竇氏)가 서거하였다. 화제의 어머니 양귀인(梁貴人)을 황태후로 추존하고, 황태후의 아버지 양송(梁竦)에게 시호를 추봉(追封)하여 포친민후(褒親愍侯)로 삼고, 양송의 세 아들을 봉하여 제후로 삼으니 양씨(梁氏)가 이로부터 번성하였다.

【임인(壬寅 102) 영원(永元) 14년】

○ 【徵班超 還京師】

徵班超還京師 不敢望到酒泉郡 但願生入玉門關 班超久在絶域하여 年老思土하여 上書乞歸曰 臣不敢望到酒泉郡이요 但願生入玉門關이니이다하니 乃徵超還하고 以戊己校尉任尙代爲都護하다

【반초를 불러 서울에 돌아오게 하다】

반초(班超)가 오랫동안 멀리 떨어진 서역(西域)에 있었는데, 나이가 들고 고향이 그리워 글을 올려 돌아갈 것을 요청하기를,

"저는 감히 주천군(酒泉郡)까지 가는 것은 바라지 못하고, 다만 살아서 옥문관(玉門關)에만 들어가길 바랍니다."

하였다. 이에 반초를 불러 돌아오게 하고, 무기교위(戊己校尉) 임상(任尙)을 후임으로 하여 도호(都護)로 삼았다.

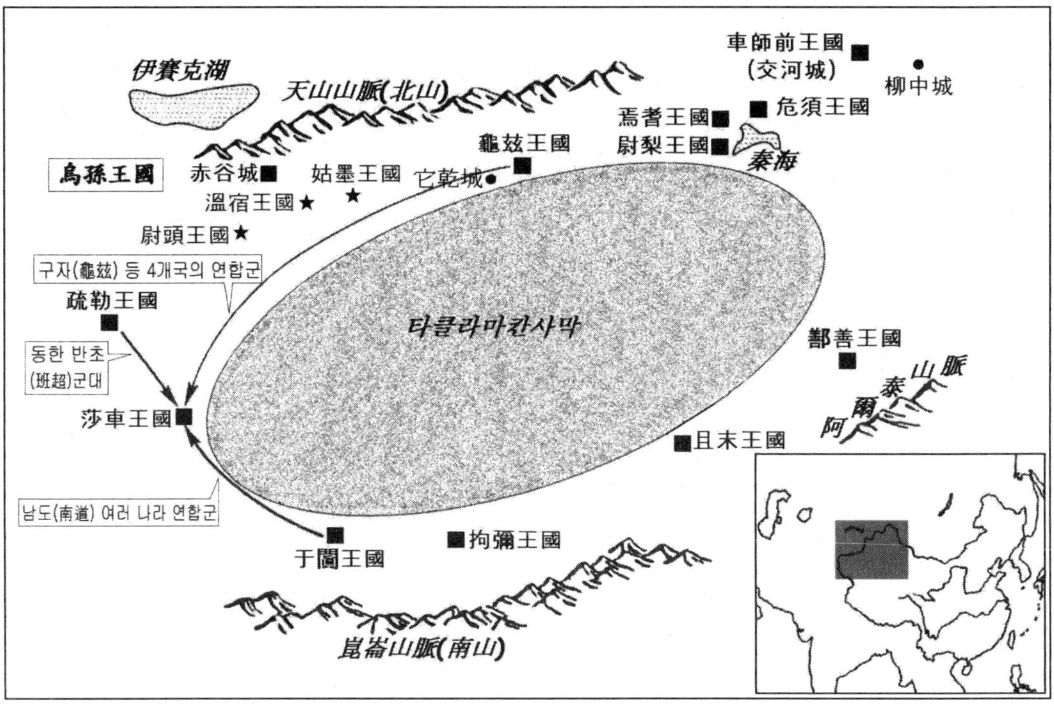

〈지도 17〉 반초(班超)가 사거(莎車)에 진격하고 사거왕(莎車王)이 투항함.(87년)

【을사(乙巳 105) 원흥(元興) 원년】

○ 【鄧太后臨朝】

鄧太后臨朝 十二月에 帝崩하니 長子勝이 有痼疾하여 少子隆이 生始百餘日에

卽皇帝位하니 太后臨朝하다

【등태후가 대리정치를 하다】

12월에 화제가 서거하였다. 장자(長子) 유승(劉勝)이 고질(痼疾)이 있어, 작은 아들 유륭(劉隆)이 태어난 지 겨우 1백여 일만에 황제에 즉위하자, 등태후(鄧太后)가 대리정치를 하였다.

▪ 효상황제(孝殤皇帝)

在位一年이요 壽二歲라

재위는 1년이고, 수명은 2세이다.

名隆이니 和帝少子라 生僅百餘日에 太后立之하고 在位一年에 壽二歲而崩하다 謚法에 短折不成曰殤이라

이름은 융(隆)이니, 화제(和帝)의 작은 아들이다. 태어난 지 겨우 1백여 일 만에 등태후(鄧太后)가 세웠고, 재위 1년 만에 수명 2세로 서거하였다. 시법(謚法)에 요절하여 이루지 못한 것을 상(殤)이라 한다.

【병오(丙午 106) 연평(延平) 원년】

○【鄧太后猶臨朝】

鄧太后猶臨朝 八月에 帝崩하니 太后迎清河王慶子祜하여 爲孝和皇帝嗣하여 卽皇帝位하고 太后猶臨朝하다

【등태후가 여전히 조정에서 대리정치를 하다】

8월에 상제(殤帝)가 서거하였다. 등태후가 청하왕(淸河王) 유경(劉慶)의 아들 유호

(劉祜)를 맞이하여 화제의 후계자로 삼아 황제에 즉위시키고 등태후가 여전히 조정에서 대리정치를 하였다.

○ 【樊準論儒風】

樊準論儒風

尙書郞樊準以儒風寖衰라하여 上疏曰 人君不可以不學이라 光武皇帝受命中興할새 東西誅戰하여 不遑啓處나 然猶投戈講藝하고 息馬論道하며 孝明皇帝庶政萬機를 無不簡心이어늘 而垂情古典하고 遊意經藝하사 每饗射禮畢에 正坐自講할새 諸儒並聽하니 四方欣欣하니이다 又多徵名儒하여 布在廊廟하고 每讌會則論難衎衎

介冑之士 悉通孝經

하여 共求政化하니 期門羽林介冑之士도 悉通孝經이라 化自聖躬으로 流及蠻荒하니 是以議者每稱盛時에 咸言永平이니이다 今學者益少에 遠方尤甚하여 博士倚席不講하고 儒者競論浮麗하여 忘蹇蹇之忠하고 習諓諓之辭하니 臣愚以爲宜下明詔하여 博求幽隱하고 寵進儒雅하여 以俟聖上講習之期하노이다하니 太后深納其言하다

【번준이 유학의 기풍을 논의하다】

상서랑(尙書郞) 번준(樊準)이 유학의 기풍이 점점 쇠퇴한다고 하여 상소하기를, "임금은 배우지 않으면 안 됩니다. 광무제께서는 천명을 받아 중흥할 적에 동서로 전투하여 편히 지낼 겨를이 없었는데도, 오히려 창을 버리고 육예(六藝)를 강론하며, 말을 쉬게 하고 도를 논하셨습니다. 효명황제께서는 여러 정무의 모든 기틀을 마음 쓰지 않음이 없으나 마음을 고전에 두고 뜻을 경전과 육예에 두셨습니다. 늘 향사례(鄕射禮)가 끝날 때 마다 단정히 앉아서 직접 강론할 적에 여러 학자들이 함께 들었으니, 사방의 백성들이 기뻐하였습니다. 또 저명한 학자들을 많이 불러 조정에 두고 연회 때마다 토론이 화락하여 함께 정치의 교화를 구하였으니, 기문(期門 : 호분 군사)과 우림(羽林 : 금군)의 갑옷입고 투구를 쓴 군사들도 모두 ≪효경(孝經)≫을 통하여

교화가 임금의 몸에서 변방까지 퍼졌습니다. 이 때문에 의논하는 자들이 성대한 시대를 일컬을 때마다 다들 영평(永平 : 명제 연호)을 말합니다. 지금은 학자가 더욱 적어졌는데 먼 지방은 더욱 심합니다. 박사는 좌석에서 강론하지 않고 학자는 다투어 실속 없는 화려함만 논하여, 정직의 충성을 잊고 아첨하는 말만 익힙니다. 어리석은 제가 생각건대 밝은 조서를 내려 널리 은둔한 선비를 찾아내고 고상한 유학자를 아껴 등용하여 성상께서 강습할 때를 기다려야 할 것입니다."

하니, 등태후가 깊이 그 말을 받아들였다.

▪ 효안황제(孝安皇帝)

在位十九年이요 壽三十二라

재위는 19년이고, 수명은 32세이다.

名祜니 淸河孝王慶之子이요 章帝之孫이니 鄧太后立之라 謚法寬容和平曰安이라 卽位數年에 太后臨朝하고 親政之後에 內寵益盛하다

이름이 호(祜)이다. 청하효왕 유경(劉慶)의 아들이고 장제의 손자이다. 등태후가 세웠다. 시법에 관용하고 화평한 것을 안(安)이라 한다. 즉위한 지 몇 년 동안 태후가 조정에서 대리정치를 하였다. 친히 정사를 한 후에 내시를 총애함이 더욱 성대하였다.

【정미(丁未 107) 영초(永初) 원년】

○ 【三公以災異免】

三公以災異免 秋九月庚午에 太尉徐防以災異寇賊策免하니 三公以灾異免이 自

矯枉過直

防始라 仲長統昌言曰 光武皇帝慍數世之失權하고 忿彊臣之竊命하여 矯枉過直하여 政不任下하니 雖置三公이나 事歸臺閣이라 自此以來로 三公之職이 備員而已나 然政有不治면 猶加譴責하니 而權移外戚之家하고 寵被近習之豎하여 水旱爲災라 此皆戚宦之臣所致然也어늘 反以策讓三公하여 至於死免하니 如此而欲望三公勳立於國家하고 績加於生民이면 不亦遠乎잇가 今人主誠專委三公하여 分任責成하되 而在位病民하고 擧用失賢하고 百姓不安하고 爭訟不息하고 天地多變하고 人物多妖어든 然後可以分此罪矣니이다하다

【삼공을 재앙과 이변 때문에 파면시키다】

가을 9월 경오일(1일)에 태위 서방(徐防)을 재앙과 도적 때문에 책서(策書 : 임금의 임면(任免) 사령장)를 내려 파면시켰다. 삼공이 재앙과 이변 때문에 파면당한 것은 서방으로부터 시작되었다. 중장통(仲長統)의 ≪창언(昌言)≫에 이르기를,

"광무제께서는 몇 대에 걸쳐 외척에게 권력을 잃은 것을 한스러워 하시고, 강대한 신하 왕망(王莽)이 천명(天命)을 훔친 것을 분개하시어, 잘못을 바로잡다가 중도(中道)를 지나쳐서 정치를 아랫사람에게 맡기지 않으셨습니다. 비록 삼공을 두었으나 일은 대각(臺閣 : 尙書臺)으로 귀착되어 이로부터 삼공의 직책은 인원만 채울 뿐이었습니다. 그러나 정사가 다스려지지 않으면, 오히려 견책을 하였습니다. 그리하여 권력은 외척 가문으로 옮겨가고, 총애는 가까우며 익숙한 내시에게 더해져서, 수재(水災)와 한재(旱災)가 되었습니다. 이는 모두 외척과 환관의 신하가 불러온 것인데도, 도리어 책서로 삼공을 꾸짖어 죽음과 파면에 이르게 하였습니다. 이와 같은 상황에서 삼공이 국가에 공훈을 세우며 백성들에게 공적을 더하기를 바란다면 또한 요원한 것이 아니겠습니까! 지금 임금께서는 진실로 삼공에게 전적으로 맡겨 임무를 나눠주고 완성을 책임지도록 해야 합니다. 삼공 지위에 있으면서 백성을 괴롭히고, 등용함에 어진 이를 잃으며, 백성이 불안해하고, 쟁송이 그치지

않으며, 천지에 변고가 많고, 사람과 사물에 재앙이 많다면 그런 뒤에 이 죄를 나누어 줄 수 있습니다."

하였다.

【경술(庚戌 110) 영초(永初) 4년】

○ 【楊震四知】

楊震四知 鄧騭在位에 頗能推進賢士라 弘農楊震이 孤貧好學하여 通達博覽하니 諸儒爲之語曰 關西孔子楊伯起라하니 騭聞而辟之하다 累遷荊州刺史東萊太守하여 當之郡할새 道經昌邑이러니 故所擧荊州茂才王密爲昌邑令하여 夜懷金十斤以遺震이어늘 震曰 故人知君이어늘 君不知故人은 何也오하니 密曰 暮夜無知者니이다하다 震曰 天知하고 地知하고 我知하고 子知하니 何謂無知者오하니 密愧而出하니라 性公廉하여 子孫常蔬食步行이어늘 故舊或欲令爲開產業한대 震不肯曰 使後世稱爲淸白吏子孫하여 以此遺之면 不亦厚乎아하다

(關西孔子楊伯起 / 故人知君 / 天知地知我知子知)

【양진의 네 가지 알음】

등즐(鄧騭)이 벼슬에 있으면서 어진 선비를 추천하고 진급시키는 것을 매우 잘하였다. 홍농(弘農)의 양진(楊震)은 고아이며 가난하면서도 학문을 좋아하여 통달하고 널리 책을 보았다. 여러 선비들이 말하기를,

"관서의 공자는 양백기(楊伯起 : 백기는 양진의 자)로다!"

하니, 등즐이 이를 듣고 불러서 여러 차례 승진하여 형주자사(荊州刺史)와 동래군태수(東萊郡太守)로 옮겨 동래군으로 갈 때에 길이 창읍(昌邑)을 지나게 되었다. 과거에 추천한 형주 무재(茂才)[12] 왕밀(王密)이 창읍현령(昌邑縣令)이었는데, 밤에 황금 10근을 가지고 와서 양진에게 주었다. 양진이 말하기를,

"나는 그대를 아는데 그대는 나를 알지 못하니 어째서인가?"

하니, 왕밀이 말하기를,

"깊은 밤이라 아는 이가 없습니다."

하였다. 양진이 말하기를,

"하늘이 알고 땅이 알고 내가 알고 그대가 아는데, 어찌 아는 이가 없다고 말하는가!"

하니, 왕밀이 부끄러워하며 나갔다. 양진은 성품이 공정하고 청렴하여, 자손이 항상 소박한 음식을 먹었으며 걸어 다녔다. 친구가 재산을 마련하도록 하였는데, 양진은 탐탁지 않게 여기면서 말하기를

"후대가 청백리의 자손이라고 일컬어져서 이것을 물려주게 된다면 또한 후하지 아니한가!"

하였다.

○ 【虞詡捕盜】

虞詡捕盜 朝歌賊甯季等數千人攻殺長吏하고 屯聚連年한대 州郡不能禁이
事不避難 臣之職 라 鄧騭惡虞詡하여 以詡爲朝歌長하니 故舊皆吊之어늘 詡笑曰 事
不遇槃根錯節無以別利器 不避難은 臣之職也라 不遇槃根錯節이면 無以別利器니 此乃吾立
功之秋也라하다 及到官에 設三科以募求壯士할새 自掾史以下各
擧所知하니 其攻劫者爲上하고 傷人偸盜者次之하고 不事家業者
爲下하여 收得百餘人하다 詡爲饗會하여 悉貰其罪하고 使入賊中
誘令劫掠하여 乃伏兵以待之라가 遂殺賊數百人하고 又潛遣貧人
采線縫裾 能縫者傭作賊衣하여 以采線縫其裾하니 有出市里者어든 吏輒禽
之하니 賊由是駭散하고 咸稱神明하니 縣境皆平하다

12) 무재(茂才) : 수재(秀才). 광무제(光武帝)의 이름 수(秀)를 피하여 무(茂)로 바꾸었다.

【우후가 도적을 잡다】

조가현(朝歌縣)의 도적 영계(甯季) 등 수천 명이 높은 관리를 공격해 죽이고 여러 해 동안 주둔해 있었는데, 주군(州郡)에서 금지시키지 못하였다. 등즐이 우후(虞詡)를 미워하여 우후를 조가현장(朝歌縣長)으로 삼았다. 친구들이 모두 위로하였는데 우후는 웃으면서 말하기를,

"일에 어려움을 피하지 않는 것이 신하의 직분이다. 서린 뿌리와 얼크러진 마디를 당해보지 않으면 예리한 연장인지 분별할 수 없으니, 이는 바로 내가 공을 세울 때이다!"

하였다. 관청에 도임해서 3등급을 설정하여 장사들을 모집하는데, 연사(掾史 : 감찰관) 이하 관리에게 각각 아는 사람을 추천하게 하였다. 공격하여 겁탈한 자를 상급으로 삼고, 사람을 상해하거나 도적질한 자를 다음으로 삼고, 집안일을 일삼지 않은 자를 하급으로 삼아, 100여명을 모집했다. 우후는 연회를 베풀어 그들의 죄를 모두 사면하고 도적 속으로 들어가 유인하여 겁탈하게 하고, 군대를 잠복 대기시켰다가 마침내 도적 수백 명을 죽였다. 또 몰래 가난한 사람 중에서 바느질을 잘하는 자를 보내서 품팔이로 도적의 옷을 만들게 했는데, 특정한 색실로 옷섶을 꿰매게 하였다. 그 옷을 입고 시장이나 마을에 나오는 자가 있으면 관리가 바로 사로잡았다. 도적이 이로 말미암아 놀라 흩어지고 모두 귀신같이 밝다고 일컬었다. 조가현의 경내가 모두 평안해졌다.

【을묘(乙卯 115) 원초(元初) 2년】

○ 【虞詡增竈】

虞詡增竈 太后聞虞詡有將帥之略하고 以爲武都太守하다 羌衆數千遮詡於陳倉崤谷이어늘 詡卽停軍不進하고 而宣言호대 上書請兵하니 須到當發이라하니 羌聞之하고 乃分鈔傍縣이어늘 詡因其兵散하여 日夜進道할새 兼行百餘里하고 令吏士各作兩竈하여 日增倍之하니 羌不敢逼이라 或問曰 孫臏減竈而君增之하고 兵法日行不過三十里

孫臏減竈

孫臏見弱 虞詡示彊

하여 以戒不虞어늘 而今日且二百里는 何也오 詡曰 虜衆多하고 吾兵少하니 徐行則易爲所及이요 速進則彼所不測이라 虜見吾竈日增이면 必謂郡兵來迎이라하리니 衆多行速이면 必憚追我라 孫臏見弱하고 吾今示彊하니 勢有不同故也니라하다 旣到郡에 兵不滿三千이어늘 而羌衆萬餘攻圍하니 因掩擊하여 大破之하고 斬獲甚衆하니 賊由是敗散하다 詡視事三年에 人足家給하여 一郡遂安하다

【우후가 부뚜막을 늘리다】

태후는 우후가 장수의 방략이 있다는 말을 듣고서 무도군 태수(武都郡太守)로 삼았다. 강(羌)의 무리 수천 명이 진창(陳倉) 효곡(崤谷)에서 우후를 막았는데 우후는 즉시 군대를 멈추어 전진하지 않고 소리쳐 말하기를,

"글을 올려 군대를 요청하였으니 이를 때까지 기다렸다가 출발해야겠다."

하니, 강이 그것을 듣고 이에 무리들을 나누어 이웃 현을 노략질하였다. 우후는 그들의 군대가 흩어진 틈을 타서 밤낮으로 길을 전진하여 두 배인 백 여리를 행군하고, 관리와 군사들에게 각각 부뚜막을 2개씩 만들게 하여 날마다 그 수를 배로 늘리게 하자, 강이 감히 접근하지 못하였다. 어떤 사람이 묻기를,

"손빈은 부뚜막을 줄였는데[13] 그대는 늘렸고, 병법에 하루 행군은 30리를 넘지 않게 하여 뜻밖의 일을 경계하거늘 지금 또한 하루에 200리를 간 것은 어찌해서인가?"

하니, 우후는 말하기를,

"오랑캐의 무리는 많고, 나의 군대는 적으니, 천천히 행군하면 추격당하기 쉽고, 빨리 전진하면 저들이 헤아리지 못한다. 오랑캐가 우리 부뚜막이 날

---

13) 손빈은 부뚜막을 줄였는데 : 손빈은 전국 시대 제(齊)나라의 장수. 손빈이 위(魏)나라의 방연(龐涓)과 전투할 적에 제나라의 사졸이 겁먹고 도망간 것처럼 속이기 위하여 처음에는 10만 개의 부엌을 만들었다가 다음 날에는 5만 개로, 또 그다음 날에는 3만 개로 줄여간 고사. 방연이 손빈의 계책에 속아 보졸을 버리고 기병만으로 추격하였는데, 손빈은 마릉(馬陵)에 군사를 매복시켰다가 밤중에 방연의 군사를 대패시켰다. 방연은 자신의 재주가 손빈에게 미치지 못하다는 것을 자인하고는 칼로 목을 찔러 자살하였다.(≪史記 卷65 孫子吳起列傳≫)

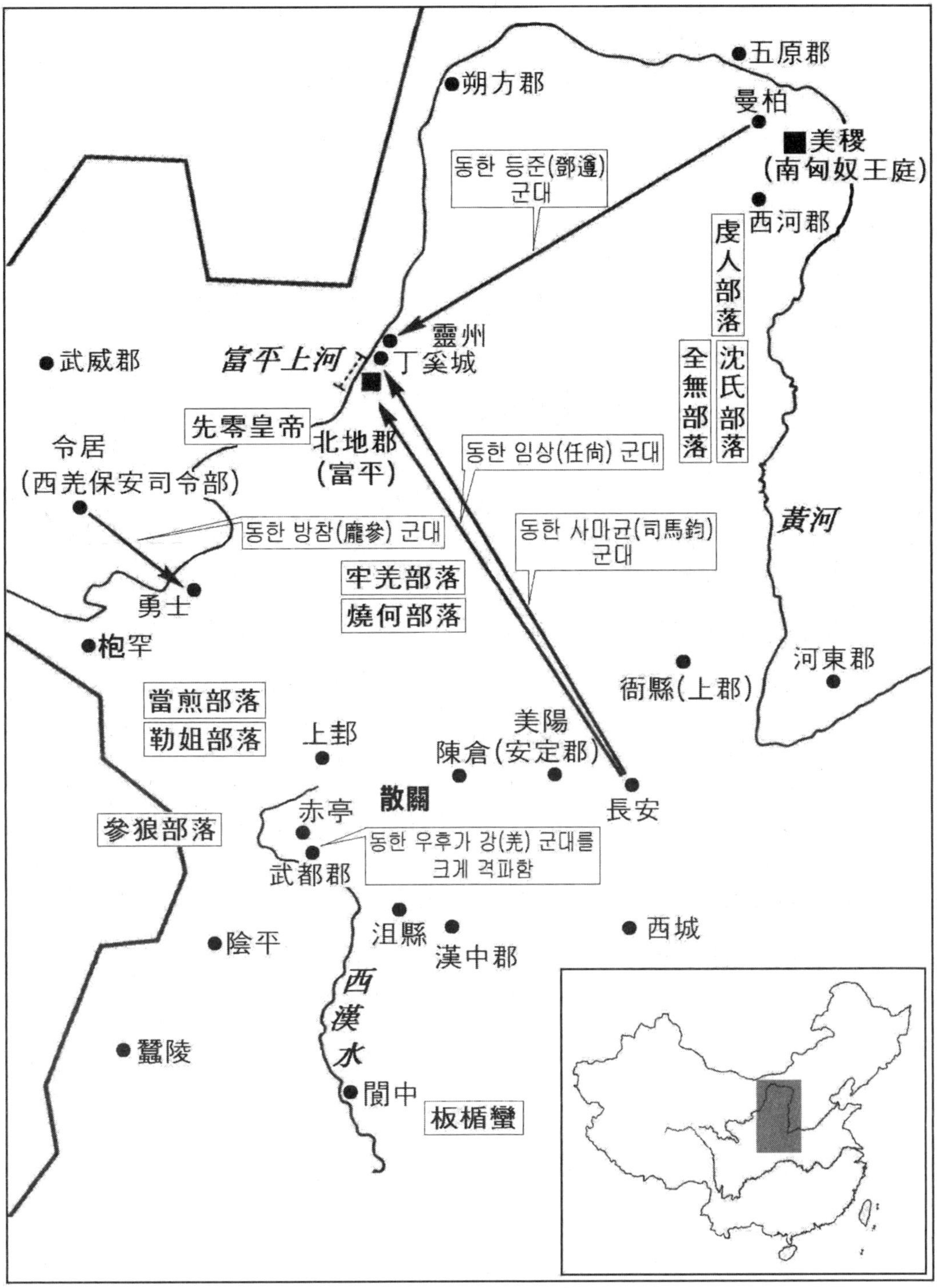

〈지도 18〉 동한이 선련(先零) 부락을 반격함.(115년 9월-116년 12월)

로 늘어나는 것을 보면 반드시 군(郡)의 군대가 와서 맞이하였다고 생각하리니, 무리가 많고 행군이 빠르면 반드시 우리를 추격하기를 기피할 것이다. 손빈은 허약함을 보였고 나는 지금 강력함을 보였는데 형세에 다름이 있기 때문이다."

하였다. 우후가 무도군에 도착했을 때 군사는 3천명에 차지 못했는데, 강(羌)의 병력 만여 명이 공격해 포위하자 그 틈을 이용해 습격하여 크게 격파하고 참수하거나 사로잡은 것이 매우 많았으니 적들은 이로 말미암아 패하여 흩어졌다. 우후는 군수 일을 본지 3년 만에 사람마다 풍족하고 집집마다 넉넉하여 무도군 온 경내가 마침내 안정되었다.

【신유(辛酉 121) 건광(建光) 원년】

○ 【內寵始盛】

內寵始盛

皇太后鄧氏崩커늘 帝始親政事하다 帝少號聰明이라 故鄧太后立之러니 及長에 多不德하여 稍不可太后意라 及太后崩에 鄧氏五侯皆廢爲庶人하고 以閻皇后兄弟並爲卿校하여 典禁兵하니 於是內寵始盛이라 中常侍江京等扇動內外하여 競爲侈虐하다

【내시 총애가 비로소 성대해졌다】

황태후 두씨가 서거하자, 안제가 비로소 정치를 직접 다스렸다. 안제는 젊어서 총명하다고 이름이 났기 때문에, 등태후가 세웠는데, 장성하여서는 부덕함이 많아 점점 태후의 뜻에 맞지 않았다. 태후가 서거하여서는 등씨 5후를 다 폐위시켜 서민으로 삼고, 염황후 형제로 모두 구경(九卿)·교위(校尉)를 삼아, 대궐 군대를 맡겼다. 이에 내시 총애가 비로소 성대해졌다. 중상시 강경(江京) 등이 안팎을 선동하여, 다투어 사치하고 포학하였다.

【임술(壬戌 122) 연광(延光) 원년】

○ 【叔度汪汪若千頃陂】

內寵始盛 汝南太守王龔이 好才愛士하여 以袁閬爲功曹하고 引進郡人陳蕃黃憲等하니 憲不屈하고 蕃遂就吏하다 憲世貧賤하여 父爲牛醫러니 潁川荀淑이 遇憲於逆旅하니 時年十四라 淑竦然異之하여 揖與語하여 移日不能去하고 謂憲曰 子는 吾之師表也로다하다 旣而前至袁閬所하여 逆曰 子國有顏子하니 寧識之乎아하니 閬曰 見吾叔度耶아하다 是時同郡戴良이 才高倨傲나 而見憲未嘗不正容하고 及歸에 罔然若有失也어늘 其母問曰 汝復從牛醫兒來耶아하니 對曰 良不見叔度엔 自以爲無不及이러니 旣覩其人엔 則瞻之在前이라가 忽然在後하여 固難得而測矣라하다 陳蕃及周擧嘗相謂曰 時月之間에 不見黃生이면 則鄙吝之萌復存乎心矣라하다 太原郭泰가 少游汝南할새 先過袁閬하여 不宿而退하고 進하여 往從憲하여 累日方還이어늘 或以問泰한대 泰曰 奉高之器는 譬諸氿濫이 雖淸而易挹이어니와 叔度汪汪若千頃陂하여 澄之不淸하고 淆之不濁하여 不可量也라하다

澄之不淸 淆之不濁

【숙도는 넓고 넓어 천 이랑의 물결과 같다】

여남군(汝南郡) 태수 왕공이 인재를 좋아하고 선비를 아껴, 원랑으로 공조를 삼고, 여남군 사람 진번·황헌 등을 이끌어 진취시켰는데, 황헌은 굽히지 않았고, 진번은 드디어 관리에 취임하였다. 황헌이 대대로 빈천하여, 아버지가 소를 치료하는 의원을 하였다. 영천의 순숙이 황헌을 여관에서 만났는데, 황헌은 당시 나이가 14세였다. 순숙이 경이롭게 여겨, 읍례(揖禮)하고 함께 대화하다가 해가 기울도록 오래 떠나지 못하였다. 황헌에게 이르기를,

"그대는 나의 사표요."

하였다. 이윽고 원랑의 처소에 나아가 이르러 만나서 말하기를,

"그대 나라에 안자(顔子)가 있는데, 그를 아시오?"

하니, 원랑이 말하기를,

"우리 숙도(叔度 : 황헌의 자(字))를 만났소?"

하였다. 이 때 같은 여남군의 대량(戴良)이 재주가 높고 거만하였으나, 황헌을 만나고는 용모를 바르게 하지 않은 적이 없었다. 대량이 귀가하여 넋이 나가 어리둥절해 하거늘, 그 어머니가 묻기를,

"너는 또 소를 치료하는 의원의 아이를 따라 놀다가 왔느냐?"

하니, 대답하여 말하기를,

"제가 숙도를 만나기 전에는 스스로 못 미칠 것이 없다고 생각했었는데, 그를 보고 난 뒤에는 바라보면 앞에 있다가 홀연히 뒤에 있어,14) 진실로 헤아리기 어렵습니다."

하였다. 진번 및 주거(周擧)가 항상 서로 말하기를,

"석 달 동안 황 선비를 만나지 않으면, 비루하고 인색한 마음이 싹튼다."

하였다. 태원(太原)의 곽태(郭泰)가 젊어서 여남군에서 노닐었는데, 먼저 원랑을 방문하고는 묵지 않고 물러나왔고, 나와서 황헌을 따라다니다 며칠 만에 돌아오자 어떤 사람이 곽태에게 물었는데, 곽태가 말하기를,

"봉고(奉高 : 원랑의 자(字))의 기량은 비유하면 작은 샘과 같아서 비록 맑지만 떠내기 쉽고, 숙도는 넓디넓은 천만 이랑 물결 같아서 맑게 해도 맑아지지 않고, 흐리게 해도 흐려지지 않아 헤아릴 수 없다."

하였다.

【을축(乙丑 125) 연광(延光) 4년】

○ 【閻后欲久專國政】

閻后欲久專國政 三月에 帝崩하니 年三十二라 太后臨朝하여 欲久專國政하고 貪立

14) 바라보면 앞에 있다가 홀연히 뒤에 있어 : 학덕이 깊어 헤아릴 수 없음을 말함. 공자(孔子)의 제자 안연(顔淵)이 공자의 학덕을 찬양한 말로 ≪논어(論語) 자한(子罕)≫에 보인다.

幼年하여 與閻顯等定策禁中하고 迎濟北惠王子北鄕侯懿爲嗣하다 乙酉에 北鄕侯卽皇帝位하다

【염후가 오랫동안 나라의 정치를 독점하려고 하다】

3월에 안제가 서거하니, 나이가 32세였다. 태후(太后 : 안제 염후(閻后))가 대리정치를 하여 오랫동안 국정(國政)을 독점하려 하고 나이 어린 황제를 구해 세우고자 하여, 염현(閻顯) 등과 궁중 깊은 곳에서 계책을 정하고, 제북혜황(濟北惠王)의 아들 북향후(北鄕侯) 유의(劉懿)를 맞이하여 후계자로 삼았다. 을유일(28일)에 북향후가 황제에 즉위하였다.

○ 冬十月에 北鄕侯薨하다

겨울 10월에 북향후가 서거하였다.

○ 【宦官立順帝】

宦官立順帝 十一月에 中常侍孫程王康等十九人聚謀於德陽殿하고 迎濟陰王하여 卽皇帝位하니 時年十一이라 收閻顯하여 下獄하여 誅하고 遷太

十九侯 后於離宮하고 封孫程等皆爲列侯하니 是爲十九侯라

【환관이 순제를 세우다】

11월에 중상시 손정(孫程)과 왕강(王康) 등 19명이 덕양전에서 모여 도모하고, 제음왕(濟陰王) 유보(劉保)를 맞이하여 황제에 즉위시키니, 당시 나이가 11세였다. 염현을 잡아 옥에 가두어 목 베고, 태후를 별궁에 옮기고, 손정 등을 봉하여 모두 열후를 삼으니, 이것이 19제후였다.

▪ 효순황제(孝順皇帝)

在位十九年이요 壽三十이라

재위는 19년이고, 수명은 30세이다.

名保요 安帝長子也라 卽位之初에 天下想其風采하고 黃瓊李固之徒가 相繼登用하여 東京之士가 於玆盛焉하다 然閹宦弄權하고 梁氏用事하여 賢人君子不能救漢朝之衰하다

이름은 보(保)이고, 안제(安帝)의 맏아들이다. 즉위한 초기에 천하 사람들이 순제(順帝)의 풍채의 훌륭함을 생각하였고, 황경(黃瓊)·이고(李固) 등이 서로 이어 등용되어 동경(東京 : 후한 낙양)의 인사들이 이에 성대하였다. 그러나 환관들이 권력을 마구 쓰고 양씨(梁氏)가 위세를 부려서 현인 군자들이 한나라의 쇠약함을 구제하지 못하였다.

【정묘(丁卯 127) 영건(永建) 2년】

○ 【聘處士樊英】

聘處士樊英 初에 南陽樊英이 少有學行하여 名著海內라 隱於壺山之陽하여 州郡前後禮請하되 不應하고 公卿擧賢良方正有道하되 皆不行하고 安帝賜策書徵之하되 不赴러니 是歲에 帝復以策書玄纁으로 備禮徵英하여 待以師傅之禮하다 英初被詔命에 衆皆以爲必不降志라하더니 南郡王逸素與英善이러니 因與其書하여 多引古譬諭하여 勸使就聘하다 及後應對에 無奇謀深策하니 談者以爲失望하다 河南

天下有二道出與處 張楷與英俱徵이러니 謂英曰 天下有二道하니 出與處也라 吾前以子之出에 能輔是君也하고 濟斯民也라하더니 而子始以不訾之身으

進退無所據

로 怒萬乘之主라가 及其享受爵祿하여는 又不聞匡救之術하니 進退無所據矣로다하다

【처사 번영을 초빙하다】

과거에 남양군(南陽郡)의 번영(樊英)이 젊어서부터 학문과 품행이 뛰어나서, 이름이 천하에 드러났다. 호산(壺山)의 남쪽에 은거하였는데 주군(州郡)의 관청에서 과거부터 여러 번 예우하여 초빙하였으나, 호응하지 않았다. 공경(公卿)이 현량(賢良)·방정(方正)·유도(有道)[15]의 인물로 추천했으나 모두 가지 않았고, 안제(安帝)가 조서(詔書)를 내려 그를 불러도 여전히 가지 않았다. 그 해에 안제가 다시 조서와 현훈(玄纁 : 폐백)으로 예의를 갖추어 번영을 초빙하여, 사부(師傅 : 스승)의 예로 우대하였다.

번영이 처음 조서의 명령을 받아서는 많은 사람들이 모두 그는 반드시 뜻을 굽히지 않을 것이라고 생각했었다. 남군(南郡)의 왕일(王逸)이 평소 번영과 잘 지냈는데, 이런 일로 해서 번영에게 편지를 보내 옛일을 많이 인용 비유하여, 초빙에 나아가도록 권장하였다. 뒤에 안제에게 응대하게 되었을 적에는 특이한 도모와 원대한 책략이 없자, 담론하는 사람들이 실망하였다.

하남(河南)의 장해(張楷)가 번영과 함께 초빙되었는데, 번영에게 말하기를,

"천하에 두 가지 도리가 있으니, 벼슬함과 은거함이오. 나는 이전에 그대가 벼슬할 적에 '능히 임금을 보좌하며 백성을 구제할 것이다.' 하였소. 그런데 그대는 처음에 한없이 귀한 몸으로 만승(萬乘)의 천자를 격노시켰다가, 그 벼슬과 녹봉을 누리게 되어서는 또한 바르게 구제하는 방법을 듣지 못하였으니, 벼슬함과 은거함에 있어서 원칙이 없소이다."

하였다.

○【王者擧逸民 揚仄陋】

王者擧逸民揚仄陋

溫公曰 古之君子는 邦有道則仕하고 邦無道則隱하니 隱非君子之所欲也요 人莫己知而道不得行하고 群邪共處而害將及身이라 故

15) 현량(賢良)·방정(方正)·유도(有道) : 모두 한나라 때 인물을 뽑는 과목의 하나.

擧逸民揚仄陋

深藏以避之라 王者擧逸民하고 揚仄陋는 固爲其有益於國家요 非以徇世俗之耳目也라 是故有道德足以尊主하고 智能足以庇民이요

被褐懷玉深藏不市

被褐懷玉하여 深藏不市면 則王者當盡禮以致之하고 屈己以下之하고 虛心以訪之하고 克己以從之하니 然後能利澤施于四表하고 功烈格于上下니 蓋取其道不取其人이며 務其實不務其名也라 若

潔己安分優游卒歲

乃孝弟著於家庭하고 行誼隆於鄕曲하여 利不苟取하고 仕不苟進하여 潔己安分하고 優游卒歲면 雖不足以尊主庇民이나 是亦淸修之吉士也라 王者當褒優安養하여 俾遂其志하여 若孝昭之待韓福과 光武之遇周黨하여 以勵廉耻하고 美風俗이 斯亦可矣니 固不當

飾僞以邀譽釣奇以驚俗

如范升之詆毁요 又不可如張楷之責望也라 至於飾僞以邀譽하고 釣奇以驚俗하고 不食君祿而爭屠沽之利하고 不受小官而規卿相之位하여 名與實反하고 心與迹違하여는 斯乃華士少正卯之流니 其得免於聖王之誅幸矣어늘 尙何聘召之有哉아

【왕이 은둔한 백성을 천거하고 미천한 사람을 세상에 드러내다】

온공(溫公)이 말하였다.

옛날에 군자는 나라에 도가 있으면 벼슬하고, 나라에 도가 없으면 은둔하였습니다. 은둔함은 군자가 원하는 것이 아니고, 사람들이 자신을 알아주는 이가 없어서 도가 시행되지 못하고, 여러 간신들이 함께 살아서 해로움이 자신에게 미치기 때문에 깊이 숨어 피했던 것입니다. 왕이 은둔한 백성을 등용하고 미천한 사람을 세상에 드러내는 것은 진실로 국가에 유익함이 있기 때문이고, 세속의 여론을 따르려고 해서가 아닙니다. 이 때문에 도의와 덕행이 군주를 높일 수 있고, 지혜와 재능이 백성을 보호할 수 있는데도 소박한 옷을 입고 옥 같은 자질을 품고서 깊이 숨어 나오지 않는 자가 있으면, 왕은 마땅히 예를 다하여 그를 초빙해야 하고, 자기를 굽혀 그에게 겸손하며, 마음을 비워 그에게 자문(諮問)하고, 자기 사욕을 극복하여 그에게 따라야 합니다. 그런 뒤에야 은택이 사방에 베풀어지고, 공적이 위

와 아래에 이르게 되니, 이는 군자의 도를 취하는 것이지 사람을 취하는 것이 아니며, 군자의 실질에 힘쓰는 것이지 명성에 힘쓰는 것이 아닙니다.

만약 효도와 공경이 가정에서 나타나고 품행과 도의가 마을에서 높아서, 이익을 구차하게 취하지 않고 벼슬에 구차하게 나아가지 않으며, 자신을 깨끗이 하여 분수에 편안하고 여유롭게 하여 일생을 마친다면, 비록 군주를 높이고 백성을 보호하지는 못한다 하더라도 이 또한 깨끗이 수련하는 선량한 선비입니다. 왕은 마땅히 표창하고 우대하며 편안히 양육하여 그 뜻을 이루게 해야 합니다. 예컨대 효소황제가 한복(韓福)을 대우하고[16] 광무제가 주당(周黨)을 대우하듯이 하여,[17] 염치를 장려하고 풍속을 아름답게 하는 것이 또한 옳습니다. 진실로 범승(范升)처럼 주당을 비방해서도[18] 안 되고, 또 장해(張楷)처럼 번영을 나무라서도 안 됩니다.

심지어 거짓으로 꾸며서 명예를 취하고, 기발한 일을 낚아채서 세속을 놀라게 하고, 군주의 녹봉을 먹지 않으면서 짐승을 도살하며 술을 파는 이익을 다투고, 낮은 벼슬을 받지 않으면서 재상(宰相)의 지위를 요구하여, 명분이 실제와 반대가 되고 마음이 행적과 어긋나게 되는 것은 바로 화사(華士)와 소정묘(少正卯)[19]의 부류이니, 성스러운 왕에게 주살되지 않는 것도 다행이거늘, 오히려 어찌 초빙할 것이 있겠습니까!

○ 【又徵楊厚黃瓊】

又徵楊厚黃瓊 時又徵廣漢楊厚江夏黃瓊하다 厚旣至에 豫陳漢有三百五十年之厄以爲戒어늘 拜議郞하다 瓊將至에 李固以書逆遺之曰 君子謂伯

16) 효소황제가 한복(韓福)을 대우하고 : 한복은 탁군(涿郡)에서 효제(孝悌)를 행한 선비. 효소황제가 지방에서 뽑혀온 한복 등 5명에게 비단 50필(匹)을 내려주고 군현(郡縣)에 명령하여 정월에 양고기와 술을 내려주도록 하였다.

17) 광무제가 주당(周黨)을 대우하듯이 하여 : 주당은 태원(太原)의 처사(處士). 회계(會稽)의 엄광(嚴光) 등과 초빙을 받아 서울에 이르렀으나 벼슬하기를 원하지 않았는데 광무제는 죄를 주지 않고 비단을 주어 예우하여 보냈다.

18) 범승(范升)처럼 주당을 비방해서도 : 범승은 광무제(光武帝) 때의 박사(博士). 주당 등을 탄핵하여 벼슬하지 않으면서 경망 거만하며 허위를 부려 죄를 주어야한다고 청하였으나 광무제는 받아들이지 않았다.

19) 화사(華士)와 소정묘(少正卯) : 화사는 서주(西周) 초기 제(齊)나라 사람. 명예를 낚아채는 짓을 하다가 태공망(太公望)에게 죽임을 당하였다. 소정묘는 춘추(春秋) 노(魯)나라의 대부(大夫). 공자(孔子)가 대사구(大司寇)로 재상 일을 행한 지 7일 만에 소정묘의 악행을 들어 처형하였다.

夷隘하고 柳下惠不恭이라하니 不夷不惠하여 可否之間은 聖賢居身之所珍也라 誠欲遂枕山棲谷하며 擬迹巢由인댄 斯則可矣어니와 若當輔政濟民인댄 今其時也로다 自生民以來로 善政少而亂俗多하니 必待堯舜之君인댄 此爲士行其志終無時矣라 嘗聞語曰 嶢嶢者易缺하고 皦皦者易汙라하니 盛名之下에 其實難副라 近樊君被徵初至에 朝廷設壇席하고 猶待神明하니 雖無大異나 而言行所守가 亦無所缺이어늘 而毁謗布流하여 應時折減者는 豈非觀聽望深하고 聲名太盛乎아 是故俗論皆言호대 處士純盜虛聲이라하니 願先生弘此遠謨하여 令衆人歎服하여 一雪此言耳하소서하다 瓊至에 拜議郎하여 稍遷尙書僕射하다 瓊昔隨父香在臺閣하여 習見故事러니 及後居職에 達練官曹하여 爭議朝堂하니 莫能抗奪이라 數上疏言事에 上頗采用之하다

盛名之下 其實難副

處士純盜虛聲

【또 양후와 황경을 초빙하다】

이때 또 광한군(廣漢郡)의 양후(楊厚)와 강하군(江夏郡)의 황경(黃瓊)을 초빙하였다. 양후가 와서는 한(漢)나라가 <지금 건국(建國) 333년을 맞아 17년 뒤인> 350년 만에 재앙이 있을 것을 미리 진술하여 경고하였는데, 의랑(議郎)에 임명되었다. 황경이 이르려 할 때, 이고(李固)가 편지를 그에게 보내서 맞이하며 말하기를,

"군자(君子 : 맹자)가 말하기를 '백이(伯夷)는 마음이 협소했고, 유하혜(柳下惠)는 공손하지 않았다.'고 하였습니다. 백이를 본받지 아니하고 유하혜도 본받지 아니하고 옳음과 그름 사이의 준칙을 수립하는 것은 성현의 처신에 가장 소중한 것입니다. 진실로 산골짜기에 누워 살며, 자취를 소부(巢父)와 허유(許由)[20]에게 비기고자 한다면 이는 옳습니다만, 만약 정치를 보좌하며 백성을 구제해야 한다면, 지금이 그 때입니다. 사람이 생겨난 이래로 좋은

20) 소부(巢父)와 허유(許由) : 모두 전설로 전하는 성현. 벼슬하지 않고 은둔하였다.

정치가 적었고, 어지러운 풍속이 많았습니다. 반드시 요·순과 같은 임금을 기다리려고 한다면, 이것은 선비가 그 뜻을 시행하기에 끝내 때가 없을 것입니다. 일찍이 이런 구절의 말을 들었는데 '높은 것은 무너지기 쉽고, 흰 것은 더러워지기 쉽다.' 하니, 훌륭한 명성에는 그 실상에 맞기가 어렵습니다. 근래 번영(樊英)이 부름을 받아 처음 왔을 때 조정에 강단을 설치하고, 신명(神明)을 대우하듯이 하였습니다. 비록 크게 특이함은 없었으나, 말과 행실을 지키는 것은 또한 결함된 것이 없었습니다. 그러나 비방이 유포되어 시간에 따라 그 명예가 감소된 것은 어찌 보고 듣는 이들의 기대가 깊고 명예가 너무 성대했기 때문이 아니겠습니까! 그러므로 세속의 논의에 모두 말하기를 '은둔한 선비는 순전히 헛된 명예만 도둑질한다.' 합니다. 원컨대 선생께서는 이 원대한 도모를 넓혀서 여러 사람들을 탄복하게 하여 이런 여론을 한꺼번에 씻어주시오."

하였다. 황경이 도착하자 의랑으로 임명하고, 점차 승진시켜 상서복야(尙書僕射)로 삼았다. 황경이 과거에 아버지 황향(黃香)을 따라 대각(臺閣 : 상서대)에 있으면서, 옛 일을 익숙히 보았다. 뒤에 상서대 등의 관직을 맡게 되자 관청의 사무를 환하게 숙지하였고, 조당(朝堂 : 조정)에서 논쟁할 적에 그의 논의에 맞서 반박해내는 자가 없었다. 자주 상소하여 일을 말하자 순제가 그의 말을 상당히 채택하였다.

【李固爲世大儒】

李固爲世大儒 李固는 郃之子也라 少好學하여 常改易姓名하고 杖策驅驢하여 負笈從師하여 不遠千里하여 遂究覽墳籍하여 爲世大儒하니라 每到太學에 密入公府하여 定省父母하여 不令同業諸生知其爲郃子也하다

(密入公府 定省父母)

【이고가 당대의 큰 선비가 되다】

이고는 이합(李郃)의 아들이다. 젊어서 학문을 좋아하여, 항상 이름을 변경하고 채찍을 잡고 말을 타고서 책 보따리를 지고 선생을 따라 천리를 멀다하지 않아, 마침내 각종 고서(古書)를 두루 보아, 당대의 큰 선비가 되었다. 그가 태학에 갈 때

마다 몰래 공부(公府 : 삼공의 관청)에 들어가 부모께 아침과 저녁 문안인사를 하여, 같이 공부하는 선비들에게 자신이 이합의 아들이라는 것을 알지 못하게 하였다.

【신미(辛未 131) 영건(永建) 6년】

○ 【翟酺請修學校】

翟酺請修學校 初에 安帝薄於藝文하니 博士不復講習하고 朋徒相視怠散하니 學舍頹敝하고 鞠爲園蔬라 或牧兒蕘豎薪刈其下어늘 將作大匠翟酺上疏請更修繕하여 誘進後學하니 帝從之하다

【적포가 학교를 수리할 것을 청하다】

과거에 안제가 학예와 문장을 경시하니, 박사(博士 : 태학의 교관)들은 다시 강습하지 않고 학생들은 서로 학업이 나태해짐을 보고 흩어지니, 학교 건물이 무너지고 풀이 자라나 풀밭이 되었다. 혹 목동과 나무꾼들이 학교 밑에서 나무를 하고 풀을 베기도 하였다. 장작대장(將作大匠) 적포(翟酺)가 상소하여 다시 수리하여 후학들을 인도하기를 청하니, 순제가 그것을 따랐다.

【임신(壬申 132) 양가(陽嘉) 원년】

○ 立貴人梁氏爲皇后하다

귀인(貴人) 양씨(梁氏)를 세워 황후로 삼았다.

○ 【復申無故去官之禁】

復申無故去官之禁 尙書令左雄上疏曰 昔宣帝以爲吏數變易하면 則下不安業하고 久於其事하면 則民服敎化라하여 其有政治者를 輒以璽書勉勵하고

增秩賜金이라가 公卿缺則以次用之라 是以吏稱其職하고 民安其業하여 漢世良吏가 於玆爲盛이러니 今典城百里에 轉動無常하여 各懷一切하여 莫慮長久라 臣愚以爲守相長吏惠和有顯效者는 可就增秩하고 勿移徙니아다하다 帝感其言하여 復申無故去官之禁이어늘 而宦官不便이라 終不能行하다

【이유 없이 관직을 떠나지 말게 할 것을 거듭 밝히다】

상서령(尙書令) 좌웅(左雄)이 상소하기를,

"옛날에 선제(宣帝)께서는 관리가 자주 바뀌면 아랫사람이 업무에 편안하게 못하고, 그 업무에 오래되면 백성이 교화를 따른다고 여기시어, 그 행정의 치적이 있는 자에게는 곧 조서(詔書)를 내려 권장하고 직급을 올려주고 황금을 하사하셨으며, 공(公)·경(卿)이 결원되면 차례대로 그들을 등용하셨습니다. 이 때문에 관리는 그 직책에 부합되고 백성은 그 생업을 편안히 하여, 한(漢)나라의 훌륭한 관리가 이때에 가장 많았습니다. 지금 성 100리를 맡은 수령들은 인사이동이 일정하지 않아, 각각 임시방편만 생각하고 장구한 계책을 도모하는 자가 없습니다. 우민한 제가 생각하건대 군수·상국(相國 : 제후왕의 재상)과 높은 관리 중에서 온화하며 뚜렷한 효과가 있는 자는 바로 계급을 높여주고 이동시키지 말아야 합니다."

하였다. 순제는 그 말에 감동하여 이유 없이 관직을 떠나지 못하게 하는 금령을 다시 밝혔는데, 환관들이 불편해하여 끝내 시행하지 못하였다.

【立孝廉限年課試法】

立孝廉限年課試法

雄又上言호대 孔子曰 四十不惑이라하시고 禮稱彊仕라하니 請自今으로 孝廉年不滿四十이어든 不得察擧하고 若有茂才異行이면 自可不拘年齒니이다하니 帝從之하다 久之오 廣陵所擧孝廉徐淑이 年未四十이라 臺郎詰之한대 對曰 詔書曰 有如顔回子奇어든 不拘年齒

라하니 是故本郡以臣充選이라하니 郎不能屈이러니 左雄詰之曰 昔

孝廉聞一知幾

顔回聞一知十하니 孝廉聞一知幾耶아하니 淑無以對어늘 乃罷却之하고 郡守坐免하다

【효렴 한년과시법을 세우다】

좌웅이 또 말을 올리기를,

"공자(孔子)가 말하기를, '마흔 살에 미혹되지 않았다.' 하였고, ≪예기(禮記)≫에는 '마흔 살에 벼슬한다.' 하였습니다. 청컨대 지금부터 효렴(孝廉 : 선발 과목 이름)은 나이가 마흔이 안 되면 천거하지 못하게 하고, 만약 무재(茂才 : 수재(秀才))로서 특이한 행적이 있다면, 나이에 구애받지 않고 천거하게 하십시오."

하니, 순제가 그것을 따랐다.

오랜 뒤에 광릉군(廣陵郡)에서 추천된 효렴(孝廉) 서숙(徐淑)이 있었는데 나이가 마흔 살이 되지 않았다. 대랑(臺郎 : 상서랑(尙書郎))이 그를 힐문하자 대답하기를,

"조서에 이르기를, '안연(顔淵)·자기(子奇)[21]와 같은 자가 있다면, 나이에 구애받지 말고 추천하라.' 하였습니다. 이 때문에 광릉군에서 저를 보충해 뽑은 것입니다."

하니, 낭관이 서숙을 굴복시키지 못하였다. 좌웅이 그를 힐문하기를,

"옛날에 안회는 하나를 들으면 열을 알았는데, 효렴 그대는 하나를 들으면 몇이나 아시오?"

하니, 서숙이 대답하지 못하므로 파면하여 돌려보냈고, 군수도 이 일에 연루되어 면직되었다.

【察選淸平 多得其人】

察選淸平多得其人

然雄公直精明하여 能審覆眞僞하여 決志行之하니라 頃之오 胡廣

21) 안연(顔淵)·자기(子奇) : 안연은 공자의 수제자로, 학우 자공(子貢)이 안연은 "하나를 들으면 열을 알았다〔聞一以知十〕"고 평하였다.(≪論語 公冶長≫) 자기는 전국(戰國) 제(齊)나라 사람으로, 나이 18세에 동아현(東阿縣)을 다스리게 하였는데 교화가 크게 시행되었다.

出爲濟陰太守하여 與諸郡守十餘人皆坐謬擧免黜하되 唯汝南陳蕃永川李膺下邳陳球等三十餘人得拜郎中하니 自是牧守畏慄하여 莫敢輕擧라 迄于永嘉히 察選淸平하여 多得其人하다

【살펴 추천함이 투명하고 공정하여 온당한 사람을 많이 얻었다】

그러나 좌웅은 공평하고 정직하며 정밀하고 명확하여 진위(眞僞)를 자세히 조사하여, 굳건한 뜻으로 시행하였다. 얼마 뒤 호광(胡廣)이 외방으로 나아가 제음태수(濟陰太守)가 되었는데, 군수 10여명과 함께 모두 잘못 천거한 데에 연루되어 파면당하고 내쫓겼으며, 오직 여남(汝南)의 진번(陳蕃), 영천(永川)의 이응(李膺), 하비(下邳)의 진구(陳球) 등 30여명은 낭중(郎中)에 임명되었다. 이때부터 주목(州牧)과 군수들이 겁내어 감히 경솔하게 천거하지 못하였다. 영가(永嘉 : 충제(沖帝) 연호) 무렵에 이르기까지 살펴 추천함이 투명하고 공정하여 온당한 사람을 많이 얻었다.

【계유(癸酉 133) 양가(陽嘉) 2年】

○ 【尙書猶北斗】

尙書猶北斗

洛陽宣德亭地坼이어늘 長八十五丈이라 帝引公卿所擧敦樸之士하여 使之對策한대 李固對曰 陛下之有尙書는 猶天之有北斗也니 斗爲天喉舌이요 尙書亦爲陛下喉舌이라 斗斟酌元氣하여 運平四時하고 尙書出納王命하여 賦政四海하니 權尊埶重하여 責之所歸라 宜審擇其人하여 以毗聖政하소서하다

【상서는 북두성과 같다】

낙양(洛陽)) 선덕정(宣德亭)에 땅이 갈라졌는데, 길이가 85길[丈]이었다. 순제는 공·경이 추천한 돈후하고 순박한 선비들을 만나보아 대책을 올리게 하였다. 이고(李固)가 대책을 올리기를,

"폐하께서 상서(尙書)를 두신 것은 하늘에 북두성(北斗星)이 있는 것과 같습

니다. 북두성은 하늘의 목구멍과 혀가 되고, 상서 또한 폐하의 목구멍과 혀가 됩니다. 북두성은 원기(元氣)를 적절히 조절하여 사시를 평안히 운행하고, 상서는 왕명을 출납하여 천하에 정치를 펼치니, 권세가 높고 세력이 무거워 책임이 돌아가는 곳입니다. 마땅히 합당한 사람을 뽑아서 성스러운 정치를 돕게 하소서."

하였다.

【을해(乙亥 135) 양가(陽嘉) 4년】

○ 以梁商爲大將軍하다

양상(梁商)을 대장군(大將軍)으로 삼았다.

【신사(辛巳 141) 영화(永和) 6년】

○ 【梁冀爲大將軍】

梁冀爲大將軍 梁商薨하니 以梁冀爲大將軍하다

【양기를 대장군으로 삼다】

양상이 죽으니, 양기(梁冀 : 양상의 아들)를 대장군으로 삼았다.

【임오(壬午 142) 한안(漢安) 원년】

○ 【張綱埋輪】

張綱埋輪 八月에 遣杜喬周擧周栩馮羨欒巴張綱郭遵劉班分行州郡하여 表賢良하고 顯忠勤하되 其貪汙有罪者를 刺史二千石驛馬上之하고 墨綬以下便輒收擧하니 喬等受命之部하되 張綱獨埋其車輪於雒

豺狼當路 安問狐狸

陽都亭曰 豺狼當路어늘 安問狐狸리오하고 遂劾奏호대 大將軍冀河南尹不疑는 以外戚蒙恩하여 居阿衡之任하여 而專肆貪叨하고 縱恣無極하여 以害忠良하니 謹條其無君之心十五事하노니 斯皆臣子所切齒者也니이다하다 書御에 京師震竦하다 時皇后寵方盛하여 諸梁姻族滿朝하니 帝雖知綱言直이나 不能用也하다 杜喬至兗

李固政爲天下第一

州하여 表奏泰山太守李固政爲天下第一하니 上徵固爲將作大匠하다

【장강이 수레바퀴를 묻다】

8월에 두교(杜喬)·주거(周擧)·주후(周栩)·풍연(馮羨)·난파(欒巴)·장강(張綱)·곽준(郭遵)·유반(劉班)을 파견해 주·군을 나누어 순찰하도록 하여, 현량한 사람을 표창하고 충성스럽고 근면한 사람을 드러나게 하였다. 그리고 탐욕스럽게 죄를 지은 자사(刺史)와 이천석(二千石)은 역말로 그 죄를 신속히 올리게 하고, 묵수(墨綬 : 검은 인끈의 현령(縣令)) 이하의 관리는 바로 붙잡아서 탄핵케 하였다. 두교 등은 명을 받아 부서로 갔는데, 장강만은 가지 않고 그 수레바퀴를 낙양 도정(都亭 : 역참의 정자)에 묻으며 말하기를,

"승냥이·이리가 정권을 잡고 있거늘 어찌 여우·너구리에게 죄를 물으랴!"

하고, 드디어 탄핵하여 아뢰기를,

"대장군(大將軍) 양기(梁冀)와 하남윤(河南尹) 양불의(梁不疑)는 외척으로서 은혜를 입어, 아형(阿衡 : 재상)의 직위에 있으면서, 오로지 탐욕을 부리며 방종함이 끝이 없어 충성스럽고 선량한 자를 해칩니다. 삼가 그들의 임금을 무시한 15가지 일을 조목조목 올리니, 이는 모두 신하들이 이를 갈며 통한해하는 일입니다."

하였다. 글을 올리자 서울사람들이 경악하였다. 당시 황후의 총애가 한창 커서 여러 양씨 인척들이 조정에 가득하였다. 순제는 비록 장강의 말이 옳다는 것을 알았으나, 그 말을 쓰지는 못하였다. 두교가 연주(兗州)에 이르러 태산태수(泰山太守) 이고(李固)의 다스림이 천하에 제일이라고 표(表)를 올리니, 순제가 이고를 불러 장작대장(將作大匠)으로 삼았다.

【張綱單車詣壘門】

張綱單車詣壘門

梁冀恨張綱하여 思有以中傷之러니 時廣陵賊張嬰寇亂揚徐間積十餘年이어늘 二千石不能制라 冀乃以綱爲廣陵太守하니 前太守率多求兵馬하되 綱獨請單車之職하다 旣到하얀 徑詣嬰壘門하니 嬰大驚하여 遽走閉壘어늘 綱於門外罷遣吏兵하고 獨留所親者十餘人하고 以書喩嬰하여 請與相見하다

【장강이 수레 한대로 군영의 문에 나가다】

양기는 장강을 원망하여, 그를 중상모략(中傷謀略)하려고 생각하였다. 당시 광릉군(廣陵郡)의 도적 장영(張嬰)이 양주(揚洲)·서주(徐州) 주위를 도적질해 어지럽힌 것이 10여년이나 되었는데, 이천석(二千石 : 태수) 관원이 그를 제압하지 못하였다. 양기가 마침내 장강을 광릉군 태수(廣陵郡太守)로 삼았다. 이전 태수들은 대부분 군대와 말을 요구하였으나, 장강만은 수레 한대로 부임지에 갔다. 광릉군에 도착하고 나서 곧바로 장영의 군영 정문에 가니, 장영이 크게 놀라 급히 달려가 군영 정문을 닫아버렸다. 장강이 문 밖에서 관리와 병사를 해산시키고, 측근 10여명만 남겨 놓고, 편지로 장영을 타일러서 함께 만나기를 요청하였다.

【張綱以恩信降賊】

張綱以恩信降賊

嬰見綱至誠하고 乃出拜謁이어늘 延置上坐하고 譬之曰 前後二千石多肆貪暴라 故致公等懷憤相聚하니 二千石信有罪矣라 然爲之者又非義也요 今主上仁聖하여 欲以文德服叛이라 故遣太守來하니 思以爵祿相榮이요 不願以刑罰相加하노니 今誠轉禍爲福之時也라하다 嬰聞하고 泣下曰 荒裔愚民이 不能自通朝廷하여 不堪侵

魚游釜中

枉하여 遂復相聚偸生하니 若魚游釜中이라 知其不可久나 且以喘息須臾間耳러니 今聞明府之言하니 乃嬰等更生之辰也라하고 乃

辭還營이러니 明日에 將所部萬餘人歸降하다

【장강이 은혜와 믿음으로 적을 항복시키다】

장영이 장강의 지극한 정성을 보고는 나와서 절하고 뵙자, 장강이 장영을 맞이하여 높은 자리에 앉히고 일깨우기를,

"이전부터 지금까지 이천석 관원들이 탐욕과 포학을 많이 부렸소. 그로 인해 그대들이 분한 마음을 품어 서로 패거리를 짓게 되었소. 이천석 관원이 진실로 죄가 있으나, 그런 일을 한 사람도 옳은 것이 아니요. 지금 황제께서는 어질며 성스러우시어 문교(文教)와 은덕으로 배반자를 복종시키고자 하시오. 그러므로 내가 태수로 파견되어 오게 되었으니, 벼슬과 녹봉으로 서로 영화롭게 할 것을 생각하고, 형벌로 압박할 것을 원하지 않소. 지금이 진실로 전화위복의 시기이오."

하니, 장영이 듣고 눈물을 떨구며 말하기를,

"변방의 어리석은 백성이 직접 조정과 소통하지 못해 침해의 억울함을 견디지 못하여 마침내 다시 떼거리지어 구차히 살고 있으니, 마치 물고기가 가마솥 안에서 헤엄치는 경우와 같아 오래갈 수 없음을 알면서도, 또한 잠시나마 숨을 헐떡거릴 뿐이었습니다. 지금 귀하의 말씀을 들으니 바로 저희들이 다시 살아날 수 있는 때입니다."

하고, 마침내 하직하고 군영으로 돌아갔다. 다음날 관할 부서의 만여 명을 데리고 투항하였다.

○ 【蘇章不私故人】

蘇章不私故人

是時에 二千石長吏有能政者는 有雒陽令任峻冀州刺史蘇章膠東相吳祐라 章爲冀州刺史에 有故人爲淸河太守러니 章行部하여 欲按其姦贓하여 乃請太守爲設酒肴하여 陳平生之好甚歡이라 太守喜曰 人皆有一天이로되 我獨有二天이로다하다 章曰 今夕蘇孺文與故人飮者는 私恩也요 明日冀州刺史按事者는 公法也라하고

人皆有一天我獨有二天

明日冀州刺史按事者公法也

遂擧正其罪하니 州境肅然하다

【소장은 친구에게 사사롭게 하지 않다】

이 때 이천석의 높은 관리 중 행정에 능한 자로는 낙양령(雒陽令) 임준(任峻), 기주자사(冀州刺史) 소장(蘇章), 교동상(膠東相) 오우(吳祐)가 있었다. 소장이 기주자사가 되었는데, 옛 친구가 청하군(淸河郡) 태수(太守)로 있었다. 소장이 부서를 순찰하여 그 간악함과 부정축재를 취조하고자 하였다. 마침내 태수를 초청하여 그를 위해 술과 안주를 차리고, 평소의 우정을 말하면서 매우 즐거워하였다. 태수가 기뻐하여 말하기를,

"사람들은 모두 하나의 하늘〔天 : 생존을 의지할 대상〕이 있지만, 나만은 두 개의 하늘이 있도다!"

하니, 소장이 말하기를,

"오늘 저녁에 나 소유문(蘇孺文 : 소장)이 옛 친구와 술을 마시는 것은 사사로운 은혜이고, 내일 기주자사로서 일을 조사하는 것은 공법(公法 : 국법(國法))이다!"

하고, 마침내 그 죄를 들어 바로잡으니, 기주 경내가 엄숙해졌다.

【갑신(甲申 144) 건강(建康) 원년】

○ 八月에 帝崩하고 太子卽皇帝位하니 年二歲라 梁太后臨朝하다

8월에 순제(順帝)가 서거하였다. 태자가 황제에 즉위하니, 2살이었다. 양태후(梁太后)가 대리정치를 하였다.

▪ 효충황제(孝沖皇帝)

在位一年이요 壽三歲라

재위 1년이고 수명은 3세이다.

名炳이요 順帝之子니 虞貴人所生이라

이름은 병(炳)이고 순제의 아들이니, 우귀인(虞貴人)이 낳은 아들이다.

【을유(乙酉 145) 영가(永嘉) 원년】

○ 正月에 帝崩하고 梁太后徵渤海孝王鴻之子纘하여 即皇帝位하니 年八歲라

정월에 효충황제가 서거하였다. 양태후가 발해효왕(渤海孝王) 유홍(劉鴻)의 아들 유찬(劉纘)을 불러 황제에 즉위시키니, 나이가 8살이었다.

○ 【梁太后委政李固】

梁太后委政李固

太后委政宰輔하고 李固所言은 太后多從之하여 黃門宦官爲惡者一皆斥遣하니 天下咸望治平이나 而梁冀深忌疾之하다

【양태후가 이고에게 정사를 맡기다】

양태후는 정무를 재보(宰輔 : 재상)에게 맡기고, 이고(李固)가 말한 것은 양태후가 대부분 따라서 황문 환관(黃門宦官)으로서 악독한 짓을 한 자를 하나같이 모두 배척하였다. 천하가 모두 태평성대를 기대했으나, 양기가 이고를 매우 꺼렸다.

▪ 효질황제(孝質皇帝)

在位一年이니 壽九歲라

재위 1년이고 수명은 9세이다.

諱纘이요 章帝曾孫이며 渤海孝王鴻之子也라 諡法에 忠正無邪曰質이라하다

이름은 찬(纘)이고, 장제의 증손이며 발해효왕(渤海孝王) 유홍(劉鴻)의 아들이다. 시법(諡法)에 성실하고 바르며 사특함이 없는 것을 질(質)이라 하였다.

【병술(丙戌 146) 본초(本初) 원년】

○ 【遊學增盛】

遊學增盛 四月에 令郡國擧明經詣太學하니 自是遊學增盛하여 至三萬餘生하다

【유학생들이 늘었다】

4월에 군국(郡國)에 명령하여, 경서(經書)에 밝은 자를 추천해서 태학에 나아오게 하였다. 이로부터 유학생들이 늘어서 3만여 명에 이르렀다.

○ 【梁冀跋扈將軍】

梁冀跋扈將軍 六月에 帝少而聰慧라 嘗因朝會하여 目梁冀曰 此跋扈將軍也라하니 冀聞하고 深惡之하다

【양기는 발호장군이다】

6월에, 질제가 어리지만 총명하고 지혜가 있어, 일찍이 조회에서 양기를 지목하

여 말하기를,

"이는 발호장군(跋扈將軍 : 제멋대로 날뛰는 장군)이로다!"

하니, 양기가 듣고 매우 싫어하였다.

【梁冀弑質帝 逐李固】

梁冀弑質帝逐李固 閏月에 冀使左右置毒於煮餠以進之하니 帝苦煩甚하여 使促召太尉李固하다 固入前하고 問帝得患所由하니 帝尙能言曰 食煮餠하여 今腹中悶하니 得水尙可活이라하다 時冀亦在側曰 恐吐하니 不可飮水니이다하다 語未絶而崩이라 冀說太后하여 先策免固하다 冀迎蠡吾侯志하여 卽皇帝位하니 時年十五라 太后猶臨朝政하다

【양기가 질제를 시해하고 이고를 파면시키다】

윤6월에 양기가 측근을 시켜 찐 떡에 독약을 넣어 올리게 하니, 질제가 매우 고통스러워하다가 재촉하여 태위 이고를 부르게 하였다. 이고가 앞으로 다가와 황제가 무엇 때문에 병을 얻었는지 물으니, 질제가 여전히 말하기를,

"찐 떡을 먹었는데 지금 속이 좋지 않소. 물을 마시면 그래도 살 것 같소."

하였다. 그 때 양기가 또한 질제의 곁에 있으면서 말하기를,

"토하실까 염려되니 물을 드셔서는 안 됩니다."

하였는데, 말이 끝나기도 전에 질제가 서거하였다. 양기가 양태후를 설득하여 먼저 이고를 책서(策書)로 파면시켰다. 양기가 여오후(蠡吾侯) 유지(劉志)를 맞이하여 황제에 즉위시키니, 당시 15살이었다. 양태후는 여전히 조정에 나아와 대리정치를 하였다.

통감절요증손교주(通鑑節要增損校註) 20권

후한기(後漢紀)

▪ 효환황제(孝桓皇帝)

在位二十一年이요 壽三十六이라

재위 21년이고 수명은 36세이다.

名志니 肅宗曾孫이요 河間王開之孫이요 蠡吾侯翼之子라

梁冀雖除나 五侯肆虐하여 賢人君子忠憤激烈하여 卒成黨錮之禍하니 人之云亡에 邦國殄瘁라하니 其是之謂乎인저

이름이 지(志)이니 숙종(肅宗)의 증손이고 하간왕(河間王) 유개(劉開)의 손자이고 여오후(蠡吾侯) 유익(劉翼)의 아들이다.

양기(梁冀)는 비록 제거되었으나 오후(五侯)가 잔학함을 부려, 현인군자의 충분(忠憤)의 마음이 격렬하여 끝내 당고(黨錮)[1]의 화를 이루었으니, '훌륭한 인물이 죽음에 나라가 망한다.'라 하니, 이것을 말함일 것이다.

---

1) 당고(黨錮) : '黨固'로도 쓴다. 동한 환제(桓帝) 때 환관들이 정권을 독점하였을 때 사대부(士大夫) 이응(李膺)·진번(陳蕃) 등이 태학생(太學生) 곽태(郭泰)·가표(賈彪) 등과 연합하여 환관들을 맹렬하게 공격하였는데, 환관들은 저들이 붕당을 결성하여 조정을 비방한다고 무고(誣告)하여 이응 등 2백여 명이 체포되었다가 석방되었으나 종신토록 관직에 나아감을 허락하지 않았다. 영제(靈帝) 때 이응 등이 다시 기용되어 대장군(大將軍) 두무(竇武)와 함께 환관들을 주살할 계획을 세웠으나 일이 실패하여 이응 등 1백여 명이 피살되고 그 여파로 죽거나 귀양가고 구금된 사람들이 6~7백 명이었다. 이 사건은 ≪후한서(後漢書) 당고전(黨錮傳)≫에 자세히 보인다. 뒤에는 널리 당인(黨人)들의 관직 담당 및 그 활동을 제한하는 말로 쓰인다.

【정해(丁亥 147) 건화(建和) 원년】

○ 【朝野倚望杜喬】

朝野倚望杜喬

六月에 光祿勳杜喬爲太尉하다 自李固之廢로 內外喪氣하여 群臣側足而立하되 唯喬正色無所回撓하니 由是朝野皆倚望焉하다

【조정과 재야가 두교에게 의지하고 기대하다】

6월에 광록훈(光祿勳) 두교(杜喬)를 태위(太尉)로 삼았다. 이고(李固)가 파면되면서 조정과 재야(在野)가 기운을 잃고 많은 신하들이 두려움에 발을 움츠리고 섰으나 오직 두교만은 얼굴빛을 바로하고 굽히는 일이 없었다. 이로 말미암아 조정과 재야가 모두 그에게 의지하고 기대하였다.

○ 【梁冀殺李固杜喬】

梁冀殺李固杜喬

九月에 京師地震하니 喬以災異策免하다 十一月에 梁冀誣李固杜喬하여 以爲與妖賊劉鮪交通하니 請逮按罪라한대 太后素知喬忠이라 不許하다 冀遂收固下獄하여 死於獄中하다 冀使人脅杜喬曰 早從宜면 妻子可得全이라하되 喬不肯이어늘 遂收繫之하여 亦死獄中하니라

早從宜妻子可得全

【양기가 이고와 두교를 죽이다】

9월에 서울에 지진이 발생하니, 두교는 재앙으로 인하여 책서를 받아 파면되었다. 11월에 양기(梁冀)가 이고와 두교를 모함하여 "요망한 도적 유유(劉鮪)와 서로 내통하였으니 체포하여 죄를 조사하기를 청합니다." 하였는데, 태후는 평소 두교의 충성스러움을 아는지라 허락하지 않았다. 양기는 마침내 이고를 잡아 하옥시켜 이고가 감옥 안에서 죽었다. 양기는 사람을 시켜 두교에게 협박하기를,

"얼른 적절함을 따라 자살하면, 처자는 온전하게 될 수 있다."

하였으나 두교가 따르지 않자, 끝내 그를 잡아 가두어 두교도 역시 감옥 안에서

죽었다.

【기축(己丑 149) 건화(建和) 3년】

○【荀氏八龍】

荀氏八龍

前朗陵侯相荀淑卒하다 淑少博學有高行하니 當世名賢李固李膺等皆師宗之하다 在朗陵涖事明治하니 稱爲神君이라하다 有子八人하되 並有名稱하니 時人謂之八龍이라하다

【순씨의 여덟 마리 용】

전임(前任) 낭릉후 상(朗陵侯相) 순숙(荀淑)이 죽었다. 순숙은 젊었을 때부터 박학하였고 고상한 덕행이 있었으니, 당시 저명한 현인인 이고와 이응(李膺) 등이 모두 그를 스승으로 받들었다. 낭릉후국(郎陵侯國)에 있으면서 일을 맡아서 밝게 다스리니 신군(神君 : 귀신같은 관원)이라고 칭송하였다. 아들 여덟 명이 있었는데, 모두 명성이 자자하여 당시 사람들이 팔룡(八龍 : 여덟 마리 용)이라고 일컬었다.

○【荀爽得御李膺】

荀爽得御李膺

膺性簡亢하여 無所交接하되 唯以淑爲師하고 以同郡陳寔爲友라 荀爽嘗就謁膺하고 因爲其御라가 旣還에 喜曰 今日乃得御李君矣라하니 其見慕如此라

【순상이 이응의 수레를 몰다】

이응은 성품이 간명하고 고상하여 사람들과 왕래를 하지 않았는데, 다만 순숙을 스승으로 모시고 같은 군(郡)의 진식(陳寔)을 친구로 사귀었다. 순상(荀爽 : 순숙의 아들)이 나아가 이응을 만나 뵙고 이어 그를 위해 수레를 몰았다. 돌아온 뒤에 기뻐하며 말하기를,

"오늘에야 이응님께 수레를 몰아 드릴 수 있었다!"

하였으니, 이응이 흠모(欽慕)를 받음이 이와 같았다.

【신묘(辛卯 151) 원가(元嘉) 원년】

○【崔寔政論】

崔寔政論 十一月에 詔百官擧獨行之士하다 涿郡擧崔寔하여 詣公車러니 稱病하고 不對策하고 退而論世事하니 名曰政論이라 其辭曰 凡天下所以不治者는 常由人主承平日久하여 俗漸敝而不悟하고 政浸衰而不改어늘 爲天下者는 自非上德이면 嚴之則治하나 寬之則亂하나니 何以明其然也오 近孝宣皇帝明於君人之道하시고 審於爲政之理라 故嚴刑峻法하여 破姦軌之膽하시니 海內淸肅하고 天下密如하니 筭計見效하고 優於孝文이러니 及元帝卽位에 多行寬政하여 卒以墮損하여 威權始奪하여 遂爲漢室基禍之主하니 政道得失을 於斯可監이라
褒齊桓懿晉文 昔孔子作春秋에 褒齊桓하시고 懿晉文하시며 歎管仲之功하시니 夫豈不美文武之道哉시리오마는 誠達權救弊之理也라
聖人能與世推移 俗士苦不知變 故聖人能與世推移어늘 而俗士苦不知變하여 以爲結繩之約으로 可復治亂秦之緖하고 干戚之舞로 足以解平城之圍라하니 夫熊經鳥伸이 雖延歷之術이나 非傷寒之理요 呼吸吐納이 雖度紀之道나 非續骨之膏라 蓋爲國之法이 有似理身하여 平則致養하고 疾則攻焉하나니
刑罰者治亂之藥石也 德敎者興平之粱肉也 夫刑罰者는 治亂之藥石也요 德敎者는 興平之粱肉也라
以德敎除殘 是以粱肉養疾也 以刑罰治平 是以藥石供養也 夫以德敎除殘이면 是以粱肉養疾也요 以刑罰治平이면 是以藥石供養也라 方今承百王之弊하고 値厄運之會하여 自數世以來로 政多

恩貸하여 馭委其轡하고 馬駘其銜하여 四牡橫犇하니 皇路險傾하다 方將拑勒鞬輈以救之어늘 豈暇鳴和鑾하여 調節奏哉리오 昔文帝雖除肉刑이나 當斬右趾者棄市하고 笞者往往至死하니 是文帝以嚴致平이요 非以寬致平也니라하다 山陽仲長統嘗見其書하고 嘆曰 凡爲人主는 宜寫一通하여 置之坐側이라하다

文帝以嚴致平非以寬致平

【최식의 정론】

11월에 모든 관원에게 조서를 내려 홀로 지조를 지키는 선비를 천거하게 하였다. 탁군(涿郡)에서 최식(崔寔)을 추천하여 공거(公車 : 상소를 받는 관청)에 출두하게 했으나 병을 핑계로 대책(對策)을 올리지 않았다. 물러나 세상일을 논하니, ≪정론(政論)≫이라고 하였다. 그 글에 말하였다.

"무릇 천하가 다스려지지 않는 까닭은 항상 임금이 평안한 시대를 이어받은 지 오래되어 풍속이 점점 파괴되는데도 그것을 깨닫지 못하고 정치가 점점 쇠약해지는데도 고치지 않기 때문이다. 천하를 다스리는 자는 본래 최상의 덕성을 지니지 않았으면, 엄히 하면 다스려지지만 관대히 하면 어지러워진다. 무엇으로 그러한 것을 증명할 수 있는가? 근래 선제(宣帝)는 임금의 도리에 밝고, 정치하는 이치를 아셨다. 그러므로 엄격한 형벌과 준엄한 법으로 간교한 자들의 간담을 서늘하게 하였다. 세상이 깨끗이 숙청되고 천하가 조용해졌으니, 드러난 공효를 헤아려보면 문제(文帝)보다 우월하셨다. 원제(元帝)가 즉위하자 관대한 정치를 많이 시행하여 끝내 업적이 무너지고 손상되어 위엄과 국가 권위를 비로소 빼앗겨 마침내 한나라 황실에 재앙을 뿌리내린 임금이 되었으니, 정치하는 도의 득실을 여기에서 볼 수 있다. 옛날 공자(孔子)께서 ≪춘추(春秋)≫를 지을 적에 제환공(齊桓公)을 칭찬하고, 진문공(晉文公)을 아름답게 여겼으며 관중(管仲)의 공로를 찬미하였다. 어찌 문왕(文王)과 무왕(武王)의 도리를 아름다워 하지 않았겠는가마는 이는 진실로 권도(權道)에 통달하여 폐단을 구제하는 이치였던 것이다. 그러므로 성인은 능히 세상과 함께 적절히 변화해가지만, 세속 선비는 괴로워하며 변통할 줄을 몰라서, 문자를 대신했던 결승(結繩 : 새끼 매듭 표식)으로 어지러운 진(秦)나라의 일을 다스릴 수 있고, 방패와 도끼의 춤으로 평성(平城)의 포위

를 풀 수 있다[2]고 말한다. 곰처럼 나무에 매달리고 새처럼 다리를 뻗는 것이 비록 장수하는 술법이기는 하나 추위에 상한 병을 치료하지는 못하고, 토납법(吐納法 : 숨을 내뿜고 들이마시는 방법)이 비록 수명을 연장하는 방법이기는 하나 뼈를 붙이는 고약은 아니다. 나라를 다스리는 법은 몸을 다스리는 것과 비슷하여, 평안할 때에는 몸을 잘 자양하고 병이 있을 때에는 치료하게 해야 하니. 형벌은 어지러움을 치료하는 약과 돌 침이고 덕과 교화는 평안함을 일으키는 곡식과 고기이다. 덕과 교화로 잔악함을 제거하려 한다면 이는 곡식과 고기로 병을 치료하는 것이 되고, 형벌로 평안한 세상을 다스리려 한다면 이는 약과 돌 침으로 영양(榮養)을 제공하는 것이다. 지금 여러 왕의 폐단을 이어받고 액운이 모여드는 때를 만났다. 몇 대(代)를 내려오면서 정치하는 데에 은혜와 용서를 많이 베풀어 마부가 고삐를 버린 듯, 말이 재갈을 벗어버린 듯하여, 마차 한 대의 네 마리 숫말이 마구 내달리듯 하니 큰 길에서도 위험하게 기울어지는 것과 같다. 장차 재갈을 물리고 고삐를 잡으며 끌채를 묶어 구원해야 하거늘 어느 겨를에 말방울을 울려 박자를 맞추겠는가! 옛날 문제(文帝)께서 비록 체형(體刑 : 육체에 가하는 형벌)을 없앴으나, 오른 발을 자르는 것에 해당하는 자는 시체를 시가에 버리게 되는 사형을 받고, 곤장을 당한 자는 이따금 죽기까지 하였으니, 이는 문제께서 엄격함으로 편안함을 이룬 것이고, 관대함으로 편안함을 이룬 것이 아니다."

산양(山陽)의 중장통(仲長統)이 일찍이 그 글을 보고 감탄하여 말하기를,

"임금이 된 이는 마땅히 이 글을 한 통씩 써서 자리 옆에 두어야 할 것이다."

하였다.

○【崔寔之論 以矯一時之枉】

溫公曰 漢家之法已嚴矣어늘 而崔寔猶病其寬은 何哉오 蓋衰世

2) 방패와 도끼의 춤으로 평성(平城)의 포위를 풀 수 있다 : 속된 선비들이 '춤추는 방법으로 전쟁 중에 포위를 풀게 한다.'고 함을 비난한 것임. 방패와 도끼는 춤출 때 쓰는 도구. 한고조가 평성에서 흉노에게 포위되었을 때 진평(陳平)의 계책을 써서 풀려났고, 방패와 도끼의 춤으로 벗어나지 않았다.

崔寔之論 以矯一時之枉

之君은 率多柔懦하고 凡愚之佐는 唯知姑息이라 是以權幸之臣有罪不坐하고 豪猾之民犯法不誅하여 仁恩所施가 止於目前하여 姦宄得志하고 紀綱不立이라 故崔寔之論은 以矯一時之枉이요 非百世之通義也라 孔子曰 政寬則民慢이니 慢則糾之以猛이요 猛則民殘이니 殘則施之以寬이라 寬以濟猛하고 猛以濟寬이니 政是以和라 하시니 斯不易之常道矣라하다

【최식의 주장은 일시적 잘못을 바로잡는 것이다】

온공(溫公)이 말하였다.

한나라의 법은 이미 엄격하였는데, 최식(崔寔)이 오히려 그 관대함을 병으로 여긴 것은 어째서입니까? 대체로 쇠퇴한 나라의 임금은 대부분 연약하고 어리석은 보좌관들은 오직 당장 편안해 할 줄만 압니다. 이러한 까닭에 권력이 있으며 총애받는 신하는 죄가 있어도 연루되지 않고 힘 있어 교활한 백성들은 법을 어겨도 형벌을 받지 않고, 인자한 은혜가 베풀어지는 것이 목전에만 그쳐서 간사한 도적들이 뜻을 얻고 기강이 서지 않습니다. 그러므로 최식의 주장은 일시적 잘못을 바로잡는 것이지 백대에 통하는 뜻이 아닙니다. 공자가 말하기를,

"정치가 관대하면 백성은 게을러지니, 백성이 게을러지면 혹독함으로 바로잡아야 한다. 혹독하게 하면 백성은 해를 입고 백성이 해를 입으면 관대함을 백성에게 베풀어야 한다. 관대함으로 혹독함을 제재하고 혹독함으로 관대함을 구제하는 것이니, 정치가 이것으로 조화로이 된다."

하였으니, 이것은 바뀌지 않는 일정한 도이다.

【병인(丙寅 156) 영수(永壽) 2년】

○【潁川四長】

潁川四長

泰山琅琊賊公孫擧等聚衆至三萬人하여 破壞郡縣이어늘 連年討

之하되 不能克이라 尙書選能治劇者어늘 以司徒掾潁川韓韶爲嬴長하니 賊聞其賢하고 相戒不入嬴境이라 餘縣流民萬餘戶入縣界어늘 韶開倉賑之한대 主者爭謂不可라 韶曰 長活溝壑之人하고 而以此伏罪면 含笑入地矣리라하다 太守素知韶名德하여 竟無所坐하다 韶與同郡荀淑鍾皓陳寔皆嘗爲縣長하여 所至以德政稱하니 時人謂之潁川四長이라하다

長活溝壑之人而以此伏罪含笑入地

【영천의 4명 현장(縣長)】

태산(泰山) 낭야(琅琊)의 도적 공손거(公孫擧) 등이 무리를 모은 것이 3만 명까지 이르러 군현을 파괴하였는데, 여러 해 그들을 토벌하였으나 이기지 못하였다. 상서(尙書)가 난리를 잘 다스릴 자를 뽑는데, 사도연(司徒掾 : 사도의 보좌관)인 영천(潁川) 출신 한소(韓韶)를 영현(嬴縣)의 현장(縣長)[3]으로 삼았다. 도적들은 그가 현명하다는 소문을 듣고 서로 경계하여 영현의 경내로 들어가지 않았다. 다른 현의 유랑하는 백성들 만여 집 가량이 영현의 경내로 들어오자, 한소는 창고를 열어 구휼하였는데, 창고 담당관이 다투어 안 된다고 하였다. 한소가 말하기를,

"죽어가는 사람을 살리고, 이것 때문에 죄를 받는다면 웃음을 띠고 땅 속으로 들어가겠다."

하였다. 태수(太守)는 평소 한소의 명성과 덕망을 알아서 끝내 죄에 연루시키지 않았다. 한소는 같은 군(郡)의 순숙(荀淑)·종호(鍾皓)·진식(陳寔)과 함께 모두 일찍이 현장(縣長)이 되어서 이르는 곳마다 후덕한 행정으로 칭송을 받았다. 당시 사람들은 그들을 영천사장(潁川四長 : 영천의 4명의 현장)'이라고 하였다.

【기해(己亥 159) 연희(延熹) 2년】

○ 【梁冀伏誅】

3) 현장(縣長) : 현(縣)의 수령. 한나라 때에 인구가 1만호(萬戶) 이상 고을에는 현령(縣令)을 두었고, 1만호 이하 고을에는 현장을 두었다.

梁冀伏誅 梁冀一門에 前後七侯와 三皇后와 六貴人과 二大將軍과 夫人女食邑稱君者七人이요 尙公主者三人이며 其餘卿將尹校五十七人이라 冀專擅威柄하여 凶恣日積하고 秉政幾二十年에 威行內外하니 天子拱手하여 不得有所親與하여 帝旣不平之러니 冀又遣客刺殺議郞邴尊이어늘 帝大怒하여 呼中常侍單超徐璜黃門令具瑗小黃門史左悺唐衡定議誅之한대 冀及妻壽卽日皆自殺하니 百姓莫不稱慶하다 收冀財貨하여 縣官斥賣하니 合三十餘萬萬이라 以充王府用하여 減天下稅租之半하고 散其苑囿하여 以業窮民하고 封單

五侯 超徐璜等五人爲縣侯하니 世謂之五侯하다

【양기(梁冀)가 주살되다】

양기(梁冀)의 한 가문에는 이전부터 지금까지 일곱 명 제후(諸侯), 세 명 황후(皇后), 여섯 명 귀인(貴人), 두 명 대장군(大將軍)이 나오고, 부인(夫人)과 딸이 식읍(食邑)을 소유하여 군(君)으로 불리는 자가 일곱 명이고, 공주(公主)와 혼인한 자가 세 명이며, 그 나머지 경(卿)·장(將)·윤(尹)·교(校)가 57명이었다. 양기는 권력을 독점하여 흉악하고 방자한 행위가 날로 더해졌고, 정권을 잡은 지 거의 20년 만에 위력이 조정과 재야에 통하였다. 천자는 팔짱만 끼고 있을 뿐, 친히 관여할 수가 없어서 환제(桓帝)는 이미 불편해 하였다. 양기는 또 자객을 보내어 의랑(議郞) 병존(邴尊)을 찔러 죽이자, 환제는 크게 노하여 중상시(中常侍) 선초(單超)·서황(徐璜), 황문령(黃門令) 구원(具瑗), 소황문사(小黃門史) 좌관(左悺)·당형(唐衡)을 불러 양기를 죽일 것을 논의하였다. 양기 및 그의 아내 손수(孫壽)가 그날로 모두 자살하자 백성들이 경사라고 좋아하지 않는 자가 없었다. 양기의 재산을 거두어 들여서 정부에서 판매하니 도합 30여 억이 되었다. 그것으로 국고(國庫)의 쓰임에 충당하여 천하 조세의 반을 줄일 수 있었고, 양기의 동산을 해체하여 곤궁한 백성들에게 경작하게 하였다. 선초(單超)·서황(徐璜) 등 다섯 명을 봉하여 현후(縣侯)로 삼으니, 세상에서 그들을 '오후(五侯)'라고 불렀다.

○ 【范滂慨然有澄淸天下之志】

范滂慨然有澄淸天下之志

大司農黃瓊爲太尉하다 是時에 新誅梁冀하니 天下想望異政이라 黃瓊首居公位하여 乃擧奏州郡素行貪汙하여 至死徙者十餘人하니 海內翕然稱之하다 瓊辟汝南范滂하니 滂少厲淸節하여 爲州里所服이러니 嘗爲淸詔使하여 案督冀州할새 滂登車攬轡하고 慨然有澄淸天下之志하니 守令臧汙者는 皆望風解印綬去하다

守令臧汙者皆望風解印綬去

【범방이 비장하게 천하를 깨끗이 하려는 뜻을 보이다】

대사농(大司農) 황경(黃瓊)을 태위(太尉)로 삼았다. 이때에 양기를 막 주살하고 나니, 천하가 새로운 정치를 기대하였다. 황경이 공(公)의 지위에 수석으로 있으면서 주(州)와 군(郡)에서 평소 포악하고 추악한 행위를 한 자를 적발해 아뢰어 죽거나 귀양을 가게 된 자가 10여 명에 이르니, 천하 사람들이 흡족해하여 칭송하였다.

황경이 여남(汝南)의 범방(范滂)을 초빙하였다. 범방은 젊어서 청렴함과 절개에 힘써, 고을 사람들에게 흠모를 받았다. 일찍이 청조사(淸詔使 : 순찰하는 사자)가 되어 기주(冀州)를 감찰할 때에, 범방이 수레에 올라 고삐를 잡고 격앙되어 천하를 깨끗이 하려는 뜻을 보였다. 뇌물 받은 수령들은 모두 기풍만 바라보고도 도장과 인끈을 풀어놓고 떠나갔다.

○ 【陳蕃下榻】

陳蕃下榻

尙書令陳蕃上疏薦五處士하니 豫章徐穉彭城姜肱汝南袁閎京兆韋著潁川李曇이라 帝悉以安車玄纁備禮徵之하되 皆不至라 蕃性方峻하여 不接賓客하되 唯穉來면 特設一榻이라가 去則縣之하다

安車玄纁

【진번이 의자를 내리다】

상서령(尙書令) 진번(陳蕃)이 상소하여 다섯 명의 은거하는 선비를 추천하니, 예장(豫章)의 서치(徐穉), 팽성(彭城)의 강굉(姜肱), 여남(汝南)의 원굉(袁閎), 경조(京兆)의 위저(韋著), 영천(潁川)의 이담(李曇)이 그들이다. 환제는 모두 편안한 수레와 검붉은 비

단 폐백으로 예를 갖추어 초빙하였는데, 모두 오지 않았다. 진번은 성품이 방정하고 준엄하여 빈객을 만나지 않았으나, 오직 서치가 오면 특별히 의자를 하나 내놓았다가 가면 매달아두었다.

【魏桓隱身不出】

魏桓隱身不出 帝又徵安陽魏桓이어늘 其鄕人勸之行한대 桓曰 夫干祿求進은 所以行其志也어늘 今後宮千數를 其可損乎며 廐馬萬匹을 其可減乎며 左右權豪를 其可去乎아하니 皆對曰 不可라한대 桓乃慨然歎曰

使桓生行死歸於諸子何有哉 使桓生行死歸면 於諸子何有哉오하고 遂隱身不出하다

【위환이 몸을 숨기고 나오지 않다】

환제는 또 안양(安陽)의 위환(魏桓)을 초빙하였다. 위환의 마을 사람들이 가기를 권하자 위환이 말하기를,

"녹봉을 구하고 벼슬을 구하는 것은 뜻을 실행하기 위함이오. 지금 후궁 수가 천 명이 되는 것을 줄일 수 있겠소? 마구간에 말이 만 필이 있는 것을 줄일 수 있겠소? 임금 측근에서 권력을 부리는 자들을 없앨 수 있겠소?"

하니, 모두 대답하여 말하기를,

"불가능하오."

하였다. 위환은 마침내 비분강개하여 탄식하기를,

"내가 살아서 갔다가 죽어서 돌아온다면 여러분에게 무슨 이익이 있겠소!"

하고, 마침내 몸을 숨기고 나가지 않았다.

○ 【五侯傾動內外】

五侯傾動內外 帝既誅梁冀에 權勢專歸宦官하니 五侯尤貪縱하여 傾動內外하다

【5후는 황궁 안팎을 뒤흔들다】

환제가 양기를 주살하고 나자, 권세가 오로지 환관들에게 돌아갔다. 5후는 더욱 탐욕스럽고 방종하여 황궁 안팎을 뒤흔들었다.

○【爰延面稱桓帝違】

爰延面稱桓帝違 帝從容問侍中爰延호대 朕何如主也오하니 對曰 陛下爲漢中主니이다하다 帝曰 何以言之오하니 對曰 尙書令陳蕃任事則治하고 中

朱雲廷折欄檻 常侍黃門與政則亂이라 是以知陛下可與爲善이며 可與爲非니이다하다 帝曰 昔朱雲廷折欄檻이러니 今侍中面稱朕違하니 敬聞闕矣라하고 拜五官中郞將하다

【원연이 면전에서 환제의 허물을 말하다】

환제가 조용히 시중(侍中) 원연(爰延)에게 묻기를,

"짐은 어떠한 임금이냐?"

하니, 대답하기를,

"폐하께서는 한(漢)나라의 중간 등급의 임금이십니다."

하였다. 환제가 말하기를,

"무엇으로 그렇게 말하는가?"

하니, 대답하기를,

"상서령(尙書令) 진번(陳蕃)이 일을 맡으면 다스려지고, 환관인 중상시(中常侍)·황문(黃門)이 정치에 참여하면 어지러워집니다. 이러한 이유로 폐하께서는 함께 선하게 될 수도 있고 함께 그릇될 수도 있음을 알 수 있습니다."

하였다. 환제는 말하기를,

"옛날 주운(朱雲)은 조정에서 난간을 부러뜨렸는데,4) 지금 시중은 면전에서

4) 주운(朱雲)은 조정에서 난간을 부러뜨렸는데 : 한나라 성제(成帝) 때 관원 주운이 안창후(安昌侯) 장우(張禹)를 목 베어야 한다고 주청했다가 성제의 노여움을 받아 처형하려 하여 어사(御史)가 주운을 잡아끌고 전각 아래로 내려가려고 하자, 주운이 끌려가지 않으려고 전각 난간을 잡아서 난간이 부러진 고사. 뒤에 성제는 노여움을 풀었고, 난간을 수리하려는

짐의 허물을 지적하니, 경건히 결점을 들었다."
하고, 원연을 오관중랑장(五官中郎將)으로 임명하였다.

【신축(辛丑 161) 연희(延熹) 4년】

○【劉寵受一大錢】

劉寵受一大錢 九月에 以大鴻臚劉寵爲司空하다 寵嘗爲會稽太守하여 簡除煩苛하고 禁察非法하니 郡中大治라 徵爲將作大匠이러니 山陰縣有五六老叟한대 自若邪山谷間出하여 人齎百錢以送寵曰 山谷鄙生이 狗吠竟夕 未嘗識郡朝어니와 他守時엔 吏發求民間하여 至夜不絶하고 或狗吠竟夕하여 民不得安이러니 自明府下車以來로 狗不夜吠하고 民不見吏하니 年老遭値聖明이러니 今聞當見棄去라 故自扶奉送하노이다하다 寵曰 吾政何能及公言邪아 勤苦父老라하고 爲人選一大錢受之하다

【유총이 한 개의 큰돈을 받다】

9월에 대홍려(大鴻臚) 유총(劉寵)을 사공(司空)으로 삼았다. 유총은 일찍이 회계군 태수(會稽郡太守)가 되어 번잡하고 가혹한 것을 줄여 없애며 잘못된 법을 살펴 금하니, 회계군 경내가 크게 다스려졌다. 그를 불러 장작대장(將作大匠)으로 삼았는데, 산음현(山陰縣 : 회계군 소속임)에 사는 대여섯 명의 노인이 약야산(若邪山) 골짜기 속에서 나와, 사람마다 100전을 가지고 와서, 유총을 전송하면서 말하기를,

"산골의 시골 백성들이 일찍이 군정부(郡政府)를 알아 찾아온 적이 없었습니다. 다른 태수(太守) 때에는 아전들이 민간에 징발하고 요구하여 밤이 되어도 그치지 않았고 혹은 개가 밤새도록 짖어서 백성이 편안할 수가 없었습니다. 고명하신 태수님께서 부임해 오신 뒤로는 개가 밤중에 짖지 않고, 백성

사람에게 "난간을 바꾸지 말고 그대로 보수하여 바른 신하를 표창하라!"고 하였다.

들은 관리를 보지 못합니다. 나이가 들어 늙어 성스럽고 밝은 정치를 만났는데, 지금 우리를 버리고 떠나가신다는 소식을 들었으므로, 서로 부축하고 와서 전송합니다."

하였다. 유총이 말하기를,

"나의 행정이 어찌 공들의 말만큼 되겠소! 원로님들을 수고롭게 하였구려!"

하고, 사람들을 위해 대전(大錢 : 큰 돈) 한 개 씩을 골라서 받았다.

【갑진(甲辰 164) 연희(延熹) 7년 】

○ 【李郭仙舟】

李郭仙舟 郭泰博學하여 善談論이라 初遊雒陽할새 時人莫識하거늘 陳留符融一見嗟異하여 因以介於河南尹李膺하다 膺與相見曰 吾見士多矣로되 未有如郭林宗者也로다 其聰識通朗과 高雅密博이 今之華夏에 鮮見其儔라하고 遂與爲友하니 於是名震京師하다 後歸鄕里할새 衣冠諸儒送至河上한대 車數千兩이라 膺唯與泰同舟而濟하니 衆賓望之하고 以爲神仙焉하다

【이응과 곽태의 신선 같은 배타기】

곽태(郭泰)는 박학하고 담론을 잘하였다. 과거에 낙양에서 유학할 때에, 당시 사람들 중에 알아주는 자가 없었는데, 진류(陳留)의 부융(符融)이 한 번 보고는 특출한 인물이라 감탄하여 하남윤(河南尹) 이응(李膺)에게 소개하였다. 이응이 그와 만나 말하기를,

"내가 많은 선비를 만났지만, 곽림종(郭林宗 : 곽태)만한 이는 없었소. 그대의 총명·견식·통함·밝음과 고상·바름·세밀·넓음은 지금 중원에서 필적할 이를 만나지 못하오."

하고, 드디어 함께 친구가 되니, 이에 곽태의 이름이 서울에 떨쳤다. 훗날 곽태가 고향으로 돌아가게 되었을 때, 의관을 정제한 많은 선비들이 황하 물가에서 전송

하는 수레가 수천 대였다. 그런데 이응이 오직 곽태와 함께 배를 타고 건너가니, 여러 빈객들이 그들을 바라보고는 신선이라고 하였다.

○ 【孟敏荷甑墮地不顧】

孟敏荷甑墮地不顧

泰性明知人하고 好獎訓士類하여 周遊郡國이러니 孟敏이 客居太原할새 荷甑墮地하되 不顧而去어늘 泰見而問其意한대 對曰 甑已破矣니 視之何益이리오하니 泰以爲有分決하고 與之言하여 知其德性하고 因勸令遊學하여 遂知名當世하니라

【맹민은 메고 가던 시루가 땅에 떨어졌으나 돌아보지 않다】

곽태는 천성이 총명하여 사람을 잘 알아보았고 선비들을 장려해 일깨우기를 좋아하여 군국(郡國)을 두루 돌아다녔다. 맹민(孟敏)이 태원(太原)에서 객지살이 할 때에 메고 가던 시루가 땅에 떨어졌으나 돌아보지 않고 갔다. 곽태가 그것을 보고 그 뜻을 물으니 대답하기를,

"시루가 이미 깨졌으니, 그것을 돌아본들 무슨 도움이 되겠소!"

하였다. 곽태는 맹민이 분별과 결단력이 있다고 여겨 함께 이야기하고는 덕성을 알아보고, 이어서 학문을 하도록 권하였는데 마침내 당시 세상에 이름이 알려졌다.

【范滂論郭泰】

范滂論郭泰

郭泰天子不得臣

或問范滂曰 郭林宗何如人고하니 滂曰 隱不違親하고 貞不絶俗하여 天子不得臣이요 諸侯不得友라 吾不知其他로라하다

【범방이 곽태를 논하다】

어떤 사람이 범방(范滂)에게 묻기를,

"곽림종(곽태)은 어떠한 사람이오?"

하니, 범방이 말하기를,

"은거하면서도 부모의 뜻을 어기지 않고 지조를 지켜도 세속과 단절하지 않아서, 천자가 신하로 삼을 수 없고, 제후가 친구로 삼을 수 없으니, 나는 그 이외 것을 알지 못하오."

하였다.

【仇香化陳元爲孝子】

仇香化陳元爲孝子

陳留仇香이 至行純嘿하되 鄕黨無知者라 年四十에 爲蒲亭長이러니 民有陳元이 獨與母居할새 母詣香告元不孝하다 香到元家하여 爲陳人倫孝行하여 譬以禍福之言한대 元感悟하여 卒爲孝子하다

鷹鸇不若鸞鳳

考城令王奐署香主簿하고 謂之曰 聞在蒲亭에 陳元不罰而化之라하니 得無少鷹鸇之志耶아하니 香曰 以爲鷹鸇不若鸞鳳이라 故不爲也로라하다 奐曰 枳棘之林非鸞鳳所集이요 百里非大賢之路라하고 乃以一月俸資香하여 使入太學하니 郭泰符融齎刺謁之하고 因留宿이러니 明旦에 泰拜之曰 君은 泰之師요 非泰之友也라하다 香學畢歸鄕里하여 不應徵辟하고 卒於家하다

枳棘非鸞鳳所集 百里非大賢之路

【구향이 진원을 교화시켜 효자가 되게 하다】

진류(陳留) 사람 구향(仇香)이 지극한 행실에 순수·과묵하였으나 마을에서 알아주는 자가 없었다. 나이 40세에 포정장(蒲亭長 : 포정 초소의 장)이 되었다. 백성 중에 진원(陳元)이라는 자가 홀로 어머니와 함께 살고 있었을 때에 어머니가 구향에게 와서 진원이 효도하지 않는다고 고하였다. 구향이 진원의 집에 가서 그를 위해 인륜의 효행을 일러주며 화를 입고 복을 받는다는 말로 타이르자, 진원이 감동해 깨닫고 마침내 효자가 되었다.

고성령(考城令 : 고성 현령) 왕환(王奐)이 구향을 임용하여 주부(主簿)로 삼고, 이르기를,

"듣건대 그대가 포정에 있을 때 진원에게 벌을 주지 않고 교화시켰다고 하니, 매처럼 혼내줄 용기[5]가 적었던 것이 아니요!"

하니, 구향은 대답하기를,

"매가 봉황새보다 못하다고 여겼기에 그렇게 하지 않았습니다."

하였다. 왕환이

"탱자나무와 가시나무 숲은 봉황새가 모일 곳이 아니고, 백리 땅 이 작은 고을은 큰 현인이 갈 길이 아니오."

하고, 마침내 한 달 봉급으로 구향에게 여비(旅費)를 대주어 태학(太學 : 대학)에 들어가게 하였다. 곽태와 부융(符融)이 명함을 가지고 와서 구향을 뵙고 그대로 머물러 잤다. 다음날 아침에 곽태가 구향에게 절을 하며 말하기를,

"군(君)께서는 저의 선생이지, 저의 친구가 아닙니다."

하였다. 구향은 학업을 마친 뒤에 고향으로 돌아가서, 조정의 부름에 응하지 않고 집에서 일생을 마쳤다.

【을사(乙巳 165) 연희(延熹) 8년】

○ 【登龍門】

登龍門 李膺復拜司隷校尉하다 時小黃門張讓弟朔爲野王令하여 貪殘無道러니 畏膺威嚴하여 逃還京師하여 匿於兄家合柱中이라 膺知其

破柱取朔 狀하고 率吏卒破柱取朔하여 付雒陽獄하고 受辭畢에 卽殺之하다 自此諸黃門常侍皆鞠躬屛氣하여 休沐不敢出宮省이라 帝怪問其

黃門畏李膺 故한대 並叩頭泣曰 畏李校尉로소이다하다 時朝廷日亂하여 綱紀頹弛하되 而膺獨持風裁하여 以聲名自高하니 士有被其容接者면 名爲登龍門云하다

5) 매처럼 혼내줄 용기 : 새매가 참새를 쫓는 듯한 큰 용기를 말함.

【용문에 오르다】

이응이 다시 사예교위(司隸校尉)에 임명되었다. 당시 소황문(小黃門 : 환관 관직명) 장양(張讓)의 아우 장삭(張朔)이 야왕령(野王令 : 야왕 현령)이 되어 탐욕스럽고 잔인무도하였는데, 이응의 위엄을 겁내어 도망쳐 서울로 돌아와 형의 집 합주(合柱 : 잇댄 두 개 기둥) 속에 숨었다. 이응이 그 상황을 알아차리고는 관리와 병졸들을 이끌고서 기둥을 부수고 장삭을 잡아 낙양옥(雒陽獄)에 회부하고 진술서를 받고 나서 바로 그를 죽였다. 이로부터 여러 황문(黃門 : 환자(宦者))과 상시(常侍 : 시종(侍從) 근신(近臣))들이 모두 몸을 굽히고 숨을 죽여, 휴가 때에도 감히 궁성(宮省 : 대궐)을 나가지 못하였다. 환제가 이상하게 여겨 그 까닭을 묻자, 머리를 조아리고 울면서 말하기를,

"이 교위를 겁내서입니다."

하였다. 당시 조정이 날로 어지러워져 기강이 무너졌는데 이응만은 홀로 품격을 유지하여, 명성을 스스로 높이니, 선비 중에 그의 접대를 받은 자가 있으면 부르기를 등용문(登龍門)[6]라고 하였다.

○ 【劉寬用蒲鞭示辱】

劉寬用蒲鞭示辱

徵東海相劉寬爲尙書令하다 寬이 歷典三郡에 溫仁多恕하고 雖在倉卒이나 未嘗疾言遽色하다 吏民有過면 但用蒲鞭罰之하여 示辱而已요 終不加苦하며 每見父老에 慰以農里之言하고 少年에 勉以孝悌之訓하니 人皆悅而化之하다

【유관이 부들 채찍을 써서 모욕을 보이다】

동해상(東海相 : 동해국 재상) 유관(劉寬)을 불러 상서령(尙書令)으로 삼았다. 유관은 세 군(郡)의 태수(太守)를 역임하였는데 온화하고 인자하며 용서함이 많았고, 비록 돌발적 상황이라도 조급히 말하거나 서두르는 기색을 보인 적이 없었다. 관리

---

6) 등용문(登龍門) : 용문을 올랐다는 뜻으로, 명망자의 접대를 받아 성가(聲價)가 높아짐을 말함. 용문은 황하의 지명으로, 물길이 험한데 물고기들이 모여 있다가 올라가면 용이 된다고 하는 전설이 전해 왔다. 이응을 인간 세계의 용문에 비유하여 접대를 받으면 신선이 되는 것처럼 말한 것이다.

와 백성들에게 잘못이 있으면, 다만 부들 채찍으로 벌을 주어 욕을 보일 뿐이었고, 끝내 육체적 고통을 가하지 않았다. 원로들을 만날 때마다 농사의 이야기로 위로하고, 소년들을 만날 때마다 효도와 공경의 가르침으로 권면하니, 사람들이 모두 기뻐하여 교화되었다.

【병오(丙午 166) 연희(延熹) 9년】

○【南北部黨人之議自此始】

(南北部黨人之議自此始) (天下規矩房伯武 因師獲印周仲進) 初에 帝爲蠡吾侯하여 受學於甘陵周福이러니 及卽位에 擢福爲尚書하다 時同郡河南尹房植有名當朝하니 鄕人爲之謠曰 天下規矩房伯武요 因師獲印周仲進이라하여 二家賓客이 互相譏揣하여 遂各樹朋徒하여 漸成尤隙하니 由是甘陵有南北部하니 黨人之議自此始矣하다

【남부와 북부 당인의 논쟁이 이로부터 시작되다】

과거에 환제가 여오후(蠡吾侯)였을 때 감릉(甘陵)의 주복(周福)에게 학문을 배웠는데 즉위하자 주복을 발탁하여 상서(尙書)로 삼았다. 이때에 같은 군의 하남윤(河南尹) 방식(房植)이 당대에 명성이 있었는데, 마을 사람들이 그를 두고 노래하기를,

"천하의 표준은 방백무(房伯武 : 방식)이고, 스승의 인연으로 관인(官印)을 얻은 이는 주중진(周仲進 : 주복)이로구나!"

하였다. 두 집안의 빈객이 서로 비방하여 따지고 들어, 드디어 각각 붕당(朋黨)을 세워 점점 원망과 틈이 생겼다. 이로 말미암아 감릉(甘陵)에 남부(南部)와 북부(北部)가 있게 되니, 당인의 논쟁이 이로부터 시작되었다.

【宗資主諾 成瑨坐嘯】

(宗資主諾 成瑨坐嘯) 汝南太守宗資以范滂爲功曹하고 南陽太守成瑨以岑晊爲功曹하

여 皆委心聽任하여 使之褒善糾違하여 肅清朝府하니 於是二郡爲謠曰 汝南太守范孟博이니 南陽宗資主畫諾하고 南陽太守岑公孝니 弘農成瑨但坐嘯라하다

【종자는 결재만 주관하고 성진은 앉아 읊조리기만 하다】

여남군(汝南郡) 태수(太守) 종자(宗資)는 범방을 공조(功曹 : 태수의 소속 관원)로, 남양군(南陽郡) 태수(太守) 성진(成瑨)은 잠질(岑晊)을 공조(功曹)로 삼았는데, 모두 마음으로 맡기고 신임하여 그들로 하여금 선행을 표창하고 비위(非違)를 바로잡아 관청을 깨끗하게 하였다. 이에 두 군에서 그들을 두고 노래하기를,

"여남군의 공조 범맹박(范孟博 : 범방)이 태수 노릇하니, 남양군 출신 종자는 승낙만 주관하고, 남양군의 공조 잠공효(岑公孝 : 잠질)가 태수 노릇하니, 홍농군(弘農郡) 출신 성진은 앉아 휘파람만 분다."

하였다.

【天下模楷李元禮】

宗資主諾 成瑨坐嘯

太學諸生三萬餘人에 郭泰及潁川賈彪爲其冠하여 與李膺陳蕃王暢更相褒重하니 學中語曰 天下模楷李元禮요 不畏彊禦陳仲擧요 天下俊秀王叔茂라하니 於是中外承風하여 競以臧否相尙하니 自公卿以下로 莫不畏其貶議하여 屣履到門하다

【천하의 모범은 이원례이다】

태학의 학생이 3만여 명이었는데 곽태(郭泰)와 영천군(潁川郡) 사람 가표(賈彪)가 그 우두머리가 되어 이응(李膺)·진번(陳蕃)·왕창(王暢)과 서로 번갈아 칭찬하고 소중히 여겼다. 태학 안에서 말하기를,

"천하의 모범은 이원례(李元禮 : 이응)이고, 강한 자를 겁내지 않는 자는 진중거(陳仲擧 : 진번)이고, 천하에 준수한 자는 왕숙무(王叔茂 : 왕창)이다."

하였다. 그리하여 서울과 지방이 이러한 기풍을 받아, 다투어 서로 선악을 포폄하

는 것을 숭상하니, 공경 이하로부터 그들의 폄하하는 논의를 두려워하여 신을 끌며 달려와 그 문에 이르러 결속하지 않는 자가 없었다.

○【賈父所生】

賈父所生

賈彪嘗爲新息長이러니 小民困貧하여 多不養子어늘 彪嚴爲其制하여 與殺人同罪하다 城南有盜劫害人者하고 北有婦人殺子者어늘 彪出按驗할새 掾吏欲引南한대 彪怒曰 賊寇害人은 此則常理어니와 母子相殘은 逆天違道라하고 遂驅車北行하여 按致其罪하니 城南賊聞之하고 亦面縛自首하니라 數年間에 人養子者以千數曰 此賈父所生也라하고 皆名之爲賈하다

母子相殘 逆天違道

【가씨 아버지 소생】

가표(賈彪)가 일찍이 신식현(新息縣)의 현장(縣長)으로 있을 때에 백성들이 빈곤하여 자식을 양육하지 않는 자가 많았는데, 가표는 그 법을 엄격히 하여 살인죄와 똑같이 다루었다. 성 남쪽에는 도적이 사람을 위협하여 해친 사건이 있었고, 북쪽에는 부인이 자식을 죽인 사건이 있었다. 가표가 나가서 조사하려는데, 연리(掾吏 : 소속 관리)가 수레를 남쪽으로 끌고 가려 하였다. 가표가 노하여 말하기를,

"도적이 사람을 해치는 것은 일상 도리지만 모자간에 서로 죽이는 것은 하늘을 거스르고 도리를 어긴 것이다."

하고, 마침내 수레를 몰아 북쪽으로 가서 조사하여 자식 죽인 죄를 판결하였다. 성 남쪽의 도적들이 그 소식을 듣고 또한 손을 뒤로 묶고 얼굴을 앞으로 향한 채 자수하였다. 몇 년 사이에 백성들 중에 자식을 기르는 자가 천 명 가량 되었는데, 그들이 말하기를,

"이들은 가씨(賈氏) 아버지가 낳은 사람이다."

하고, 모두 '가(賈)' 자를 넣어 이름을 지었다.

○【陳蕃卻逮捕黨人之案】

陳蕃卻逮捕黨人之案 張成善風角

河內張成이 善風角하여 推占當赦라하여 敎子殺人하다 司隸李膺督促收捕러니 旣而逢宥獲免이라 膺愈懷憤疾하여 竟案殺之하다 成素以方技交通宦官하고 帝亦頗訊其占이러니 宦官敎成弟子牢脩上書한대 告膺等養太學遊士하고 交結諸郡生徒하여 更相驅馳하여 共爲部黨하여 誹訕朝廷하고 疑亂風俗이라하다 於是天子震怒하여 班下郡國하여 逮捕黨人케하고 布告天下하여 使同忿疾케하고 案經三府하니 太尉陳蕃卻之曰 今所案者는 皆海內人譽요 憂國

皇甫規恥不與黨人

忠公之臣이니 此等猶將十世宥也어늘 豈有罪名不章而致收掠者乎아하고 不肯平署한대 帝愈怒하여 遂下膺等於黃門北寺獄하니 其辭所連及에 杜密陳翔及陳寔范滂之徒二百餘人이라 或逃遁不獲한대 皆懸金購募하여 使者四出相望이어늘 陳寔曰 吾不就獄이면 衆無所恃라하고 乃自往請囚하다 范滂至獄하니 獄吏謂曰 凡坐繫

范滂不祭皐陶

者는 皆祭皐陶라한대 滂曰 皐陶는 古之直臣이라 知滂無罪인댄 將理之於帝오 如其有罪인댄 祭之何益이리오 衆人由此亦止하다 陳蕃復上書極諫한대 帝諱其言切하여 託以蕃辟召非其人이라하여 策免之하다

【진번이 당인 체포안을 물리치다】

하내윤(河內尹) 장성(張成)이 풍각(風角 : 바람 점)을 잘 쳤는데, 사면령(赦免令)이 있을 것이라고 예측하여 아들에게 명하여 사람을 죽였다. 사예(司隸) 이응(李膺)이 독촉하여 체포하였더니, 얼마 후 대사면을 만나 풀려나자 이응이 더욱 분노와 미움을 품어, 끝까지 조사하여 그를 죽였다. 장성이 평소 방술(方術)로 환관들과 서로 통하고, 환제도 자주 점(占)을 물었는데, 환관이 장성의 문하생 뇌수(牢脩)에게 글을 올리게 하여, 고하기를,

"이응 등이 태학(太學 : 대학)에 공부하러 온 선비들을 양성하고 여러 군(郡)의 학생들과 교분을 맺어, 서로 힘을 다하여 함께 붕당을 이루어, 조정을 비방하고, 풍속을 어지럽힙니다."

하였다. 이에 환제가 크게 노하여 군국(郡國)에 포고하여 당인(黨人)들을 체포하게 하고, 천하에 포고하여 함께 그들을 증오하게 하였다. 문서가 3부(三府 : 태위·사도·사공)를 거치게 하니, 태위(太尉) 진번(陳蕃)이 그것을 물리치고 말하기를,

"지금 조사받을 사람들은 모두 천하의 명망 있는 인사들이고, 국가를 걱정하며 공무에 최선을 다하는 신하들이다. 이들은 오히려 앞으로 10대(代)까지도 사면해야 할 것이거늘, 어찌 죄명이 드러나지도 않았는데 잡아다가 매질한단 말인가!"

하고, 결재에 서명하려 하지 않았다. 환제는 더욱 화가 나서 드디어 이응 등을 북시옥(北寺獄 : 황문서(黃門署) 소속 감옥)에 회부하였다. 그 진술서에 연관된 자가 두밀(杜密)·진상(陳翔)·진식(陳寔)·범방(范滂)의 무리들 200여 명이었다. 혹은 도망쳐 잡히지 않았는데 모두 현상금을 걸어 모집하니, 사자(使者)가 사방으로 나가 서로 바라보일 만큼 많았다. 진식이 말하기를,

"내가 감옥에 나아가지 않으면, 백성들이 의지할 바가 없을 것이다."

하고, 마침내 스스로 가서 갇히기를 청하였다. 범방이 감옥에 이르자, 감옥의 관리가

"연좌되어 갇힌 자들은 모두 고요(皐陶 : 순(舜) 임금의 공정한 법관)에게 제사지냅니다."

하자, 범방이,

"고요는 옛날의 바른 신하이니, 나 범방이 죄가 없는 것을 안다면 장차 상제에게 다스려질 것이고, 만일 죄가 있다면 제사지낸들 무슨 도움이 있겠는가!"

하니, 여러 사람들이 이로 말미암아 제사를 중지하였다.

진번이 다시 글을 올려 극력 간언하자, 환제는 그 말이 지나치게 직설적인 것을 꺼려서, 진번이 불러 추천한 관원이 온당한 인물이 아니라고 핑계 대어, 책서(策書)로 그를 파면시켰다.

○【皇甫規恥不與黨人】

皇甫規恥不與黨人

時黨人獄所染逮者는 皆天下名賢이라 度遼將軍皇甫規는 自以西州豪桀로 恥不得與하여 乃自上言호대 臣前薦故大司農張奐하니 是附黨也요 又臣昔論輸左校時에 太學生張鳳等上書訟臣하니 是爲黨人所附也니 臣宜坐之니이다한대 朝廷知而不問하다 杜密素與李膺名行相次라 時人謂之李杜라 故同時被繫하다

李杜名行相次

【황보규가 당인에 끼지 못함을 부끄러워하다】

당시 당인옥(黨人獄 : 붕당 재판 사건)에 연루되어 체포된 사람들은 모두 천하에 이름난 현인들이었는데, 도료장군(度遼將軍) 황보규(皇甫規)는 자신이 서주(西州)의 호걸로서 거기에 끼지 못함을 부끄러워하였다. 마침내 직접 글을 올려,

> "신이 이전에 고(故) 대사농(大司農) 장환(張奐)을 추천하였으니, 이는 붕당입니다. 또 신이 옛날 논죄(論罪)되어 좌교영(左校營)에서 노역할 때, 태학생(太學生) 장봉(張鳳) 등이 글을 올려 저의 억울함을 따졌습니다. 이는 당인에 결부된 바이니, 저도 연루되어야 합니다."

하였으나, 조정에서는 알고도 묻지 않았다. 두밀은 평소 이응과 함께 명성과 행실이 서로 비슷하여 당시 사람들이 그들을 이두(李杜)라고 말했으므로, 동시에 하옥되었다.

○【杜密召鄭玄】

杜密召鄭玄

杜密嘗爲北海相하여 行春에 到高密하여 見鄭玄爲鄕嗇夫하고 知其異器라 卽召署郡職하여 遂遣就學케하니 卒成大儒하다

【두밀이 정현을 부르다】

두밀(杜密)이 일찍이 북해상(北海相 : 북해국 재상)이 되었을 때 봄철 순시를 하다가 고밀현(高密縣)에 이르러 정현(鄭玄)이 향색부(鄕嗇夫 : 고을 관리)로 있는 것을 보고, 그의 뛰어난 기량을 알아보고서 즉시 불러 군(郡)의 직책에 임명하였다. 드

디어 그를 보내 태학에 진학하게 하니, 마침내 대학자가 되었다.

【정미(丁未 167) 영강(永康) 원년】

○ 【竇武申救黨人】

竇武申救黨人 陳蕃旣免에 朝臣震栗하여 莫敢復爲黨人言者라 賈彪曰 吾不西行이면 大禍不解라하고 乃入雒陽하여 說城門校尉竇武尙書霍諝等하여 使訟之하니 武上疏曰 陛下卽位以來로 未聞善政하고 近者奸臣牢脩造設黨議하여 遂收前司隷校尉李膺等逮考하여 連及數百人이요 曠年拘錄하되 事無效驗이라 膺等은 誠陛下稷卨伊呂之佐어늘 而虛爲奸臣賊子之所誣枉하니 惟陛下留神澄省하소서하다

三木囊頭 書奏에 霍諝亦爲表請하니 帝意稍解하여 使中常侍王甫就獄訊黨人范滂等하니 皆三木囊頭로 暴於階下라 甫以次辨詰曰 卿等更相拔擧하여 迭爲脣齒하니 其意如何오 滂曰 仲尼之言에 見善如不及하며 見惡如探湯이라하시니 滂欲使善善同其淸하고 惡惡同其汙는 謂王政之所願聞이러니 不悟更以爲黨이로다 古之修善은 自求多福이러니 今之修善은 身陷大戮이로다 身死之日에 願埋滂於首陽山側하여 上不負皇天하고 下不愧夷齊하라하니 甫愍然爲之改容하고 乃得並解桎梏하다 李膺等又引宦官子弟하니 宦官懼하여 請帝以天時宜赦라하다

(善善同其淸 惡惡同其汙 / 古之修善 自求多福 今之修善 身陷大戮 / 范滂不謝霍諝)

【두무가 원통함을 풀어 당인들을 구원하다】

진번이 파면된 후, 조정 신하들은 두려워서 감히 다시 당인을 위해서 말하는

자가 없었다. 가표(賈彪)가 말하기를,

"내가 서쪽 낙양(雒陽)으로 가지 않으면,7) 큰 재앙이 풀리지 않을 것이다."

하였다. 그리고서 마침내 낙양으로 들어가 성문 교위(城門校尉) 두무(竇武)와 상서(尙書) 곽서(霍諝) 등을 설득하여 당인(黨人)들을 변론하게 하였다. 두무가 상소하기를,

"폐하께서 즉위하신 이래 선정을 하셨다는 소문이 들리지 않고, 근래에는 간신 뇌수(牢脩)가 당파 논의를 만들어, 드디어 전 사예교위(司隷校尉) 이응(李膺) 등을 잡아다 고문하여 연루된 자가 수백 명인데, 여러 해 구금해도 증거가 없습니다. 이응 등은 진실로 폐하에게 후직(后稷)·설(卨)·이윤(伊尹)·여망(呂望)8)처럼 보좌하는 신하인데도, 허망하게 간신(奸臣)과 적자(賊子)에게 모함을 당하였으니, 폐하께서는 유념하여 밝게 살펴 주십시오."

하였다. 글이 보고되자, 곽서도 또한 그를 위해 표(表)를 지어 요청하였다. 황제의 마음이 조금 누그러져 중상시(中常侍) 왕보(王甫)에게 감옥에 가서 당인 범방 등을 신문하게 하니, 죄인들이 모두 손발과 머리 세 곳에 나무 형틀을 차고 머리에 자루를 뒤집어 쓴 채 계단 아래에 나타났다. 왕보가 차례대로 분변하여 묻기를,

"경들이 교대로 서로 표방하여 번갈아가며 입술과 이처럼 결속하니, 그 의도가 무엇인가?"

하니, 범방이 말하기를,

"중니(仲尼 : 공자)의 말에 '선함을 보면 못 미쳐가서는 안 될 듯이 하며, 악함을 보면 끓는 물을 만지는 것처럼 피하라.' 하였습니다. 내가 선인을 선인으로 귀결시켜 그 깨끗함을 같게 하고, 악인을 악인으로 귀결시켜 그 더러움을 같게 하려 한 것은 조정에서 듣기를 원한 것이라고 여겼는데 다시 붕당이라고 할 줄 몰랐습니다. 옛날 사람들이 선을 닦음은 스스로 많은 복을 구하는 것이었는데, 지금 사람들이 선을 닦음은 자신을 죽임에 빠뜨리는 것입니다. 죽는 날에 저를 수양산(首陽山 : 백이와 숙제가 죽은 산) 곁에 묻어 위로는 황천(皇天)을 저버리지 않고, 아래로는 백이(伯夷)와 숙제(叔齊)에게 부끄럽지 않게 해주십시오."

---

7) 내가 서쪽 낙양(雒陽)으로 가지 않으면 : 가표는 낙양 동쪽인 영천(潁川)에 있어서 서쪽에 있는낙양으로 가서 당화(黨禍)를 막으려고 한 것이다.

8) 후직(后稷)·설(卨)·이윤(伊尹)·여망(呂望) : 모두 고대에 제왕을 보좌한 훌륭한 신하들임. 직·설은 순(舜)의 신하, 이윤은 은나라 탕(湯)의 신하, 여망은 주나라 무왕(武王)의 신하. 설(卨)은 육서통(六書通)에 설(契)로 썼다.

하였다. 왕보가 안타깝게 여겨 그를 위하여 안색을 고치고 마침내 모두 형틀을 풀어 주었다. 이응 등이 또 환관의 자제들을 끌어들이자 환관들이 두려워하여 환제에게 천시(天時)에 맞추어 사면해야 한다고 요청하였다.

【禁錮黨人】

禁錮黨人

六月에 赦天下하고 改元하다 黨人二百餘人皆歸田里한대 書名三府하여 禁錮終身하다

【당인의 벼슬을 금지하다】

6월에 천하의 죄인을 사면하고 연호를 바꾸었다. 당인 200여 명이 모두 향리로 돌아갔는데, 이름을 3부(三府)에 기록하여 평생 벼슬을 금지시켰다.

○ 【范滂不謝霍諝】

范滂不謝霍諝

范滂往候霍諝而不謝한대 或讓之어늘 滂曰 昔叔向不見祁奚하니 吾何謝焉이리오하다 滂南歸汝南하니 南陽士大夫迎之者가 車數千兩이라 鄉人殷陶黃穆侍衛於旁하여 應對賓客한대 滂謂陶等曰 今子相隨은 是重吾禍也라하고 遂遁還鄉里하다

【범방이 곽서에게 감사해 하지 않다】

범방이 곽서(霍諝)를 찾아가서 문안드리면서 감사하다는 말은 하지 않았다. 어떤 사람이 꾸짖자 범방이 말하기를,

"옛날 숙향(叔向)은 자기를 풀어주게 한 기해(祁奚)를 찾아보지도 않았거늘,[9] 내가 어찌 곽서에게 감사할 것이 있겠소!"

하였다. 범방이 남쪽으로 여남군(汝南郡)에 돌아가자 그를 환영하러 나온 남양(南陽)

---

9) 숙향(叔向)은 자기를 풀어주게 한 기해(祁奚)를 찾아보지도 않았거늘 : 춘추 진(晉)나라 범선자(范宣子)가 숙향을 가두었는데 기해의 요청으로 죄를 벗어나게 해 주고 숙향을 만나보지 않은 채 귀가하고, 숙향 역시 기해에게 감사드리지 않은 고사.

의 사대부가 타고 온 수레가 수천 대였다. 마을 사람 은도(殷陶)와 황목(黃穆)이 범방을 모시고 호위하며 빈객들을 응대하였다. 범방이 은도 등에게 말하기를,

"지금 그대들이 나를 따르는 것은 내 재앙을 무겁게 하는 것이오."

하고, 마침내 슬그머니 향리로 돌아갔다.

○ 【平原無黨】

平原無黨

初에 詔書下擧鉤黨할새 郡國所奏相連及者가 多至百數로되 唯平原相史弼獨無所上하니 詔書前後迫切州郡하여 髡笞掾史하다 從事坐傳舍責曰 詔書疾惡黨人하여 旨意懇惻이라 青州六郡에 其五有黨이어늘 平原何治而得獨無오하다 弼曰 先王疆理天下에 畫界分境하여 水土異齊하고 風俗不同하니 他郡自有나 平原自無하니 胡可相比리오 若承望上司하여 誣陷良善하고 淫刑濫罰하여 以逞非理면 則平原之人이 戶可爲黨하리니 相有死而已니 所不能也니이다하다 從事大怒하여 卽收郡僚職送獄하고 遂擧奏弼하다 會黨禁中解하고 弼以俸贖罪하여 所脫者甚衆하다

【평원에는 당인이 없다】

과거에 조서를 내려 연관 당인을 잡아들일 때 군국에서 아뢰어 서로 연루된 자가 많게는 백여 명에 이르렀는데, 오직 평원(平原)의 상(相)인 사필(史弼)만은 홀로 보고한 것이 없었다. 조서에 의해 이전부터 지금까지 주군(州郡)을 압박하여서 연사(掾史 : 소속 관리)를 머리 깎고 매질까지 하였다. 종사(從事 : 감찰관)가 객사(客舍)에 앉아 꾸짖기를,

"조서에 당인을 미워하여 말씀하신 뜻이 간곡하다. 청주(青州) 여섯 군(郡) 중에 다섯 곳은 당인이 있는데, 평원은 어떻게 다스렸기에 유독 당인이 없는가!"

하였다. 사필이 말하기를,

"선왕께서 천하를 구획할 적에 경계를 긋고 땅을 나누어 자연환경이 다르고 풍속이 다릅니다. 다른 군에는 본래 당인이 있었으나 평원에는 본래 당인이 없으니, 어찌 서로 견줄 수 있겠습니까! 만약 상관의 뜻을 받들어 선량한 자를 모함하고 형벌을 지나치게 내려서 도리가 아닌 일을 함부로 행한다면 평원의 사람들이 집집마다 당인이 될 것입니다. 평원의 상(相)인 저는 죽음이 있을 뿐이니, 그런 일을 할 수 없습니다."

하니, 종사가 몹시 화가 나서 군 관료들을 잡아다가 옥으로 보내고 마침내 사필을 탄핵하여 상주하였다. 마침 당금(黨禁)이 풀렸고, 사필이 녹봉을 내어 속죄(贖罪)시켜 주어 벗어난 사람이 매우 많았다.

○【竇武立靈帝】

竇武立靈帝

十二月 丁丑에 帝崩하고 竇太后臨朝하다 城門校尉竇武가 定策禁中하고 迎河間孝王曾孫宏立之하니 時年十二라

【두무가 영제를 세우다】

12월 정축(丁丑) 일에 환제가 서거하였다. 두태후(竇太后)가 조정에 나와 대리정치를 하였다. 성문 교위(城門校尉) 두무(竇武)가 궁중 깊은 곳에서 계책을 정하여 하간 효왕(河間孝王)의 증손 유굉(劉宏)을 맞아 세우니 당시 나이가 12세였다.

통감절요증손교주(通鑑節要增損校註) 21권

후한기(後漢紀)

▪ 효령황제(孝靈皇帝)

在位二十二年이요 壽三十四라

재위 22년이고 수명은 34세이다

名宏이요 肅宗之玄孫이며 河間孝王之曾孫이라

宦官之禍에 毒流搢紳하여 忠臣義士가 騈首就戮하며 不免召外兵以除內難이라 於是虺蜴雖除나 而虎狼入室矣니라 謚法에 亂而不損曰靈이라하다

이름은 굉(宏)이고, 숙종(肅宗)의 현손(玄孫)이며 하간효왕(河間孝王) 유개(劉開)의 증손이다

환관의 화에 재앙이 사대부까지 미쳐서 충신(忠臣)과 의사(義士)가 머리를 나란히 하여 죽게 되었으며, 지방의 군대를 불러들여 중앙의 난리를 제거함을 면치 못하였다. 그래서 살무사와 도마뱀은 비록 제거되었으나, 호랑이와 이리가 방으로 들어오게 되었다. 시호 법에 "어지러움을 줄이지 못함을 령(靈)이라."고 하였다.

【무신(戊申 168) 건녕(建寧) 원년】

○ 以竇武陳蕃胡廣參錄尙書事하다

두무(竇武 : 두태후의 아버지)·진번(陳蕃)·호광(胡廣)으로 녹상서사(錄尙書事 : 상서의 일에 참여하여 총괄하는 관직)를 삼았다.

○ 【陳蕃與竇武同心戮力】

陳蕃與竇武同心戮力

初에 竇太后之立也에 陳蕃有力焉이러니 及臨朝에 政無大小히 皆委於蕃이라 蕃與竇武同心戮力하여 以奬王室하고 徵天下名賢李膺杜密尹勳劉瑜等하여 皆列於朝廷하여 與共參政事하니 於是天下之士가 莫不延頸想望太平이나 而中常侍曹節王甫等共相朋結하고 諂事太后한대 太后信之하니 蕃武疾之하다 嘗共會朝堂할새 蕃私謂武曰 曹節王甫等이 自先帝時操弄國權하여 濁亂海內라 今不誅之면 後必難圖라하다 武深然之어늘 蕃大喜하여 以手推席而起하다

【진번이 두무와 한마음으로 힘을 합치다】

과거에 두태후(竇太后)가 황후로 책봉될 적에 진번이 그 일에 힘을 썼다. 두태후가 대리 정치를 하게 되어서는 정무의 크나 작으나 할 것 없이 모두 진번에게 맡겼다. 진번은 두무와 한마음으로 힘을 합쳐 왕실을 도왔으며 천하에 이름난 현자인 이응(李膺)・두밀(杜密)・윤훈(尹勳)・유유(劉瑜) 등을 불러 모두 조정에 진출하게 하여, 함께 공동으로 정무에 참여시켰다. 이에 천하의 선비들이 목을 빼고 태평성대를 바라지 않는 자가 없었다. 그러나 중상시(中常侍) 조절(曹節)과 왕보(王甫) 등은 서로 붕당을 맺고 아첨하여 태후를 섬겼는데 태후가 그들을 신임하니 진번과 두무는 그들을 미워하였다. 일찍이 함께 조정에 모였을 적에 진번이 두무에게 은밀히 말하기를,

"조절과 왕보 등이 선제(先帝) 때부터 국가 권력을 잡고 농락하여, 천하를 혼란하게 하였습니다. 지금 그들을 죽이지 않으면, 뒤에는 반드시 처치하기 어려울 것입니다."

하였다. 두무가 그 말을 옳게 여기자, 진번은 크게 기뻐하여 손으로 자리를 밀치며 일어났다.

○ 【竇武請誅曹節等】

竇武請誅曹節等

會有日食之變이어늘 蕃謂武曰 昔蕭望之困一石顯하니 況今石顯數十輩乎아 今可因日食斥罷宦官하여 以塞天變이라하다 武乃白太后하여 誅曹節等이라하되 太后猶豫未忍하다

【두무가 조절 등을 목 베자고 청하다】

마침 일식(日食)의 변괴가 있자, 진번이 두무에게 말하기를,

"옛날 어사대부(御史大夫) 소망지(蕭望之)가 일개 환관 석현(石顯) 따위에게 곤란을 당해 죽었거늘[1] 더구나 지금 수 십 명의 석현이 있는 것이겠습니까! 지금 일식을 빌미로 환관들을 파면시켜 내쫓아 하늘의 변괴를 막아야 합니다."

하였다. 두무가 마침내 태후에게 아뢰어 조절 등을 목 베자고 하였으나, 태후는 머뭇거리며 차마 못하였다.

【曹節脅使作詔板】

曹節脅使作詔板 / 曹節殺蕃武

曹節召尚書官屬하여 脅以白刃하여 使作詔板하고 拜王甫爲黃門令하고 持節捕收武等하니 武不受詔라 執蕃하여 送北寺獄하여 殺之하다 王甫將虎賁羽林等合千餘人하고 圍武하니 武自殺이어늘 梟首雒陽都亭하고 收捕宗親賓客姻屬하여 悉誅之하고 遷皇太后於南宮하니 於是群小得志하고 士大夫皆喪氣하다

【조절이 위협하여 조판을 작성하게 하다】

조절이 상서(尙書)의 소속 관원을 불러 시퍼런 칼로 위협하여 조판(詔板 : 詔令)을 작성하게 하고는 왕보(王甫)를 임명하여 황문령(黃門令)으로 삼고, 부절을 지니고 두

1) 어사대부(御史大夫) 소망지(蕭望之)가 … 곤란을 당해 죽었거늘 : 한나라 원제(元帝) 때 어사대부 소망지가 환관 석현에게 모함을 받자 독약을 마시고 자살한 고사.

무 등을 체포하게 하였다. 두무가 조서를 받지 않자, 진번을 잡아 북시옥(北寺獄)에 보내어 죽였다. 왕보가 호분(虎賁)・우림(羽林) 등 도합 천 여 명을 인솔하고 두무를 포위하자, 두무가 자살하였는데 머리를 낙양 도정(都亭 : 도성의 정자)에 매달았다. 종친・빈객・인척 등을 체포하여 모두 죽이고 두황태후(竇皇太后)를 남궁(南宮)으로 옮겼다. 이에 여러 소인(小人)들이 뜻을 얻게 되고, 사대부들은 모두 기세를 잃었다.

【기유(己酉 169) 건녕(建寧) 2년】

○ 【三君八俊八顧八及八廚】

三君八俊八顧八及八廚

初에 李膺等雖廢錮나 天下士大夫皆高尙其道而汙穢朝廷하다 希之者唯恐不及이라 更共相標榜하여 爲之稱號할새 以竇武陳蕃劉淑爲三君하니 君者는 言一世之所宗也요 李膺荀翌杜密王暢劉祐魏朗趙典朱寓爲八俊하니 俊者는 言人之英也요 郭泰范滂尹勳巴肅及宗慈夏馥蔡衍羊陟爲八顧하니 顧者는 言能以德行引人者也요 張儉翟超岑晊苑康及劉表陳翔孔昱檀敷爲八及하니 及者는 言其能導人追宗者也요 度尙及張邈王孝劉儒胡毋班秦周蕃嚮王章爲八廚하니 廚者는 言能以財救人者也라 及陳竇用事에 復擧拔膺等이러니 陳竇誅에 膺等復廢하다

【3군・8준・8고・8급・8주의 미칭】

과거에 이응 등이 비록 등용 금지를 당하였으나, 천하의 사대부들은 모두 그들의 도의를 고상히 여기고 조정을 멸시하였다. 그들만큼 되기를 바라는 자는 오직 따라가지 못할까 염려하고, 서로 표방하여 호칭하기를 두무・진번・유숙을 3군(三君)이라 하니, 군(君)은 한 시대에 존숭을 받는 사람을 말한다. 이응・순익(荀翌)・두밀(杜密)・왕창(王暢)・유우(劉祐)・위랑(魏朗)・조전(趙典)・주우(朱寓)를 8준(八俊)이라 하

니, 준(俊)은 사람 중의 영웅을 말한다. 곽태(郭泰)·범방(范滂)·윤훈(尹勳)·파숙(巴肅) 및 종자(宗慈)·하복(夏馥)·채연(蔡衍)·양척(羊陟)을 8고(八顧)라 하니, 고(顧)는 능히 덕행으로 사람을 이끄는 자를 말한다. 장검(張儉)·적초(翟超)·잠질(岑晊)·원강(苑康) 및 유표(劉表)·진상(陳翔)·공욱(孔昱)·단부(檀敷)를 8급(八及)이라 하니, 급(及)은 능히 사람을 인도하여 따르며 우러러보는 자를 말한다. 도상(度尙) 및 장막(張邈)·왕효(王孝)·유유(劉儒)·호모반(胡母班)·진주(秦周)·피향(蕃嚮)·왕장(王章)을 8주(八廚)라 하니, 주(廚)는 능히 재물로 사람을 구제하는 자를 말한다.

진번·두무가 정무를 보게 되어서는 다시 이응 등을 발탁했는데, 진번과 두무가 죽임을 당하자, 이응 등이 다시 폐출되었다.

【宦官申黨人之禁】

宦官申黨人之禁

宦官疾惡膺等하여 每下詔書에 輒申黨人之禁하고 侯覽怨張儉尤甚이라 覽鄕人朱並素佞邪하여 爲儉所棄러니 承覽意指하여 上書告儉與同鄕二十四人別相署號하여 共爲部黨하여 圖危社稷한대 而儉爲之魁라하니 詔刊章捕儉等하다

【환관이 당인의 등용 금지를 들먹이다】

환관들이 이응 등을 미워하여, 매번 황제가 조서를 내릴 때마다 당인(黨人)의 등용 금지를 거듭 들먹이고, 환관 후람(侯覽)은 장검(張儉)을 매우 심하게 원망하였다. 후람의 고향 사람인 주병(朱並)이 평소에 아첨하고 사악하여, 장검에게 버림을 받았다. 주병이 후람의 의향을 받들어 글을 올려 '장검이 같은 고을 사람 24명과 별도로 호칭을 만들어서, 함께 붕당을 결성하여 사직을 위태롭게 할 것을 도모하였는데, 장검이 우두머리입니다.'라고 고발하였다. 조서는 고발자 주병의 이름을 삭제하고 그 글을 내려주어 장검 등을 체포케 하였다.

○ 【復治鉤黨】

復治鉤黨

曹節因此諷有司奏케하여 諸鉤黨者故司空虞放及李膺杜密朱寓

荀翌翟超劉儒范滂等하여 請下州郡考治하소서하니 是時上年十四라 問節等曰 何以爲鉤黨고하니 對曰 鉤黨者 卽黨人也니이다하다 上曰 黨人何用爲惡而欲誅之耶아하니 對曰 皆相擧群輩하여 欲爲不軌니이다하다 上曰 不軌欲如何오하니 對曰 欲圖社稷이니이다하다 上乃可其奏하다

【다시 구당을 다스리다】

조절(曹節)은 이에 의해 넌지시 담당관에게 지시하여 상주하게 하였는데,

"여러 구당(鉤黨 : 서로 끌어들인 붕당) 인물 중에 전(前) 사공(司空) 우방(虞放) 및 이응·두밀·주우·순익·적초·유유·범방 등을 주군(州郡)의 관청에 회부하여 조사해 다스리도록 하십시오."

하니, 이때 영제의 나이가 14세였다. 조절 등에게 묻기를,

"무엇을 구당이라 하는가?"

하니, 대답하기를,

"구당은 바로 당인(黨人)입니다."

하였다. 영제가 말하기를,

"당인이 어떻게 악독한 짓을 했기에 그들을 죽이려 하는가?"

하니, 대답하기를,

"모두 서로 무리들을 추천하여 불법을 저지르려 합니다."

하였다. 영제가 말하기를,

"불법은 어떻게 하려는 것인가?"

하니, 대답하기를,

"사직을 도모하고자 하는 것입니다."

하였다. 영제가 마침내 그의 상주를 허가하였다.

○ 【李膺詣詔獄】

李膺詣詔獄 或謂李膺曰 可去矣라하니 對曰 事不辭難하고 罪不逃刑이 臣之節也라 吾年已六十이요 死生有命하니 去將安之오하다 乃詣詔獄하여 考死하니 門生故吏並被禁錮하다

【이응이 조옥에 나아가다】

어떤 사람이 이응에게 말하기를,

"떠나는 것이 좋겠소."

하니, 대답하기를,

"임금을 섬기는 데에 어려움을 사절하지 않고, 죄를 지음에 형벌을 피하지 않는 것은 신하의 절개요. 내 나이가 이미 60살이요, 죽고 사는 것은 천명이 있는 것인데, 떠나간들 장차 어디로 가겠소!"

하였다. 마침내 조옥(詔獄 : 황제 직할 감옥)에 나아가 고문당해 죽었고, 문하생과 그의 옛 부하 관리들이 모두 등용 금지를 당하였다.

○ 【范滂詣獄】

范滂詣獄 汝南督郵吳導受詔捕范滂할새 至征羌하여 抱詔書閉傳舍하여 伏牀而泣하니 一縣不知所爲라 滂聞之曰 必爲我也라하고 卽自詣獄하니 縣令郭揖大驚하여 出하여 解印綬하고 引與俱亡曰 天下大矣니 子何爲在此오하니 滂曰 滂死則禍塞하리니 何敢以罪累君이며 李杜齊名 死亦何恨 又令老母流離乎아하다 其母就與之訣曰 汝今與李杜齊名하니 死亦何恨이며 旣有令名하고 復求壽考면 可兼得乎아하니 滂跪受教하 使汝爲善 則我不爲惡 고 再拜而辭하다 顧其子曰 吾欲使汝爲惡이면 則惡不可爲요 使汝爲善이면 則我不爲惡이라하다 行路聞之하고 莫不流涕하다

【범방이 감옥에 나아가다】

여남(汝南)의 독우(督郵 : 감찰관)인 오도(吳道)가 범방을 체포하라는 조서를 받았는데, 정강현(征羌縣)에 이르러 조서를 안고 역말 관사(官舍)를 닫고는 평상에 엎드려 울자, 온 정강현 사람들이 어찌 할 바를 몰랐다. 범방이 그것을 듣고 말하기를,

"반드시 나 때문이다."

하고, 즉시 스스로 감옥에 나아갔다. 현령(縣令) 곽읍(郭揖)이 크게 놀라서 나와 인수(印綬)를 풀어놓고, 범방을 이끌면서 함께 도망하자고 하며 말하기를,

"천하가 넓은데, 그대는 어찌하여 여기에 있으려 하시오!"

하니, 범방이 말하기를,

"내가 죽어야만 화가 그칠 것입니다. 어찌 감히 죄를 그대에게 연루시킬 것이며, 또 늙은 어머니를 유랑하게 한단 말이요!"

하였다. 범방의 어머니가 나아가 그와 결별하며 말하기를,

"너는 지금 이응·두밀과 명성이 대등하니 죽은들 또한 어찌 한스럽겠는가! 이미 아름다운 명예를 얻고서 다시 오래 살기를 바란다면, 둘 다 얻을 수 있겠느냐!"

하니, 범방이 무릎 꿇어 가르침을 받들고, 두 번 절하여 하직인사를 하였다. 범방이 자기의 아들을 돌아보며 말하기를,

"내가 너에게 악행을 하게 하면 악행을 해서는 안 되고, 너에게 선행을 하게 하면 내가 악행을 하지 않은 것이 된다."

하였다. 길가는 사람이 그것을 듣고 눈물을 흘리지 않는 자가 없었다.

○【黨人死者百餘人】

黨人死者百餘人

凡黨人死者百餘人이러니 妻子皆徙邊하다 天下豪傑及儒學有行義者를 宦官一切指爲黨人이라하여 其死徙廢禁者又六七百人이라

【당인으로 죽은 자가 백 여 명이다】

무릇 당인으로 죽은 자가 백여 명이나 되었는데 그들의 아내와 자식들을 모두 변방으로 옮겼다. 천하의 호걸 및 유학자로서 행실과 의리가 있는 자를 환관이 모두 당인이라 지목하여, 죽거나 귀양가거나 파면당하거나 등용금지를 당한 자가 또

6~7백 명이었다.

○ 【郭泰不爲危言覈論】

郭泰不爲危言覈論 郭泰聞黨人之死하고 私爲之慟曰 詩云 '人之云亡에, 邦國殄瘁'라 하니 漢室滅矣로다 但未知'瞻烏爰止컨대 于誰之屋'耳로다하다 泰雖好臧否人倫이나 而不爲危言覈論이라 故能處濁世而怨禍不及焉하다

【곽태는 과격한 말이나 심각한 논박을 하지 않다】

곽태(郭泰)는 당인들이 죽었다는 소식을 듣고 혼자서 그들을 위해 통곡하기를,

"≪시경≫에 '착한 사람이 죽으니 나라가 다 병든다.'라고 하였으니, 한(漢)나라가 망하겠구나! 다만 '저 까마귀가 머물 데를 보건대 누구의 지붕에 앉을까!'[2] 알지 못하겠구나."

하였다. 곽태는 비록 인물의 좋고 나쁨을 논평하기를 좋아했으나, 과격한 말이나 심각한 논박을 하지 않았다. 그러므로 혼탁한 세상에 잘 처신하여, 원망과 재앙이 그에게 미치지 않았다.

○ 【張儉望門投止】

張儉望門投止 張儉亡命困迫하여 望門投止하니 莫不重其名行하여 破家相容이라 其所經歷에 伏重誅者以十數요 連引收考者布徧天下하고 宗親竝

孔融匿張儉 皆殄滅하니 郡縣爲之殘破라 儉與魯國孔褒有舊라 亡抵褒라가 不遇러니 褒弟融이 年十六에 匿之하다 後事泄하고 儉得亡走라 國相

2) 저 까마귀가 머물 데를 보건대 누구의 지붕에 앉을까! : 백성들이 어느 정권을 세울까! 까마귀는 백성의 비유이고, 지붕은 부잣집 지붕으로 명군(明君)의 비유이다. 이는 ≪시경(詩經) 소아(小雅) 정월편(正月篇)≫의 가사를 인용하여, 한나라가 망하고 어느 명군이 정권을 세워 백성들이 의지할까라는 뜻을 나타낸 것이다.

收褒融送獄이어늘 未知所坐러니 融曰 保納舍藏者는 融也니 當坐니이다하니 褒曰 彼來求我니 非弟之過니이다하다 吏問其母한대 母曰 家事任長이니 妾當其辜라하고 一門爭死라 郡縣疑不能決하여 乃上讞之하니 詔書竟坐褒하다 及黨禁解에 儉乃還鄕里하여 後爲衛尉라가 卒하니 年八十四라

孔褒一門爭死

【장검이 인가가 보이면 들어가 묵기를 청하다】

장검이 망명하면서 곤궁하고 절박하여 인가가 보이면 들어가 묵기를 청하였는데, 사람들이 그의 명망과 행실을 중히 여겨 집안이 망하더라도 그를 받아 주지 않는 자가 없었다. 그리하여 장검이 지나간 곳은 사형을 받은 자가 10여명이요, 관련되어 체포되거나 고문 받은 자가 천하에 두루 깔리게 되었으며, 그의 종친은 모두 멸족을 당하니, 군·현이 장검 때문에 파괴되었다. 장검이 노국(魯國)의 공포(孔褒)와 오랜 교분이 있었으므로 도망하여 공포에게 찾아갔다가 만나지 못하자, 공포의 아우 공융(孔融)은 나이가 16살이었는데 그를 숨겨주었다. 뒤에 일이 누설되었지만, 장검은 도주할 수 있었다. 노국(魯國)의 정승이 공포와 공융을 잡아 감옥으로 보냈으나, 죄를 누구에게 연루 시킬지를 알지 못하였다. 공융은 말하기를,

"장검을 보호하고 집에 들여 감춰준 것은 저이니, 마땅히 죄를 받아야 합니다."

하니, 공포가 말하기를,

"장검이 와서 나를 찾았으니, 아우의 잘못이 아닙니다."

하였다. 관리가 그 어머니에게 묻자, 어머니가 말하기를,

"집안일은 어른에게 책임이 있으니, 제가 그 죄를 받아야 마땅합니다."

하였다. 온 집안사람들이 서로 죽겠다고 다투자 군현에서는 의아해 하여 결정할 수 없어 마침내 상주하여 그것을 평결케 하였는데, 조서는 마침내 공포를 죄주었다.

당금(黨禁)이 풀리자 장검은 마침내 고향으로 돌아왔다. 뒤에 위위(衛尉 : 궁중 수비 책임자)가 되었는데, 죽을 때에 나이가 84세였다.

○ 【夏馥爲冶家傭】

夏馥爲冶家傭
翦鬚變形

夏馥聞張儉亡命하고 嘆曰 孽自己作이어늘 空汙良善이로다 一人逃死에 禍及萬家하니 何以生爲리오하고 乃自翦鬚變形하고 入林慮山中하여 隱姓名하고 爲冶家傭하여 人無知者러니 黨禁未解而卒하다

【하복이 대장간의 품팔이가 되다】

하복은 장검이 망명하였다는 것을 듣고 탄식하기를,

"재앙은 자기가 만들어 놓고는 부질없이 선량한 사람을 끌어들이는구나. 한 사람이 죽음을 피하려다가 재앙이 만가(萬家)에 미치는데, 어찌 살려고 한단 말인가!"

하고는, 마침내 스스로 수염을 깎고 모습을 바꾸고서 임려산(林慮山) 속으로 들어가 성명을 감추고 대장간의 품팔이가 되니, 알아보는 사람이 없었다. 하복은 당금이 풀리기 전에 죽었다.

○ 【申屠蟠絶迹梁碭間 免於評論】

申屠蟠絶迹梁碭間免於評論

初에 范滂等非訐朝政하니 自公卿以下皆折節下之라 太學生爭慕其風하여 以爲文學將興하고 處士復用이라하되 申屠蟠獨歎曰 昔戰國之世에 處士橫議하니 列國之王至爲擁篲先驅나 卒有坑儒燒書之禍하니 今之謂矣라하고 乃絶迹於梁碭之間하고 因樹爲屋하여 自同傭人하다 居二年에 滂等果罹黨錮之禍하되 唯蟠超然免於評論하다

【신도반이 양국과 탕현 사이에서 행적을 끊어 당인 논쟁에서 벗어나다】

과거에 범방 등이 조정을 비난하니, 공경 이하가 모두 자신을 굽혀 범방에게

낮추었다. 태학생(太學生)들이 다투어 그의 풍모를 사모하여,

"문학이 장차 일어나고 처사(處士)가 다시 등용될 것이다."

하였으나, 신도반(申屠蟠)은 홀로 탄식하기를,

"옛날 전국시대에 처사들이 논의를 제멋대로 하니, 열국(列國)의 왕들이 심지어 그들을 위하여 비를 들어 소제하고 앞 다투어 달려가 맞이하였으나, 결국 선비를 파묻고 책을 불사르는 재앙이 있었으니,[3] 지금 같은 경우를 말하는 것이다."

하고, 마침내 양국(梁國)과 탕현(碭縣) 사이에서 행적을 끊고 나무를 이용하여 집을 짓고, 스스로 품팔이꾼처럼 하였다. 그렇게 생활한지 2년 만에 범방 등이 과연 당고지화(黨錮之禍) 에 걸렸으나, 오직 신도반만은 초연하게 당인 비판에서 벗어났다.

○ 【郭泰申屠蟠避小人之禍】

郭泰申屠蟠避小人之禍

溫公曰 天下有道에 君子揚于王庭以正小人之罪하여 而莫敢不服하고 天下無道면 君子囊括不言以避小人之禍라도 而猶或不免이니이다 黨人生昏亂之世하여 不在其位어늘 四海橫流에 而欲以口舌救之하여 臧否人物하고 激濁揚淸이라가 撩虺蛇之頭하고 踐虎狼之尾하여 以至身被淫刑하고 禍及朋友하여 士類殲滅而國隨以亡하니 不亦悲乎아 夫惟郭泰旣明且哲하여 以保其身하고 申屠蟠見幾而作하여 不俟終日하니 卓乎其不可及已니이다

【곽태와 신도반이 소인의 재앙을 피하다】

온공(溫公)이 말하였다.

"천하에 도가 있을 적에는 군자가 조정에서 뜻을 펼쳐 소인의 죄를 바로잡아 감히 복종하지 않는 자가 없습니다. 천하에 도가 없을 적에는 군자가 주

---

3) 선비를 파묻고 책을 불사르는 재앙이 있었으니 : 진시황(秦始皇)의 분서갱유(焚書坑儒)를 말함.

머니를 묶듯이 입을 다물어 말하지 아니하여 소인의 재앙을 피하려 해도 오히려 혹 면치 못하기도 합니다. 당인은 혼란한 세상에 태어나 온당한 지위에 있지 못하면서도 천하가 무도(無道)할 때에 말로 세상을 구제하려고 하였습니다. 그리하여 인물을 품평하고 사악함을 배척하고 청고(淸高)함을 장려하다가 도마뱀과 살무사의 머리를 잡고 호랑이와 이리의 꼬리를 밟아서, 자신은 가혹한 형벌을 당하고 재앙이 친구에게까지 미쳐서 선비들이 다 죽어 나라가 따라서 망하는 데에 이르렀으니, 또한 슬프지 않습니까! 오직 곽태만은 이미 현명하고 또 지혜로워서 그 몸을 보전하였고, 신도반은 기미를 보고 행동하여 하루도 기다리지 않고 떠났으니, 우뚝하여 따라갈 수가 없습니다!"

【임자(壬子 172) 희평(熹平) 원년】

○ 【胡廣周流四公】

胡廣周流四公 三月에 太傅胡廣薨하니 年八十二라 廣周流四公하여 三十餘年에 歷事六帝하니 禮任極優하고 所辟多天下名士라 與故吏陳蕃李咸
萬事不理問伯始天下中庸有胡公 並爲三司하여 練達故事하고 明解朝章이라 故京師諺曰 萬事不理는 問伯始하고 天下中庸은 有胡公이라하되 然溫柔謹慤하여 常遜言恭色以取媚於時하고 無忠直之風하니 天下以此薄之하다

【호광이 4공을 역임하다】

3월에 태부(太傅) 호광(胡廣)이 죽었는데, 나이가 82세였다. 호광이 4공(四公 : 태부·태위·사도·사공)을 역임하여, 30여 년 동안 여섯 황제를 두루 섬겼다. 천자의 예우와 신임이 지극히 융숭하였고, 그가 추천한 이는 대부분 천하의 이름난 선비였다. 과거의 휘하 관리였던 진번(陳蕃)·이함(李咸)과 함께 3사(三司 : 삼공)가 되어서 옛 관례(慣例)에 숙달하고, 조정의 법도를 환히 알았다. 그러므로 서울의 속담에,

"만사가 다스려지지 않는 것은 백시(伯始 : 호광의 자)에게 묻고, 천하에 중용의 도덕자는 호공(胡公 : 호광)이 있구나!"

하였다. 그러나 호광은 온유하고 조심하여, 항상 겸손한 말과 공손한 얼굴로 세상에 잘 보였고, 충직한 기풍은 없었다. 천하 사람들이 이 때문에 호광을 경시하였다.

【을묘(乙卯 175) 희평(熹平) 4년】

○ 【立石經于太學門外】

立石經于太學門外

三月에 詔諸儒正五經文字하고 命議郎蔡邕爲古文篆隷三體書之하여 刻石하여 立于太學門外하다

【석경을 태학의 문 밖에 세우다】

3월에 여러 선비들에게 조서를 내려 ≪오경(五經)≫의 문자를 바로 잡게 하고 의랑(議郎) 채옹(蔡邕)에게 명하여 고문(古文)·전서(篆書)·예서(隷書)의 세 가지 글씨체로 써서 비석에 새겨, 태학의 문 밖에 세우게 하였다.

【병진(丙辰 176) 희평(熹平) 5년】

○ 【曹鸞申理黨人】

曹鸞申理黨人

永昌太守曹鸞上書曰 夫黨人者는 或耆年淵德이요 或衣冠英賢이니 皆宜股肱王室하고 左右大猷者也어늘 而久被禁錮하여 辱在塗泥하니 災異水旱皆由於斯니이다하다 帝省奏하고 大怒하여 卽詔收鸞하고 送槐里獄하여 掠殺之하다 於是詔州郡更考黨人門生故吏父子兄弟在位者하여 悉免官禁錮한대 爰及五屬하다

【조란이 당인의 원통함을 씻어 주다】

영창태수(永昌太守) 조란(曹鸞)이 글을 올리기를,

"당인들은 혹은 나이가 많으며 덕이 깊고 혹은 사대부로서 걸출한 인물들이니, 모두 왕실에 팔다리 역할을 하고 폐하의 측근에서 중대 계책을 도아야 할 자들입니다. 그런데 오랫동안 등용 금지를 당하여 욕되게 진흙탕에 빠져 있으니, 재앙과 변괴가 일어나고 홍수와 가뭄이 드는 것은 모두 여기에서 말미암은 것입니다."

하였다. 영제는 올라온 글을 살펴보고는 크게 노하여, 즉시 조서를 내려 조란을 잡아 괴리현(槐里縣) 감옥으로 보내 고문하여 죽였다. 이에 주군(州郡)에 조서를 내려 다시 당인의 문하생, 옛 부하 관리, 부모 형제로서 관직에 있는 자를 조사하여, 모두 관직을 파면하고 등용을 금지시켰는데, 오복(五服) 이내의 친속(親屬)까지 미쳤다.

【정사(丁巳 177) 희평(熹平) 6년】

○ 【宣陵孝子】

宣陵孝子 市賈小民相聚爲宣陵孝子者數十人이어늘 詔皆除太子舍人하다

【선릉의 효자】

시장에서 장사하는 백성들이 서로 모여 선릉(宣陵 : 桓帝)의 효자(孝子)라고 자칭한 자[4]가 수십 명이었는데, 조서를 내려 모두 태자사인(太子舍人)에 임명하였다.

【무오(戊午 178) 광화(光和) 원년】

○ 【置鴻都門學】

4) 선릉(宣陵 : 桓帝)의 효자(孝子)라고 자칭한 자 : 환제의 효자라고 자칭하여 환제 능묘에서 상복을 입고 거상(居喪)하는 자를 말함.

置鴻都門學 二月에 置鴻都門學하고 其諸生皆敕州郡三公擧用辟召하니 或出爲刺史太守하고 入爲尙書侍中하고 有封侯賜爵者하니 士君子皆恥與列焉하다

【홍도문학을 설치하다】

2월에 홍도문학(鴻都門學)을 설치하고, 여러 학생들을 모두 주군(州郡)과 삼공(三公)에게 명령해서 추천하여 불러오도록 하니, 지방으로 나아가 자사(刺史)・태수(太守)가 되거나, 정부에 들어와 상서(尙書)・시중(侍中)이 되고, 제후(諸侯)에 봉해져 작위를 받는 자도 있었다. 사군자(士君子)들은 모두 그들과 동렬에 있는 것을 부끄러워하였다.

○【開邸賣官】

開邸賣官 是歲에 初開西邸賣官한대 入錢各有差하니 二千石二千萬이요 四百石四百萬이요 其以德次應選者半之하고 或三分之一이라 於西園立庫以貯之하다 或詣闕上書占令長하며 隨縣好醜하여 豐約有賈하되 富者則先入錢하고 貧者到官然後倍輸하며 又私令左右賣公卿하니 公千萬이요 卿五百萬이라 初에 帝爲侯時常苦貧이러니 及即位에 每嘆桓帝不能作家居하여 曾無私錢이라 故賣官聚錢以爲私藏하다

【서저를 개설하여 관직을 팔다】

이 해에 처음으로 서저(西邸 : 서쪽 저택)를 개설하여 관직을 팔았는데, 납입하는 돈에 각각 차등이 있었다. 이천석(二千石) 관직은 이천 만(二千萬)이었고, 사백석(四百石) 관직은 사백 만(四百萬)이었고, 공덕의 차등에 따라 선발에 응한 자는 반이나 3분의 1로 하였다. 서원(西園)에 창고를 지어서 그것을 저장하였다. 대궐에 나아가 글을 올려 현령(縣令)이나 현장(縣長)자리를 차지하며, 현(縣)의 좋고 나쁨에 따라

가격의 높고 낮은 차이가 있었는데, 부자는 먼저 돈을 내고 가난한 자는 관직에 부임한 뒤에 두 배로 갚았다. 또 영제가 사사로이 측근들에게 공(公)·경(卿)의 직책을 팔게 하였는데, 공은 천만이었고 경은 오백 만이었다. 과거에 영제가 제후였을 때 항상 가난에 시달렸었는데, 즉위해서는 매번 환제가 개인 저축을 하지 못해 일찍이 개인 재산이 없는 것을 한탄하였다. 이 때문에 관직을 팔아 돈을 모아서 사유재산을 만든 것이다.

【경신(庚申 180) 광화(光和) 3년】

○【作畢圭靈昆苑】

作畢圭靈昆苑

作畢圭靈昆苑할새 司徒楊賜諫이라 上以問侍中任芝樂松한대 對曰 昔文王之囿百里로되 人以爲小하고 齊宣王四十里로되 人以爲大하니 今與百姓共之하시면 無害於政也리이다하니 帝悅하여 遂爲之하다

【필규원과 영곤원을 만들다】

필규원(畢圭苑)과 영곤원(靈昆苑)을 만들 적에 사도(司徒) 양사(楊賜)가 간언하였다. 영제가 시중(侍中) 임지(任芝)와 악송(樂松)에게 물으니, 악송이 대답하기를,

"옛날 문왕(文王)의 동산은 1백리였으나 백성들이 작다고 여겼고, 제(齊)나라 선왕(宣王)의 동산은 40리였으나 백성들이 크다고 여겼으니, 지금 백성들과 함께 공유하신다면 정치에 해로움이 없을 것입니다."

하였다. 영제가 기뻐하여 드디어 그 동산을 만들었다.

【임술(壬戌 182) 광화(光和) 5년】

○【避驄馬御史】

避驄馬御史

桓典爲侍御史하니 宦官畏之하다 典常乘驄馬한대 京師爲之語曰

行行且止하여 避驄馬御史하라하다

【총마어사를 피하라】

환전(桓典)이 시어사(侍御史)가 되니, 환관들이 그를 두려워하였다. 환전이 항상 총마(驄馬 : 청백색 말)를 탔는데, 서울에서 그 때문에 말하기를,

"주춤주춤 가다가 멈추어 총마어사(驄馬御史)를 피하라."

하였다.

【계해(癸亥 183) 광화(光和) 6년】

○【黃巾賊起】

黃巾賊起 / 張角奉事黃老 / 太平道 / 三十六方 / 蒼天已死 黃天當立 歲在甲子 天下大吉

初에 鉅鹿張角奉事黃老하고 以妖術教授하여 號太平道라하다 呪符水以療病하니 衆共神而信之하다 角分遣弟子周行四方하여 轉相誑誘하니 十餘年間에 徒衆數十萬이라 自青徐幽冀荊揚兗豫八州之人이 莫不畢應이라 角遂置三十六方한대 方은 猶將軍也니 大方萬餘人이요 小方六七千이며 各立渠帥하다 訛言蒼天已死하니 黃天當立하리라 歲在甲子에 天下大吉하리라하고 以白土書京城寺門及州郡官府호대 皆作甲子字하고 約以三月五日內外俱起하다

【황건적이 일어나다】

과거에 거록(鉅鹿)의 장각(張角)이 황제(黃帝)와 노자(老子)를 받들어 섬기고, 요사한 술법을 가르치면서 '태평도(太平道)'라 하였다. 주문(呪文)을 외우고 부적을 물에서 태워서 병을 치료하자, 무리들이 모두 그를 신성시하여 믿었다. 장각이 제자들을 나누어 파견하여 두루 사방을 돌아다니게 하였는데, 점차 서로 속여서 꾀어내니 10여 년 동안에 신도가 수십만 명이 되었다. 청주(青州)로부터 서주(徐州)·유주(幽州)·기주(冀州)·형주(荊州)·양주(揚州)·연주(兗州)·예주(豫州) 8주의 사람들이 모

두 호응하지 않은 자가 없었다. 장각이 드디어 36방(方)을 두었는데 방은 장군과 같았으니, 대방(大方) 휘하엔 만여 명, 소방(小方) 휘하엔 6~7천 명이 있었으며, 각각 거수(渠帥 : 수령(首領))를 두었다. 속여 말하기를,

"푸른 하늘 한나라가 이미 죽었으니, 노란 하늘 황건 군대가 당연히 일어나리라. 갑자년인 내년에 천하가 크게 길하리라."

하고, 흰 흙으로 서울인 낙양(雒陽)의 관청 대문 및 주·군의 관청에 모두 '갑자(甲子)'라는 글자를 썼다. 그리고 3월 5일에 안팎에서 한꺼번에 일어나기로 약속하였다.

【갑자(甲子 184) 중평(中平) 원년】

○ 【皇甫嵩請解黨禁】

皇甫嵩請解黨禁

角弟子唐周上書告之한대 有詔逐捕角等하다 角敕諸方하여 俱起할새 皆着黃巾以爲標幟라 故時人謂之黃巾賊이라하다 二月에 角自稱天公將軍이요 角弟寶稱地公將軍이요 寶弟梁稱人公將軍이라하고 所在燔燒官府하고 劫略聚邑하니 州郡失據하고 長吏多逃亡하다 旬月之間에 天下響應하니 京師震動이라 三月에 帝召群臣會議하니 北地太守皇甫嵩以爲宜解黨禁하고 益出中藏錢西園廐馬以班軍士하소서하다 上問計於中常侍呂强한대 對曰 黨錮久積하여 人情怨憤하니 若不赦宥면 輕與張角合謀하여 爲變滋大리이다하니 帝懼而從之하여 乃赦天下黨人하고 還諸徙者하되 唯張角不赦하다

天公將軍 地公將軍 人公將軍

【황보숭이 당금을 풀어줄 것을 청하다】

장각의 제자인 당주(唐周)가 글을 올려 고발하자, 조서를 내려 장각 등을 뒤쫓아 체포하게 하였다. 장각이 모든 방에 명령하여 함께 일어나게 하였는데, 모두 황색 두건을 써서 표시를 했기 때문에 당시 사람들이 그들을 '황건적(黃巾賊)'이라 하였

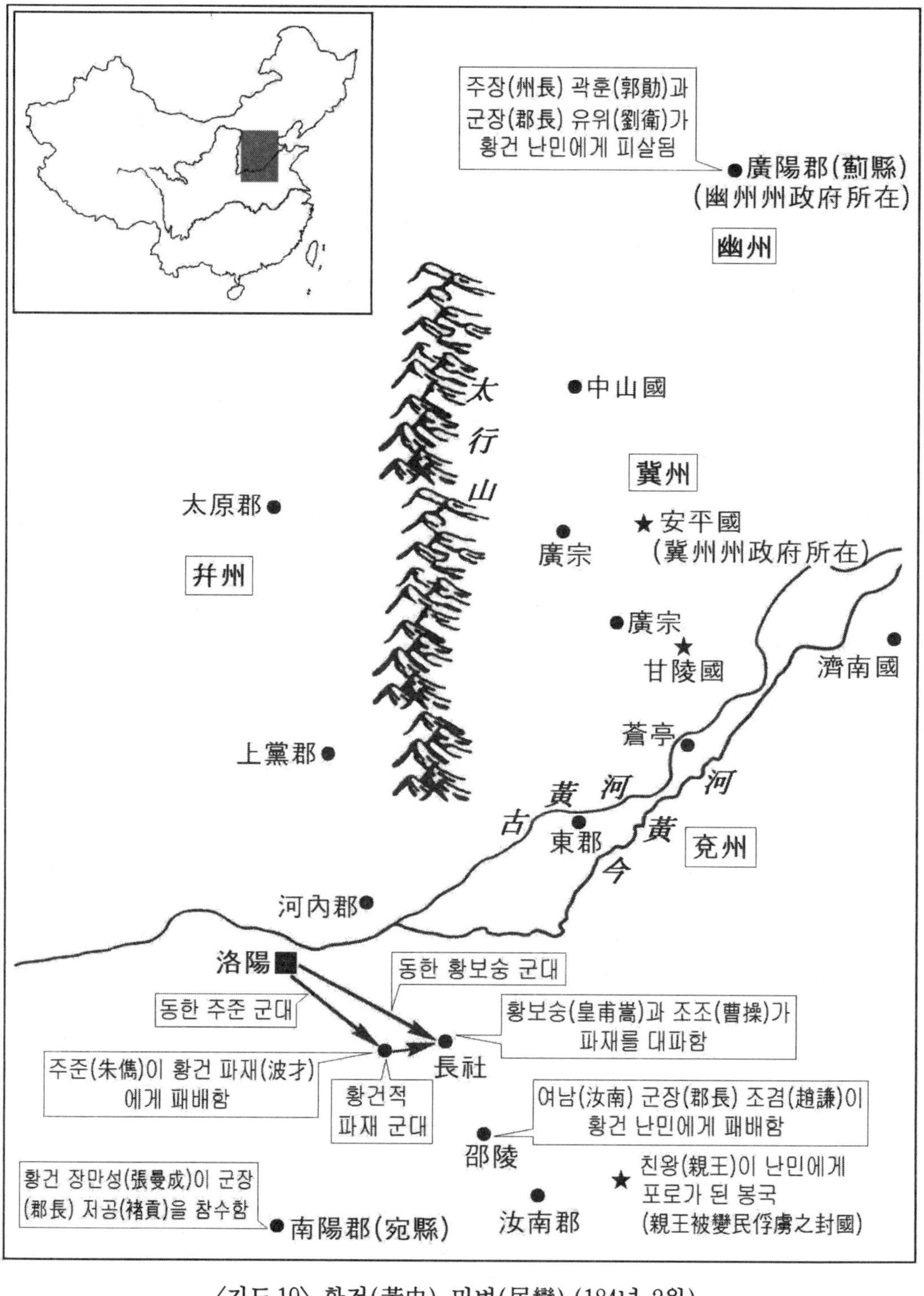

〈지도 19〉 황건(黃巾) 민변(民變).(184년 2월)

다. 2월에 장각은 스스로 천공장군(天公將軍), 장각의 아우 장보(張寶)는 지공장군(地公將軍), 장보의 아우 장량(張梁)은 인공장군(人公將軍)이라 일컫고, 각각 있는 곳에서 관청을 불 지르고 마을을 노략질하자 주·군에서 중심을 잡지 못하고 우두머리 관리들이 대부분 도망하였다. 한 달 사이에 천하가 메아리처럼 호응하니, 서울이 진동하였다. 3월에 영제가 여러 신하를 불러 회의하였는데 북지 태수(北地太守) 황보숭(皇甫嵩)이,

"마땅히 당파인 등용 금지를 풀고, 중장부(中藏府 : 궁중 창고)의 돈과 서원(西園) 마구간의 말을 더욱 많이 내어 군사들에게 분배해야 합니다."

하였다. 영제가 중상시(中常侍) 여강(呂强)에게 계책을 묻자 여강이 대답하기를,

"당파인 등용 금지가 오래되어 인정(人情)이 원망하고 분통해 하니 사면하지 않으면 경망하게 장각에게 합세해 모의하여, 변란이 더욱 커질 것입니다."

하였다. 영제는 두려워하여 그 말을 따라서 마침내 천하의 당파인들을 사면하고 변방으로 보냈던 당파인의 처자들을 돌아오게 하였으나, 장각만은 사면하지 않았다.

○【發兵討黃巾】

發兵討黃巾 發天下精兵하여 遣盧植討張角하고 皇甫嵩朱儁討潁川黃巾하다 儁戰敗에 會騎都尉曹操將兵適至어늘 嵩操與朱儁合軍하여 更與賊戰하여 大破之하다 曹嵩爲中常侍曹騰養子 操父嵩은 爲中常侍曹騰養子니 不能審其生出本末이요 或云夏侯氏子也라하다 操少機警하고 有權數하며 而任俠放蕩이어늘 天下將亂 非命世之才 不能濟 太尉橋玄異焉하여 謂操曰 天下將亂에 非命世之才면 不能濟也니 能安之者는 其在君乎인저 君未有名하니 可交許子將하라하다

【병사를 동원하여 황건적을 토벌하다】

천하의 정예병을 동원하여, 노식(盧植)을 보내 장각을 토벌하게 하고, 황보숭과 주준(朱儁)을 보내 영천(潁川)의 황건적을 토벌하게 하였다. 주준이 전투에서 패배하

였는데, 때마침 기도위(騎都尉) 조조(曹操)가 군사를 거느리고 적시에 와서 황보숭·조조가 주준과 군대를 합쳐 다시 황건적과 싸워서 그들을 크게 격파하였다. 조조의 아버지 조숭(曹嵩)은 중상시(中常侍) 조등(曹騰)의 양자(養子)였는데 그 출생 근원이 자세하지 않고 혹은 하후씨(夏侯氏)의 아들이라고도 하였다. 조조는 어려서부터 기민하고 권모술수가 있었으며 의협심이 있고 호탕하였는데, 태위(太尉) 교현(橋玄)이 그 점을 특이하게 여겨 조조에게 이르기를,

"천하가 혼란해질 것인데 세상 운명을 바꿀 인재가 아니면 구제할 수 없을 것이니, 이를 안정시킬 수 있는 사람은 아마도 그대일 것이오! 그대는 아직 명성이 있지 않으니, 허자장(許子將 : 허소(許劭))과 교제하도록 하시오."

하였다.

【曹操治世能臣 亂世奸雄】

曹操治世能臣亂世奸雄

子將者는 訓之從子劭也니 好人倫하고 多所賞識하여 與從兄靖俱有高名하고 好共覈論鄕黨人物하여 每月輒更其品題라 故汝南俗

許劭月旦評

有月旦評焉이라 曹操往造劭而問之曰 我何如人가 劭鄙其爲人하여 不答이라 操乃劫之어늘 劭曰 子는 治世之能臣이요 亂世之奸雄이라하니 操大喜而去하다

【조조는 치세의 유능한 신하이고, 난세의 간사한 영웅이다】

자장은 허훈(許訓)의 조카인 허소(許劭)이다. 허소는 인물을 분류하기를 좋아하고 식별하여 칭찬하는 것이 많아 종형(從兄)인 허정(許靖)과 함께 높은 명망이 있었고, 고을 인물들을 모두 자세히 논평하기를 좋아하여 매월 품평한 제목을 바꾸었다. 그러므로 여남(汝南)의 풍속에 월단평(月旦評 : 매월 초하루 품평)이 있었다. 조조가 허소를 찾아가 묻기를,

"나는 어떤 사람이오?"

하니, 허소는 그의 사람됨을 비루하게 여겨 대답하지 않았다. 조조가 마침내 위협하자, 허소가 말하기를,

"그대는 태평한 세상의 유능한 신하가 되고, 혼란한 세상의 간사한 영웅이

될 것이오."

하니, 조조는 크게 기뻐하며 떠나갔다.

○ 【斬張梁 戮張角屍】

斬張梁 戮張角屍

盧植破張角하여 垂當拔之러니 宦官誣奏植抵罪어늘 詔皇甫嵩討張角한대 嵩與角弟梁戰하여 大破之하고 斬梁하다 角先已病死라 剖棺戮屍하고 傳首京師하다

【장량을 참수하고 장각의 시체를 욕보이다】

노식이 장각을 격파하여 거의 함락하게 되었는데, 환관들이 노식을 모함하여 죄에 걸리게 하였다. 황보숭에게 명하여 장각을 토벌하게 하였는데, 황보숭이 장각의 아우 장량(張梁)과 싸워 크게 격파하고 그를 참수하였다. 장각은 먼저 이미 병들어 죽었으므로 관을 꺼내 쪼개어 시체를 욕보이고 머리를 경사(京師 : 서울인 낙양)로 보냈다.

【을축(乙丑 185) 중평(中平) 2년】

○ 【崔烈入錢爲司徒】

崔烈入錢爲司徒

崔烈因傅母入錢五百萬하고 得爲司徒러니 及拜日에 帝顧謂親幸者曰 悔不小靳이라 可至千萬이라하다

【최열이 돈을 바치고 사도가 되다】

최열(崔烈)이 영제의 유모(乳母)를 통해 500만 전을 바치고 사도(司徒)가 되었다. 그를 임명하는 날에 영제가 친애하는 측근을 돌아보며 이르기를,

"조금 더 아끼지 않은 것이 후회되는구나, 천만 전에 이를 수도 있었을 텐데!"

하였다.

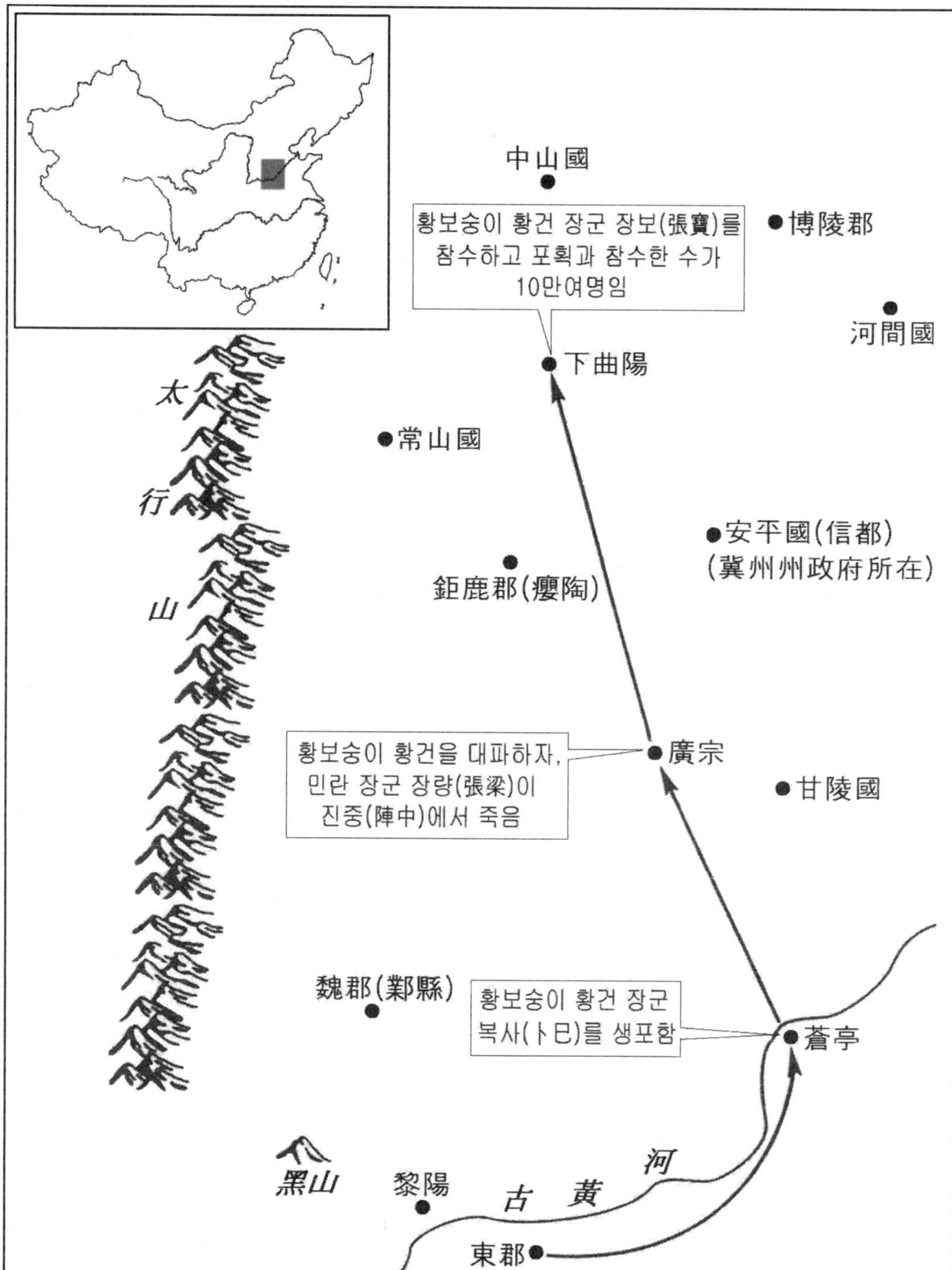

〈지도 20〉 황보숭(皇甫嵩)이 하북(河北)의 황건 난민을 평정함.(184년 8월-11월)

【정묘(丁卯 187) 중평(中平) 4년】

○ 【陳寔表正鄕閭】

陳寔表正鄕閭

前太丘長陳寔卒하니 海內赴吊者三萬餘人이라 寔在鄕閭에 平心率物하고 其有爭訟하여 輒求判正이면 曉譬曲直하니 退無怨者하고 至乃歎曰 寧爲刑罰所加언정 不爲陳君所短이라하다 楊賜陳耽이 每拜公卿에 群僚畢賀어늘 輒歎寔大位未登에 愧於先之하다

寧爲刑罰所加不爲陳君所短

【진식이 고향에 모범이 되다】

태구현장(太丘縣長)을 지냈던 진식(陳寔)이 죽으니, 천하에서 달려와 조문한 자들이 3만여 명이었다. 진식이 고향에 있으면서 마음을 공평하게 하여 인물들에게 모범이 되었고, 쟁송하여 시비를 판결해 줄 것을 요구하는 자가 있으면 잘잘못을 깨우쳐 주니, 물러가서 원망하는 자가 없었으며 심지어 감탄하기를,

"차라리 형벌을 더 받을지언정, 진군(陳君 : 진식)에게 나무람을 받지 않으리라."

하였다. 양사(楊賜)와 진탐(陳耽)이 공경(公卿)에 임명될 때마다 여러 동료들이 모두 축하하였으나 두 사람은 탄식하기를, 진식이 아직 높은 지위에 오르지 않았는데 공경의 직책을 먼저 맡게 된 것이 부끄럽다고 하였다.

【기사(己巳 189) 중평(中平) 6년】

○ 【何進謀誅宦官】

何進謀誅宦官

四月에 帝崩하고 皇子辯卽皇帝位하니 年十四라 何太后臨朝하여 封皇弟協爲陳留王이라 宦官蹇碩이 欲誅大將軍何進而立協이어늘 中軍校尉袁紹因勸進하여 悉誅諸宦官하니 進乃白太后한대 太后不聽하다 紹等又爲畫策하여 多召四方猛將하여 使並引兵向京

城하여 以脅太后하니 進然之하다 典軍校尉曹操聞而笑曰 宦者之官은 古今宜有하니 但世主不當假之權寵하여 使至於此요 既治其

誅元惡一獄吏足

罪인댄 當誅元惡이니 一獄吏足矣어늘 何至紛紛召外兵乎아 欲盡誅之인댄 事必宣露하리니 吾見其敗也리라하다

【하진이 환관을 죽일 것을 도모하다】

4월에 영제가 서거하고 영제의 아들 유변(劉辯)이 황제에 즉위하니, 나이가 14세였다. 하태후(何太后 : 유변의 모친)가 대리 정치를 하여 황제(皇帝 : 유변)의 아우인 유협(劉協)을 봉하여 진류왕(陳留王)으로 삼았다. 환관(宦官) 건석(蹇碩)이 대장군(大將軍) 하진(何進)을 죽이고 유협을 세우려 하자 중군 교위(中軍校尉) 원소(袁紹)가 이로 인해 하진에게 여러 환관들을 모두 죽일 것을 권하였다. 하진이 마침내 태후에게 아뢰었으나 태후는 따르지 않았다. 원소 등이 또 계책을 내어 사방의 맹장들을 많이 불러 함께 군대를 이끌고 서울(낙양)로 향하여 태후를 위협하게 하자, 하진은 그것을 옳게 여겼다. 전군교위(典軍校尉) 조조(曹操)가 이 말을 듣고 비웃으며 말하기를,

"환관의 벼슬은 예나 지금이나 있어야할 것인데, 다만 당세의 군주가 그들에게 권력과 총애를 빌려 주어서 이 지경에 이르지 않게 해야 뿐이다. 이미 그들의 죄를 다스렸다면 마땅히 원흉을 죽여야 할 것이니, 한 명의 감옥 관리만 있으면 충분하다. 어찌 어지럽게 외부의 군대까지 불러온단 말인가! 환관들을 다 죽이려 한다면 일이 반드시 탄로날 것이니, 나는 그의 실패를 보게 될 것이다."

하였다.

○【董卓請收張讓等】

董卓請收張讓等

何進召董卓하여 使將兵詣京師하니 卓卽時就道하여 幷上書曰 中

揚湯止沸 莫若去薪 潰癰雖痛 勝於內食

常侍張讓等이 竊倖承寵하여 濁亂海內하니 臣聞揚湯止沸는 莫若去薪이요 潰癰雖痛이나 勝於內食이라하니 昔趙鞅興晉陽之甲以逐

君側之惡하니 今臣輒鳴鐘鼓如洛陽하여 請收讓等以淸奸穢하리이다한대 太后猶不從하다

【동탁이 장양 등을 제거할 것을 청하다】

하진이 동탁(董卓)을 불러, 군대를 거느리고 서울로 오게 하니, 동탁이 즉시 길을 나서면서 아울러 글을 올리기를,

"중상시(中常侍) 장양(張讓) 등이 황제의 총애를 도둑질하여, 온 천하를 혼탁하게 하고 있습니다. 신이 들으니 '끓는 물을 퍼내어 식혔다가 다시 부어 끓는 것을 막는 것은 장작불을 빼내는 것만 못하고, 종기를 터뜨리는 것이 비록 아프지만 종기가 살 속을 파먹는 것보다는 낫다.'고 하였습니다. 옛날 춘추시대 진(晉)나라 조앙(趙鞅)이 진양(晉陽)의 군대를 일으켜 임금 곁에 있는 악한 자들을 축출하였으니,5) 지금 신이 곧 종과 북을 울리며 낙양으로 가서 장양 등을 체포하여 간사하고 더러운 무리들을 제거하도록 하겠습

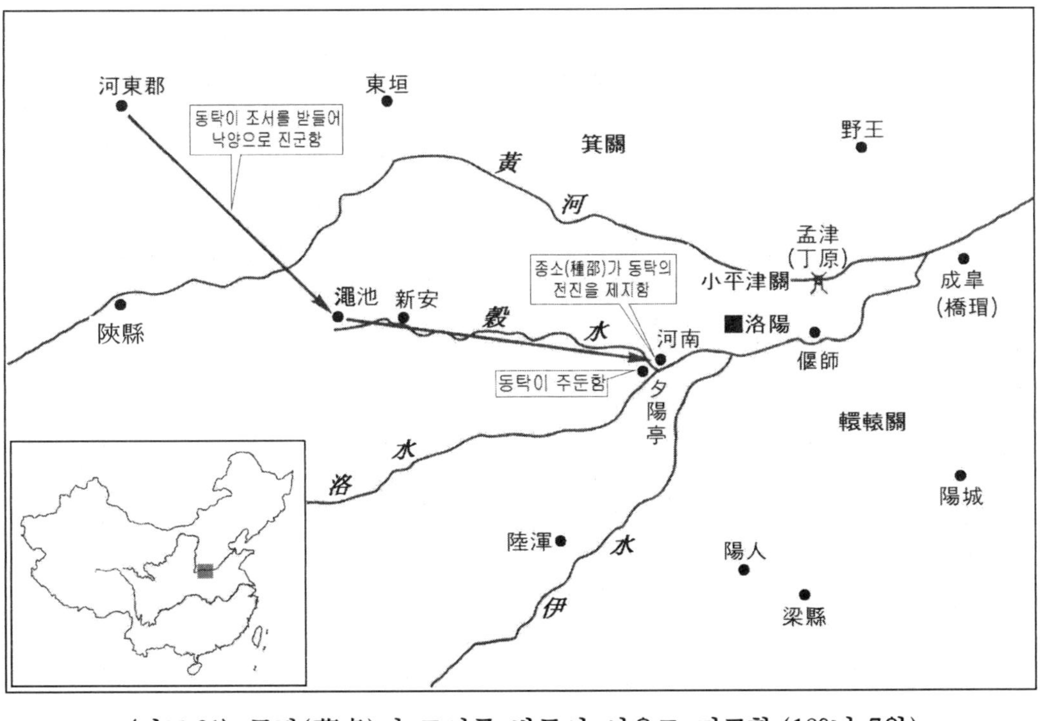

〈지도 21〉 동탁(董卓)이 조서를 받들어 서울로 진군함.(189년 7월)

---

5) 춘추시대 진(晉)나라 조앙(趙鞅)이 … 악한 자들을 축출하였으니 : 임금 곁의 악인을 제거

니다."

하였으나 태후는 여전히 따르지 않았다.

○ 【張讓矯詔殺何進 袁紹殺諸宦者】

張讓矯詔殺何進 袁紹殺諸宦者

八月에 中常侍張讓段珪가 詐以太后詔召進하여 斬進於嘉德殿前하다 袁紹及何苗聞進被害하고 乃引兵屯朱雀闕下하여 捕得趙忠等하여 斬之하다 吳匡遂引兵與董卓弟奉車都尉旻攻殺苗하여 棄其屍於苑中이라 紹遂閉北宮門하고 勒兵捕諸宦者하여 無少長皆

有無須而誤死者

殺之하니 凡二千餘人이요 或有無須而誤死者라 紹因進兵排宮할새 或上端門屋하여 以攻省內하니 張讓等困迫하여 遂將帝與陳留王出穀門이라가 讓等投河而死하다

張讓投河而死

【장양이 조서를 사칭하여 하진을 죽이고, 원소가 여러 환관들을 죽이다】

8월에 중상시(中常侍) 장양과 단규(段珪)가 태후의 명령을 사칭하여 하진을 불러 가덕전(嘉德殿) 앞에서 그를 참수하였다. 원소와 하진의 아우 하묘(何苗)는 하진이 죽임을 당했다는 소식을 듣고는, 마침내 군대를 이끌고 주작궐(朱雀闕) 아래에 주둔하여, 조충(趙忠) 등을 잡아 죽였다. 오광(吳匡)은 드디어 군대를 이끌고 동탁의 아우 봉거도위(奉車都尉) 동민(董旻)과 함께 하묘를 공격하여 죽이고는 그 시체를 원(苑) 안에 버렸다. 원소는 마침내 북궁(北宮) 문을 닫고 군대를 지휘하여 여러 환관들을 체포하고는 젊으나 늙으나 할 것 없이 모두 죽였는데 무릇 2천여 명이었고 혹은 수염이 없어서 잘못 죽은 자도 있었다. 원소는 이어서 군대를 전진하여 남궁(南宮)을 공격할 적에 혹은 단문(端門 : 황궁 남문) 지붕에 올라가서 황궁 안을 공격하자, 장양 등이 곤궁하고 다급하여, 마침내 소제(少帝)[6] 유변(劉辯)과 진류왕을 이끌고 곡문(穀門 : 낙양 북문)으로 나가다가 장양 등은 황하에 투신하여 죽었다.

함을 말함. 춘추시대 진(晉) 정공(定公) 때 조앙이 진양의 군대를 일으켜 순인(荀寅), 사길석(士吉射)을 축출한 고사이다.(≪公羊傳 定公 13年≫)

6) 소제(少帝) : 폐위된 황제의 추후 칭호.

○ 【董卓廢少帝 立劉協爲帝】

董卓廢少帝立劉協爲帝 董卓迎靈帝於北芒阪下

帝獨乘一馬하고 陳留王與閔貢共乘一馬하여 從雒舍南行하다 董卓聞帝在北하고 迎於北芒阪下하여 卓與帝語에 語不可了어늘 乃更與陳留王語에 無所遺失이라 卓大喜하여 以王爲賢이라하고 有廢立之意하다 九月에 卓遂脅太后策廢少帝曰 皇帝在喪에 無人子之心하고 威儀不類人君하니 今廢爲弘農王하고 立陳留王協爲帝라하다 袁隗解帝璽綬하여 以奉陳留王하고 扶弘農王下殿하여 北面稱臣하다 太后鯁涕하고 羣臣含悲하여 莫敢言者하다

【동탁이 소제 유변을 폐하고, 유협을 세워 황제로 하다】

소제는 혼자 말 한 필을 타고, 진류왕(陳留王)은 민공(閔貢)과 함께 말 한 필을 타고서 낙사(雒舍) 길을 따라서 남쪽으로 갔다. 동탁은 소제가 북쪽에 있다는 말을 듣고는 북망판(北芒阪) 아래에서 맞이하였다. 동탁이 소제와 이야기를 하였으나 말을 알아들을 수 없자 다시 진류왕과 이야기를 해 보니, 빠뜨리는 것이 없었다. 동탁은 크게 기뻐하고 진류왕을 현명하다고 생각하여 소제를 폐위시키고 다시 세울 뜻을 지녔다. 9월에 동탁이 마침내 하태후(何太后)를 협박하여 책문(策文)을 내려 소제를 폐위시켜 말하기를,

"황제(유변)가 초상 중에 아들 노릇하는 마음이 없고 거동이 임금답지 않으니, 지금 폐위하여 홍농왕(弘農王)으로 하고 진류왕 유협(劉協)을 세워서 황제로 한다."

하였다. 원외(袁隗)가 황제의 도장을 풀어서 진류왕에게 바치고 홍농왕을 부축하여 전각에서 내려왔고, 홍농왕은 북쪽을 향하여 신하라고 일컬었다. 태후는 목이 메어 눈물을 흘렸고 여러 신하들은 울분을 삼키며 감히 말하는 자가 없었다.

○ 【董卓申理黨人】

董卓申理黨人

董卓率諸公上書하여 追理陳蕃竇武及諸黨人하여 悉復其爵位하

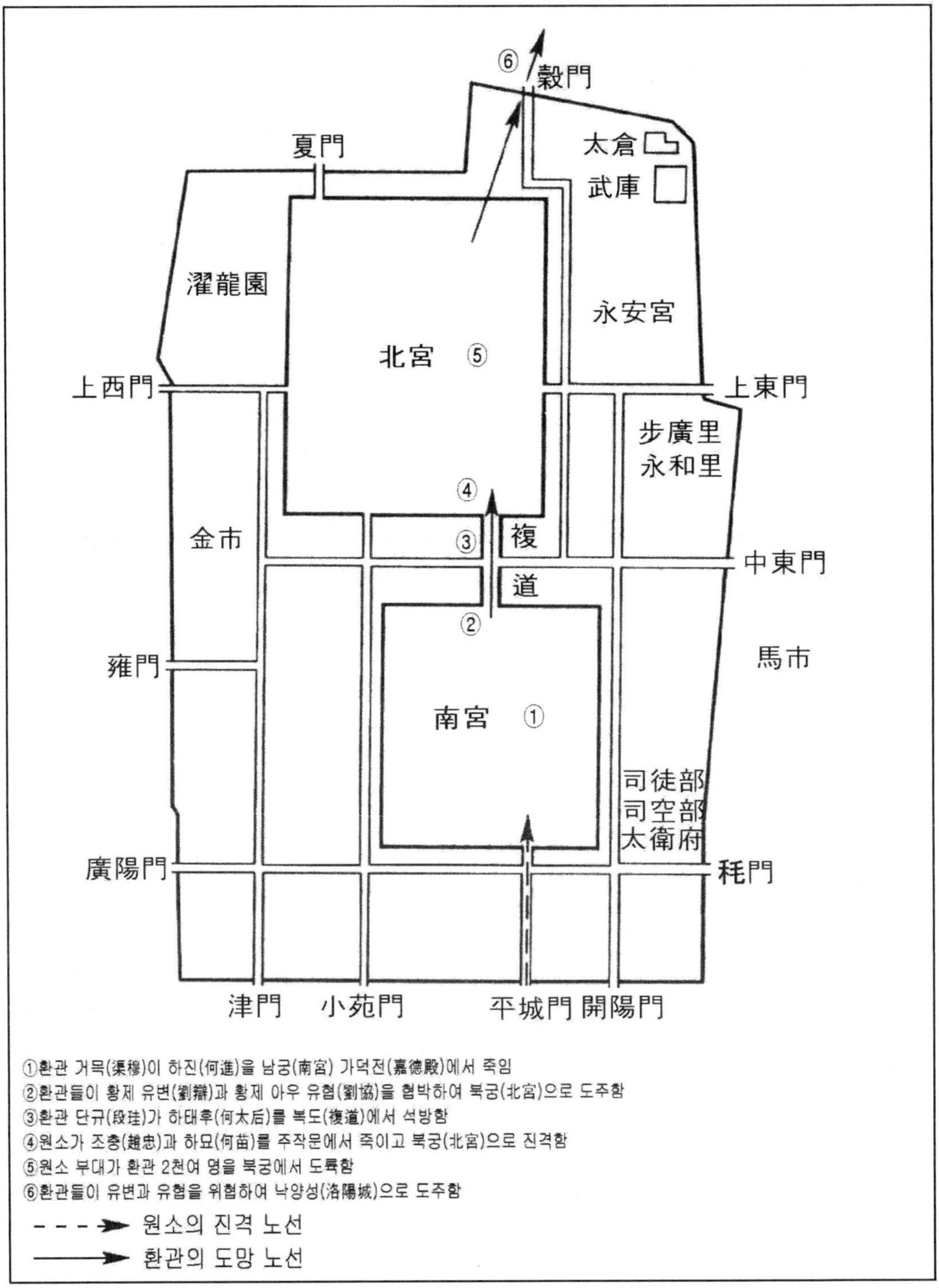

〈그림 22〉 원소(袁紹)가 환관을 주살함.(189년 8월)

고 遣使吊祠하고 擢用其子孫하다 十二月에 伍瓊이 說卓矯桓靈之政하고 擢用天下名士하니 卓從之하다 於是徵處士荀爽申屠蟠等하다 復就拜爽平原相하여 行至宛陵에 遷光祿勳하고 視事三日에 進拜司空하니 自被徵命及登台司히 凡九十三日이라

荀爽自被徵命及登台司 凡九十三日

【동탁이 당인들을 심리하여 풀어주다】

동탁이 여러 공(公)들을 이끌고 글을 올려 진번과 두무 및 여러 당파인들을 추후 심리하여 그 작위를 다 회복시키고 사자를 보내 조문하고 제사하게 하고는 그 자손들을 발탁하여 등용하였다. 12월에 오경(伍瓊)이 동탁을 설득하여 환제(桓帝)와 영제(靈帝)의 정치를 바로 잡고 천하의 이름난 선비들을 발탁하여 등용하자고 하니, 동탁이 이를 따랐다. 이에 처사(處士)인 순상(荀爽)·신도반(申屠蟠)등을 불렀다. 순상을 다시 진급시켜 평원상(平原相)으로 임명하여, 순상이 길을 떠나 원릉(宛陵)에 이르자 광록훈(光祿勳)으로 승진되었고, 사무를 본지 3일 만에 승진시켜 사공(司空)에 제수되었으니, 부르는 명령을 받고서 태사(台司 : 삼공 관청)에 오르기까지 걸린 시일이 총 93일이었다.

○【袁術出犇南陽 曹操變易姓名】

袁術出犇南陽 曹操變易姓名

董卓拜袁紹勃海太守하고 封邟鄉侯하다 又以袁術爲後將軍하고 曹操爲驍騎校尉하니 術畏卓하여 出犇南陽하고 曹操變易姓名하고 間行東歸하여 至陳留하여 散家財하여 合兵得五千人하다

曹操散家財 合兵得五千人

【원술은 남양으로 도망치고, 조조는 성명을 바꾸다】

동탁이 원소를 발해태수(渤海太守)로 임명하고 항향후(邟鄉侯)에 봉하였다. 또 원소의 종제 원술(袁術)을 후장군(後將軍)으로 삼고 조조(曹操)를 효기교위(驍騎校尉)로 삼았다. 원술(袁術)은 동탁을 겁내어 남양(南陽)으로 도망쳤고, 조조는 성명을 바꾸고 샛길을 통해 동쪽으로 돌아가, 진류(陳留)에 이르러서 가산을 털어 병력을 규합하여 5천명을 얻었다.

통감절요증손교주(通鑑節要增損校註) 22권

후한기(後漢紀)

▪ 효헌황제(孝獻皇帝) 상(上)

在位三十一年이요 壽五十四라

재위 31년이고, 수명은 54세이다.[1)]

名協이요 字伯和이니 靈帝中子라 獻生不辰하여 身播國屯하니 終我四百하여 永作虞賓이라 諡法聰明睿智曰獻이라 靈帝以帝似己하여 故名曰協이라하다 蜀諡帝曰愍이요 魏諡帝曰獻이로되 此從魏諡者는 以魏受漢禪爲正也니라

이름은 협(協)이고, 자는 백화(伯和)이니, 영제(靈帝)의 중자(中子)이다. 헌제는 좋지 못한 때에 태어나 자신은 떠돌아다니고 나라는 어려웠으니, 우리 한나라 4백년을 끝내어 영원히 위(魏)나라 빈객[2)]이 되었다. 시호 법에 총명예지(聰明睿智)를 헌(獻)이라 한다. 영제는 헌제가 자기를 닮았다고 해서 이름을 협(協)이라고 하였다. 촉(蜀)나라에서는 헌제 시호를 민(愍)이라고 하고, 위나라에서는 헌제 시호를 헌(獻)이라고 하였는데, 여기서 위나라 시호를 따른 것은 위나라가 한(漢)나라의 선위를 받은 것으로 정통을 삼았기 때문이다.

---

1) 수명은 54세이다 : 대본에는 "수명은 41세〔壽四十一〕"라고 하여 13년 일찍 죽은 것으로 잘못되어 있다. 헌제의 생몰 기간은 181~234년이고 재위 기간은 189~220까지인데 황제를 물러나 산양공(山陽公)으로 강등된 그 다음해인 221년을 서거한 해로 하여 수명 41세라는 잘못이 된 것이다. 그리고 이 해(221년)에 유비는 헌제 시호를 효민황제(孝愍皇帝)라 하고 발상(發喪)하여 상복을 입고 한중왕(漢中王)에서 황제(皇帝)에 즉위하였다.

2) 위(魏)나라 빈객 : 헌제가 황제 지위를 잃고 다음 왕조인 위나라에 빈객 대우를 받음을 말함. 원문 '虞賓'은 요(堯)의 아들 단주(丹朱)를 말하는데, 우순(虞舜 : 舜)이 임금이 되어 단주를 빈객으로 대우한 것에서 이른 말로, 지위를 잃은 임금을 비유한다.

【경오(庚午 190) 초평(初平) 원년】

○【關東起兵討董卓 推袁紹爲盟主】

關東起兵討董卓 推袁紹爲盟主

正月에 關東州郡皆起兵以討董卓할새 推渤海太守袁紹爲盟主하다 紹屯河內하고 曹操屯酸棗하고 袁術屯魯陽이어늘 衆各數萬이라 豪傑多歸心袁紹者로되 鮑信獨謂曹操曰 夫略不世出하여 能撥亂反正者는 君也라 苟非其人이면 雖强必斃하리니 君殆天之所啓乎인저하다

曹操殆天之所啓

【관동에서 병사를 일으켜 동탁을 토벌할 때, 원소를 맹주로 추대하다】

정월에 관동(關東)의 주(州)·군(郡)에서 모두 군사를 일으켜 동탁(董卓)을 토벌하는데 발해 태수(渤海太守) 원소(袁紹)를 추대하여 맹주(盟主)로 삼았다. 원소는 하내(河內)에 주둔하고 조조(曹操)는 산조(酸棗)에 주둔하고 원술(袁術)은 노양(魯陽)에 주둔하였는데, 군대가 각각 수만 명이었다. 호걸들 중 마음을 원소에게 붙이는 자가 많았으나, 포신(鮑信)만은 유독 조조에게 말하기를,

"책략이 세상 사람보다 뛰어나서, 난리를 다스려 정상을 회복할 수 있는 사람은 그대이오. 진실로 적임자가 아니면 비록 강자라도 반드시 실패할 것이니, 그대는 아마 하늘이 인도해주는 사람일 것이오!"

하였다.

○【董卓遷都長安】

董卓遷都長安

董卓以山東兵盛으로 欲遷都以避之하여 遂燒焚宮廟官府하고 劫遷天子하다 三月에 車駕入長安하다

董卓焚宮

【동탁이 장안으로 천도하다】

동탁은 산동(山東)의 군세가 막강하기 때문에 도읍을 옮겨 그들을 피하려 하여 드디어 궁전, 사당, 관청을 불태우고, 천자를 위협하여 옮겨갔다. 3월에 헌제의 수

〈지도 23〉 손견(孫堅)이 북으로 가서 원술(袁術)에게 의지함.(190년 3월)

레가 장안(長安)으로 들어갔다.

○ 【孫堅起兵討董卓】

孫堅起兵討董卓

長沙太守孫堅이 亦起兵하여 討董卓할새 至南陽하니 衆已數萬人이라 前到魯陽하여 與袁術合兵하니 術由是得據南陽하여 表堅行破虜將軍하다

【손견이 병사를 일으켜 동탁을 토벌하다】

장사 태수(長沙太守) 손견(孫堅)도 군대를 일으켜 동탁을 토벌 할 때, 남양(南陽)에 이르자 군사들이 이미 수만 명이 되었다. 전진하여 노양(魯陽)에 이르러 원술과 군대를 합쳤다. 원술이 이로 말미암아 남양(南陽)을 점거할 수 있어서 표문(表文)을 올려 손견이 파로장군(破虜將軍)을 겸직하게 하였다.

○ 【劉虞務存寬政】

劉虞務存寬政

幽州牧劉虞가 務存寬政하며 勸督農桑하니 民悅年登하여 穀石三十이라 靑徐士庶避難歸虞者百萬이로되 皆忘其遷徙焉하다

【유우(劉虞)가 힘써 관대한 정치를 유지하다】

유주목(幽州牧) 유우(劉虞)가 힘써 관대한 정치를 유지하며 농사와 양잠을 권장하니, 백성들이 즐거워하고 풍년이 들어서 곡식 한 섬에 30전이 되었다. 청주(靑州)와 서주(徐州)의 선비와 서민으로 난리를 피하여 유우를 따른 자가 100만 명이었는데, 모두 자기가 고향을 떠나 이주해 사는 것을 잊었다.

【신미(辛未 191) 초평(初平) 2년】

○ 【孫堅掃除宗廟 大破董卓】

孫堅掃除宗廟大破董卓

孫堅得傳國璽

孫堅進屯陽人하여 與董卓戰하여 大破之하다 堅進至雒陽하여 掃除宗廟하고 祠以太牢하고 得傳國璽於城南甄官井中하고 分兵出新安澠池間以要卓하다 卓引還長安이어늘 堅遂軍魯陽하다

【손견이 동탁을 크게 격파하고 종묘를 소제하다】

손견이 전진하여 양인(陽人)에 주둔하여 동탁과 싸워 그를 크게 쳐부수었다. 손견이 전진하여 낙양(雒陽)에 이르러 종묘를 소제하고 태뢰(太牢)로 제사하고 전국새(傳國璽)[3]를 성 남쪽 견관서(甄官署)[4]의 우물에서 얻고는 군대를 나누어 신안(新安)과 면지(澠池) 사이에 출동하여 동탁을 기다렸다. 동탁이 군대를 이끌고 장안(長安)으로 돌아가자, 손견은 마침내 노양에 다시 주둔하였다.

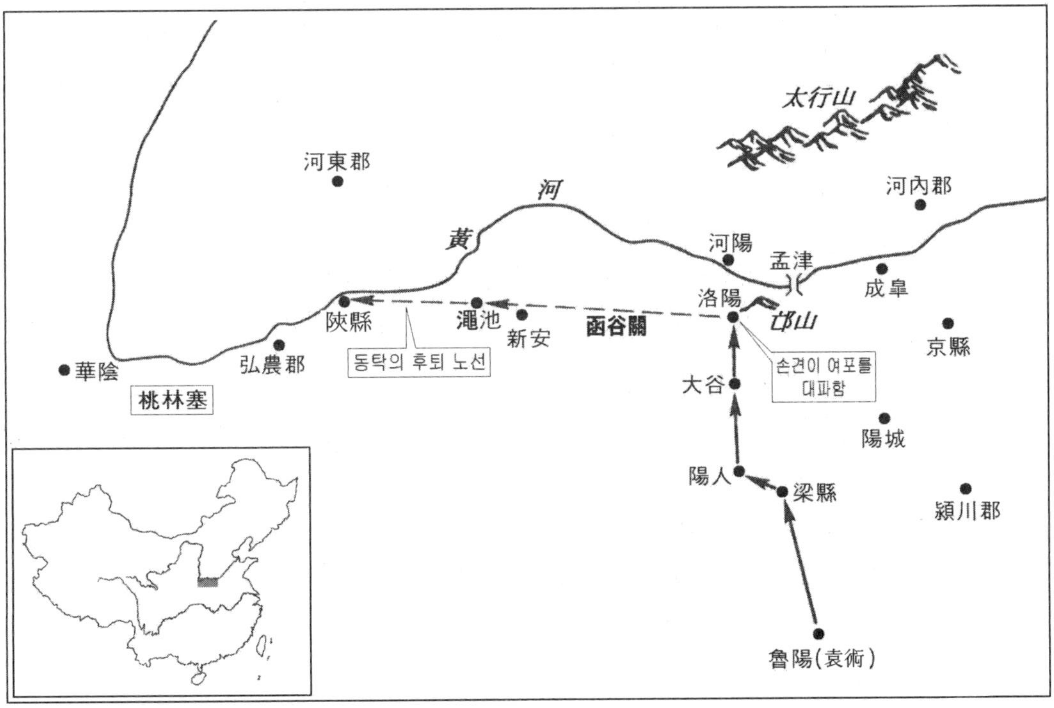

〈지도 24〉 손견(孫堅)이 낙양(洛陽)으로 들어가고 동탁(董卓)이 관중(關中)으로 후퇴함.(191년 2월)

---

3) 전국새(傳國璽) : 진(秦)나라 이후 황제(皇帝)가 대물려 전하는 인장. 진새(秦璽)라고도 한다. 당나라 때에 전국보(傳國寶)라고 고쳐 불렀다.

4) 견관서(甄官署) : 관청 이름. 동한 때 장작(將作) 소속. 전(前)·후(後)·중견관령(中甄官

○ 【公孫瓚大破黃巾】

公孫瓚大破黃巾

公孫瓚大破青州黃巾하니 威名大震하다

【공손찬이 황건적을 크게 격파하다】

공손찬이 청주(青州)의 황건적을 크게 쳐부수자 위엄과 명성이 크게 떨쳤다.

○ 【公孫瓚以劉備爲平原相】

公孫瓚以劉備爲平原相

劉備中山靖王之後

垂手下膝 顧自見其耳

備與二人寢則同牀 恩若兄弟

初에 涿郡劉備는 中山靖王之後也라 垂手下膝하고 顧自見其耳하며 有大志하여 少語言하고 喜怒不形於色하다 嘗與公孫瓚同師事盧植이라 由是往依瓚한대 瓚以爲平原相하다 備少與河東關羽涿郡張飛相友善이러니 以羽飛爲別部司馬하여 分統部曲하다 備與二人寢則同牀하고 恩若兄弟하며 而稠人廣坐에 侍立終日하여 隨備周旋하고 不避艱險하다

【공손찬이 유비를 평원상으로 삼다】

과거에 탁군(涿郡)의 유비(劉備)는 경제(景帝)의 아들 중산정왕(中山靖王) 유승(劉勝)의 후손이었는데, 손을 늘어뜨리면 무릎까지 내려오고, 눈을 옆으로 돌려 스스로 그 귀를 볼 수 있었으며, 큰 뜻을 가지고 있으면서 말수가 적고 기쁨과 노여움을 얼굴빛에 나타내지 않았다. 일찍이 공손찬(公孫瓚)과 함께 노식(盧植)을 스승으로 섬겼기 때문에, 이로 말미암아 공손찬에게 가서 의탁을 하자, 공손찬은 유비를 평원상(平原相)으로 삼았다. 유비는 젊어서 하동(河東)의 관우(關羽), 탁군(涿郡)의 장비(張飛)와 서로 사귀어 잘 지내 왔었는데 관우와 장비를 별부사마(別部司馬)로 삼아 군대를 나누어 통솔하게 하였다. 유비는 두 사람과 함께 잠을 자면 침상을 같이하여 은혜를 형제처럼 베풀었다. 두 사람은 사람들이 빽빽이 모인 넓은 자리에서 유비를 모시고 서 있기를 종일토록 하면서 유비를 따라 일을 주선하고 어려움과 위험

令)이 있었고, 진(晉)나라 때 '甄官署'가 있었다. 벽돌 굽기, 도자기 굽기, 석인(石人)·석수(石獸)·맷돌 등을 담당하였다.

함을 피하지 않았다.

○【黃祖殺孫堅】

黃祖殺孫堅

劉表時爲荊州刺史라 袁術使孫堅擊表어늘 表遣黃祖逆戰하니 黃祖部曲兵從竹木間暗射堅하여 殺之하다

【황조가 손견을 죽이다】

유표(劉表)는 당시 형주 자사(荊州刺史)였기 때문에, 원술이 손견을 시켜 유표를 공격하게 하였다. 유표는 황조(黃祖)를 보내 맞아 싸우게 하니, 황조 부대의 병사가 대나무 사이에서 몰래 화살을 겨누어 쏘아 손견을 죽였다.

○【管寧邴原王烈之賢行】

管寧邴原王烈之賢行

公孫度威行海外하니 中國人士避亂者多歸之라 北海管寧邴原王烈皆往依焉하다 寧少時與華歆爲友러니 嘗與歆共鋤菜라가 見地有金하고 寧揮鋤不顧하여 與瓦石無異로되 歆捉而擲之하니 人以是知其優劣하다

王烈名聞在原寧之右 / 刑戮是甘 乞不使王彦方知

王烈器業過人하여 少時名聞在原寧之右하고 善於敎誘라 鄕里有盜牛者하여 主得之러니 盜請罪曰 刑戮是甘이어니와 乞不使王彦方知也라하니라 烈聞而使人謝之하고 遺布一端하다 或問其故한대 烈曰 盜懼吾聞其過하니 是有恥惡之心이라 旣知恥惡이면 則善心將生이라 故與布以勸爲善也로라 後有老父遺劒於路러니 行道一人見而守之라 至暮에 老父還하여 尋得劒하고 怪之하야 以事告烈한대 烈使推求하니 乃先盜牛者也라 諸有爭訟曲直將質之於烈이라가 或至塗而反하며 或望廬而還하여 皆相推以直하여 不敢使烈聞之하다

盜牛守劍

【관녕·병원·왕렬의 어진 행실】

공손도(公孫度)는 위엄이 바다 밖까지 퍼져나가 중국의 인사들 중 난리를 피하는 자들이 그에게 많이 의지하였다. 북해(北海)의 관녕(管寧)·병원(邴原)·왕렬(王烈)도 모두 그에게 가서 의지하였다.

관녕은 젊었을 때, 화흠(華歆)과 친구가 되었다. 일찍이 화흠과 함께 채소밭을 매다가 땅에 황금이 있는 것을 보고, 관녕은 호미질을 하며 거들떠보지 않아 기와나 돌과 다름없이 대하였으나, 화흠은 그것을 집어서 던져버렸다. 사람들은 이것으로 그들의 우열을 알았다.

왕렬은 국량과 학업이 남보다 뛰어나 젊었을 때의 명성이 병원이나 관녕보다 위에 있었으며, 남을 가르쳐 인도하는 데에 뛰어났다. 마을에 소를 훔친 자가 있어 소 주인이 그를 잡았는데, 도둑이 죄를 받기를 자청하며 말하기를,

"형벌을 당하고 욕을 당해도 달게 받겠습니다만, 제발 왕언방(王彦方 : 왕렬)이 모르게 해 주십시오."

하였다. 왕렬이 그것을 듣고서 사람을 시켜 그에게 사례하고 베 한 끝〔端〕[5]을 보냈다. 어떤 사람이 그 까닭을 묻자 왕렬이 말하기를,

"도둑은 내가 그의 잘못을 듣기를 두려워하니, 악행을 부끄러워하는 마음이 있는 것이오. 이미 악행을 부끄러워할 줄을 알았다면, 선한 마음이 장차 생길 것이오. 그래서 베를 주어 선행을 하도록 권면한 것이오."

하였다. 후에 어떤 노인이 칼을 길에서 잃었는데, 길을 가던 어떤 사람이 보고 그것을 지키고 있었다. 저물녘이 되었을 때 노인이 돌아와 칼을 찾아 챙기자, 괴이하게 생각하여 그 사실을 왕렬에게 고하였다. 왕렬이 찾아보게 하니, 바로 전에 소를 훔쳤던 사람이었다. 여러 사람들이 소송이 있어 옳고 그름을 왕렬에게 바로잡아 달라고 하려다가 혹은 도중에 돌아가거나 혹은 왕렬의 집을 바라보고는 발길을 돌려서 모두 정직한 도리로 서로 양보하여 감히 왕렬이 그것을 듣지 못하게 하였다.

【임신(壬申 192) 초평 3년】

---

5) 끝〔端〕 : 비단이나 베를 세는 단위. 6장(丈)을 1단(端)이라고 한다.

○【荀彧曹操之子房】

荀彧曹操之子房

初에 荀淑有孫曰彧이라 少有才名이러니 何顒見而異之曰 王佐才也라하다 及天下亂에 彧聞曹操有雄略하고 乃從操하니 操與語하여 大悅曰 吾子房也라하고 以爲奮武司馬하다

【순욱은 조조의 장자방】

이전에 순숙(荀淑)에게 욱(彧)이라는 손자가 있었는데 젊어서 재능과 명망이 있었다. 하옹(何顒)이 보고 뛰어나다고 여겨 말하기를,

"왕을 보좌할 인재이다."

하였다. 천하가 어지러워지자 순욱은 조조가 웅대한 계획이 있다는 소문을 듣고 마침내 조조를 따르니, 조조는 그와 함께 얘기를 나누어 보고 크게 기뻐하여 말하기를,

"나의 장자방(張子房 : 張良)이로다!"

하고, 그를 분무사마(奮武司馬)로 삼았다.

○【王允使呂布誅董卓】

王允使呂布誅董卓

董卓車服僭擬天子라 司徒王允與司隷校尉黃琬僕射士孫瑞密謀誅卓하고 王允使士孫瑞自書詔以授布하다 布令同郡騎都尉李肅과 與勇士秦誼陳衛等十餘人僞著衛士服하고 守北掖門內以待卓하다 卓入門에 肅以戟刺之나 卓衷甲하여 不入하니 傷臂하고 墮車

庸狗敢如是邪

라 顧大呼曰 呂布何在아 布曰 有詔討賊臣이라하니 卓大罵曰 庸狗야 敢如是邪아하다 布應聲持矛刺卓하고 趣兵斬之하다 布卽出

詔討卓耳 餘皆不問

懷中詔版以令吏士曰 詔討卓耳요 餘皆不問이라하니 吏士皆正立

討卓百姓歌舞於道

不動하고 大稱萬歲하며 百姓歌舞於道하다

【왕윤이 여포에게 동탁을 죽이게 하다】

동탁은 수레와 복장이 참람하여 천자와 비슷하였다. 사도(司徒) 왕윤(王允)이 사예교위(司隸校尉) 황완(黃琬), 복야(僕射) 사손서(士孫瑞)와 함께 동탁을 처단할 것을 몰래 의논하고, 왕윤이 사손서를 시켜 스스로 조서를 써서 여포(呂布)에게 주게 하였다. 여포는 같은 군(郡) 사람 기도위(騎都尉) 이숙(李肅)과 용사 진의(秦誼)·진위(陳衛) 등 십여 명과 호위 무사 복장으로 위장하고 북액문(北掖門) 안을 지키면서 동탁을 기다렸다. 동탁이 문에 들어오자 이숙이 창으로 찔렀으나 동탁은 속에 갑옷을 입어서 창날이 들어가지 않아 팔만 다치고 수레에서 떨어졌다. 돌아보며 크게 소리치기를,

"여포, 어디 있나!"

하니, 여포가 말하기를,

"조서를 받들어 역적 신하를 토벌한다!"

하였다. 동탁이 크게 꾸짖어 말하기를,

"개자식아, 네가 감히 이럴 수 있느냐!"

하니, 여포는 소리에 대응하여 창을 잡아 동탁을 찌르고 병사를 재촉하여 목을 베게 하였다. 여포는 즉시 품속에서 조서 서판(書版)을 꺼내 보이며 관리와 병사들에게 명령하기를

"조서로 동탁을 토벌할 뿐이고, 나머지는 모두 불문에 부친다."

하니, 관리와 병사들은 모두 바로 서서 동요하지 않고 크게 만세(萬歲)를 불렀고 백성들은 길에서 노래하며 춤을 추었다.

○ 【曹操據兗州】

曹操據兗州 青州黃巾寇兗州하여 殺刺史어늘 濟北相鮑信等이 迎東郡太守曹操領兗州刺史하다

【조조가 연주를 점거하다】

청주의 황건적이 연주에서 노략질을 하고 자사를 죽였다. 제북상(濟北相) 포신(鮑信) 등이 동군 태수(東郡太守) 조조를 맞이하여 연주 자사를 겸직하게 하였다.

○【李傕殺王允】

李傕殺王允 董卓部將李傕郭汜等이 攻長安하여 傕殺王允하다

【이각이 왕윤을 죽이다】

동탁의 부하 장수 이각(李傕)·곽사(郭汜) 등이 장안을 공격하여 이각이 왕윤을 죽였다.

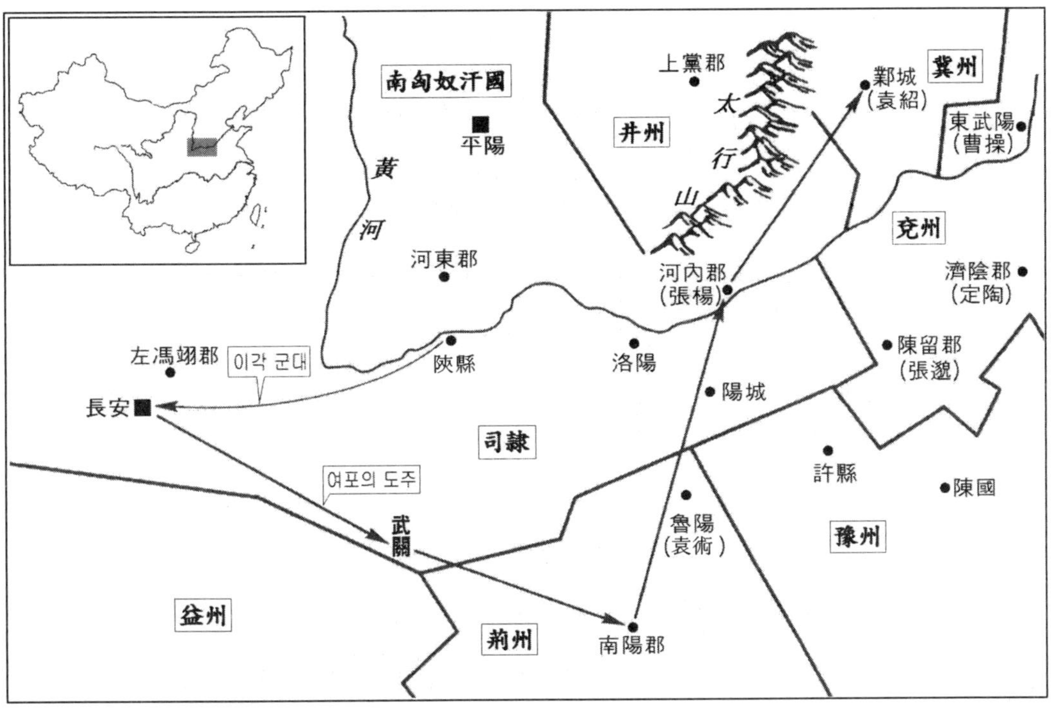

〈지도 25〉 이각(李傕)이 장안(長安)을 함락하고 여포가 도주하여 원소(袁紹)에게 의지함.(192년 5월-6월)

○【曹操悉降黃巾】

曹操悉降黃巾 曹操追擊黃巾悉降之하고 得戎卒三十餘萬하다

【조조가 황건적을 모두 항복시키다】

조조는 황건적을 추격하여 모두 항복시키고 병사 30여만 명을 얻었다.

【계유(癸酉 193) 초평(初平) 4년】

○ 【袁術領壽春】

袁術領壽春 袁術進向壽春하여 遂領其州하다

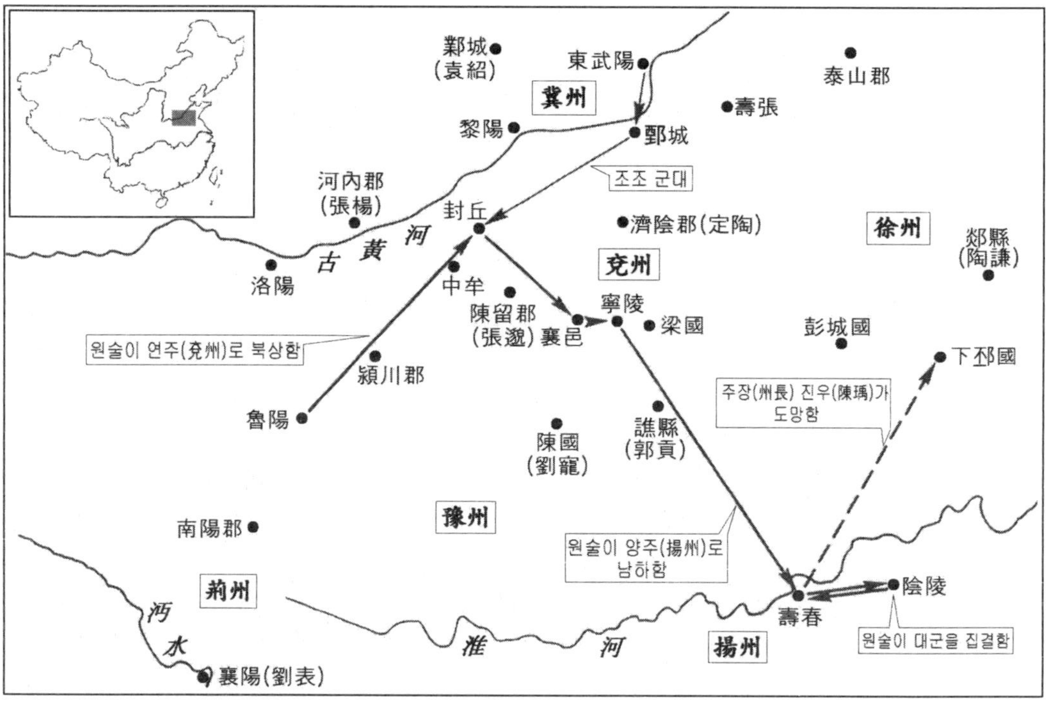

〈지도 26〉 원술(袁術)이 남쪽으로 수춘(壽春)에 옮겨감.(193년 1월)

【원술이 수춘을 점령하다】

원술은 전진하여 수춘(壽春)으로 향해 가서, 마침내 수춘을 점령하였다.

○ 【曹操坑殺數十萬口】

曹操坑殺數十萬口 初에 京雒遭董卓之亂하여 民流移東出하여 多依徐土러니 遇曹操

至하여 坑殺男女數十萬口於泗水하니 水爲不流라 攻取慮睢陵夏丘하여 皆屠之하니 雞犬亦盡하고 墟邑無復行人하다

【조조가 수십만 명을 생매장해 죽이다】

과거에 서울인 낙양이 동탁의 난을 만나 백성들이 유랑하여 옮겨 동쪽으로 나가서, 서주(徐州) 땅에 몸을 의지하는 사람이 많았다. 그런데 조조가 이곳에 와서는 남녀 수십만 명을 사수(泗水)에 산채로 빠뜨려 죽이자 물이 이 때문에 흐르지 못했다. 조조는 전진하여 취려현(取慮縣)·수릉현(睢陵縣)·하구현(夏丘縣)을 공격하여 모조리 도륙하니, 닭과 개도 모두 없어져 폐허가 된 마을에 다시는 걸어 다니는 사람이 없었다.

○【公孫瓚殺劉虞】

公孫瓚殺劉虞 公孫瓚攻劉虞殺之하다

【공손찬이 유우를 죽이다】

공손찬(公孫瓚)이 유우(劉虞)를 공격하여 죽였다.

【갑술(甲戌 194) 흥평(興平) 원년】

○【劉備領徐州】

劉備領徐州 曹操之攻陶謙也에 平原相劉備將兵救之하고 遂歸謙하다 謙疾篤하여 謂別駕東海糜竺曰 非劉備不能安此州也라하더니 謙卒에 竺率州人迎備한대 備遂領徐州하다

荀彧勸曹操取兗州

【유비가 서주를 겸하여 다스리다】

조조가 도겸(陶謙)을 공격하자 평원상(平原相) 유비는 군대를 거느려 그를 구원하고 마침내 도겸에게 의귀하였다. 도겸은 위독해지자 별가(別駕)인 동해(東海) 사람

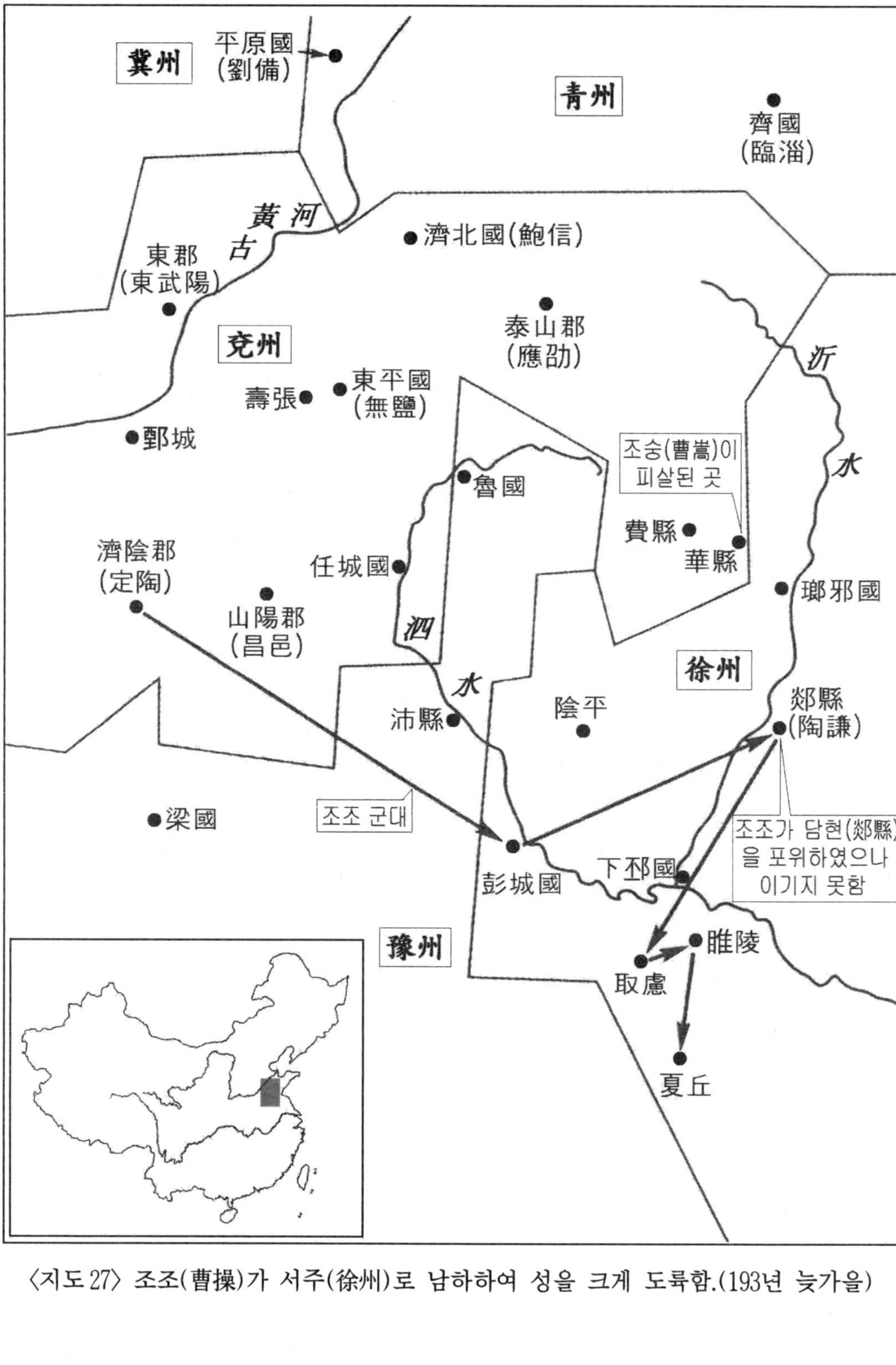

〈지도 27〉 조조(曹操)가 서주(徐州)로 남하하여 성을 크게 도륙함.(193년 늦가을)

미축(麋竺)에게 말하기를,

"유비가 아니면 이 서주(徐州)를 편안히 할 수 없을 것이다."

하였다. 도겸이 죽자 미축이 서주(徐州) 사람들을 데리고 유비를 맞이하였다. 유비는 마침내 서주를 겸하여 다스렸다.

○ 【孫策有復讎之志】

孫策有復讎之志

初에 孫堅生四男策權翊匡이라 策年十餘歲에 已交結知名하니 舒人周瑜與策同年으로 亦英達夙成이라 聞策聲聞하고 自舒來造焉하여 便推結分好러니 及堅死에 策年十七이라 乃渡江하여 居江都하여 結納豪俊하고 有復讎之志하다 到壽春見袁術한대 術甚奇之하여 以堅餘兵千餘人還策하고 表拜懷義校尉하다

【손책이 원수 갚을 뜻을 가지다】

과거에 손견이 아들 넷을 낳았는데, 손책(孫策)·손권(孫權)·손익(孫翊)·손광(孫匡)이었다. 손책은 나이 10여 세에 이미 이름이 세상에 널리 알려진 사람들과 교분을 맺었다. 서현(舒縣) 사람 주유(周瑜)가 손책과 같은 나이로 또한 영특하고 활달하여 일찍 성숙하였는데, 손책의 소문을 듣고 서현에서 찾아와 만나보고는 바로 나아가 우호를 맺었다. 손견이 죽었을 때 손책의 나이가 17세이었는데 마침내 장강을 건너 강도(江都)에 살면서 뛰어난 준걸들과 교분을 맺고 아버지의 원수를 갚을 뜻을 가졌다. 수춘(壽春)에 이르러 원술을 만났는데, 원술이 그를 매우 기특하다고 여겨 손견이 남긴 병사 천 여 명을 손책에게 돌려주고, 표문(表文)을 올려 회의교위(懷義校尉)로 임명하게 하였다.

【을해(乙亥 195) 흥평(興平) 2년】

○ 【荀彧勸曹操取兗州】

荀彧勸曹操取兗州

曹操攻鉅野하여 斬呂布將薛蘭하다 操以陶謙已死라하여 欲遂取

徐州하고 還乃定布하다 荀彧曰 昔高祖保關中하고 光武據河內하여 皆深根固本以制天下하여 進足以勝敵하고 退足以堅守라 故雖有困敗而終濟大業하니이다 將軍本以兗州首事하여 平山東之難하니 百姓無不歸心悅服이요 且河濟는 天下之要地也라 今雖殘壞나 猶易以自保니 是亦將軍之關中河內也라 不可以不先定이니이다 操乃止하다

深根固本以制天下

【순욱이 조조를 권면하여 연주를 취하게 하다】

조조가 거야현(鉅野縣)를 공격하여, 여포의 부하 장수 설란(薛蘭)을 베어 죽였다. 조조는 도겸이 이미 죽었기 때문에 서주를 취하고 돌아와서 곧바로 여포를 평정하려 하였다. 순욱이 말하기를,

"옛날 고조(高祖 : 유방)는 관중(關中)을 보전하고, 광무(光武 : 유수)는 하내(河內)를 점거하여, 모두 뿌리를 깊게 하고 근본을 견고히 하여 천하를 제어하였습니다. 나아가서는 충분히 적을 이길 수 있었고, 물러나서는 충분히 굳게 지킬 수 있었습니다. 비록 곤란함과 패배함이 있었어도 마침내 큰 사업을 이룩한 것입니다. 장군께서는 본래 연주(兗州)에서 일을 시작하여 산동(山東)의 난리를 평정하였으니, 백성들이 장군에게 의지하여 마음으로 즐겁게 복종하지 않는 자가 없습니다. 또 하수(河水)와 제수(濟水) 지역은 천하의 요충지입니다. 지금 비록 크게 파괴되기는 하였으나 쉽게 자연히 보전될 수 있으니, 이는 장군의 관중이요 하내입니다. 이곳을 먼저 평정하지 않을 수 없습니다."

하니, 조조는 마침내 중지하였다.

○ 【李郭相攻 獻帝居棘籬中】

李郭相攻 獻帝居棘籬中

李傕郭汜爭權하여 治兵相攻하다 傕迎帝하여 幸其營하고 遂燒宮殿官府하다 七月에 楊奉董承等이 將兵送乘輿東歸하다 十二月에

乘輿居棘籬中하다

【이각과 곽사가 서로 공격하여 헌제가 가시 울타리 안에 거처하다】

이각과 곽사는 권력 다툼을 하여 군대를 다스려 서로 공격하였다. 이각이 헌제를 맞이하여 자기 진영에 행차하게 하고, 드디어는 궁전과 관청을 불살랐다. 7월에 양봉(楊奉)과 동승(董承) 등이 군대를 거느리고 천자가 동쪽(낙양)으로 돌아가는 것을 임금을 따라 호위하였다. 12월에 헌제는 가시 울타리 안에 거처하였다.

○ 【孫策威震江東】

孫策威震江東

孫策說袁術曰 家有舊恩在江東하니 願助舅討橫江하노이다 橫江拔이어든 因投本土召募면可得兵하리니 以佐明使君定天下하리이다하니 術許之하다 策渡江轉鬪하여 所向皆破하니 莫敢當其鋒者라 百姓聞孫郎至하면 皆失魂魄이러니 及策至에 軍士奉令하고 不敢虜掠하여 雞犬菜茹를 一無所犯이라 民乃大悅하여 競以牛酒勞軍하다

策爲人美姿顔能笑語

策爲人이 美姿顔하고 能笑語하며 性闊達聽受하고 善於用人하니 是以士民見者莫不盡心하여 樂爲致死하니 威震江東하다

【손책의 위엄이 강동에 떨치다】

손책이 원술을 설득하여 말하기를,

"저희 집안이 오랫동안 강동 지방에 은혜를 베풀었으니, 원컨대 제 외삼촌 오경(吳景)을 도와 횡강(橫江)을 토벌하게 해 주십시오. 횡강을 빼앗거든 이어서 강동으로 달려가 병력을 모으면 명사군(明使君 : 귀하)께서 천하를 평정하는 데에 도움이 될 것입니다."

하니, 원술이 그것을 허락하였다.

손책이 장강을 건너서 옮겨 다니며 싸웠는데, 향하는 곳마다 모두 쳐부숴 감히 그 예봉을 당해내는 자가 없었다. 백성들은 손랑(孫郎 : 손씨 사내)이 온다고 들으면 모두 혼비백산하였었는데, 정작 손책이 왔을 때 군사들이 명령을 받들고 감히

노략질을 하지 않아 닭·개·채소 등을 조금도 해침이 없었다. 백성들은 크게 기뻐하여 다투어 쇠고기와 술을 가지고 와서 군사들을 위로하였다. 손책은 사람됨이 자태와 얼굴이 잘 생기고 웃기는 말을 잘하였으며, 성격이 활달하여 남의 말을 잘 받아들이고 사람을 쓰는 데 뛰어났다. 그러므로 선비와 백성 중에 그를 만나본 사람들은 마음을 다하지 않는 자가 없어 기꺼이 그를 위하여 목숨을 바치니, 손책의 위엄이 강동에 떨쳤다.

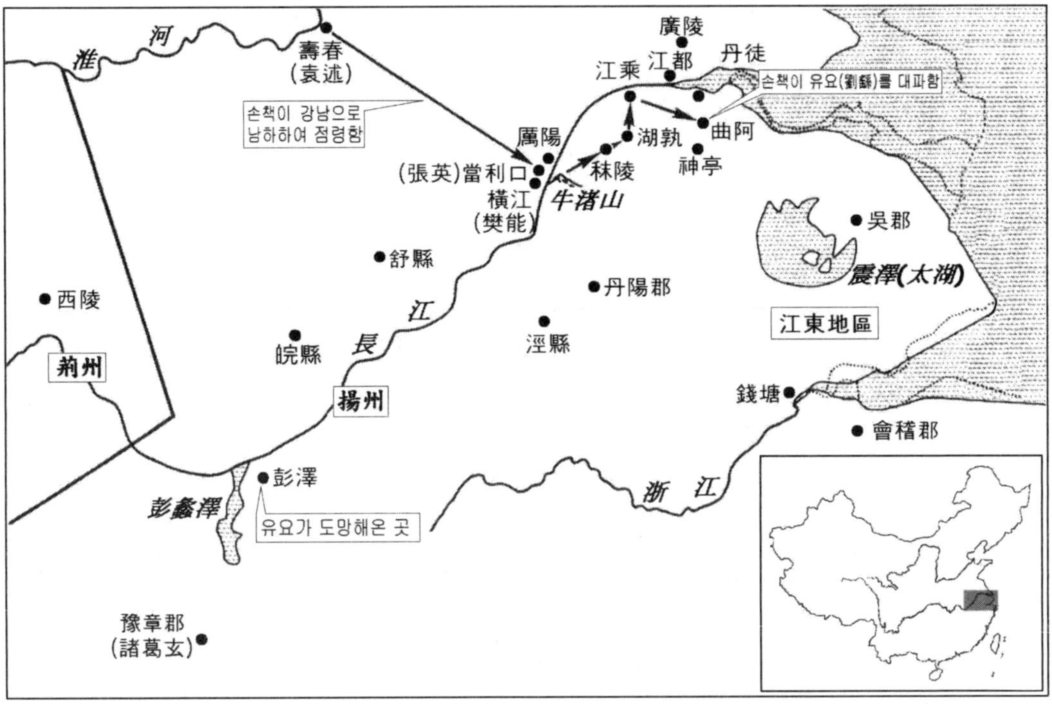

〈지도 28〉 손책(孫策)이 강동(江東)을 경략함.(195년 12월)

○ 公孫瓚旣殺劉虞盡有幽州之地하다

공손찬(公孫瓚)이 유우(劉虞)를 죽이고 나서 유주의 땅을 모두 차지하였다.

【병자(丙子 196) 건안(建安) 원년】

○ 【劉備降於呂布 呂自稱徐州牧】

劉備降於呂布 呂自稱徐州牧

袁術攻劉備以爭徐州어늘 備使張飛守下邳하고 自將拒術이러니 呂布襲下邳하니 張飛敗走라 備降於布하니 布復以備爲豫州刺史하고 布自稱徐州牧이라하다

【유비가 여포에게 항복하고 여포는 스스로를 서주목이라 일컫다】

원술이 유비를 공격하여 서주를 빼앗으려 하자, 유비는 장비를 시켜 하비(下邳)를 지키게 하고 자신은 군사를 지휘하여 원술을 막았다. 여포가 하비를 습격하니 장비는 패하여 달아나자, 유비는 여포에게 항복하였다. 여포가 다시 유비를 예주자사(豫州刺史)로 삼고 여포는 스스로 서주목(徐州牧)이라고 일컬었다.

○【曹操迎獻帝都許】

曹操迎獻帝都許 / 獻帝還雒陽 / 荀彧勸曹操迎駕 / 曹操首唱義兵

楊奉韓暹奉車駕至雒陽하니 是時에 宮室燒盡하여 百官披荊棘하고 依牆壁間하다 曹操在許하여 謀迎天子한대 衆以爲山東未定이라하니 荀彧曰 昔晉文公納周襄王諸侯景從하고 漢高祖爲義帝縞素而天下歸心이니이다 自天子蒙塵으로 將軍首唱義兵이나 徒以山東擾亂으로 未遑遠赴러니 今鑾駕旋軫에 東京榛蕪라 義士有存本之思하고 兆民懷感舊之哀하니 誠因此時하여 奉主上以從人望은 大順也요 秉至公以服天下는 大略也요 扶弘義以致英俊은 大德也니 四方雖有逆節이나 其何能爲리잇고하니 操乃將兵詣雒陽하여 引董昭問計한대 昭曰 惟有移駕幸許耳라한대 操曰 此孤之本志也라하고 遂遷都許하다 車駕幸曹操營하여 以操爲大將軍하고 封武平侯하다

【조조가 헌제를 맞이하여 허현에 도읍하다】

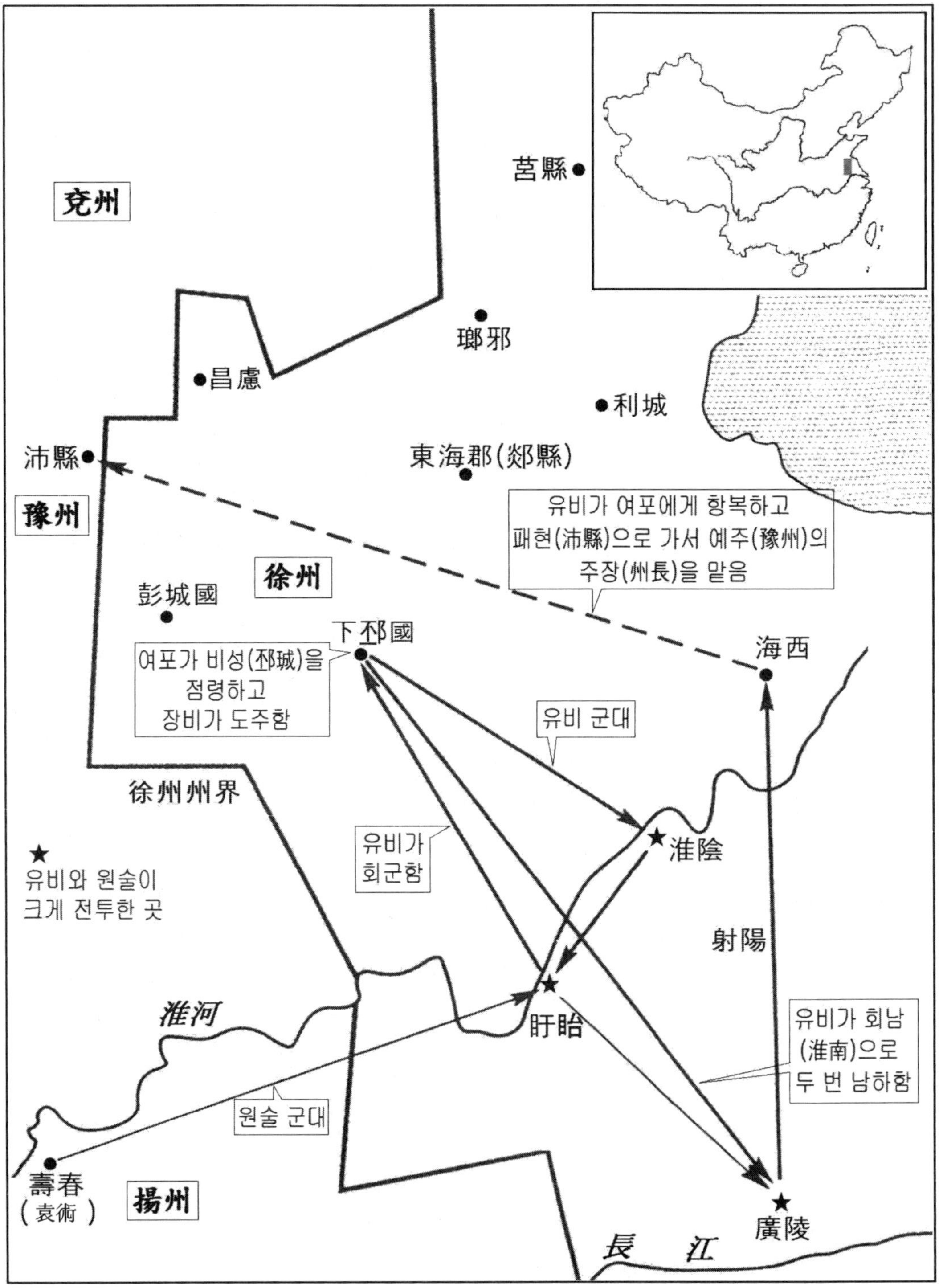

〈지도 29〉 유비(劉備)가 패배하여 여포(呂包)에게 투항함.(196년 6월)

양봉(楊奉)·한섬(韓暹)이 헌제를 받들어 호위하여 낙양에 이르렀다. 이때 궁실은 모두 타서 백관은 가시나무를 헤치고 담장과 벽 사이에 몸을 의지하고 있었다. 조조가 허현(許縣) 땅에 있으면서, 천자를 맞이해 올 방법을 찾으려 하자, 많은 사람들이,

"산동 지역이 아직 평정되지 않았습니다."

하고, 반대하였다. 순욱이 말하기를,

"옛날 진나라 문공〔晉文公 : 重耳〕이 주나라 양왕〔周襄王〕을 맞아들이자 제후들이 그림자처럼 따랐고, 한나라 고조(高祖)가 의제(義帝)를 위하여 상복을 입자 천하 사람들이 마음으로 따랐습니다. 천자께서 난리로 몸을 피했으므로 장군이 앞장서서 의병을 일으켰는데, 다만 산동(山東)이 어지러움으로 해서 멀리 달려갈 겨를이 없습니다. 지금 천자의 수레가 방향을 돌렸는데 동경(東京 : 낙양)은 폐허가 되었습니다. 그러자 의로운 선비는 근본을 보존할 생각을 하고, 수많은 백성들은 옛날을 생각하는 슬픔을 가슴에 품게 되니, 진실로 이러한 시국을 이용하여 주상을 받들어 사람들의 기대를 따르는 것은 크게 순응하는 것이고, 지극한 공정함을 잡아 천하를 굴복시킴은 큰 책략이며, 대의(大義)를 잡아 영웅 준걸을 이르게 하는 것은 큰 덕입니다. 사방에 비록 반란하는 자가 있더라도 그들이 무엇을 할 수 있겠습니까?"

하니, 조조는 마침내 군사를 지휘하여 낙양으로 갔다. 동소를 불러와 계책을 묻자 동소가 말하기를,

"오직 황제 수레를 옮겨 허현(許縣)에 오시게 하는 것뿐입니다."

하니, 조조가 말하기를,

"이것은 나의 본래 뜻이오."

하였다. 마침내 허현으로 도읍을 옮겼다. 헌제가 조조의 군영에 와서 조조를 대장군으로 삼고 무평후(武平侯)에 봉하였다.

○【曹操屯田許下】

曹操屯田許下 中平以來로 天下亂離하여 民棄農業이어늘 諸軍並起하니 率乏糧

穀하여 無終歲之計라 飢則寇掠하고 飽則棄餘하여 瓦解流離하여 無敵自破者가 不可勝數라 袁紹在河北에 軍人仰食桑椹하고 袁術在江淮에 取給蒲蠃하니 民多相食하여 州里蕭條라 羽林監棗祗請建置屯田이어늘 曹操從之하다 以祗爲屯田都尉하고 以騎都尉任峻爲典農中郎將하여 募民屯田許下하여 得穀百萬斛이라 於是州郡

軍國之饒 起於祗而成於峻

例置田官하여 所在積穀하여 倉廩皆滿이라 故操征伐四方에 無運糧之勞하여 遂能兼幷群雄하니 軍國之饒가 起於祗而成於峻하다

【조조가 허현에 주둔하다】

중평(中平 : 영제의 연호(184~189)) 이래로 천하에 난리가 나서 백성들이 농업을 버렸는데 각지의 여러 군대가 아울러 일어나니, 대부분 양곡이 떨어져 한 해를 넘길 계책도 없었다. 굶주리면 노략질하고 배부르면 나머지를 버리다가 와해되어 떠돌며 흩어지니, 적이 없어도 스스로 무너지는 경우가 부지기수였다. 원소는 하북(河北)에 있으면서 군인들이 오디를 먹는 것에 의존하였고, 원술은 강수(江水)와 회수(淮水)에 있으면서 조개를 채취해 공급하니, 백성들 중에 서로 잡아먹는 이가 많아 고을 안이 썰렁하였다. 우림감(羽林監) 조지(棗祗)가 둔전(屯田)을 설치하기를 청하자 조조가 그 청을 따랐다. 조지를 둔전 도위(屯田都尉)로 삼고, 기도위(騎都尉) 임준(任峻)을 전농중랑장(典農中郎將)으로 삼아 백성을 모집하여 허현(許縣)에서 둔전하여 곡식 백만 곡(斛)을 얻었다. 이에 주와 군이 의례적으로 전관(田官 : 농사 담당 관리)을 두어 그들이 있는 곳에 곡식을 쌓으니, 창고가 모두 가득 찼다. 그러므로 조조는 사방을 정벌하는데 양식을 나르는 노고가 없어 드디어 군웅들을 합병할 수 있게 되었으니, 군대와 국가의 풍요로움은 조지(棗祗)에게서 시작되어 임준(任峻)에게서 완성되었다.

○ 【劉備歸曹操】

劉備歸曹操

劉備合兵得萬餘人하니 呂布惡之하여 自出兵攻備라 備敗走하여 歸曹操하니 操厚遇之하여 以爲豫州牧하다

【유비가 조조에게 몸을 의탁하다】

유비가 병력을 규합해 만여 명을 얻자, 여포가 그것을 싫어하여 직접 병력을 동원하여 유비를 공격하였다. 유비가 패주하여 조조에게 몸을 의탁하니, 조조는 그를 후히 대우하여 예주목(豫州牧)으로 삼았다.

【정축(丁丑 197) 건안(建安) 2년】

○ 【荀彧論袁項勝敗】

荀彧論袁項勝敗 春에 袁紹與曹操書한대 辭語驕慢이어늘 操謂荀彧郭嘉曰 今將討不義而力不敵하니 何如오하니 對曰 劉項之不敵은 公所知也라 漢

劉項不敵 祖唯智勝項羽라 故羽雖彊이나 終爲所禽하니 今紹有十敗하고 公有十勝하니 紹雖彊이나 無能爲也니이다하다

【순욱이 원소와 항우의 승패 요인을 논하다】

봄에 원소가 조조에게 편지를 보냈는데 말투가 교만하자, 조조가 순욱(荀彧)과 곽가(郭嘉)에게 말하기를,

"지금 의롭지 못한 자를 토벌하려 하는데, 힘으로 대적하지 못하니, 어찌해야 하겠소?"

하니, 대답하기를,

"유방과 항우가 적수(敵手)가 되지 못했던 것은 공께서 아시는 사실입니다. 한 고조 유방은 오직 지혜로 항우를 이겼습니다. 그러므로 항우가 비록 강하였으나, 끝내 사로잡힌 것입니다. 지금 원소에게는 열 가지 패배할 요인이 있고, 공에게는 열 가지 승리할 요인이 있습니다. 원소가 비록 강하나 할 수 있는 것이 없을 것입니다."

하였다.

○ 【袁術稱帝】

袁術稱帝

袁術稱帝於壽春하다

【원술이 황제를 자칭하다】

원술이 수춘에서 황제라고 스스로 칭하였다.

○ 【陳登對呂布 以養虎養鷹譬解之】

陳登對呂布以養虎養鷹譬解之

拔戟斫几

飢卽爲用 飽則颺去

始에 呂布因陳登求徐州牧不得하다 登還이어늘 布怒하여 拔戟斫几曰 卿父勸吾叶同曹操하고 絶婚公路러니 今吾所求無獲하고 而卿父子並顯重하니 但爲卿所賣耳로다하니 登不爲動容하고 徐對之曰 登見曹公言호대 養將軍譬如養虎하여 當飽其肉이니 不飽則將噬人이라한대 公曰 不如卿言하니 譬如養鷹하여 飢卽爲用이요 飽則颺去라하니 其言如此라한대 布意乃解하다

【진등이 여포에게 대답하되 호랑이를 기르고 매를 기르는 것으로 비유하여 여포의 마음을 풀었다】

과거에 여포가 진등(陳登)을 통하여 서주목이 되려 하였는데 뜻을 이루지 못하였다. 진등이 돌아오자 여포는 노하여 창을 빼어 탁자를 찍으면서 말하기를,

"경(卿)의 아버지가 나에게 권하여 조조와 힘을 합하고 공로(公路 : 원술의 자)와 혼인을 끊게 하였소. 지금 나는 구하던 것을 얻지 못하였는데, 경의 부자는 나란히 높은 위세를 갖게 되었으니, 다만 경에게 속았을 뿐이오!"

하였는데, 진등은 안색을 동요하지 않고 천천히 대답하기를,

"제가 조공〔조조〕을 만나서 말하기를 '장군〔여포〕을 기르는 것은 비유컨대 호랑이를 기르는 것과 같아 마땅히 그에게 고기를 배불리 먹게 해야 합니다. 배부르지 않으면 장차 사람을 물게 될 것입니다.' 하자, 조공이 말하기를 '경의 말과 같지 않소. 비유컨대 매를 기르는 것과 같아서 굶주리게 하면 쓸모 있게 되고, 배부르게 하면 날아갈 것이오.' 하였으니, 그의 말이 이와 같았습니다."

하자, 여포의 마음이 마침내 풀렸다.

【무인(戊寅 198) 건안(建安) 3년】

【曹操縊殺呂布】

曹操縊殺呂布 曹操攻呂布하니 布與麾下登白門樓하다 兵圍之急에 布令左右取其首詣操어늘 左右不忍하니 乃下降하다 布見操曰 今日已往으로 天下定矣리이다하니 操曰 何以言之오한대 布曰 明公之所患은 不過於布어늘 今已服矣하니 若令布將騎하고 明公將步면 天下不足定也리이다하고 顧謂劉備曰 玄德이여 卿爲坐上客하고 我爲降虜한대 縄縛我急하니 獨不可一言邪아하다 操笑曰 縛虎不得不急이라하고 乃命緩布縛한대 劉備曰 不可하니이다 明公不見呂布事丁建陽董太師乎아하니 操頷之하다 布見備曰 大耳兒가 最叵信이로다하다 操謂陳宮曰 公臺平生自謂智有餘러니 今竟何如오하니 宮指布曰 是子不用宮言하여 以至於此라 若其見從이면 亦未必爲禽也로이다하니 操曰 柰卿老母何오한대 宮曰 宮聞以孝治天下者는 不害人之親이라하니 老母存否는 在明公이요 不在宮也니이다하니 操曰 柰卿妻子何오한대 宮曰 宮聞施仁政於天下者는 不絶人之祀라하니 妻子存否는 在明公이요 不在宮也니이다하니 操未復言하다 宮請就刑하고 遂出하여 不顧하니 操爲之泣涕하고 幷布順皆縊殺之하고 傳首許市하다 操召陳宮之母하여 養之終其身하고 嫁宮女하고 撫視其家하되 皆厚於初하다 張遼將其衆降하니 拜中郎將하다

(방주: 呂包降曹操縊殺呂布 / 大耳兒 / 張遼降曹操)

【조조가 여포를 목매어 죽이다】

조조가 여포를 공격하자, 여포는 부하들과 함께 백문루(白門樓 : 하비성(下邳城) 남문 누각)로 올라갔다. 조조 군대가 포위를 긴박하게 하자 여포는 측근들에게 자기 머리를 베어서 조조에게 나아가 바치게 하였으나 측근들이 차마 못하니 마침내 누각을 내려가 항복하였다. 여포가 조조를 보고 말하기를

"금일 이후로 천하가 안정될 것입니다."

하니, 조조가 말하기를,

"무엇으로 그렇게 말하오?"

하였다. 여포가 말하기를,

"명공(明公 : 귀하)의 걱정거리는 나 여포에 불과하였는데 지금 이미 항복하였으니, 만약 나 여포에게 기병을 지휘하게 하고 명공께 보병을 지휘하게 한다면 천하는 평정할 것이 없습니다."

하고, 돌아보며 유비를 보고 말하기를,

"현덕이여, 경(卿)께서 이 자리에 상객(上客)이 되고 나는 항복한 포로가 되었는데 끈으로 나를 결박하기를 긴박하게 하였으니, 다만 한 마디 말을 할 수 없겠소?"

하였다. 조조가 말하기를,

"호랑이를 결박하는 데는 긴박하게 하지 않을 수 없소."

하고, 여포의 결박을 느슨히 하라고 명하였는데 유비가 말하기를,

"안 됩니다. 명공께서는 여포가 정건양(丁建陽)과 동태사(董太師)를 섬기던 것[6]을 보지 않으셨습니까?"

하니, 조조는 턱을 끄떡거렸다. 여포가 유비를 보고 말하기를,

"귀 큰 아이〔大耳兒〕[7]가 가장 믿을 수 없다."

하였다. 조조가 진궁(陳宮)[8]에게 말하기를,

---

6) 여포가 정건양(丁建陽)과 동태사(董太師)를 섬기던 것 : 여포가 섬기던 상관을 죽인 일을 말함. 건양은 정원(丁原)의 자인데 여포를 부하로 두었으나, 뒤에 여포는 동탁의 유인에 의해 정원을 죽이고 동탁에게 의귀하였다. 태사는 동탁의 관직인데 여포가 동탁에게 의귀한 뒤에 결국 또 동탁을 죽였다.

7) 귀 큰 아이〔大耳兒〕 : 유비를 말함. 유비가 귀가 컸기 때문에 붙여진 말이다.

8) 진궁(陳宮) : ?~198. 자는 공대(公臺). 처음에 조조를 따르다가 뒤에 의심을 두고 여포를

"공대(公臺 : 진궁)께서는 평소 지혜가 넉넉하다고 스스로 생각하셨는데 지금 결국 어찌 되었소?"

하니, 진궁이 여포를 가리키며 말하기를,

"이 사람이 나 진궁의 말을 쓰지 않아 이 지경에 이르게 되었소. 내 말이 만약 쓰였다면 필시 사로잡히게 되지는 않았을 것이오."

하였다. 조조가 말하기를,

"경(卿)의 노모는 어찌하겠소?"

하니, 진궁이 말하기를,

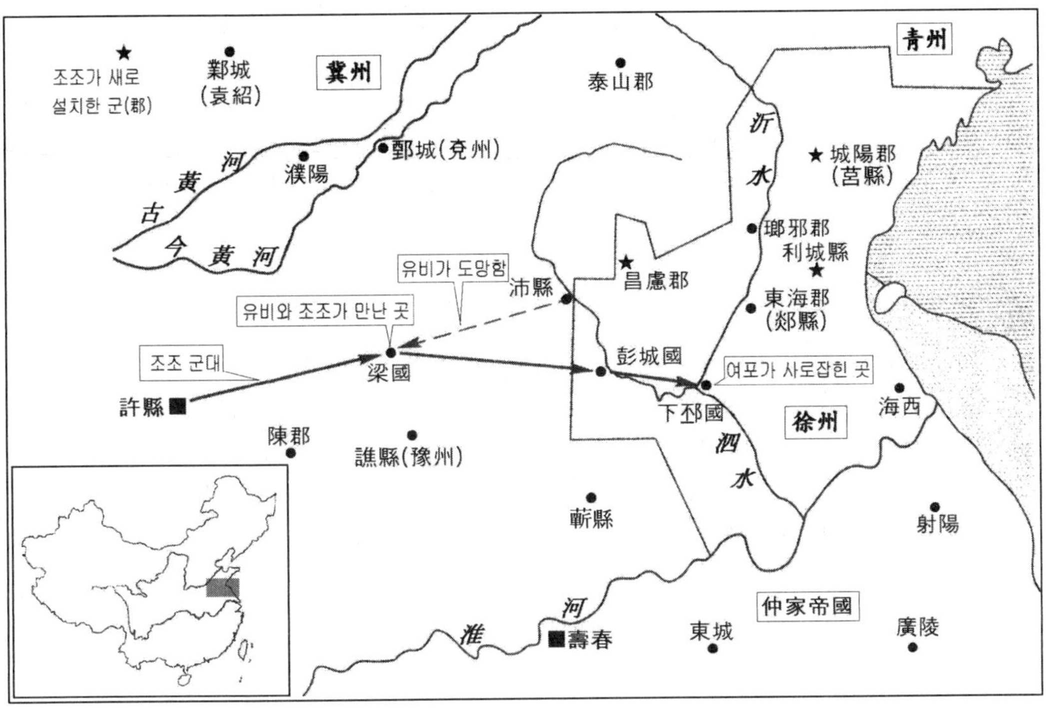

〈지도 30〉 조조(曹操)가 동쪽으로 가서 여포(呂布)를 사로잡고 서주(徐州)를 병탄함.(198년 9월-11월)

"저 진궁이 들으니 '효도로 천하를 다스리는 사람은 남의 부모를 해치지 않는다.'고 하니, 노모의 생존 여부는 명공에게 달렸지 저 진궁에게 달리지 않

따라 계획을 하였으나 여포는 매번 따르지 않았다. 여포가 패배하자 진궁은 사로잡혀 조조에게 죽었다.

앴소이다."

하였다. 조조가 말하기를,

"경(卿)의 처자는 어찌하겠소?"

하니, 진궁이 말하기를,

"저 진궁이 들으니, '어진 정치를 천하에 시행하는 사람은 남의 제사를 끊지 않는다.'고 하니, 처자의 생존 여부는 명공에게 달렸지 저 진궁에게 달리지 않았소이다."

하자, 조조는 다시 말하지 않았다. 진궁은 형벌을 받으러 가겠다고 하고 마침내 나가면서 돌아보지 않았다. 조조는 그를 위해 눈물을 흘렸고 여포·고순(高順)과 아울러 모두 목매어 죽이고 머리를 허시(許市 : 허도(許都)의 시가)로 보냈다.

조조는 진궁의 어머니를 불러 봉양을 평생토록 하게하고 진궁의 딸을 출가시키고 그 집안을 어루만져 보살피기를 모두 처음보다 후하게 하였다. 장료(張遼 : 여포의 부하 장군)가 그의 무리들을 이끌고 항복하니, 중랑장(中郎將)에 임명하였다.

【기묘(己卯 199) 건안(建安) 4년】

○【袁紹滅公孫瓚】

袁紹滅公孫瓚 袁紹擊公孫瓚滅之하다

【원소가 공손찬을 멸망시키다】

원소가 공손찬(公孫瓚)을 쳐서 멸망시켰다.

○【袁術歐血死】

袁術歐血死 袁術因憤慨結病하여 歐血死하다

【원술이 피를 토하고 죽다】

원술이 분개하여 울화병이 나서, 피를 토하고 죽었다.

○ 【董承與劉備謀誅曹操】

董承與劉備謀誅曹操

天下英雄 惟使君與操耳

備方食失匕箸

初에 董承稱受帝衣帶中密詔라하고 與劉備謀誅曹操하다 操從容謂備曰 今天下英雄은 惟使君與操耳니 本初之徒는 不足數也라하니 備方食이라가 失匕箸러니 値雷震이라 備因曰 聖人云호대 迅雷風烈必變이라하니 良有以也로다하다 遂與承及种輯等同謀러니 會操遣備邀袁術하다 備遂殺徐州刺史車冑하고 留關羽守下邳하여 行太守事하고 身還小沛하니 郡縣多叛操爲備하여 備衆數萬人이라 遣使與袁紹連兵하다

【동승과 유비가 조조를 죽일 것을 도모하다】

예전에 동승(董承)이 헌제(獻帝)에게서 허리띠 안에 두었던 밀조(密詔 : 비밀 조서)를 받았다고 말하고 유비와 함께 조조를 죽일 것을 도모하였다. 그런데 조조가 조용히 유비에게 말하기를,

"지금 천하의 영웅은 사군(使君 : 지방장관인 귀하)과 나뿐이오. 본초(本初 : 원소의 자)의 무리는 따질 거리가 못되오."

하니, 유비는 막 밥을 먹으려다가 수저를 놓쳤는데 마침 천둥 번개를 만나 유비는 그것을 이용해 말하기를,

"성인(聖人)께서 말씀하시기를 '빠른 천둥과 강한 바람에는 반드시 용모를 변한다.' 하였으니, 진실로 까닭이 있습니다."

하였다. 마침내 동승 및 충집(种輯) 등과 함께 조조를 치기를 모의하였는데, 마침 조조가 유비를 보내어 원술을 도중에서 맞이하여 공격하게 하였다. 유비는 마침내 서주 자사 차주(車冑)를 죽이고, 관우를 남겨 두어 하비를 지키면서 태수 일을 대행하게 하고, 자신은 소패(小沛)로 돌아왔다. 군과 현이 대부분 조조를 배반하고 유비를 따라서 유비의 무리가 수만 명이었다. 유비는 사자를 보내어 원소와 군대를 연합하였다.

【경진(庚辰 200) 건안(建安) 5년】

○ 【曹操棄袁紹 急擊劉備】

曹操棄袁紹急擊劉備

操欲自攻備한대 諸將皆曰 袁紹方來而棄之東이라가 紹乘人後면 若何오한대 操曰 劉備는 人傑也니 今不擊이면 必爲後患하리라하다

劉備人傑

郭嘉曰 紹性遲而多疑하니 來必不速이요 備新起에 衆心未附하니 急擊之면 必敗하리이다하다 操師遂東하다

【조조가 원소를 버리고 유비를 급히 공격하다】

조조(曹操)가 직접 유비(劉備)를 공격하려 하자, 여러 장군들이 모두 말하기를,

"원소(袁紹)가 막 공격해 오는데, 그를 버리고 동쪽으로 유비를 치러 갔다가 원소가 그 틈을 타고 우리 배후를 치면 어찌 합니까?"

하자, 조조가 말하기를,

"유비는 인걸(人傑)이니, 지금 치지 않으면 반드시 후환이 될 것이다."

하였다 곽가(郭嘉)가 말하기를,

"원소는 성질이 느린데다 의심이 많으니, 쳐들어온다 하더라도 분명 빨리 오지는 않을 것이며, 유비는 새로 일어나서 대중들의 마음이 아직 따르지 않으니, 급히 공격하면 반드시 무너질 것입니다."

하였다. 조조의 군대가 드디어 동쪽으로 갔다.

○ 【袁紹以子疾辭田豐所進之計】

袁紹以子疾辭田豐所進之計

冀州別駕田豐說袁紹曰 曹操與劉備連兵하니 未可卒解라 公擧軍而襲其後면 可一往而定하리이다 紹辭以子疾로 未得行하다 豐擧杖擊地曰 嗟乎아 遭難遇之時어늘 而以嬰兒病失其會하니 惜哉라 事去矣로다하다

【원소가 아들의 병 때문에 전풍이 말한 계책을 거절하다】

기주별가(冀州別駕)인 전풍(田豐)이 원소를 설득하기를,

"조조가 유비의 군대와 맞붙었으니, 금방 해결될 수는 없을 것입니다. 공께서 군대를 거느리고 그 후방을 습격하면, 단번에 가서 평정할 수 있을 것입니다."

하였다. 그러나 원소는 아들의 병 때문에 갈 수 없다고 거절하였다. 전풍이 지팡이를 들어 땅을 치면서 말하기를,

"아! 만나기 어려운 때를 만났는데 어린 자식의 병 때문에 그 기회를 놓치니, 안타깝다. 일이 틀려버렸구나!"

하였다.

○ 【曹操獲劉備妻子 禽關羽】

曹操獲劉備妻子禽關羽

曹操擊劉備破之하여 獲其妻子하고 進拔下邳하여 禽關羽하다 備犇青州하여 歸袁紹하다

【조조가 유비의 처자를 잡고 관우를 사로잡다】

조조가 유비를 공격해 격파하여 그의 아내와 아들을 잡고는, 전진하여 하비(下邳)를 빼앗아 관우(關羽)를 사로잡았다. 유비가 청주(青州)로 달아나 원소에게 의지하였다.

○ 【關羽斬顔良】

關羽斬顔良

操還軍官渡하다 紹乃議攻許하여 進軍黎陽하고 遣其將顔良攻劉延於白馬어늘 曹操北救劉延하니 顔良來逆戰이라 操使張遼關羽先登擊之러니 羽望見良麾蓋하고 策馬刺良於萬衆之中하여 斬其首而還하니 紹軍莫能當者라 遂解白馬之圍하다

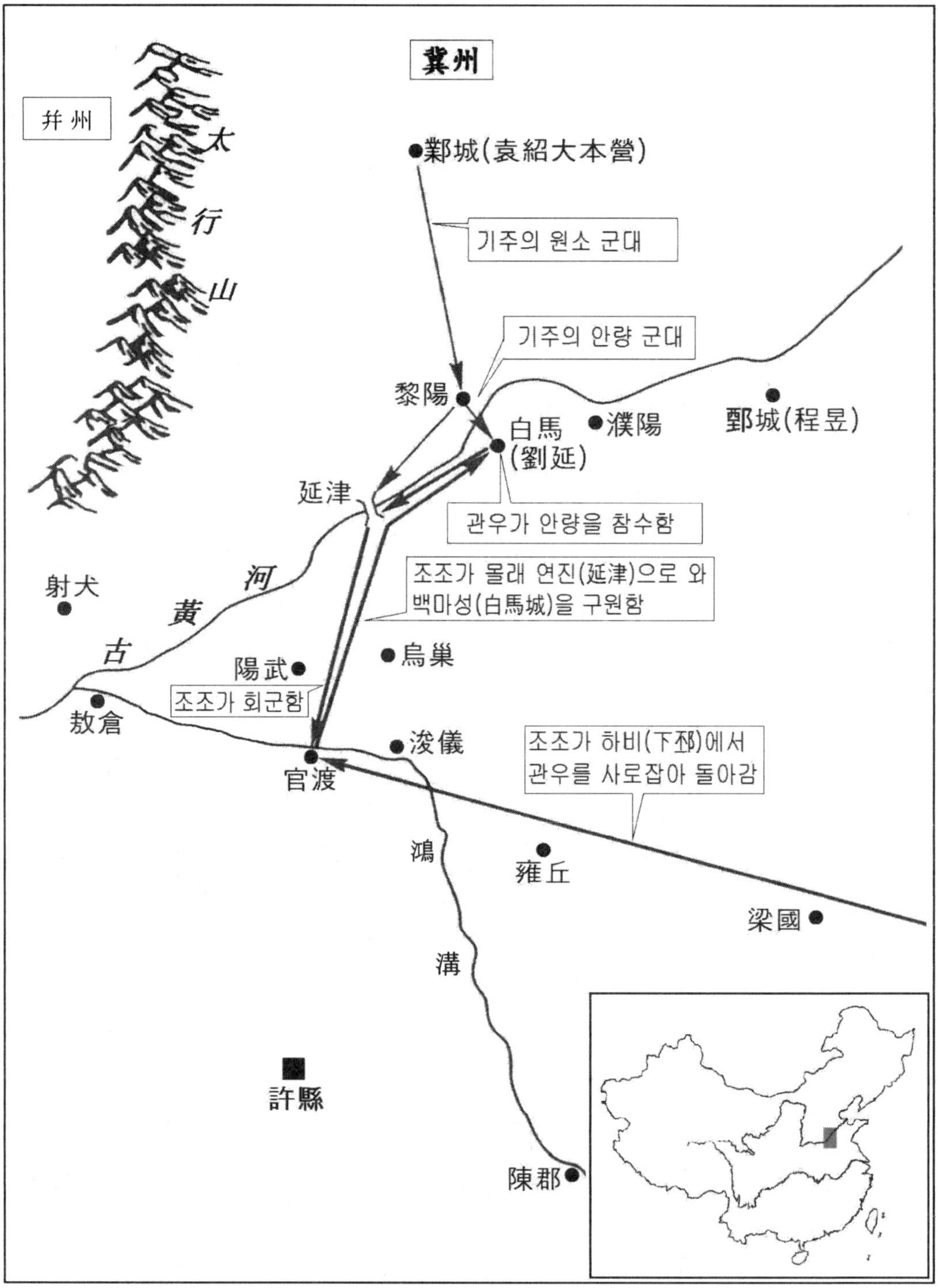

〈지도 31〉 기주(冀州) 연합군이 처음으로 남하하여 좌절함.(200년 1월-4월)

【관우가 안량을 목 베다】

조조가 군대를 관도(官渡)로 되돌렸다. 원소는 마침내 허현(許縣)을 공격할 것을 의논하여 여양(黎陽)으로 진군하고, 장군 안량(顔良)을 보내어 백마현(白馬縣)에서 유연(劉延)을 공격하게 하였다. 조조가 북으로 가서 유연을 구원하니, 안량이 나와서 맞아 싸웠다. 조조가 장료(張遼)와 관우를 시켜 선봉으로 나아가서 공격하게 하였는데, 관우(關羽)가 멀리서 안량의 기치와 일산(日傘)을 바라다보고는 말을 달려서 수많은 무리 속에서 안량을 찌르고 그의 머리를 베어 돌아왔다. 원소의 군대에는 그를 감당할 수 있는 자가 없어 마침내 백마현의 포위를 풀었다.

○【顔良文醜被擒 紹軍奪氣】

顔良文醜被擒紹軍奪氣

是時에 白馬輜重就道하다 諸將以爲敵騎多하니 不如還保營이니이다하니 荀攸曰 此所以餌敵이니 如何去之오하니 操顧攸而笑하다 紹騎將文醜與劉備將五六千騎前後至하니 諸將復白호대 可上馬니이다하니 操曰 未也라하다 有頃에 騎至稍多하고 或分趣輜重이어늘 操曰 可矣라하니 乃皆上馬하다 時騎不滿六百이나 遂縱兵擊하여 大破之하고 斬醜하다 醜與顔良은 皆紹名將也어늘 再戰에 悉禽之하니 紹軍奪氣하다

【안량과 문추가 사로잡히자 원소의 군중은 사기를 잃다】

이때에 백마현(白馬縣)에서 군수품 수레가 길을 출발하였다. 여러 장군들이 말하기를,

"적의 기병이 많으니 되돌아가서 군영을 지키는 것만 못합니다."

하니, 순유(荀攸)가 말하기를,

"이는 적을 유인하기 위한 것이니, 어찌 떠나갈 것이겠는가!"

하였다. 조조가 순유를 돌아보며 웃었다.[9] 원소의 기병장 문추(文醜)가 유비(劉備)와

9) 조조가 순유를 돌아보며 웃었다 : 조조는 순유와 뜻이 맞았기 때문에 계획이 누설될까 우려

함께 5~6천 기병을 거느리고 앞서고 뒤따라서 도착하였다. 여러 장군들이 또 아뢰기를,

"말에 올라 공격할 만합니다."

하자, 조조가 말하기를,

"아직 때가 아니다."

하였다. 조금 있다가 원소의 기병이 조금 많아지고 혹은 나뉘어 군수품으로 향하자, 조조가 말하기를,

"때가 되었다."

하니, 모두 말에 올랐다. 당시 조조의 기병은 6백 명이 되지 않았으나, 마침내 병력을 풀어 공격하여 원소의 군대를 크게 격파하고 문추를 참수하였다. 문추와 안량은 모두 원소의 명장(名將)인데 두 번 싸움에서 다 사로잡혀 죽으니, 원소의 군대는 사기를 잃었다.

○【關羽報效曹操 犇劉備於袁軍】

關羽報效曹操犇劉備於袁軍

初에 操壯關羽之爲人이나 而察其心神無久留之意하고 使張遼以其情問之한대 羽嘆曰 吾極知曹公待我厚나 然吾受劉將軍恩하여

關羽與劉備誓以共死

誓以共死하니 不可背之라 吾終不留나 要當立效以報曹公乃去耳라하다 遼以羽言報操한대 操義之하다 及羽殺顔良에 操知其必去하여 重加賞賜나 羽盡封其所賜하고 拜書告辭하고 而犇劉備於袁軍

彼各爲其主勿追也

하니 左右欲追之어늘 操曰 彼各爲其主니 勿追也하라하다

【관우가 조조에게 보답하고 원소의 군대에 있는 유비에게로 달려가다】

과거에 조조가 관우의 사람됨을 장하게 여겼으나 그의 마음에 오래 머물 뜻이 없음을 살피고는 장료를 시켜 그의 속마음을 물어보게 하였는데, 관우가 탄식하며 말하기를,

하여 순유를 돌아보며 웃음으로써 말하지 않게 한 것이다.

"나는 조공께서 나를 후히 대우함을 매우 잘 압니다. 그러나 나는 유장군(유비)의 은혜를 받아 함께 죽기로 맹서하였으니, 저버릴 수 없습니다. 저는 끝내 머물지는 않을 것입니다만 반드시 공을 세워 조공(조조)께 보답하고 나서야 떠날 것입니다."

하였다. 장료가 조조에게 관우가 말한 것을 보고하자, 조조는 관우를 의롭게 여겼다. 관우가 안량을 죽이고 나자 조조는 관우가 반드시 떠날 것을 알아차리고 상을 더 많이 주었다. 관우는 조조가 상준 것을 모두 싸서두고 편지를 써서 하직을 고하고, 원소의 군대에 있는 유비에게 달려갔다. 조조의 측근들이 관우를 추격하려 하자, 조조가 말하기를,

"저 사람은 제각각 자기 주인을 위한 것이니, 추격하지 말라."

하였다.

○ 【孫策卒 孫權代領江東】

孫策卒 孫權代領江東

孫策病甚하니 呼權하여 佩以印綬하고 謂曰 擧江東之衆하여 決機於兩陳之間하여 與天下爭衡은 卿不如我요 擧賢任能하여 各盡其心以保江東은 我不如卿이라하다 策卒하니 時年二十六이라 張昭周瑜等謂權可與共成大業이라하여 遂委心而服事焉하다

【손책이 죽고 손권이 강동을 이어받아 다스리다】

손책(孫策)은 병이 심해지자, 아우 손권(孫權)을 불러 도장과 인끈을 채워주며 말하기를,

"강동(江東)의 무리를 일으켜 두 진영의 사이에서 기회를 잡아 천하 사람들과 승부를 다툼은 그대가 나보다 못하지만, 어진 자를 기용하고 능력이 있는 자에게 맡겨 각각 그 마음을 다하게 하여 강동을 보전함은 내가 그대보다 못하다."

하였다.

손책이 죽으니, 당시 나이가 26세였다. 장소(張昭)와 주유(周瑜) 등은 손권이라면 함께 큰 사업을 이룰 만하다고 여겨 마침내 마음을 바쳐 그에게 복종하고 섬겼다.

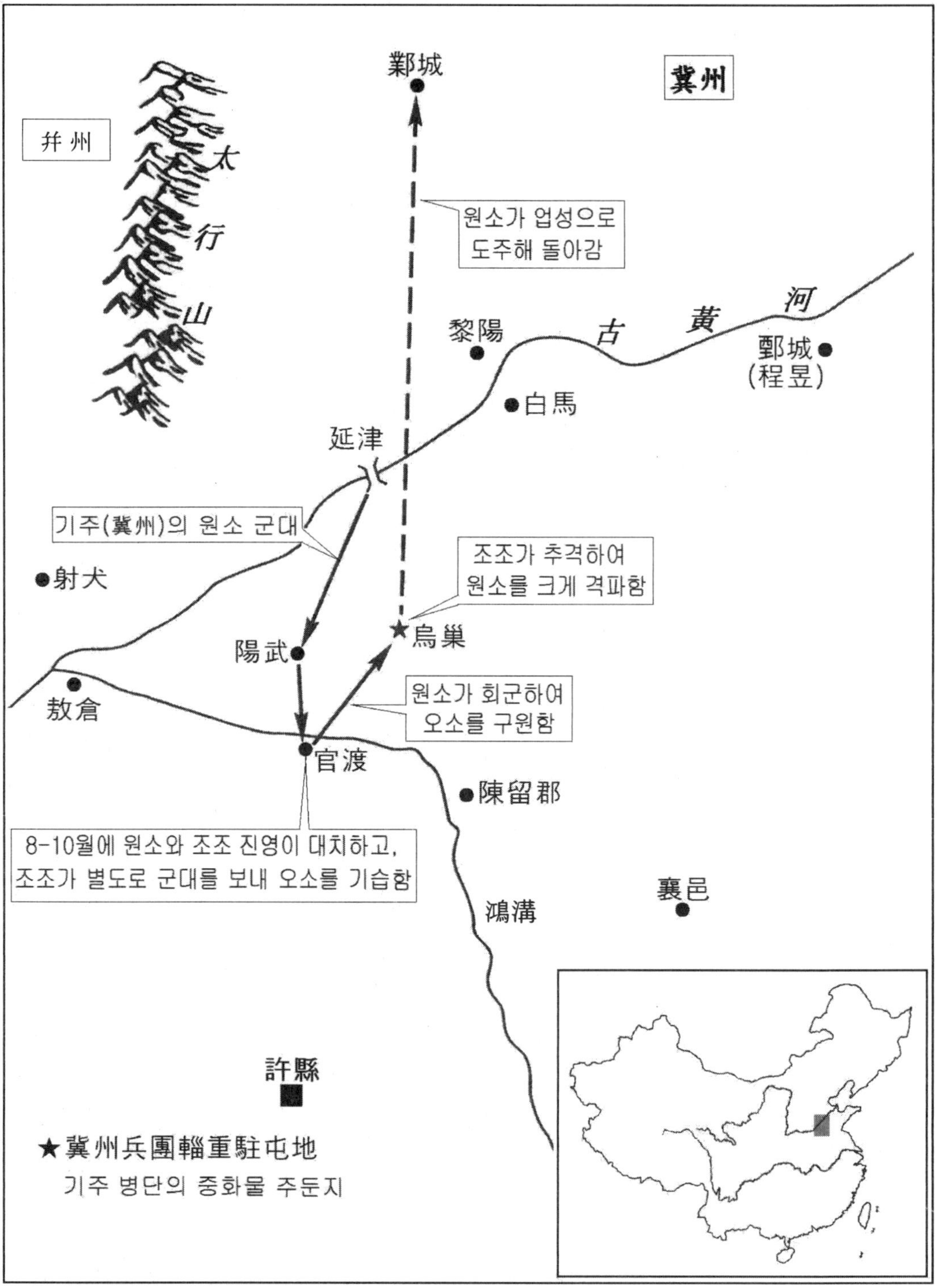

〈지도 32〉 관도(官渡) 전쟁.(200년 8월-10월)

○ 【曹操敗走袁紹】

曹操敗走袁紹 七月에 袁紹軍陽武하다 九月에 袁紹運穀車數千乘至官渡하니 曹操乃遣徐晃하여 破走之하고 燒其輜重하다 十月에 曹操擊破之하여 盡燔其糧穀하고 殺士卒千餘人하여 皆取其鼻하여 以示紹軍하니 於是紹軍驚擾하여 大潰라 紹與八百騎渡河走어늘 操追之不及하다 紹爲人寬雅하며 有局度하여 喜怒不形於色이나 而性矜愎自高하여 短於從善이라 故至於敗하다

袁紹性矜愎自高 短於從善

【조조가 원소를 패주시키다】

7월에 원소가 양무(陽武)에 진을 쳤다. 9월에 원소의 곡식 운반 수레 수천대가 관도(官渡)에 이르니, 조조가 서황(徐晃)을 보내어 원소를 패주시키고, 군수품을 불태웠다. 10월에 조조가 그 군대를 격파하여 원소의 양곡을 다 불태우고 군졸 1천여 명을 죽여 코를 다 베어 원소의 군사들에게 보이니, 원소의 군대가 놀라고 동요하여 크게 무너졌다 원소가 8백 명의 기병과 함께 황하를 건너 도망치자, 조조가 그를 쫓았으나 따라잡지 못하였다. 원소는 사람됨이 관대하고 고상하며 도량이 있어 기쁨과 노여움을 얼굴빛에 나타내지 않았으나, 성격이 자랑하기를 좋아하고 괴팍하며 스스로 잘난 체하여 선(善)을 따르는데 결점이 있었으므로 패함에 이르렀다.

○ 【袁紹殺田豐】

袁紹殺田豐 或謂田豐曰 君必見重矣이리라하니 豐曰 袁公貌寬而內忌하여 不亮吾忠이라 若勝而喜하여 猶能赦之어늘 今戰敗而恚하니 吾不望生이라하다 逢紀復譖曰 豐聞敗하고 拊手大笑라하니 紹曰 吾不用田豐言하여 果爲所笑로다하고 遂殺之하다

【원소가 전풍을 죽이다】

어떤 사람이 전풍에게 말하기를,

"그대는 반드시 중용될 것이네."

하니, 전풍이 말하기를,

"원소는 겉으로는 너그러우나 속으로는 시기가 많아 나의 충성을 믿지 못한다. 만약 승리하였다면 기뻐하여 나를 사면하겠지만, 지금 전쟁에 패하여 화가 났으니, 나는 살 가망이 없다."

하였다. 봉기(逢紀)가 다시 참소하기를,

"전풍은 패하였다는 소식을 듣고 손뼉을 치며 크게 웃었습니다."

하니, 원소가 말하기를,

"내가 전풍의 말을 쓰지 않아 과연 웃음거리가 되었구나."

하고는 마침내 전풍을 죽였다.

【신사(辛巳 201) 건안(建安) 6년】

○【劉備嘆髀肉復生】

劉備嘆髀肉復生

曹操自擊劉備於汝南하니 備奔劉表라 表聞備至하고 自出郊迎하여 以上賓禮待之하고 益其兵하여 使屯新野하다 備在荊州數年이러니 嘗於表坐起至廁이러니 慨然流涕어늘 表怪하여 問備한대 備曰 平常身不離鞍하여 髀肉皆消러니 今不復騎하여 髀裏肉生이라 日月如流하여 老將至矣어늘 而功業不建이라 是以悲耳라하다

【유비가 넓적다리에 다시 살이 붙은 것을 한탄하다】

조조가 직접 여남(汝南)에 있는 유비를 공격하니, 유비가 유표(劉表)에게로 달아났다. 유표는 유비가 온다는 소식을 듣고 직접 교외로 나가 맞아, 상등 빈객의 예절로 그를 대우하고 군대를 보태주어 신야(新野)에 주둔하게 하였다. 유비가 형주(荊州)에서 지낸지 몇 년이 지났는데, 한번은 유표와 자리에 앉아 있다가 일어나 측간에 갔다가 개탄하며 눈물을 흘린 일이 있었다. 유표가 괴이하게 여겨 유비에

게 묻자, 유비가 말하기를,

"평소엔 몸이 안장에서 떠나지 않아 넓적다리에 살이 다 빠졌었는데, 지금은 다시 말을 타지 않아 넓적다리 안쪽에 살이 붙었습니다. 세월은 흐르는 물과 같아 늙음이 장차 다가오거늘 공적을 세우지 못했으니, 이 때문에 슬퍼하는 것일 뿐입니다."

하였다.

【임오(壬午 202) 건안(建安) 7년】

○ 【袁紹發病薨】

袁紹發病薨

袁紹自軍敗로 慙憤하여 發病嘔血하고 夏 五月에 薨하다 紹有三子하니 譚熙尙이라 衆以譚長이라하여 欲立之러니 審配矯紹命立尙하니 譚不得立하고 自稱將軍하여 屯黎陽하다

【원소가 병이 나서 죽다】

원소는 군대가 패배한 후로 부끄럽고 분하여 병이 나서 피를 토하고, 여름 5월에 서거하였다. 원소에게는 세 아들이 있었는데, 원담(袁譚)·원희(袁熙)·원상(袁尙)이었다. 여러 사람들은 원담이 장남이므로 그를 세우려 하였는데, 심배(審配)가 원소의 명령이라고 속여 원상을 후계자로 세웠다. 원담은 후계자가 되지 못하여 스스로 장군이라 일컫고 여양(黎陽)에 주둔하였다.

【계미(癸未 203) 건안(建安) 8년】

○ 【袁譚袁尙相攻 曹操及其亂欲取之】

袁譚袁尙相攻曹操及其亂欲取之

袁譚袁尙治兵相攻時에 曹操擊劉表軍西平이러니 譚遣辛毗詣操請救어늘 操群下多以爲劉表彊하니 宜先平之요 譚尙不足憂也라

하니 荀攸曰 天下方有事어늘 而劉表坐保江漢之間하니 其無四方之志可知矣요 袁氏據四州之地하여 帶甲數十萬이라 使二子和睦이면 則天下之難未息也리니 今及其亂而取之면 天下定矣리이다 操從之하다

【원담과 원상이 서로 공격하자 조조가 혼란을 틈타서 탈취하려하다】

원담과 원상이 군대를 정비하여 서로 공격할 때에 조조는 유표를 공격하려 서평(西平)에 주둔하고 있었다. 원담이 신비(辛毗)를 보내어 조조에게 나아가 구원을 요청하였는데, 조조의 여러 부하들이 대부분 말하기를,

"유표가 강하니, 먼저 그를 평정해야 합니다. 원담과 원상은 걱정할 것이 못 됩니다."

하니, 순유(荀攸)가 말하기를,

"천하에 전쟁이 한창인데도 유표는 앉아서 강수(江水)와 한수(漢水)의 사이만 보전하고 있으니, 그 사방을 경략할 뜻이 없음을 알 수 있습니다. 원씨(袁氏)는 네 주(州)의 땅에 웅거하여 갑옷을 입은 병사가 수십만이니, 만일 두 아들이 화목하게 되면 천하의 환난이 그치지 않을 것입니다. 지금 그들이 혼란할 때에 탈취한다면, 천하가 평정될 것입니다."

하니, 조조는 그 말을 따랐다.

【갑신(甲申 204) 건안(建安) 9년】

○【曹操破袁尙】

曹操破袁尙 曹操擊袁尙破之하다

【조조가 원상을 격파하다】

조조가 원상을 쳐서 격파하였다.

○ 【袁譚叛 走南皮】

袁譚叛 走南皮

九月에 詔以操領冀州牧한대 操讓還兗州하다 十月에 譚叛하다 十二月에 譚拔平原이라가 走南皮하다

【원담이 반란을 일으키고 남피로 달아나다】

9월에 조서를 내려 조조에게 기주목(冀州牧)을 겸직하게 하였는데, 조조는 사양하고 연주로 돌아갔다. 10월에 원담이 반란을 일으켰다. 12월에 원담이 평원을 빼앗았다가 남피(南皮)로 달아났다.

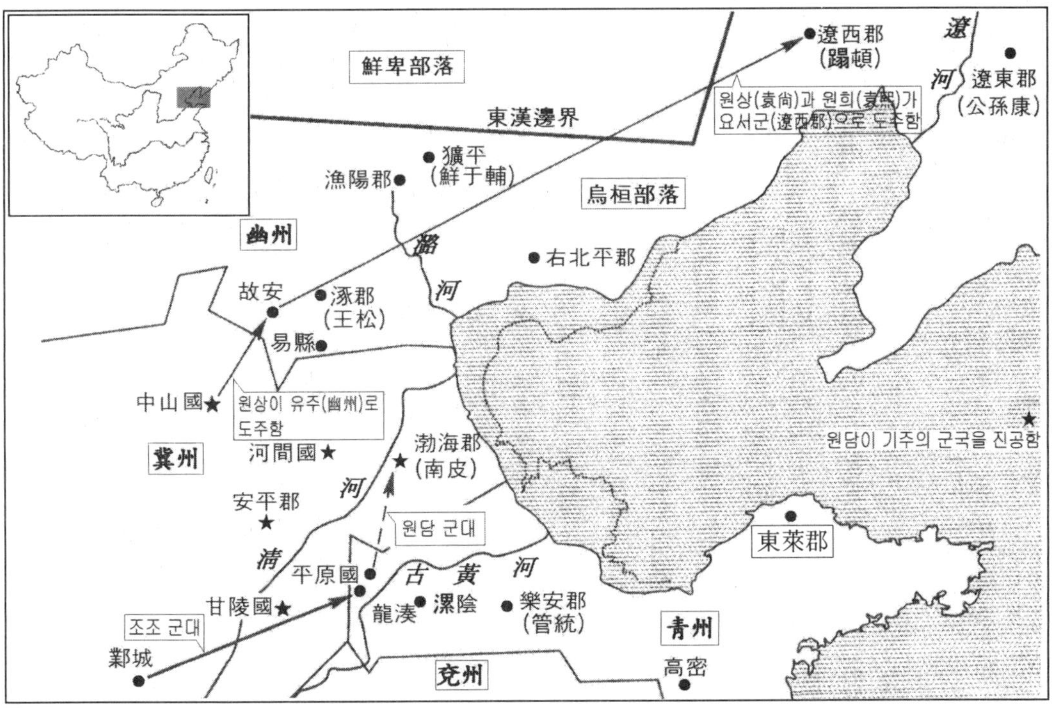

〈지도 33〉 조조가 원담을 격멸하고 북방 3주(州)를 병탄함.(204년 10월-205년 1월)

【을유(乙酉 205) 건안(建安) 10년】

【曹操斬袁譚】

曹操斬袁譚

正月에 曹操攻南皮어늘 袁譚出走한대 追斬之하다 袁熙爲其將焦觸張南所攻하니 與尙俱奔遼西하다

【조조가 원담을 참수하다】

정월에 조조가 남피를 공격하자, 원담이 도주하였는데 추격하여 원담을 참수하였다. 원희는 그의 부하 장군 초촉(焦觸)·장남(張南)에게 공격을 받자 원상과 함께 요서(遼西)로 달아났다.

【정해(丁亥 207) 건안(建安) 12년】

○ 【劉備三顧孔明於隆中】

劉備三顧孔明於隆中

孔明自比管仲樂毅

孔明可就見不可屈致

初에 琅邪諸葛亮寓居襄陽隆中하여 每自比管仲樂毅하니 時人莫之許也로되 惟潁川徐庶與崔州平謂爲信然하다 劉備在荊州하여 訪士於襄陽司馬徽한대 徽曰 儒生俗士가 豈識時務리오 識時務者在乎俊傑하니 此間自有伏龍鳳雛니라하니 備問爲誰오한대 曰 諸葛孔明龐士元也라하다 徐庶見備於新野한대 備器之러니 庶謂備曰 諸葛孔明은 臥龍也니 將軍豈願見之乎아하니 備曰 君與俱來하라하다 庶曰 此人可就見이언정 不可屈致也니 將軍宜枉駕顧之니이다하니 備由是詣亮하여 凡三往에 乃見하다

【유비가 공명을 융중으로 세 번 찾아가다】

과거에 낭야(琅邪) 출신 제갈량(諸葛亮)이 양양(襄陽)의 융중(隆中)에 머물러 지내면서, 항상 자신을 관중(管仲)과 악의(樂毅)에게 견주었다. 당시 사람들 중에 그를 인정하는 자가 없었으나, 오직 영천(潁川)의 서서(徐庶)와 최주평(崔州平)만은 참으로 그러하다고 여겼다. 유비가 형주에 있으면서 양양(襄陽)의 사마휘(司馬徽)에게 훌륭한 선비를 물었는데, 사마휘가 대답하기를,

"유생(儒生)과 세속의 선비들이 어찌 이 시대의 일을 알겠습니까? 이 시대의 일을 아는 것은 준걸에게 달려 있습니다. 이곳에는 이전부터 복룡(伏龍 : 엎드린 용처럼 은둔한 호걸)과 봉추(鳳雛 : 봉황 새끼처럼 드러나지 않은 영웅)가 있었습니다."

하니, 유비가 누구인지 묻자 대답하기를,

"제갈공명(諸葛孔明 : 제갈량)과 방사원(龐士元 : 방통)입니다."

하였다. 서서(徐庶)가 신야에서 유비를 만났는데, 유비가 그를 소중하게 여겼다. 서서가 유비에게,

"제갈공명은 와룡(臥龍)인데 장군은 그를 만나 보기를 원하지 않으십니까?"

하자, 유비가 말하기를,

"그대가 그와 함께 와 주시오."

하였다. 서서가 말하기를,

"이 사람은 찾아가서 만날 수는 있으나, 뜻을 굽혀 오게 할 수는 없습니다. 장군이 몸을 굽혀 찾아가셔야 합니다."

하였다. 유비가 이로 말미암아 제갈량에게 갔으나 세 번 찾아가서야 만날 수 있었다.

【劉備之有孔明 猶魚之有水】

劉備之有孔明猶魚之有水

因屛人曰 漢室傾頹에 姦臣竊命하니 孤不度德量力하고 欲信大義於天下로되 而智術淺短이라 遂用猖蹶하여 至于今日이나 然志猶未已하니 君謂計將安出고하니 亮曰 今曹操已擁百萬之衆하여 挾天子而令諸侯하니 此誠不可與爭鋒이요 孫權據有江東하여 已歷三世에 國險而民附하고 賢能爲之用하니 此可與爲援而不可圖也라 荊州並據漢沔하고 利盡南海하며 東連吳會하고 西通巴蜀하니 此用武之國이로되 而其主不能守하니 此殆天所以資將軍也라 益

益州險塞 沃野千里 天府之土

州險塞요 沃野千里에 天府之土어늘 劉璋闇弱하고 張魯在北하여 民殷國富而不知存恤하니 智能之士思得明君이라 將軍旣帝室之冑로 信義著於四海하니 若跨有荊益하여 保其巖阻하고 撫和戎越하고 結好孫權하여 內修政治하고 外觀時變이면 則霸業可成이요 漢室可興矣리이다하니 備曰 善타하다 於是與亮情好日密하니 關羽張飛不悅이어늘 備解之曰 孤之有孔明은 猶魚之有水也니 願諸君勿復言하라하니 羽飛乃止하다

【유비에게 공명이 있는 것은 물고기에게 물이 있는 것과 같다】

유비가 이어서 사람을 물리치고 말하기를,

"한(漢)나라 왕실이 기울어지자 간신 조조가 천명을 도둑질하기에 제가 덕망과 역량을 헤아리지 않고 대의(大義)를 천하에 펴고자 하였지만, 지혜와 술책이 얕고 짧아 결국 이 때문에 좌절을 겪어 오늘에 이르렀습니다. 그러나 대의를 펼 뜻은 아직도 그치지 않으니, 그대는 앞으로 계책을 어떻게 내야한다고 생각합니까?"

하니, 제갈량이 말하기를,

"지금 조조는 이미 100만의 무리를 지니고서 천자를 끼고 제후를 호령하고 있으니, 이 사람과는 진실로 예봉(銳鋒)을 다툴 수 없습니다. 손권은 강동을 점유하여 이미 3대를 지냈는데 나라는 험준한데다 백성이 따르고 현자와 능력 있는 자들이 등용되고 있으니, 이 사람은 함께 연맹할 수는 있어도 빼앗으려 도모할 수는 없습니다. 형주(荊州)는 한수(漢水)와 면수(沔水)를 의지하고 이익을 남쪽 바다까지 다 취하며, 동쪽으로는 오군(吳郡)과 회계군(會稽郡)에 연결되고 서쪽으로는 파군(巴郡)과 촉군(蜀郡)에 통합니다. 이는 무력을 쓸 수 있는 나라인데도, 그 주인 유표(劉表)가 잘 지키지 못하니, 이것은 아마 하늘이 장군에게 밑천을 대주려는 것인 듯합니다. 익주(益州)는 지세가 험한 요새지이고 비옥한 들이 1000리가 되어 천부(天府 : 천혜의 자연 보고)의 땅인데도, 유장(劉璋)은 어리석어 유약하며, 장로(張魯)는 북쪽에 있

으면서 백성이 많으며 나라는 부유한 데도 위문하여 구휼할 줄을 모르니, 지혜로우며 유능한 인사들은 명철한 임금을 얻을 것을 생각합니다. 장군은 이미 황실의 후예로서 믿음과 의리가 천하에 드러났으니, 만일 형주와 익주를 점유하여 그 험준함을 확보하고서 융족(戎族)과 월족(越族)을 어루만져 화친하고 손권과 우호를 맺어 안으로 정치를 정비하고 밖으로 시세의 변화를 살핀다면 패업을 이룩하고 한나라 황실을 일으킬 수 있을 것입니다."

하니, 유비가 말하기를,

"좋소!"

하였다. 이에 제갈량과 정의(情誼)가 날로 친밀해졌다. 관우와 장비(張飛)가 기뻐하지 않자, 유비가 그들에게 해명하기를,

"나에게 공명이 있는 것은 물고기에게 물이 있는 것과 같다. 바라건대 그대들은 더 이상 말하지 말라!"

하니, 관우와 장비는 마침내 불만스러운 말을 중지하였다.

○ 【孔明臥龍 士元鳳雛 德操水鑑】

孔明臥龍 士元鳳雛 德操水鑑

司馬徽는 淸雅有知人之鑑이라 同縣龐德公素有重名한대 徽兄事之하다 德公嘗謂孔明爲臥龍이요 士元爲鳳雛요 德操爲水鑑이라하니 故德操與劉備語而稱之하다

【공명은 와룡이고 사원은 봉추이고 덕조는 수감이다】

사마휘는 깨끗하고 고상한데다 사람을 알아보는 감식력이 있었다. 같은 현(縣)의 방덕공(龐德公)이 평소 훌륭한 명망이 있었는데 사마휘가 형으로 섬겼다. 방덕공이 일찍이 말하기를,

"공명은 와룡(臥龍)이고, 사원(士元 : 방통)은 봉추(鳳雛)이고, 덕조(德操)는 수감(水鑒 : 맑은 물거울)이다."

하였으니, 이 때문에 덕조(德操 : 사마휘)가 유비와 함께 이야기하면서 그들을 칭찬했던 것이다.

【무자(戊子 208) 건안(建安) 13년】

○ 【劉琮降曹操】

劉琮降曹操 秋七月에 曹操南擊劉表하다 八月에 會表卒하고 子琮爲嗣하다 九月에 操至新野하니 琮遂擧州降操하다

【유종이 조조에게 항복하다】

가을 7월에 조조가 남쪽으로 유표(劉表)를 쳤다. 8월에 마침 유표가 죽고, 아들 유종(劉琮)이 후계자가 되었다. 9월에 조조가 신야(新野)에 이르니, 유종이 마침내 고을을 가지고 조조에게 항복하였다.

○ 【劉備不背劉表】

劉備不背劉表 時劉備屯樊이러니 大驚하여 呼部曲共議하니 或勸備攻琮이면 荊州可得이라한대 備曰 劉荊州臨亡託我以孤遺하니 背信自濟는 吾所不爲로라하다 備將其衆去하여 過襄陽하니 荊州人多歸備하여 比到當陽하야는 衆十餘萬人이요 輜重數千兩이라 日行十餘里하니 別遣

濟大事必以人爲本 關羽乘船數百艘하여 使會江陵하다 或謂備曰 宜速行保江陵이니이다하니 備曰 夫濟大事인댄 必以人爲本이니 今人歸吾어늘 吾何忍棄去리오하다

【유비가 유표를 저버리지 않다】

당시 유비는 번성(樊城)에 주둔해 있다가 크게 놀라 군대를 불러 함께 논의하였다. 혹자가 유비에게 권하기를 유종을 공격하면 형주(荊州)를 얻을 수 있겠다고 하자, 유비가 말하기를,

"유형주(劉荊州 : 유표)가 죽을 때에 나에게 고아 유종을 부탁하였는데, 신의를 저버리면서 자신의 일을 이루는 것은 나는 하지 않을 것이오."

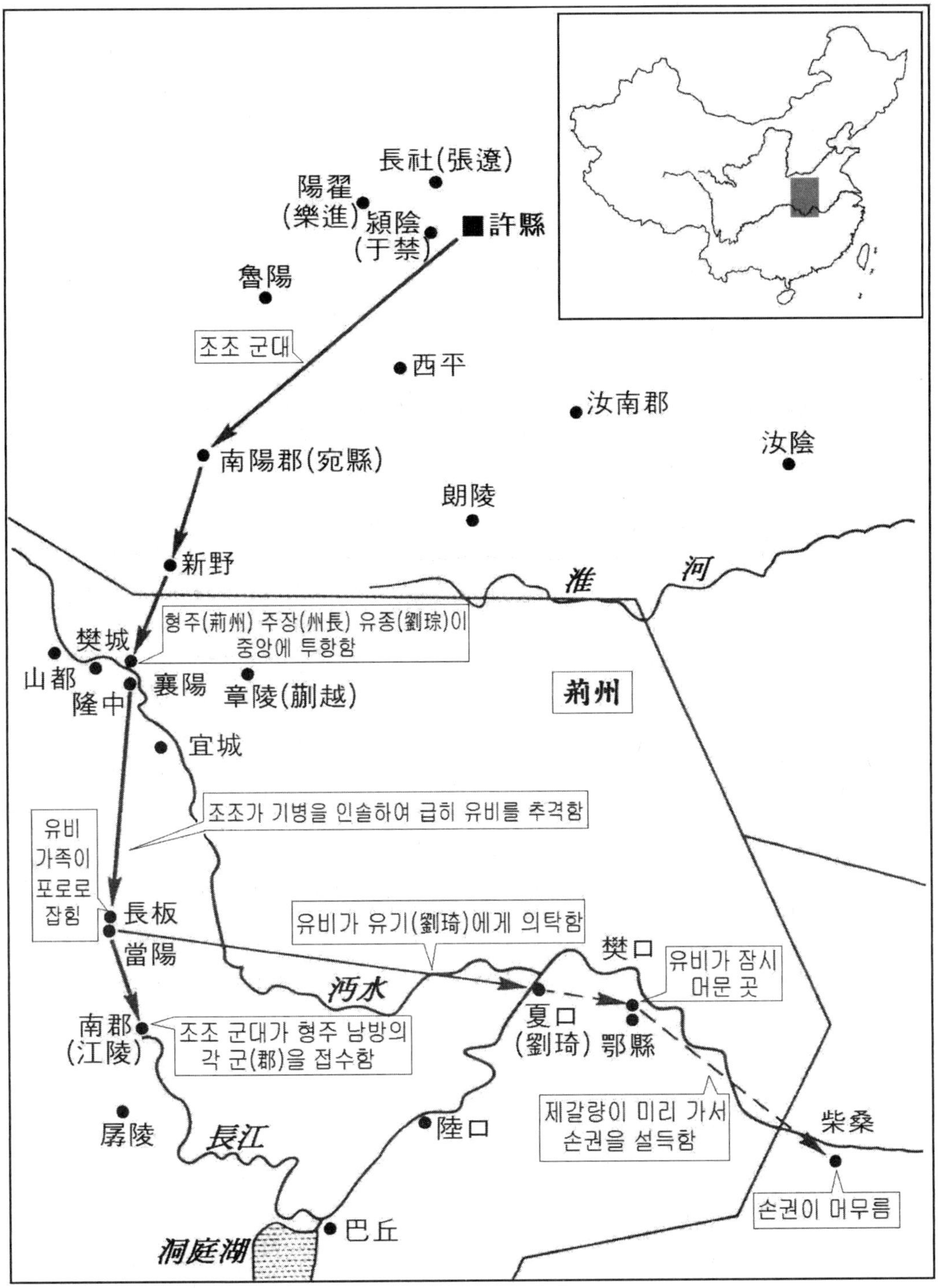

〈지도 34〉 조조(曹操)가 남하하여 형주(荊州)를 접수함.(208년 9월)

하였다. 유비는 그 무리를 거느리고 떠나 양양(襄陽)을 지나가니 형주 사람들 중에 유비에게 의탁하는 자가 많았다. 당양현(當陽縣)에 이르러서는 무리가 십여 만 명이었고, 군수품을 실은 수레가 수천 대였다. 하루에 10여 리밖에 행군하지 못하자, 따로 관우를 보내어 수백 척의 배에 군인을 태워서 강릉에서 만나도록 하였다. 혹자가 유비에게 말하기를,

"빨리 가서 강릉을 보전해야 합니다."

하니, 유비가 말하기를,

"무릇 큰일을 이루려면 반드시 사람을 근본으로 삼아야 하니, 지금 사람들이 나에게 의탁하는데, 내가 어찌 차마 버리고 가겠소!"

하였다.

○ 【長坂之戰 劉備棄妻子走】

長坂之戰 劉備棄妻子走

一日一夜 行三百餘里

曹操以江陵有軍實한대 恐劉備據之하여 乃釋輜重하고 輕軍到襄陽하여 聞備已過하고 操將精騎五千急追之할새 一日一夜에 行三百餘里하여 及於當陽之長坂하니 備棄妻子走하다

【장판 전투에서 유비가 처자를 버리고 도주하다】

조조는 강릉에 군수 물자가 있는데 유비가 차지할까 두려워하여, 마침내 군수품을 실은 수레를 놔두고 경무장한 군대로 양양에 이르러서 유비가 이미 지나갔다는 소식을 들었다. 조조가 정예 기병 5천명을 거느리고 급히 추격할 때에, 하루 밤낮에 3백여 리를 행군하여 당양현의 장판(長坂)에서 따라잡으니, 유비는 처자도 버리고 도주하였다.

○ 曹操進軍江陵하다

조조가 군사를 강릉으로 진격케 하였다.

○ 【魯肅說劉備共拒曹操】

魯肅說劉備共拒曹操

初에 魯肅聞劉表卒하고 言於孫權호대 請往說劉備하여 使撫表衆하고 共治曹操라하더니 會備南走어늘 肅迎之하여 與備會於當陽長坂하다 謂備曰 孫討虜는 敬賢禮士하며 兵精糧多하니 足以立事라 今爲君計컨대 莫若遣腹心自結於東이니이다하니 備用肅計하여 進住鄂縣之樊口하다

【노숙이 유비에게 조조를 함께 막자고 유세하다】

과거에 노숙이 유표가 죽었다는 소식을 듣고, 손권에게 말하기를,

"유비에게 가서 유세하여, 유표의 무리들을 위무하게 하고 함께 조조에게 대항하게 하려 합니다."

하였는데, 마침 유비가 남쪽으로 도망오자 노숙이 그를 맞이하여 유비와 당양현의 장판에서 회합하였다. 노숙이 유비에게 말하기를,

"손토로(孫權 : 손권 토로장군)께서는 현자를 존경하고 선비를 예우하며 정예병을 갖추고 양식이 넉넉하니, 일을 이루기에 충분합니다. 지금 그대를 위하여 계획을 세워보면, 심복을 보내어 스스로 동쪽 오나라와 결탁하는 것보다 나은 것이 없습니다."

하니, 유비는 노숙의 계책을 써서 전진하여 악현(鄂縣)의 번구(樊口)에 주둔하였다.

○ 【諸葛亮渡江說孫權】

諸葛亮渡江說孫權

曹操自江陵將順江東下어늘 諸葛亮謂劉備曰 事急矣라 請奉命求救於孫將軍하노이다하고 遂與魯肅詣孫權하다 亮說權曰 海內大亂에 將軍起兵江東하고 劉豫州收衆漢南하여 與曹操並爭天下러니 今操芟夷大難하여 略已平矣요 遂破荊州하여 威震四海하니 英雄無用武之地라 故豫州遁逃至此하니 願將軍量力而處之하소서 若能以吳越之衆與中國抗衡인댄 不如早與之絶이요 若不能인댄

何不北面而事之리잇고하다 權曰 劉豫州何不遂事之乎아하니 亮曰
田横은 齊之壯士耳로되 猶守義不辱이어든 況劉豫州王室之冑요

孫權不能受制於人

英才蓋世하니 安能爲之下乎잇가하다 權勃然曰 吾不能擧全吳之
地하여 受制於人이로다 吾計決矣라 非劉豫州면 莫可以當曹操者
라 然豫州新敗之後에 安能抗此難乎아하다 亮曰 今戰士還者及關
羽水軍精甲萬人이요 劉琦合江夏戰士亦不下萬人이라 曹操之衆

强弩之末勢不能穿魯縞

이 遠來疲敝하고 聞追豫州하여 輕騎一日一夜에 行三百餘里라하니
此所謂强弩之末勢不能穿魯縞者也라 故兵法忌之曰 必蹶上將

北方之人 不習水戰

軍이라하니이다 且北方之人이 不習水戰하고 又荊州之民附操者는
偪兵勢耳요 非心服也니 今將軍誠能與豫州協規同力이면 破操軍

鼎足之形成矣

必矣요 操軍敗면 則荊吳之勢强하여 鼎足之形成矣리이다하니 權大
悅하여 與其羣下謀之하다

【제갈량이 강을 건너 손권을 설득시키다】

조조가 강릉에서 장강을 따라 동쪽으로 내려가려 하자, 제갈량이 유비에게 말하기를,

"일이 급박합니다. 명령을 받들어 손권 장군에게 구원을 요청하겠습니다."

하고, 드디어 노숙과 함께 손권에게 갔다. 제갈량이 손권을 설득하여 말하기를,

"천하가 크게 어지러워지자, 장군께서는 강동에서 군대를 일으키시고, 유예주(劉豫州 : 유비)는 한수 남쪽에서 무리를 모아, 조조와 천하를 함께 다투었습니다. 지금 조조가 큰 난리를 뿌리 뽑아 대략 평정하고 나자, 드디어 형주를 격파하여 위엄이 천하에 떨치니, 영웅이 무용(武勇)을 쓸 땅이 없습니다. 그러므로 유예주가 도피해 여기에 이르렀으니, 원컨대 장군께서는 힘을 헤아려 대처하십시오. 만약 오·월의 병력만으로 중원(中原)과 대적할 수 있다면 빨리 그와 단절하는 것보다 좋은 것이 없고, 만약 불가능하다면

어찌 신하가 되어 조조를 섬기지 않습니까?"

하였다. 손권이 말하기를,

"유예주는 어찌하여 그를 끝내 섬기지 않소?"

하니, 제갈량이 말하기를,

"전횡(田橫)은 제나라의 장사(壯士)일 뿐이었는데도, 오히려 의리를 지키고 욕을 입지 않았습니다.[10] 하물며 유예주는 왕실의 후예이고, 영특한 재주가 세상을 덮는데, 어찌 그에게 낮출 수 있겠습니까?"

하였다. 손권이 발끈하여 말하기를,

"나는 오 지역 땅 전부를 들어 조조에게 압제를 받을 수 없소. 내 계획은 결정 되었소! 유예주가 아니면 조조를 감당할 수 있는 자가 없을 것이오. 그러나 유예주가 막 패배한 뒤에 어찌 이 난리에 대적할 수 있겠소?"

하였다. 제갈량이 말하기를,

"지금 돌아온 전투 병사와 관우의 수군 정예 갑병이 만 명이고, 유기(劉琦)가 강하(江夏)의 전사를 규합한 것이 또한 만 명을 밑돌지 않습니다. 조조의 무리는 멀리 오느라 피폐하였고, 듣기로는 예주를 추격하느라 경무장한 기병이 하루 낮과 하루 밤에 3백여 리를 행군했다고 합니다. 이는 이른 바 '강한 쇠뇌의 화살도 다 날아가서 떨어질 때쯤이면 그 힘이 노(魯)나라의 얇은 비단도 뚫을 수 없다.'[11]는 것입니다. 그러므로 병법에는 경계하여 이르기를 '〈너무 달려서 하루에 50리를 가면〉 반드시 상장군이 쓰러진다.'[12]고 하였습니다. 또 북방의 사람들은 수전(水戰)을 익히지 못하였고, 더욱이 조조에게 의탁한 형주의 백성들은 군대 위세에 핍박을 당해 그랬을 뿐이지, 마음으로 승복한 것이 아닙니다. 지금 장군께서 진실로 유예주와 함께 계획

---

10) 전횡(田橫)은 … 욕을 입지 않았습니다 : 전횡은 전국 말기 제(齊)나라 종실(宗室). 초한(楚漢)이 서로 다툴 적에 자립하여 제왕(齊王)이 되어 500여명을 데리고 섬으로 들어갔다. 한 고조 유방이 황제가 되어 전횡을 부르자 전횡은 부하 두 사람과 함께 낙양(洛陽)에 거의 이르러서는 "내가 포로가 되어 신하로서 섬기는 것은 그 치욕이 너무 심하다〔橫乃爲亡虜而北面事之, 其恥固已甚矣.〕" 하고 자살하였다.

11) 강한 쇠뇌의 화살도 … 얇은 비단도 뚫을 수 없다 : 처음에 강력하다가 뒤에 쇠약해지는 형세를 말함. 얇은 비단〔縞〕은 노나라 곡부(曲阜) 지역에서 잘 만들었다고 한다.

12) 〈너무 달려서 하루에 50리를 가면〉 반드시 상장군이 쓰러진다 : 손자(孫子) 군쟁(軍爭)의 말임. 원문 '五十里而爭利, 則蹶上將軍.'에서 앞부분을 생략하고 뒷부분만 인용하였다.

을 세우고 힘을 합하면, 반드시 조조의 군대를 격파할 수 있을 것입니다. 조조의 군대가 패배하면, 형주와 오의 힘이 강력해져서 세 발 솥처럼 천하가 셋으로 나누어지는 형세가 될 것입니다."

하니, 손권은 크게 기뻐하여 여러 부하들과 계획을 짰다.

○【魯肅諫迎曹操】

魯肅諫迎曹操

方與將軍會獵於吳

是時에 曹操遺權書曰 近者奉辭伐罪하여 旄麾南指하니 劉琮束手라 今治水軍八十萬衆하고 方與將軍會獵於吳하리라한대 權以示群下하니 莫不響震失色이라 長史張昭等曰 將軍大勢可以拒操者는 長江也니 今操得荊州하여 長江之險已與我共之矣니 不如迎之니이다하다 魯肅密言於權曰 向察衆人之議하니 專欲誤將軍이라 不足與圖大事하니 願早定大計하고 莫用衆人之議也하소서하니 權歎息曰 諸人持議가 甚失孤望나 今卿廓開大計가 正與孤同이라하다

【조조를 환영하자는 논의에 노숙이 반대말을 올리다】

이때 조조가 손권에게 편지를 보내기를,

"근래에 천자의 명을 받들어 죄 있는 자를 쳐서 깃발이 남쪽을 향하니, 유종이 투항하였소. 지금 수군 80만 명을 거느리고, 장차 장군과 함께 오 지역에서 만나 전쟁하려하오."

하였다. 손권이 그것을 여러 휘하들에게 보이자, 두려움에 떨며 얼굴빛을 변하지 않는 자가 없었다. 장사(長史) 장소(張昭) 등이 말하기를,

"장군께서 조조를 막을 수 있는 큰 형세는 장강입니다. 지금 조조가 형주를 얻어 장강의 험난한 지형을 우리와 공유하게 되었으니, 그를 환영하는 것만 못합니다."

하였다, 노숙이 은밀히 손권에게 말하기를,

"이전에 여러 사람들의 논의를 살펴보았더니, 오로지 장군을 그르치게 하려

고 합니다. 함께 큰 사업을 도모하기에 부족하니, 원컨대 빨리 큰 계책을 결정하시고 여러 사람들의 논의를 쓰지 마십시오."

하니, 손권이 탄식하여 말하기를,

"여러 사람들의 지론(持論)이 나에게 매우 실망스럽소. 지금 경(卿)이 말한 대계(大計)가 바로 나와 같소."

하였다.

○【周瑜決計拒操】

周瑜決計拒操 曹操實漢賊 時周瑜至鄱陽이라 肅勸權召瑜還한대 瑜至에 謂權曰 操雖托名漢相이나 其實漢賊也라 將軍割據江東하여 兵精足用하니 當橫行天下하여 爲漢家除殘去穢어든 況操自送死어늘 而可迎之耶잇가 請爲將軍籌之하리이다 今北土未平에 馬超韓遂尙在關西하여 爲操後患이어늘 而操舍鞍馬하고 杖舟楫하여 與吳越爭衡하고 又今盛寒에 馬無藁草어늘 驅中國士衆遠涉江湖之間하니 不習水土하여 必生疾病하리니 此數者用兵之患也라 瑜請得精兵五萬人하면 保爲將軍破之하리이다하니 權曰 老賊欲廢漢自立久矣로되 徒忌二袁呂

拔刀斫案 布劉表與孤耳러니 今數雄已滅하고 惟孤尙存하니 孤與老賊勢不

諸將吏敢復有言當迎曹者與此案同 兩立이어늘 君言當擊하니 此天以君授孤也로다하고 因拔刀斫案曰 諸將吏敢復有言當迎曹者면 與此案同하리라하고 乃罷會하다 是夜에 瑜復見權曰 今以實校之하니 彼所將中國人不過十五六萬이요 且已久疲하고 所得表衆亦極七八萬耳요 尙懷狐疑니이다 夫以疲病之卒御狐疑之衆하니 衆數雖多나 甚未足畏니이다 瑜得精兵五

卿言至此 甚合孤心 萬하면 自足制之리니 願將軍勿慮하소서 權撫瑜背曰 公瑾아 卿言

至此하니 甚合孤心이로다 五萬兵難卒合이나 已選三萬人하니 卿與子敬程公便在前發하라 孤當續發人衆하여 爲卿後援이라하고 遂以周瑜程普爲左右督하여 將兵與備並力逆操하고 以魯肅爲贊軍校尉하여 助畫方略하다

【주유가 계획을 결정하여 조조를 방어하다】

이때 주유는 파양(鄱陽)에 도착하였다. 노숙이 손권에게 권하여 주유를 불러 돌아오게 하였다. 주유가 이르러 손권에게 말하기를,

"조조가 비록 명색은 한나라 정승이라고 칭탁하고 있으나, 사실상 한나라의 적입니다. 장군께서 강동에 웅거하여 군대는 정예롭고 재정이 풍족합니다. 마땅히 천하를 종횡무진하여 한나라를 위하여 역적을 없애며 추악한 자를 제거해야 합니다. 하물며 조조가 제 스스로 죽을 길을 찾아오는데, 영접을 한단 말입니까! 장군을 위하여 계책을 드리겠습니다. 지금 북쪽 땅이 평정되지 않았고, 마초(馬超)·한수(韓遂)가 아직도 관서(關西)에 있어 조조의 후환이 되고 있는데도 조조는 익숙한 말안장을 버리고, 서툰 배와 노를 가지고서 오·월과 승부를 다투려합니다. 게다가 지금 한창 심한 추위에 말은 먹을 풀이 없는데 중원의 군사들을 몰아 멀리서 강호 사이를 건너오니, 물과 토질에 익숙하지 않아 반드시 질병이 발생할 것입니다. 이 몇 가지는 용병의 병통입니다. 제가 정예 군사 5만 명을 얻으면, 장담하고 장군을 위하여 그를 쳐부수겠습니다.

하니, 손권은 말하기를,

"늙은 역적이 한나라를 없애고 스스로 즉위하려 한 지가 오래 되었는데, 다만 원소·원술과 여포·유표와 나를 두려워 할 뿐이었소. 지금 몇 명 영웅이 이미 죽었고, 오직 나만 아직까지 살아 있소. 나는 늙은 역적과는 형세상 양립할 수가 없는데, 그대가 마땅히 쳐야 한다고 하니, 이는 하늘이 그대를 나에게 준 것이오."

하였다. 이어 칼을 빼서 앞의 책상을 내리쳐 자르면서 말하기를,

"여러 장수와 관리 중에서 감히 다시 조조를 영접해야 한다고 말하는 자가

있으면 이 책상과 똑같이 될 것이다!"

하고, 회의를 해산하였다. 이날 밤에 주유가 다시 손권을 뵙고 말하기를,

"현재 실제로 따져보니, 조조가 거느린 중원(中原) 군인들은 불과 15~16만 명인데다 또 이미 피로하고, 유표의 무리들을 얻은 것도 최대 7~8만 명인데다 아직도 머뭇거리고 있습니다. 피로한 군졸들로 머뭇거리는 무리들을 부리고 있으니, 무리들의 수효가 비록 많으나 크게 두려워할 것은 못됩니다. 제가 정예병 5만 명을 얻으면 스스로 충분히 제압하리니 장군께서는 염려하지 마십시오!"

하니, 손권은 주유의 등을 어루만지며 말하기를,

"공근(公瑾 : 주유)이여! 경(卿)이 이렇게 말하니 나의 마음에 매우 부합되오. 5만 군사는 갑자기 집결시키기 어렵지만 이미 3만 명을 뽑아 놓았으니 그대는 자경(子敬 : 노숙)과 정공(程公 : 정보)과 함께 앞서서 출발하라. 나는 계속해서 군인들을 출동시켜 경을 위하여 뒤에서 지원하겠다."

하였다. 드디어 주유와 정보를 좌독(左督)과 우독(右督)으로 삼아 군대를 거느리고 유비와 함께 힘을 합쳐 조조와 맞아 싸우게 하고, 노숙을 찬군교위(贊軍校尉)로 삼아 방략을 도와 계획하게 하였다.

○【劉備周瑜共拒曹操】

劉備周瑜共拒曹操

劉備在樊口하여 日遣邏吏於水次候望權軍이러니 吏望見瑜船하고 馳往白備한대 備乃乘單舸往見瑜하고 問曰 今拒曹公이 深爲得計니 戰卒有幾오 瑜曰 三萬人이라하다 備曰 恨少로다하니 瑜曰 此自足用이니 豫州但觀瑜破之하소서하다

【유비와 주유가 함께 조조를 방어하다】

유비는 번구(樊口)에 있으면서 날마다 순찰하는 관리를 물가에 보내어 손권의 군대를 살펴보게 하였다. 관리가 주유의 배를 바라보고 달려와 유비에게 아뢰었다. 유비는 마침내 배 한 척을 타고 가서 주유를 만나 묻기를,

"지금 조공을 막는 것이 매우 훌륭한 계책이니, 싸울 군졸은 얼마나 있습니

까?"

하니, 주유가 말하기를,

"3만 명입니다."

하였다. 유비가 말하기를,

"적은 것이 안타까울 뿐이오."

하니, 주유가 말하기를,

"이 정도면 쓰기에 충분하니, 유예주께서는 다만 내가 조조를 격파하는 것을 보기만 하십시오."

하였다.

○【周瑜大破操兵於赤壁】

周瑜大破操兵於赤壁

操軍方連船艦首尾相接

蒙衝鬪艦

詐云欲降

曹操從華容道步走

進하여 與操遇於赤壁하다 時操軍衆已有疾疫하여 初一交戰에 操軍不利하여 引次江北이라 瑜部將黃蓋曰 今寇衆我寡하니 難與持久요 操軍方連船艦하여 首尾相接하니 可燒而走也라하고 乃取蒙衝鬪艦하여 載燥荻枯柴하고 灌油其中하고 先以書遺操하여 詐云欲降이라하니 時東南風急이라 蓋以十艦最著前하여 中江擧帆하여 餘船以次俱進하니 操軍吏士皆出營立觀하고 指言蓋降이라하다 去北軍二里餘에 同時發火한대 火烈風猛하여 船往如箭이라 燒盡北船하고 延及岸上營落하니 人馬燒溺死者甚衆이라 瑜等率輕銳繼其後하여 靁鼓大進하니 北軍大壞라 操引軍從華容道步走어늘 劉備周瑜水陸並進하여 追操至南郡하다 時操軍兼以饑疫하여 死者太半이라 操乃留曹仁徐晃守江陵하고 引軍北還하니 於是將士形勢自倍라 瑜乃渡江하여 頓北岸하여 與仁相拒하다

【주유가 적벽에서 조조 군대를 대파하다】

주유가 전진하여 조조와 적벽(赤壁)에서 마주쳤다. 당시 조조의 군인들은 이미 전염병이 걸려 있었다. 처음 한번 교전에 조조의 군대가 불리하자, 인솔하여 강 북쪽에 주둔하였다. 주유의 부하 장수 황개(黃蓋)가 말하기를,

"지금 적은 많고 우리는 적으니, 함께 지구전(持久戰)을 하기는 어렵습니다.

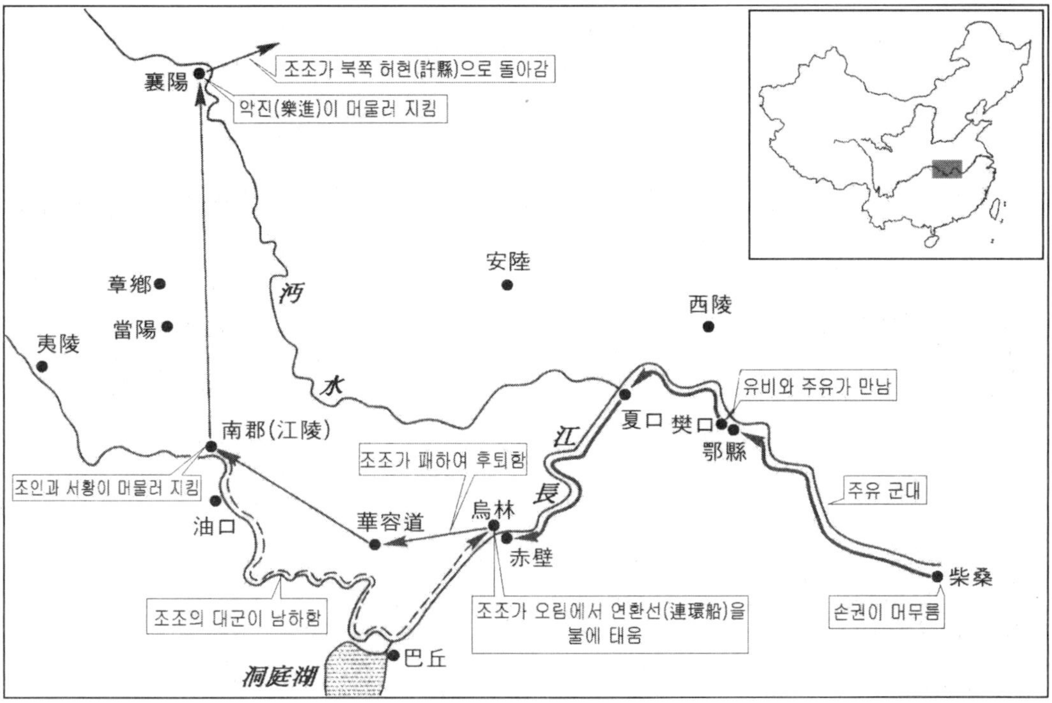

〈지도 35〉 적벽(赤壁) 전쟁.(208년 10월)

조조의 군대가 한창 전투함을 연결하여 머리와 꼬리가 서로 맞닿아있으니, 불을 질러 패주시킬 수 있습니다."

하였다. 마침내 몽충(蒙衝 : 쾌속선)과 투함(鬪艦 : 전투함)을 끌어다가 마른 억새와 마른 땔나무를 싣고 그 속에 기름을 부었다. 미리 조조에게 편지를 보내 거짓으로,

"항복하고자 합니다."

하였다. 그때 동남풍이 세차게 불었다. 황개가 10척의 함선을 가장 선두에 편성하고 장강 가운데에서 돛대를 올리니 나머지 배가 차례로 전진하였다. 조조 군대의 관리와 군사들은 모두 진영에서 나와 서서 쳐다보고, 손가락질하여 황개가 항복하려 한다고 말하였다. 조조의 북군과의 거리가 2리 남짓한 곳에서 동시에 불을 붙

이자 불이 세차고 바람이 사나워, 배가 가는 것이 화살과 같은지라, 북군의 배를 다 태우고, 언덕 위의 진영 촌락까지 미쳐가 타니, 불타고 빠져 죽는 사람과 말이 매우 많았다. 주유 등은 경무장 정예병을 인솔하여 그 뒤를 이어서 나와 천둥 같이 북소리를 내며 크게 진군하니, 북군이 크게 무너졌다. 조조는 군대를 이끌고 화용도(華容道)를 따라 걸어서 도망쳤다. 유비와 주유는 물과 뭍으로 아울러 전진하여 조조를 추격하여 남군에 이르렀다. 이때 조조의 군대는 굶주림에 전염병까지 겹쳐 죽은 자가 태반이었다. 조조는 마침내 조인(曹仁)과 서황(徐晃)을 남겨 두어 강릉을 수비하게 하고, 군대를 이끌고 북으로 돌아왔다. 이에 주유 휘하의 장졸들의 사기는 저절로 배가 되었다. 주유는 마침내 장강을 건너 북쪽 언덕에 주둔하여 조인과 서로 대치하였다.

○ 【劉備南徇四郡】

劉備南徇四郡

十二月에 劉備表劉琦爲荊州刺史하고 引兵南徇四郡하니 武陵長沙桂陽零陵皆降하다

【유비가 남쪽 4군을 순행하다】

12월에 유비가 표문을 올려 유기를 형주자사로 삼고, 군대를 이끌어 남쪽 4군(郡)을 순행하자, 무릉(武陵)・장사(長沙)・계양(桂陽)・영릉(零陵)이 모두 항복하였다.

통감절요증손교주(通鑑節要增損校註) 23권

후한기(後漢紀)

▪ 효헌황제(孝獻皇帝) 하(下)

【기축(己丑 209) 건안(建安) 14년】

○ 【孫權以妹妻劉備】

孫權以妹妻劉備 權以妹妻備 備每入心常凜凜

十二月에 周瑜攻曹仁歲餘에 所殺傷甚衆이라 仁委城走어늘 瑜屯據江陵하다 會劉琦卒하니 權以備領荊州牧한대 周瑜分南岸地以給備하다 權以妹妻備한대 妹才捷剛猛하여 有諸兄風하여 侍婢百餘人이 皆執刀侍立하니 備每入에 心常凜凜하다

【손권이 누이동생을 유비에게 시집보내다】

12월에 주유(周瑜)가 조인(曹仁)을 공격한 지 1년 남짓 만에 죽이거나 부상케 한 사람들이 매우 많았다. 조인이 성을 버리고 도망하자 주유는 강릉(江陵)에 주둔해 웅거하였다. 마침 유기가 죽자 손권은 유비에게 형주목(荊州牧)을 겸직하도록 하였는데, 주유가 형강(荊江)의 남쪽 지역을 나누어서 유비에게 주었다. 손권이 여동생을 유비에게 시집보냈는데, 여동생은 재주 있고 날래며 강하고 용맹하여 여러 오빠들과 같은 기풍이 있었다. 시녀 100여 명이 모두 칼을 들고 옆에서 모시고 있었다. 유비는 내실에 들어갈 적마다 마음이 항상 섬짓섬짓하였다.

○ 【周瑜雅量高致 非言辭所能間】

曹操密遣蔣幹往說周瑜한대 幹乃布衣葛巾으로 自託私行詣瑜하

周瑜雅量高致非言辭所能間

니 瑜出迎之하여 立謂幹曰 子翼良苦로다 遠涉江湖하여 爲曹氏作說客耶아하고 因延幹하여 與周觀營中하고 行視倉庫軍資器仗訖에 還飮宴이라가 因謂幹曰 丈夫處世에 遇知己之主하여 外託君臣之義하고

假使蘇張更生能移其意乎

內結骨肉之恩하여 言行計從하고 禍福共之하니 假使蘇張更生이라도 能移其意乎아 幹但笑하고 終無所言하다 還白操호대 稱瑜雅量高致는 非言辭所能間也라하다

【주유의 도량이 넓고 뜻이 높음은 말로 이간시킬 수 있는 것이 아니다】

조조가 몰래 장간(蔣幹)을 보내서 주유를 설득하게 하자 장간은 마침내 베옷과 갈건(葛巾 : 칡베 두건)을 쓰고 개인적인 일로 방문하는 것이라고 스스로 핑계대고서 주유에게 갔다. 주유는 나와 맞이하며, 곧바로 장간에게 말하기를,

"자익(子翼 : 장간)은 매우 고생하시는구려! 멀리 강과 호수를 건너 와서 조씨(曹氏 : 조조)를 위하여 유세꾼이 되시었소!"

하였다. 이어서 장간을 영접하여 그와 두루 진영 안을 참관하고, 창고와 군용 물자와 무기들을 순찰한 뒤에 돌아와 술을 마시며 잔치를 베풀다가 이어서 장간에게 말하기를,

"대장부가 세상을 살아가면서 자기를 알아주는 주인을 만나면, 밖으로는 임금과 신하의 의리에 의탁하고, 안으로는 혈육의 은혜를 맺어, 내 말이 시행되고 계책이 쓰여지고, 재앙과 복록을 함께 누리는 것이니 설령 소진(蘇秦)·장의(張儀)[1]가 다시 살아온다 하더라도 그 뜻을 바꿀 수가 있겠소!"

하였다. 장간은 다만 웃기만 하고, 결국 아무 말도 하지 못했다. 돌아가 조조에게 아뢰기를 주유의 도량이 넓고 뜻이 높음은 말로 이간시킬 수 있는 것이 아니라고 칭찬하였다.

---

1) 소진(蘇秦)·장의(張儀) : 전국시대의 대표적 종횡가(縱橫家). 특히 유세(遊說)에 능통하였는데, 소진은 합종을 주장하여 육국(六國) 제후들의 연합으로 진(秦)나라에 대항하자고 하였고, 장의는 연횡(連橫)을 주장하여 육국이 각각 진나라를 섬기자고 하였다.

【경인(庚寅 210) 건안(建安) 15년 】

○ 【曹操作銅爵臺】

曹操作銅爵臺

曹操作銅爵臺於鄴하다

【조조가 동작대를 짓다】

조조가 동작대[2]를 업(鄴)에 지었다.

○ 【曹操自陳功伐 讓還三縣】

曹操自陳功伐讓還三縣

曹操始學孝廉

漢故征西將軍曹侯之墓

曹操下令曰 孤始學孝廉이어늘 時年紀尙少라 乃於譙東築精舍하여 欲秋夏讀書하고 冬春射獵하여 爲二十年規라가 待天下淸乃出仕耳러니 然不能得如意하고 徵爲典軍校尉하니 意遂更欲爲國家討賊立功하여 使題墓道言호대 漢故征西將軍曹侯之墓가 此其志也러니 而遭値董卓之難하여 興擧義兵하고 後領兗州하여 破降黃巾三十萬衆하고 又討袁術하여 使窮沮而死하고 摧破袁紹하여 梟其二子하고 復定劉表하여 遂平天下하다 身爲宰相하여 人臣之貴已極하니 意望已過矣라 設使國家無有孤면 不知當幾人稱帝며 幾人稱王이라 或者人見孤彊盛하고 恐妄相忖度하여 言有不遜之志하여

誠恐已離兵爲人所禍已敗則國家傾危

不得慕虛名而處實禍

每用耿耿이라 故爲諸君陳道此言하노니 皆肝鬲之要也라 然欲孤便爾委捐所典兵衆以還執事하고 歸就武平侯國은 實不可也니 何者오 誠恐已離兵爲人所禍요 已敗則國家傾危하리니 是以不得慕虛名而處實禍也라 然兼封四縣은 食戶三萬이니 何德堪之리오 江

---

2) 동작대(銅爵臺) : 누대 이름. '銅雀臺'로도 쓴다. 대의 높이가 10장이며 집이 100칸이고 누각 정상에 1장(丈) 5척(尺)의 동작(銅雀 : 구리 참새)을 주조(鑄造)해 놓았다.

湖未靜하여 不可讓位나 至於邑土하여는 可得而辭니라 今上還陽夏柘苦三縣의 戶二萬하고 但食武平萬戶하면 且以分損謗議하고 少減孤之責也라하다

【조조가 자신의 공적을 늘어놓고, 삼현을 사양하여 반납하다】

조조는 명령을 내리기를,

"나는 처음에 효렴(孝廉)으로 추천되었는데, 당시에 젊어서 초현(譙縣) 현성(縣城) 동쪽에 정사(精舍 : 서재)를 지어서 가을과 여름에는 글을 읽고, 겨울과 봄에는 활을 쏘아 사냥하며 20년을 계획했다가 천하가 맑아지기를 기다려 벼슬에 나아가려고 했다. 그러나 나의 뜻대로 하지 못하고, 부름을 받아 전군교위(典軍校尉)가 되었다. 마음속으로 다시 국가를 위하여 적을 치고 공을 세워 무덤 앞의 비석에 쓰기를 '한나라 고 정서장군 조후의 묘〔漢故征西將軍曹侯之墓〕'라고 하기를 바란 것이 이것이 나의 뜻이었다. 그런데 동탁(董卓)의 난리를 만나 의병을 일으켰고, 뒤에 연주목(兗州牧)을 겸직하여 황건적(黃巾賊) 30만 명을 격파하여 항복받고, 또 원술을 토벌하여 궁지로 몰아 패배시켜 죽였고, 원소를 쳐부수어 그의 두 아들을 효수(梟首)하였고, 다시 유표(劉表)를 평정하여 드디어 천하를 안정시켰다. 내 자신이 재상이 되어, 신하의 존귀함이 이미 극도에 올랐으니, 기대에 이미 넘친 것이다. 만일 황제께 내가 있지 않았다면, 몇 사람이 황제라고 일컫고 몇 사람이 왕이라고 일컬었을지 모르겠다. 혹시 사람들이 나의 강성함을 보고, 경망하게 서로 추측하여 말하기를 나에게 황위를 찬탈할 불손한 야심이 있다고 할까 두려워서, 항상 마음이 편안하지 못하다. 그러므로 제군들을 위하여 이 말을 하니, 모두 내 마음 속의 진실이다. 그러나 나에게 곧 통솔하는 군대를 버려 병사담당자에게 돌려보내고, 무평후국(武平侯國 : 조조의 제후국)으로 돌아가게 하는 것은 진실로 불가능하다. 어째서인가? 진실로 두려운 것은 내가 군대를 떠나면 남에게 재앙을 당하고, 내가 패배하면 황제께서 기울어 위태로워진다. 이 까닭으로 〈은퇴하는〉 헛된 명예를 사모하거나 〈권력 잡아 신의를 잃는〉 실제 재앙에 처할 수도 없다. 그러나 사현(四縣 : 무평(武平)·양하(陽夏)·자(柘)·고(苦))에 겸하여 봉해지는 것은 3만 호를 차지하게 되

니 무슨 공덕으로 감당하겠는가? 강호(江湖)가 아직 안정되지 않아서[3] 관직을 사퇴할 수 없으나, 봉토(封土)에 있어서는 사양할 수가 있다. 지금 양하·자·고의 삼현(三縣)의 2만 호를 국가에 반납하고, 다만 무평현(武平縣)의 1만 호만 차지한다면 또한 비방을 줄이고, 나의 책임도 조금 적어질 것이다."

하였다.

○【周瑜恐蛟龍得雲雨 終非池中物】

周瑜恐蛟龍得雲雨終非池中物

劉備必非久屈爲人用者

劉表故吏士多歸劉備하니 備以周瑜所給地少하여 不足以容其衆이라 乃自詣京見孫權하고 求都督荊州어늘 瑜上疏於權曰 劉備以梟雄之姿로 而有關羽張飛熊虎之將하니 必非久屈爲人用者라 恐蛟龍得雲雨면 終非池中物也리이다하다 呂範亦勸留之나 權以曹操在北하니 方當廣擥英雄하여 不從하다 備還公安하여 久乃聞之하고 歎曰 天下智謀之士는 所見略同이로다 時孔明諫孤莫行이러니 其意亦慮此也로다 孤方危急하여 不得不往하니 此誠險塗요 殆不免周瑜之手로다하다

天下智謀之士所見略同

【주유는 교룡(蛟龍 : 유비)이 구름과 비를 얻으면 끝내 연못 속의 갇힌 동물이 되지 않을까 우려하다】

유표(劉表)에게 본래 소속되었던 관리와 군사가 대부분 유비에게 귀순하였다. 유비는 주유가 준 땅이 적어서 그의 부하들을 수용하기에 부족하였다. 마침내 직접 경구성(京口城)에 가서 손권을 만나고 형주(荊州)를 모두 관리하게 해줄 것을 요구하였다. 주유가 손권에게 상소하기를,

"유비는 올빼미와 같은 강한 자질로 곰과 호랑이와 같은 용감한 관우와 장

3) 강호(江湖)가 아직 안정되지 않아서 : 유비(劉備)와 손권(孫權)의 세력이 여전히 존재함을 말함.

비가 있으니, 반드시 오래 굽히며 남에게 쓰임을 당할 자가 아닙니다. 교룡(蛟龍)이 구름과 비를 만나면 끝내 연못 속의 갇힌 동물이 되지 않을까 우려됩니다."

하였다. 여범(呂範)도 유비를 붙잡아 둘 것을 권하였으나 손권은 조조가 북쪽에 있기 때문에 마땅히 영웅을 널리 잡아두어야 한다고 하여 따르지 않았다. 유비가 공안(公安)으로 돌아온 후 오랜 뒤에 마침내 그 소식을 듣고 탄식하기를,

"천하의 지모 있는 선비는 식견이 대략 같구나. 당시 공명(孔明)이 나에게 간언하여 가지 말라고 했는데, 그 뜻도 이를 우려해서였구나! 내가 지금 위급하여 가지 않을 수 없었으니, 이것은 참으로 위험한 길이고, 거의 주유의 손아귀를 벗어나지 못할 뻔 하였구나!"

하였다.

○ 【周瑜薦魯肅自代】

周瑜薦魯肅自代 周瑜詣京見權曰 乞與奮威俱進하여 取蜀而並張魯하고 因留奮威固守其地하여 與馬超結援하고 瑜還與將軍據襄陽以蹙操면 北方可圖也리이다하니 權許之하다. 瑜還江陵이라가 道病하여 與權牋曰 方今曹操在北하여 疆埸未靜하고 劉備寄寓하여 有似養虎하니 天

儻所言可采瑜死不朽 下之事는 未知終始어니와 魯肅忠烈하여 臨事不苟하니 可以代瑜라 儻所言可采면 瑜死不朽矣라하고 卒於巴丘하다. 權聞之哀慟曰 公

公瑾有王佐之資 瑾有王佐之資어늘 今忽短命하니 孤何賴哉아하고 自迎其喪于蕪湖하다.

【주유가 노숙을 자신의 후임으로 추천하다.】

주유는 경구성에 나아와서 손권을 만나 말하기를,

"요청하오니, 분위장군(奮威將軍 : 손유)과 함께 전진하여 촉(蜀)을 차지하고, 장로(張魯 : 한중에 웅거한 인물)를 병합하고 그대로 분위장군을 남겨

두어 그 땅을 견고하게 지켜 마초(馬超 : 관중에 웅거한 인물)와 연맹을 맺게 하고, 저는 돌아와 장군과 양양(襄陽)을 점거하여 조조를 압박하면, 북방(北方)을 도모할 수 있을 것입니다."

하니, 손권이 그것을 허락하였다. 주유가 강릉(江陵)으로 돌아가다가 도중에 병이 나서 손권에게 편지를 보내기를,

"지금 조조가 북쪽에 있어 변경이 편안치 못하고, 유비가 형주(荊州)에 살고 있어서 호랑이를 기르는 것과 비슷합니다. 천하의 일은 결말을 알 수 없지만 노숙(魯肅)은 충성스러우며 절개가 굳어서 일을 처리하는데 구차하지 않으니, 저를 대신 할 수 있을 것입니다. 만약 저의 말이 채택 된다면, 저는 죽더라도 영원히 사는 것입니다."

하고, 파구(巴丘)에서 죽었다. 손권이 그 소식을 듣고 애통해하기를,

"공근(公瑾)은 제왕을 보조할 자질이었는데, 지금 갑자기 명이 짧아 죽으니, 나는 누구를 의지한단 말인가?"

하고, 그의 상여를 직접 무호(蕪湖)에서 맞이하였다.

○ 【與周公瑾交 若飮醇醪 不覺自醉】

與周公瑾交 若飮醇醪 不覺自醉

初에 程普頗以年長으로 數陵侮瑜한대 瑜折節下之하여 終不與校하다 普後自敬服而親重之하여 乃告人曰 與周公瑾交는 若飮醇醪면 不覺自醉라하다

【주공근과 사귀는 것은 좋은 술을 마시면 저절로 취함을 깨닫지 못함과 같다】

과거에 정보(程普)는 주유보다 나이가 제법 많다는 이유로 자주 주유를 능멸하였는데, 주유는 기개를 꺾어 정보에게 겸손하여 끝까지 그와 따지지 않았다. 정보는 훗날 스스로 주유를 존경하고 승복하며 친근히 하고 중시하여, 마침내 사람들에게 고하기를,

"주공근(周公瑾 : 주유)과 사귀는 것은 좋은 술을 마시면 절로 취함을 알지 못하는 것과 같다."

하였다.

○ 【魯肅勸權以荊州借劉備】

魯肅勸權以荊州借劉備

權以魯肅代瑜領兵하다 魯肅勸權以荊州借劉備하여 與共拒曹操한대 權從之하다

【노숙이 손권에게 형주를 유비에게 빌려 줄 것을 권하다】

손권이 노숙에게 주유를 대신하여 군대를 통솔하게 하였다. 노숙은 손권에게 형주를 유비에게 빌려주어, 함께 조조를 방어하기를 권하였는데, 손권이 그 말을 따랐다.

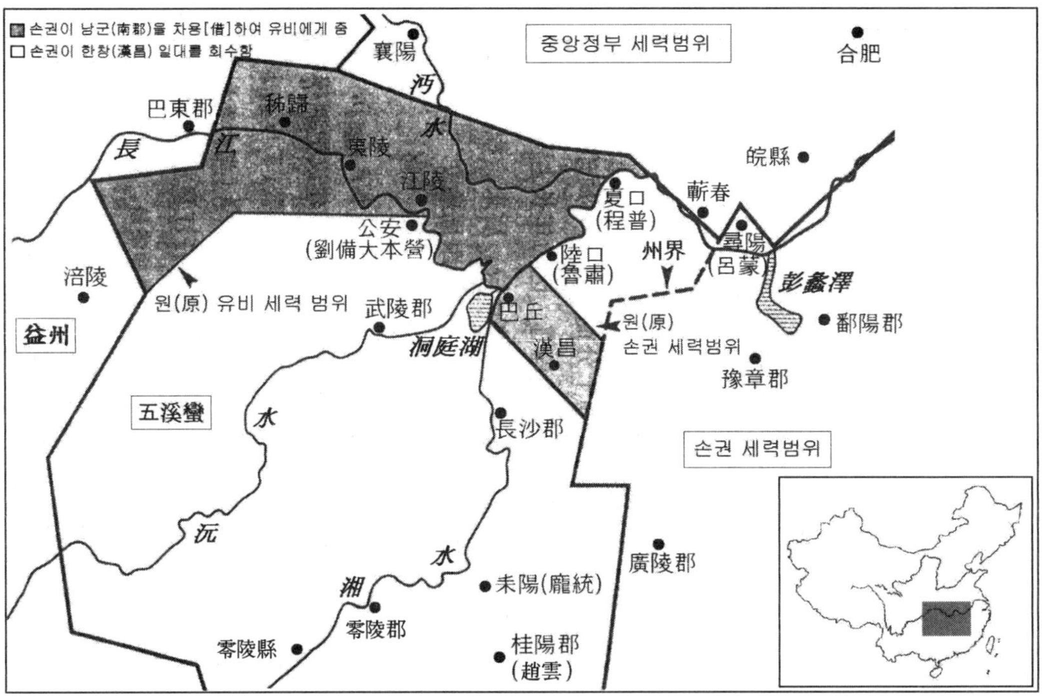

〈지도 36〉 유비(劉備)가 형주(荊州)를 빌림.(210년)

○ 【孫權勸呂蒙就學】

孫權勸呂蒙就學

初에 孫權謂呂蒙曰 卿今當塗掌事하니 不可不學이라하니 蒙辭以

非復吳下阿蒙 士別三日刮目相待

軍中多務한대 權曰 孤豈欲卿治經爲博士耶아 但當涉獵하여 見往事耳니라 卿言多務하니 孰若孤오 孤常讀書에 自以爲大有所益이로다하니 蒙乃始就學하다 及魯肅過尋陽이라가 與蒙論議하고 大驚曰 卿今者才略이 非復吳下阿蒙[4]이로다하니 蒙曰 士別三日하면 卽更刮目相待니 大兄何見事之晩乎아하다 肅遂拜蒙母하고 結友而別하다

【손권이 여몽에게 학문에 나아갈 것을 권하다】

과거에 손권이 여몽(呂蒙)에게 말하기를,

"경이 지금 벼슬에 나와 일을 담당하니, 학문을 하지 않아서는 안 되오!"

하니, 여몽은 군대 안에 일이 많음을 이유로 사양하자, 손권이 말하기를,

"내 어찌 경에게 경서(經書)를 공부하여 박사(博士)가 되기를 바라겠소! 다만 마땅히 대강 읽어서 지난 일을 알아야 할 뿐이오. 경은 일이 많다고 하는데, 어찌 나만 하겠소! 나는 항상 글을 읽으면서 스스로 크게 이익이 있다고 생각하오."

하니, 여몽이 비로소 학문에 나아갔다. 노숙이 심양(尋陽)을 들러서 여몽과 논의를 하게 되어서는 크게 놀라 말하기를,

"지금 경의 재주와 책략은 다시 오(吳) 지역의 여몽이 아니올시다!"

하니, 여몽이 말하기를,

"선비가 헤어진 지 사흘이 지나면 곧 다시 눈을 닦고 서로 마주해야하니, 대형께서는 어찌하여 이 일을 알아보심이 늦으셨습니까!"

하였다. 노숙은 드디어 여몽의 어머니께 절하고, 여몽과 벗을 맺고 헤어졌다.

○ 【龐士元非百里才】

4) 吳下阿蒙 : 여몽을 표현한 것으로, 뒤에는 학식과 문재(文才)가 결여된 이를 얕잡아 보는 말로도 쓴다. '吳下'는 오 지역을 널리 가리키는데, '下'는 명사 뒤에 장소를 표시하는 글자로 쓰인 것이다. ' 阿蒙'은 여몽으로, '阿'는 성명 앞에 붙이는 조사이다.

龐士元非百里才

劉備以從事龐統守耒陽令이러니 在縣不治어늘 免官하다 魯肅遺備書曰 龐士元非百里才也라 使處治中別駕之任이라야 始當展其驥足耳라하고 諸葛亮亦言之하다 備見統하여 與善譚하고 大器之하다 遂用統爲治中하고 親待亞於諸葛亮하다

龐統爲治中

【방사원은 백리 정도의 현을 다스릴 인재가 아니다】

유비는 종사(從事 : 관명) 방통(龐統)으로 뇌양현(耒陽縣) 현령(縣令)을 시험 삼아 해보게 하였는데, 뇌양현에 있으면서 정무를 돌보지 않자, 관직을 파면하였다.

노숙이 유비에게 편지를 보내기를,

"방사원(龐士元 : 방통)은 백리 정도의 현을 다스릴 인재가 아닙니다. 치중(治中 : 주목자사(州牧刺史)의 내정보좌관)이나 별가(別駕 : 주목자사의 외정보좌관))의 중임에 있게 하여야 비로소 그의 뛰어난 재주를 펼 수 있습니다."

하고, 제갈량도 역시 그것을 말하였다. 유비는 방통을 만나서 함께 시국의 담론을 해보고, 그를 매우 소중히 여겼다. 드디어 방통을 등용하여 치중을 삼고 친하게 대우하기를 제갈량에 버금가게 하였다.

【신묘(辛卯 211) 건안(建安) 16년】

○ 【馬超韓遂皆反 犇涼州】

馬超韓遂皆反犇涼州

馬超韓遂等十部皆反하여 據潼關이어늘 操留子丕守鄴하고 自將擊超하여 大破之하니 遂超犇涼州하다

【마초와 한수가 모두 반란하여 양주로 도망가다】

마초(馬超)와 한수(韓遂) 등 10부대가 모두 반란하여 동관(潼關)을 점거하자, 조조가 아들 조비를 남겨 업(鄴)을 지키게 하고, 직접 군사를 거느리고 마초를 쳐서 크게 격파하였다. 한수와 마초가 양주(涼州)로 도망갔다.

○ 【法正說劉備取益州】

法正說劉備取益州

法正爲劉璋軍議校尉나 璋不能用하여 邑邑不得志러니 益州別駕張松與正善이라 自負其才하여 忖璋不足與有爲하고 常竊歎息하다 松勸璋結劉備하여 以討張魯하니 璋曰 誰可使者오하니 松乃擧正하니 璋然之하고 遣法正將四千人迎備어늘 主簿黃權諫이나 璋不聽하다 法正至荊州하여 陰說備取益州하라한대 備疑未決이어늘 龐統曰 益州土沃財富하여 大業可成이니이다하니 備曰 今指與吾爲水火者는 曹操也니 操以急이어든 吾以寬하고 操以暴어든 吾以仁하고 操以譎이어든 吾以忠하여 每與操反이라야 事乃可成耳어늘 今以小利而失信義於天下면 奈何오하다 統曰 逆取順守는 古人所貴라 若事定之後에 封以大國이면 何負於信이리오 今日不取면 終爲人利耳리이다하니 備以爲然하다 乃留諸葛亮關羽等守荊州하고 備將步卒數萬人入益州하다 劉璋敕在所供奉備하니 備入境如歸한대 前後贈遺以巨億計하다 備至巴郡하니 巴郡太守嚴顔拊心歎曰 此所謂獨坐窮山하여 放虎自衛者也로다하다 備詣涪하니 璋往會之하고 增備兵하여 厚加資給하고 使擊張魯하니 備北到葭萌하여 未卽討魯하고 厚樹恩德以收衆心하다

(劉備每與操反) (逆取順守) (獨坐窮山 放虎自衛)

【법정이 유비를 설득하여 익주를 차지하게 하다】

법정(法正)은 유장(劉璋)의 군의교위(軍議校尉)였으나 유장이 기용하지 아니하여 뜻을 얻지 못해 울적하였다. 익주 별가(益州別駕) 장송(長松)이 법정과 친하게 지냈는데, 그 재주를 자부하여 유장과는 함께 뭔가 큰일을 하기엔 부족하다고 생각하고 늘 홀로 탄식하였다. 장송이 유장에게 유비와 결탁하여 장노(張魯)를 토벌하라고 권하자 유장이 말하기를,

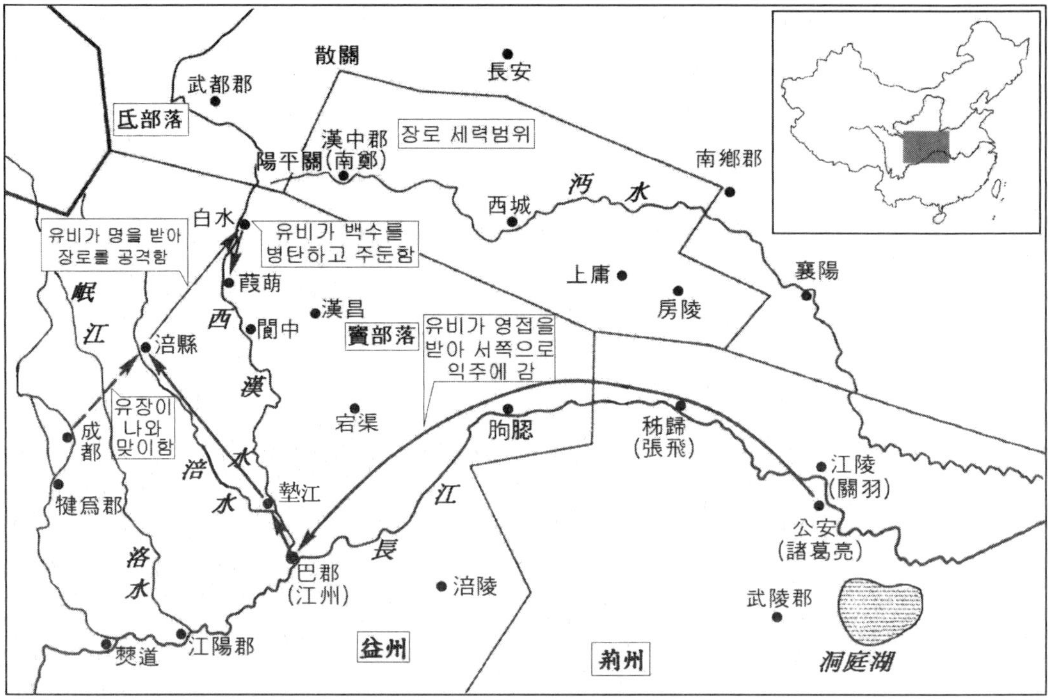

〈지도 37〉 유비(劉備)가 익주(益州)에 진입함.(211년)

"누가 사신으로 갈만한가?"

하였다. 장송이 법정을 추천하자, 유장이 옳다고 여기고 법정을 보내 4천명을 거느리고 가서 유비를 맞이하게 하였다. 주부(主簿) 황권(黃權)이 간언하였지만, 유장은 따르지 않았다. 법정이 형주(荊州)에 이르러 은밀히 유비를 설득해 익주를 차지하라고 하였으나, 유비가 의심하고 결정하지 않자, 방통(龐統)이 말하기를,

"익주는 땅이 기름지고 재물이 풍부하여 대업을 이룰 수 있습니다."

하자, 유비가 말하기를,

"지금 나와 물과 불처럼 상반되는 자를 지목해보면 조조요. 조조가 급박하게 하면 나는 관대하게 하고, 조조가 포악하게 하면 나는 인자하게 하고, 조조가 속임수로 하면 나는 성실로 하여, 매사 조조와 반대로 하여야 일이 이루어질 수 있을 뿐인데, 지금 작은 이익을 가지고 천하에 신의를 잃는다면 어찌 하겠소?"

하였다. 방통이 말하기를,

"무력으로 탈취하고 문교(文敎)를 닦아 지키는 것은 옛 사람들이 중요하게

생각하는 것입니다. 만약 일이 평정된 뒤에 대국(大國)을 책봉해준다면 어찌 신의를 저버리는 것이 되겠습니까? 오늘 차지하지 않으면 끝내 다른 사람의 이득이 될 뿐입니다."

하니, 유비가 옳다고 여겼다. 마침내 제갈량과 관우 등을 남겨 형주를 지키게 하고, 유비는 보병 수만 명을 거느리고 익주로 들어갔다. 유장은 명령하여 유비가 있는 곳에 물자 공급을 하게 하니, 유비는 경내에 들어와서는 마치 집에 돌아가듯이 하였는데 전후로 재물을 보낸 것이 억만으로 헤아렸다. 유비가 파군(巴郡)에 이르자 파군 태수 엄안(嚴顏)이 가슴을 치며 탄식하기를,

"이는 이른바 '홀로 궁벽한 산에 앉아, 호랑이를 풀어주고 스스로 호위하게 하다가 물리는 꼴'이다."

하였다. 유비가 부현(涪縣)에 이르렀는데, 유장이 가서 만나보고, 유비에게 병사를 더해주고 물자를 후하게 보태주어 장로를 치게 하였다. 유비는 북쪽으로 가맹(葭萌)에 이르러 즉시 장로를 토벌하지 않고, 은덕을 두터이 베풀어 민심을 얻었다.

【임진(壬辰 212) 건안(建安) 17년】

○【孫權徙都建業】

孫權徙都建業 孫權作石頭城하여 徙治秣陵하고 改秣陵爲建業하다

【손권이 도읍을 건업으로 옮기다】

손권(孫權)이 석두성(石頭城)을 쌓아 도읍을 말릉(秣陵)으로 옮기고, 말릉을 개명하여 건업(建業)이라고 하였다.

○【董昭請加操九錫】

董昭請加操九錫 董昭言於曹操曰 自古以來로 人臣匡世가 未有今日之功하고 有今日之功하고 未有久處人臣之埶者也어늘 今明公恥有慙德하고 樂保名節이나 然處大臣之埶하여 使人以大事疑己하니 誠不可不

重慮也니이다하고 乃與列侯諸將議하여 以丞相宜進爵國公하고 九錫備物하여 以彰殊勳하다

【동소는 조조에게 구석을 더해 줄 것을 청하다】

동소(董昭)가 조조에게 말하기를,

"예로부터 신하로서 세상을 바로 잡은 것이 오늘날과 같은 공적을 이룬 이는 없었고, 오늘날과 같은 공적을 이루고서 신하의 형세에 오래 처한 사람은 없었습니다. 지금 명공(明公 : 귀하)께서는 임금을 내친다는 부끄러운 덕을 수치스러워하시고, 신하노릇 한다는 명예로운 절개를 보전하기를 즐기십니다. 그러나 대신(大臣)의 자리에 있으시면서 사람들이 큰 사업에 명공 자신을 의심하도록 하시니, 진실로 신중하게 생각하지 않아서는 안 됩니다."

하였다. 곧 열후(列侯) 및 여러 장군들과 의논하여, 승상(丞相)을 마땅히 국공(國公) 작위로 진급시키고,[5] 구석(九錫 : 9가지 하사품) 물건을 갖추어 뛰어난 공훈을 드러내자고 하였다.

【荀彧死漢室】

荀彧死漢室

荀彧以爲호대 曹公本興義兵以匡朝寧國하여 秉忠貞之誠하고 守退讓之實이요 君子愛人以德이라하니 不宜如此니이다하니 操由是不悅하다 及擊孫權에 表請彧勞軍於譙하고 因輒留彧하여 以參丞相軍事하다 操軍向濡須에 彧以疾留壽春이라가 飮藥而卒하다 彧行義修整而有智謀하여 好推賢進士라 故時人皆惜之하다

【순욱이 한나라 황실을 위하여 죽다】

5) 국공(國公) 작위로 진급시키고 : 조조를 현재 후작(侯爵)에서 공작(公爵)으로 올리자는 요청임. 곧이어 조조는 공작인 위공(魏公)이 되고, 후일에 또 승진하여 왕작인 위왕(魏王)이 되어 죽었다. 그리고 아들 조비(曹丕)가 황제에 즉위하자 조조는 무황제(武皇帝)로 추존되었다.

순욱(荀彧)이 말하기를,

“조공(曹公)은 본래 의병을 일으켜 조정을 바로잡고 나라를 편안히 하고 충직한 정성을 간직하였으며 사양하는 실상을 지켰습니다. ‘군자는 사람을 덕행으로 아낀다.’ 하니, 이와 같이 승진하지 않아야 합니다.”

하니, 조조가 이 때문에 좋아하지 않았다. 손권(孫權)을 치기에 이르러서는 조조가 표문을 올려 청하여 순욱이 초(譙)에서 군대를 위로하게 하고, 그대로 곧 순욱을 남겨 참승상군사(參丞相軍事 : 승상의 군대 일에 참여하는 참모)를 맡도록 하였다. 조조의 군대가 유수(濡須)로 향하였는데, 순욱은 병으로 수춘(壽春)에 남았다가 독약을 마시고 죽었다.[6] 순욱은 의리를 행하고 언행이 단정하며 지모(智謀)가 있어, 어진 이를 밀어주고 선비를 진취시키는 것을 좋아하였기에 당시 사람들이 모두 애석히 여겼다.

○【荀彧殺身以邀名】

荀彧殺身以邀名

溫公曰 孔子之言仁也重矣하니 自子路冉有公西赤門人之高第로 로 令尹子文陳文子諸侯之賢大夫히 皆不足以當之나 而獨稱管仲之仁하니 豈非以其輔佐齊桓하여 大濟生民乎아

齊桓之行若狗彘

桓之行若狗彘어늘 管仲不羞而相之하니 其志蓋以非桓公則生民不可得而濟也라 漢末大亂하여 群生塗炭하니 自非高世之才不能濟也라 然則荀彧捨魏武將誰事哉아

齊桓之時에 周室雖衰나 未若建安之初也라 建安之初엔 四海蕩覆하여 尺土一民도 皆非漢有라 荀彧佐魏武而興之하여 擧賢用能하고 訓卒厲兵하여 決機發策하여 征伐四克하여 遂能以弱爲强하고 化亂爲治하여 十分天下而有其八하니 其功豈在管仲之後乎아 管

6) 순욱은 … 독약을 마시고 죽었다 : 조조가 음식을 순욱에게 보냈는데, 순욱이 열어보자 빈 그릇이었고, 이에 순욱은 약을 마시고 죽었다.

荀彧之功 豈在管仲之後

仲不死子糾而荀彧死漢室하니 其仁復居管仲之先矣니이다 而杜牧乃以爲 彧之勸魏武取兗州則比之高光하고 官渡不令還許則比之楚漢하고 及事就功畢엔 乃欲邀名於漢代하니 譬之教盜穴墻發匱而不與同挈이니 得不爲盜乎아하니이다 臣以爲孔子稱호대 文勝質則史라하니 凡爲史者記人之言엔 必有以文之라 然則比魏武於高光楚漢者는 史氏之文也니 豈皆彧口所言耶리오 用是貶荀彧이나 非其罪矣니이다 且使魏武爲帝면 則彧爲佐命元功하여 與蕭何同賞矣어늘 彧不利此而利於殺身以邀名하니 豈人情乎아

【순욱은 목숨을 끊어 명예를 얻다】

온공(溫公)이 말하였다.

공자께서 인(仁)을 말씀하는 데에 신중하였습니다. 자로(子路)·염유(冉有)·공서적(公西赤)과 같은 문하생의 고급 선비들로부터 영윤자문(令尹子文)·진문자(陳文子)와 같은 제후의 어진 대부들까지 모두 인(仁)을 감당하기에 부족하다고 하였으나[7] 공자께서 유독 관중(管仲)의 인(仁)을 칭찬하였으니,[8] 이는 어찌 관중이 제나라 환공(桓公)을 보좌하여 백성들을 크게 구제했기 때문이 아니겠습니까? 제나라 환공의 행실은 개·돼지와 같았는데, 관중이 이것을 부끄러워하지 않고 그를 도왔으니, 그의 뜻은 아마도 환공이 아니면 백성들을 구제할 수 없다고 여겼기 때문일 것입니다. 한나라 말기에는 크게 혼란해서 백성들이 도탄에 빠졌으니, 세상에 출중한 인재가 아니면 구제할 수가 없었습니다. 그렇다면 순욱(荀彧)이 위무제(魏武帝 : 조조)를 버리고 장차 누구를 섬기겠습니까?

---

7) 자로(子路)·염유(冉有)·공서적(公西赤)과 같은 … 인(仁)을 감당하기에 부족하다고 하였으나 : 공자가 자로·염유·공서적에 대하여는 모두 "그들이 인(仁)한지 모르겠다.〔不知其仁也〕"라고 하여 인(仁)을 인정하지 않았고, 영윤자문(令尹子文)·진문자(陳文子)에 대하여는 모두 "어찌 인을 얻었겠는가?〔焉得仁〕"라고 하여 인(仁)을 인정하지 않았다.(≪論語 公冶長≫)

8) 관중(管仲)의 인(仁)을 칭찬하였으니 : 공자가 관중에 대하여는 "환공이 제후들을 규합하되 무력을 쓰지 않은 것은 관중의 힘이었으니, 누가 그의 어짊만 하겠는가, 누가 그의 어짊만 하겠는가!〔桓公九合諸侯, 不以兵車, 管仲之力也, 如其仁, 如其仁!〕"라고 하여 관중의 인(仁)을 인정하였다.(≪論語 憲問≫)

제나라 환공 때에는 주나라 왕실이 비록 쇠하였으나 건안(建安 : 헌제) 초기와 같지는 않았습니다. 건안 초기에는 온 천하가 전복되어 한 자의 영토와 한 명의 백성도 모두 한나라 소유가 아니었습니다. 그래서 순욱이 위무제를 보좌하여 일으켜서 현자를 천거하며 능력자를 등용하였고, 병사들을 훈련시키며 병기를 가다듬어 기회를 결정하고 계책을 내어 정벌할 적에 사방에서 승리하였습니다. 그리하여 마침내 약함을 강함으로 만들고, 어지러움을 변화시켜 다스림으로 만들어 천하의 십분의 팔을 소유하였으니, 그 공이 어찌 관중보다 못하다고 하겠습니까? 관중은 공자 규(糾)를 따라 죽지 않았지만[9] 순욱은 한나라 황실을 위하여 죽었으니, 그의 인(仁)은 또 관중의 위에 있는 것입니다.

그런데 두목(杜牧)은 도리어 '순욱이 위무제에게 연주(兗州)를 취할 것을 권한 것에는 한나라 고제(高帝 : 유방(劉邦))와 광무제(光武帝 : 유수(劉秀))에게 견주었고, 관도(官渡)에서 허도(許都)로 돌아가지 말 것을 권한 것에는 항우(項羽)와 유방에 견주었으며, 일이 이루어지고 공을 마침에 이르러서는 마침내 한나라 충신이라는 명예를 얻고자 하였으니, 비유하자면 도둑에게 담장에 구멍을 뚫고 궤짝을 꺼내가도록 가르치고는 도둑과 함께 물건을 갖지 않은 것이니, 도둑이라고 이르지 않을 수 있겠는가?' 하였습니다. 제가 생각건대 공자께서 '질(質, 본바탕)이 문(文, 아름다운 외관)을 이기면 촌스럽다.'고 말씀하셨으니, 사관이 된 자는 남의 말을 기록하는 데에 반드시 수식(修飾)함이 있습니다. 그렇다면 위무제를 고제・광무제・항우・유방에 견준 것은 사씨(史氏 : 역사 관원)의 문자(文字)이지, 어찌 모두 순욱의 입에서 나온 말이겠습니까? 이것을 가지고 순욱을 폄하하지만 순욱의 죄가 아닙니다. 만일 위무제가 황제가 되었다면 순욱은 좌명(佐命 : 창업을 도움)의 으뜸 공신이 되어서 소하(蕭何 : 한나라 창업의 수석 공신)와 똑같은 상을 받을 수 있었을 터인데, 순욱이 이것을 이롭게 여기지 않고 목숨을 끊어 명예를 얻는 것을 이롭게 여겼으니 어찌 보통 사람의 마음이겠습니까!

---

9) 관중은 공자 규(糾)를 따라 죽지 않았지만 : 제환공과 공자규는 모두 제양공(齊襄公)의 아우. 제양공이 무도(無道)하자 두 사람은 모두 두려워하여 외국으로 도주하였다. 환공은 포숙아(鮑叔牙)의 주선으로 거(莒)나라에 갔고, 공자규는 관중과 소홀(召忽)의 주선으로 노(魯)나라에 갔다. 제양공이 피살된 뒤에 환공이 먼저 제나라에 들어가 임금이 되어서는 마침내 군사를 동원하여 노나라를 공격하고 노나라를 핍박하여 공자규를 죽이라고 하였는데, 소홀은 따라서 자살하였으나 관중은 죽지 않았을 뿐만 아니라 도리어 환공의 재상이 되었다.(≪左傳 莊公 8年~9年≫)

○ 【龐統勸備襲成都】

龐統勸備襲成都

劉備在葭萌에 龐統勸備襲向成都한대 備然其計하고 遂進據涪城하다

【방통이 유비에게 성도를 습격할 것을 권하다】

유비가 가맹현(葭萌縣)에 있을 때 방통이 유비에게 성도(成都)로 향하기를 권하였는데 유비는 그 계책을 옳다고 하고 마침내 전진하여 부성(涪城)을 점거하였다.

【계사(癸巳 213) 건안(建安) 18년】

○ 【生子當如孫仲謀】

生子當如孫仲謀

如劉景升兒子豚犬耳

正月에 曹操進軍濡須口하여 號步騎四十萬이라하고 攻破孫權江西營하니 權率衆七萬禦之하다 相守月餘에 操見其舟船器仗軍伍整肅하고 歎曰 生子當如孫仲謀요 如劉景升兒子는 豚犬耳라하다

【아들을 낳는다면 마땅히 손중모와 같아야 한다】

정월에 조조가 군대를 유수구(濡須口)로 전진시켜서 보병·기병을 40만이라 칭하고 손권의 강서영(江西營)을 공격해 쳐부수니 손권이 군인 7만을 거느리고 방어하였다. 서로 대치한 지 한 달이 넘었는데 조조는 손권의 전함, 무기, 의장, 군대 대열이 엄숙히 정돈됨을 보고 감탄하기를,

"아들을 낳는다면 마땅히 손중모(孫仲謀 : 손권)와 같아야 할 것이요, 유경승(劉景升 : 유표)의 아들(유기·유종)은 개·돼지와 같을 뿐이다."

하였다.

○ 【曹操自加九錫】

曹操自加九錫

五月에 以冀州十郡封曹操爲魏公하고 加九錫하다

【조조가 스스로 9석을 더하였다】

5월에 기주(冀州) 10군을 조조에게 봉해주면서 위공(魏公)으로 삼고 9석을 더해주었다.

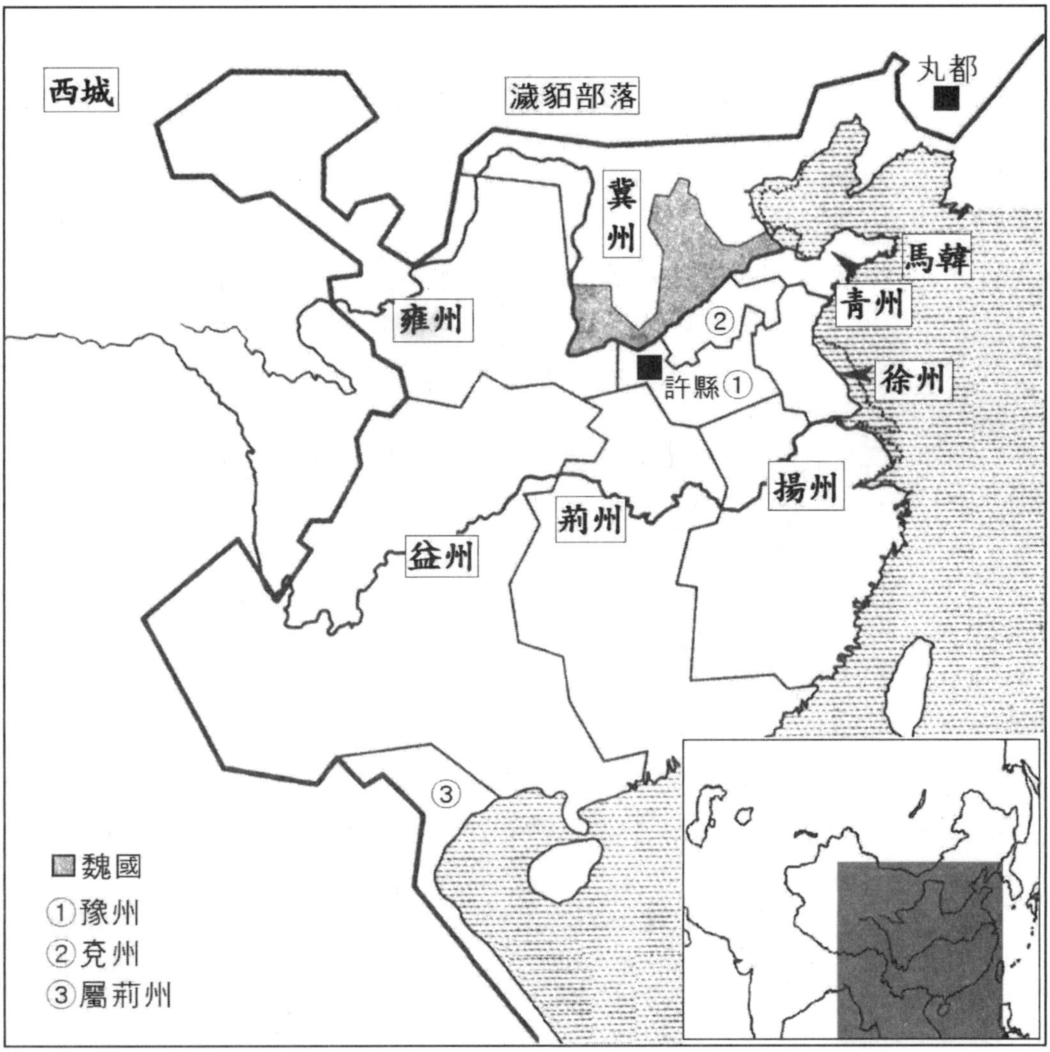

〈지도 38〉 동한(東漢) 왕조(王朝) 9주(州) 및 위국(魏國) 10군(郡).(213년)

【갑오(甲午 214) 건안(建安) 19년】

○ 【龐統爲流矢所中卒】

龐統爲流矢所中卒

劉備圍雒城且一年에 龐統爲流矢所中하여 卒하다

【방통이 날아오는 화살에 맞아 죽다】

유비가 낙성(雒城)을 포위한지 일 년이 되려 할 적에 방통(龐統)이 날아오는 화살에 맞아서 죽었다.

○ 【劉備領益州牧】

劉備領益州牧

劉備進圍城都하다 圍城數十日에 使從事中郎涿郡簡雍入說劉璋하다 時劉璋城中尙有精兵三萬人이요 穀帛支一年하고 吏民咸欲死戰이어늘 璋言호대 父子在州二十餘年에 無恩德以加百姓하니 何心能安이리오하고 遂開城하고 出降이어늘 備遷璋于公安하고 盡歸其財物이라 備領益州牧하다

劉璋降劉備

【유비가 익주목을 겸하다】

유비가 전진하여 성도(城都)를 포위했다. 성을 포위한지 수십일 만에 종사중랑 탁군 간옹(簡雍)을 시켜서 성에 들어가 유장(劉璋)을 설득하게 하였다. 당시 유장의 성 안에는 아직도 정예 군사 3만 명이 있었고, 곡식과 비단이 1년을 버틸 만하였고, 관리와 백성들이 모두 죽을 각오로 싸우려 하였으나 유장이 말하기를,

"우리 부자가 이 익주를 맡은 지 20여 년 동안 은덕을 백성에게 베푼 일이 없었으니, 어찌 마음이 편안할 수 있겠는가?"

하고, 드디어 성을 열고 나와 항복하자, 유비는 유장을 공안(公安)으로 옮겨 가게 하고 그의 재물을 다 돌려보냈다. 유비가 익주목(益州牧)을 겸하였다.

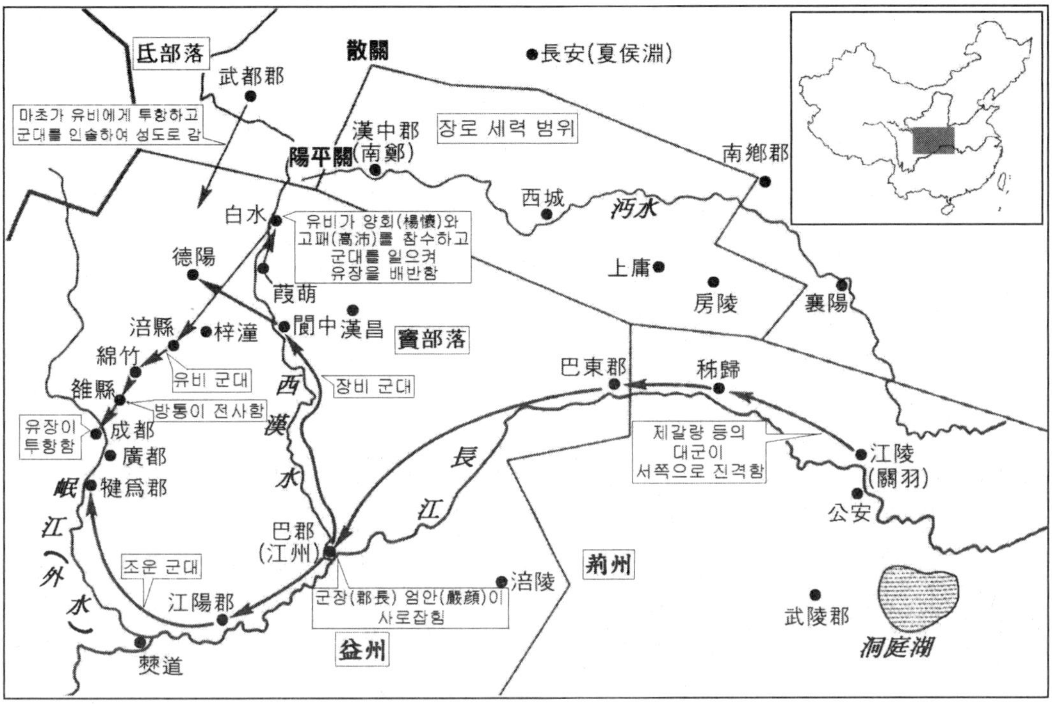

〈지도 39〉 유비(劉備)가 익주(益州)를 탈취함.(212년-214년 윤5월)

○ 【劉備擢用西土賢士】

劉備擢用西土賢士 荊楚羣士從之如雲

備之自新野犇江南也에 荊楚羣士從之如雲이로되 而劉巴獨北詣魏公操라 諸葛亮以書招之나 巴不從하니 備深以爲恨이라 巴遂入蜀依劉璋이러니 備攻成都에 令軍中曰 有害巴者면 誅及三族이라하더니 及得巴에 甚喜하다 是時益州郡縣皆望風景附하되 獨黃權閉城堅守라가 須璋稽服에 乃降이라 於是董和黃權李嚴等은 本璋之所授用也요 吳懿費觀等은 璋之婚親也요 彭羕은 璋之所擯棄也요 劉巴는 宿昔之所忌恨也로되 備皆處之顯任하여 盡其器能하니 有志之士는 無不競勸하고 益州之民이 是以大和하다

【유비가 서쪽 지방의 어진 선비들을 뽑아서 쓰다】

유비가 신야(新野)에서 강남으로 급히 도망가자, 형과 초의 인사들 중에 유비를 따르는 이가 구름같이 많았으나 유파(劉巴)만은 북으로 가서 위공 조조에게 찾아갔다. 제갈량이 편지를 써서 유파를 불렀으나 유파는 따르지 않아 유비는 매우 한스럽게 여겼다. 유파는 드디어 촉으로 들어가 유장에게 의지하였다. 유비는 성도를 공격하면서 군대에 명령하기를,

"유파를 해치는 자는 삼족까지 죽일 것이다!"

하였는데, 유파를 얻게 되어서는 매우 기뻐하였다. 이때에는 익주의 군과 현이 모두 풍문만 듣고도 유비를 그림자처럼 붙좇았는데, 유독 황권(黃權)만은 성문을 닫고 굳게 지키다가, 유장이 머리를 조아려 굴복하자 마침내 항복하였다. 이에 동화(董和)·황권(黃權)·이엄(李嚴) 등은 본래 유장이 임명한 인물이었고, 오의(吳懿)·비관(費觀) 등은 유장의 인척이었고, 팽양(彭羕)은 유장이 버린 인물이었으며, 유파는 과거에 꺼리며 원망하던 인물이었으나, 유비는 그들을 모두 중요한 직위에 두어 재능을 다하게 하니, 뜻을 둔 선비들은 다투어 권면하지 않음이 없었고 익주의 백성들이 이로 인해 크게 화합하였다.

○ 【劉巴請鑄直百錢】

劉巴請鑄直百錢

成都之圍也에 備與士衆約호대 若事定이면 府庫百物은 孤無預焉이라하더니 及拔成都에 士衆皆捨干戈赴諸藏하여 競取寶物하다 軍用不足이라 備甚憂之어늘 劉巴曰 此易耳니이다 但當鑄直百錢하여 平諸物價하고 令吏爲官市하소서하다 備從之하니 數月之間에 府庫充實하다

【유파가 치백전을 주조하기를 청하다】

성도를 포위하였을 적에 유비는 군사들과 약속하기를,

"만일 일이 평정되면, 창고의 온갖 물건에 나는 관여하지 않겠다."

하였는데, 성도를 쳐서 빼앗게 되어서는 군사들이 모두 방패와 창을 버리고 창고로 달려가 다투어 보물을 차지하였다. 군대에서 사용할 재물이 부족해지자 유비가 그것을 매우 근심하거늘 유파는 말하기를,

"이는 쉬운 문제입니다. 다만 치백전(直百錢 : 1매에 100전 가치의 동전)을 주조(鑄造)하여 물건 값을 적정하게 하고, 관리를 시켜 관청 관할 시장을 만들게 하십시오."

하였다. 유비가 그의 말을 따르니, 수개월 사이에 창고가 가득 차게 되었다.

○【諸葛亮以嚴治蜀】

諸葛亮以嚴治蜀

諸葛亮佐備治蜀할새 頗尙嚴峻하니 人多怨歎者라 法正謂亮曰 昔高祖入關에 約法三章하시니 秦民知德이라 今君假借威力하여 跨據一州하여 初有其國에 未垂惠撫라 且客主之義에 宜相降下니 願緩刑弛禁以慰其望하소서하니 亮曰 君知其一이요 未知其二로다 秦以無道로 政苛民怨하니 匹夫大呼에 天下土崩이라 高祖因之하사 可以弘濟어니와 劉璋暗弱하여 德政不擧하고 威刑不肅하니 蜀土人士가 專權自恣하여 君臣之道가 漸以陵替라 寵之以位하나 位極則賤하고 順之以恩하나 恩竭則慢하나니 所以致敝는 實由於此라 吾今威之以法하니 法行則知恩이요 限之以爵하니 爵加則知榮이니 榮恩並濟하고 上下有節이면 爲治之要가 於斯而著矣리라하다

【제갈량이 엄준함으로 촉 지역을 다스리다】

제갈량이 유비를 도와 촉을 다스릴 적에 엄준함을 꽤 중시하였는데 원망하고 한탄하는 사람들이 많았다. 법정(法正)이 제갈량에게 이르기를,

"옛날 고조(高祖 : 유방)가 관중(關中)에 들어가서 약법삼장(約法三章 : 법을 세 조항만 약정함)으로 하자, 진(秦)나라 백성들이 은덕을 알았습니다. 지금 군께서는 위력을 빌어 한 주(州)를 점유하여 처음 그 나라를 소유하고서, 은혜와 위로를 내리지 못했습니다. 또 손님 입장인 군과 주인 입장인 익주(益州) 백성의 도리는 서로 낮추어야 마땅하니,[10] 원컨대 형벌을 늦추며 금지

한 것을 풀어주어 그들의 바람을 위로해 주소서"

하니, 제갈량이 말하기를,

"그대는 그 일의 하나만 알고, 둘을 알지 못하는구려. 진나라는 무도함으로 정치를 가혹하게 하여 백성이 원망하니, 필부(匹夫 : 진승(陳勝))가 크게 소리치자 천하가 땅이 꺼지듯 동요하였소. 고조(高祖)가 그것을 이용하시어 큰 공을 이룰 수 있었지만, 유장은 어리석고 연약하여 도덕정치를 시행하지 못하고 위엄과 형벌이 엄숙하지 못하였으니, 촉 땅의 인사들이 권력을 마음대로 휘두르고 스스로 방자한 짓을 하여 군신간의 도리가 점점 무너지게 되었소. 그들에게 벼슬을 주어 총애하였으나 벼슬이 극한이 되자 벼슬을 경시하고, 은혜를 내려 순종케 하였으나 은혜가 다하자 교만하여졌으니, 폐단에 이른 까닭은 실로 이에 말미암은 것이오. 내가 지금 법으로 위엄을 세우니 법이 시행되면 은혜를 알게 될 것이고, 작위로 한계를 정하니 작위가 더해지면 영광을 알게 될 것이오. 영광과 은혜가 아울러 쓰이고 위와 아래가 절도가 있게 되면, 치적을 이루는 요체가 여기에서 드러날 것이오."

하였다.

○ 【蔣琬社稷之器 非百里之才】

蔣琬社稷之器非百里之才

劉備以零陵蔣琬爲廣都長이러니 備嘗因遊觀하여 奄至廣都하여 見琬衆事不治하고 時又沈醉라 備大怒하여 將加罪戮한대 諸葛亮請曰 蔣琬社稷之器요 非百里之才也라 其爲政以安民爲本하고 不以修飾爲先하니 願主公重加察之하소서하니 備雅敬亮하여 乃不加罪하고 倉卒但免官而已하다

【장완은 국가를 다스릴 그릇이지 한 고을만 다스릴 인재가 아니다】

유비는 영릉(零陵)의 장완(蔣琬)을 광도현(廣都長) 현장(縣長)으로 삼았다. 유비가 일

---

10) 손님 입장인 군과 주인 입장인 익주(益州) 백성의 도리는 서로 낮추어야 마땅하니 : 제갈량은 외지에서 들어와 손님 입장이고 익주 백성들은 본토박이이어서 주인 입장이므로, 조금 행정을 굽혀서 형벌을 관대하게 하며 급박하게 하지 않아야 함을 말한 것임.

찍이 유람을 하다가 갑자기 광도현에 이르러 장완이 제반 업무에 치적을 내지 못하고 그때 또 술에 몹시 취해 있는 것을 보았다. 유비는 크게 노하여 죄를 주어 죽이려 하였는데, 제갈량이 청하기를,

"장완은 국가를 다스릴 그릇이지, 한 고을만 다스릴 인재가 아닙니다. 그의 정사는 백성을 편안히 함을 근본으로 삼으며 치장하는 것을 우선으로 삼지 않습니다. 주공(主公)께서는 그를 다시 살펴주십시오."

하니, 유비는 평소 제갈량을 존경했는지라, 마침내 장완에게 죄를 묻지 않고 갑작스레 관직만 파면할 뿐이었다.

○【二荀進善去惡】

二荀進善去惡

魏尙書令荀攸卒하다 攸深密有智防이라 自從操攻討로 常謀謨帷幄하니 時人及子弟莫知其所言하다 操嘗稱호대 荀文若之進善은 不進不休요 荀公達之去惡은 不去不止라하고 又稱호대 二荀令之論人은 久而益信하니 吾沒世不忘이라하다

【두 순씨가 좋은 계책을 올리고 잘못을 제거하다】

위(魏)나라 상서령(尙書令) 순유(荀攸)가 죽었다. 순유는 생각이 깊고 치밀하며 지모가 있고 몸을 잘 보전하였다. 조조를 따라 토벌할 때부터 항상 군막(軍幕)에서 작전 계획을 짰는데, 당시 사람들과 아들·아우들 중에는 그의 말을 알아채는 이가 없었다. 조조는 일찍이 칭찬하기를,

"순문약(荀文若 : 순욱)은 좋은 계책을 올릴 경우 받아들여지지 않으면 그만두지 않았으며, 순공달(荀公達 : 순유)은 잘못을 제거할 경우 제거되지 않으면 그만 두지 않았다."

하였고, 또 칭찬하기를,

"두 순씨 상서령(尙書令)이 인물을 논평한 것은 시간이 갈수록 더욱 믿음이 가니, 나는 죽을 때까지 잊지 못하겠다."

하였다.

○ 【曹操弑伏皇后及皇子二人】

曹操弑伏皇后及皇子二人 十一月에 曹操弑皇后伏氏及皇子二人하다

【조조가 복황후와 황제 아들 2명을 시해하다】

11월에 조조가 황후 복씨(伏氏)와 황제 아들 2명을 시해하였다.

【을미(乙未 215) 건안 20년】

○ 【曹操之女爲皇后】

曹操之女爲皇后 春正月에 立貴人曹氏爲皇后하니 魏公操之女也라

【조조의 딸이 황후가 되다】

춘 정월에 귀인(貴人) 조씨(曹氏)를 세워 황후로 삼으니, 위공(魏公) 조조의 딸이다.

○ 【曹操自擊張魯】

曹操自擊張魯 三月에 魏公操自擊張魯하다

【조조가 직접 장로를 공격하다】

3월에 위공 조조가 직접 장노(張魯)를 공격하였다.

○ 【劉備不許孫權取益州】

劉備不許孫權取益州 初에 劉備在荊州할새 周瑜數勸孫權取蜀이라 權遣使謂備호대 曰 劉璋不武하여 不能自守니 若使曹操得蜀이면 則荊州危矣리라 今欲先攻取璋하고 次取張魯하니 一統南方하면 雖有十操라도 無所憂也라하니 備報曰 備與璋託爲宗室하고 冀憑英靈以匡漢朝러니

今璋得罪於左右하나 願加寬貸하노이다하니 權不聽하고 遣孫瑜率水軍往夏口라 備不聽軍過하고 謂瑜曰 汝欲取蜀인댄 吾當被髮入山하여 不失信於天下也라하니 權不得已召瑜還이라 及備西攻劉璋에 權曰 猾虜가 乃敢挾詐如此라하다

猾虜挾詐如此

【유비가 손권이 익주를 취하는 것을 허락하지 않다】

과거에 유비가 형주에 있을 때 주유는 자주 손권에게 촉을 탈취하라고 권하였다. 손권이 사신을 보내 유비에게 말하기를,

"유장은 용맹하지 못하여 스스로를 지킬 수 없으니 만약 조조가 촉을 얻는다면 형주가 위태롭게 될 것입니다. 지금 선수를 쳐서 유장을 공격해 탈취하고 다음에는 장로를 탈취하려 하는데, 남방을 하나로 통일하면 조조가 10명이 있더라도 근심할 것이 없습니다."

하니, 유비가 답장하기를,

"나는 유장과 서로 의지하는 종실으로서 영령(英靈)에 의지하여 한나라를 바로잡기를 고대하고 있소! 지금 유장이 귀하에게 죄를 지었으나 관대하게 용서하기를 바라오."

하였는데, 손권은 듣지 않고 손유(孫瑜)를 보내 수군을 거느리고 하구(夏口)로 가게 하였다. 유비는 군대가 지나감을 허락하지 않고 손유에게 말하기를,

"그대가 만약 촉을 차지하려고 한다면, 나는 마땅히 머리를 풀어 헤치고 산에 들어가 천하 사람들에게 신의를 잃지 않겠소."

하니, 손권은 어쩔 수 없이 손유를 불러 돌아오게 하였다. 유비가 서쪽으로 가서 유장을 공격하게 되어서는 손권이 말하기를,

"교활한 오랑캐가 감히 속임수를 부림이 이와 같구나!"

하였다.

○ 【孫劉分荊州】

孫劉分荊州

備已得益州에 權令中司馬諸葛瑾從備求荊州諸郡하되 備不許라

權遂置長沙零陵桂陽三郡長吏러니 關羽盡逐之하다 權大怒하여 遣呂蒙取三郡하다 劉備聞之하고 自蜀親至公安하여 遣關羽爭三郡하니 孫權進住陸口하여 爲諸軍節度하고 使魯肅將萬人屯益陽以拒羽하다 會聞魏公操將攻漢中하고 劉備懼失益州하여 使使求和於權한대 權令諸葛瑾報命하고 更尋盟好하여 遂分荊州하여 以湘水爲界하니 長沙江夏桂陽以東屬權하고 南郡零陵武陵以西屬備하다 諸葛瑾每奉使至蜀에 與其弟亮但公會相見이요 退無私面하다

諸葛瑾與其弟亮但公會相見退無私面

【손권과 유비가 형주를 나누다】

유비가 익주(益州)를 차지하고 난 후에 손권은 중사마(中司馬) 제갈근(諸葛瑾)을 시켜 유비에게서 형주의 여러 군(郡)을 내놓으라고 요구하게 하였으나 유비가 허락하지 않았다. 손권은 마침내 장사(長沙)・영릉(零陵)・계양(桂陽) 3군에 장리(長吏 : 높은 관원)를 두었는데, 관우가 그들을 모두 쫓아버렸다. 손권이 크게 노하여 여몽(呂蒙)을 보내 세 군을 탈취하게 하였다. 유비가 그 소식을 듣고 촉으로부터 친히 공안(公安)에 이르러, 관우를 보내 세 군을 다투게 하니, 손권이 육구(陸口)로 나아가 주둔하여 여러 군대를 지휘하고, 노숙(魯肅)을 시켜 1만 명을 거느리고 익양(益陽)에 주둔하여 관우를 막게 하였다.

마침 위공 조조가 한중(漢中)을 공격하려 한다는 소식을 듣자, 유비는 익주를 잃을까 겁내어 사신을 보내 손권에게 화친을 청하였다. 손권은 제갈근을 시켜 유비에게 회답하여 다시 동맹의 우호를 강구하고, 드디어 형주를 나누어 상수(湘水)를 경계선으로 삼으니, 장사(長沙)・강하(江夏)・계양(桂陽) 동쪽은 손권에게 귀속하고 남군(南郡)・영릉(零陵)・무릉(武陵) 서쪽은 유비에게 귀속하게 하였다. 제갈근은 사신 명령을 받들어 촉에 이를 때마다 그의 아우 제갈량과 공적으로만 서로 만날 뿐 물러나서는 사사로이 만나는 일이 없었다.

○【曹操克漢中 劉曄勸操取成都】

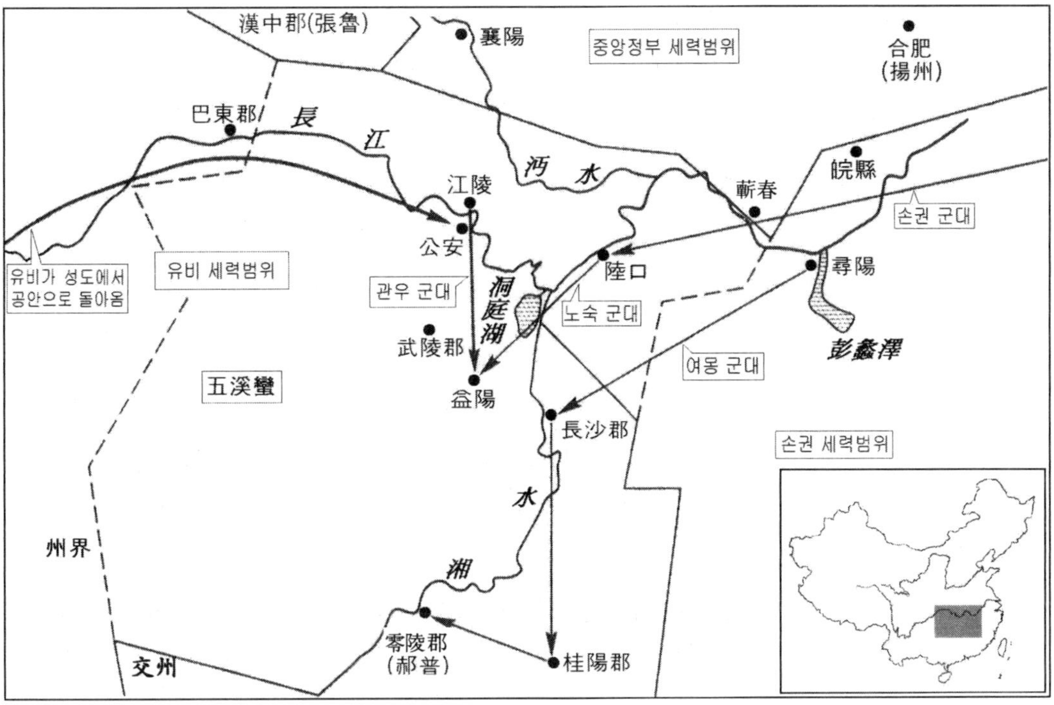

〈지도 40〉 손권(孫權)이 형주(荊州)를 찾음.(215년)

曹操克漢中 劉曄勸操取成都 七月에 魏公操拔陽平하니 張魯犇南山하다 操入南鄭하니 司馬懿
言於操曰 劉備以詐力虜劉璋하여 蜀人未附어늘 而遠爭江陵하니
此機不可失也라 今克漢中하면 益州震動하리니 進兵臨之면 勢必
得隴望蜀 瓦解리이다하니 操曰 人苦無足이로다 既得隴하고 復望蜀耶아하다 劉
曄曰 劉備는 人傑也라 有度而遲하니 得蜀日淺에 蜀人未附也라
今破漢中이면 蜀人震恐하여 其勢自傾하리니 因其傾而壓之면 無
諸葛亮明於治國 關張勇冠三軍 不克也라 若少緩之면 諸葛亮明於治國而爲相하고 關羽張飛勇冠
三軍而爲將하리니 蜀民既定하여 據險守要면 則不可犯矣리이다하되
操不從하다 居七日에 蜀降者說호대 蜀中一日數十驚하여 守將雖
斬之而不能安也라하다 操問曄曰 今尙可擊不아하니 曄曰 今已小

定하니 未可擊也라한대 乃還하다 以夏侯淵爲都護將軍하여 督張郃徐晃等守漢中하다

【조조가 한중에서 승리하자, 유엽이 조조에게 성도를 취할 것을 권하다】

7월에 위공 조조가 양평(陽平)을 함락하자 장로(張魯)가 남산(南山)으로 도망하였다. 조조가 남정(南鄭)에 들어가자 사마의(司馬懿)가 조조에게 말하기를,

"유비는 속임수와 무력으로 유장을 사로잡아, 촉 사람들이 아직 따르지 않는데 멀리 강릉(江陵)을 다투고 있으니, 이 기회를 놓쳐서는 안 됩니다. 지금 한중에서 승리하면, 익주가 떨고 동요할 것이니, 군대를 전진하여 다가가면 세력이 필시 와르르 무너질 것입니다."

하자, 조조는 말하기를,

"사람이 매우 만족할 줄 모르도다! 이미 농(隴)을 얻고 나서는 또 촉을 바라는가!"11)

하였다. 유엽(劉曄)이 말하기를,

"유비는 인걸이므로, 도량이 있으나 결단에 더딘 면이 있습니다. 촉 땅을 얻은 지 얼마 되지 않아 촉 사람들이 아직 따르지 않습니다. 지금 한중을 쳐부수면, 촉 땅 사람들이 공포에 떨어 그 기세가 자연히 기울게 됩니다. 그 기우는 것을 이용하여 굴복시키면 이기지 못할 것이 없습니다. 만약 조금 늦추면, 제갈량은 나라를 다스리는데 밝아 정승이 되고, 관우와 장비는 용맹이 삼군에 으뜸이어서 장수가 될 것이니, 촉 땅의 백성들이 안정되고 나서, 험준함에 의지하여 요해처(要害處)를 지키면 침범할 수 없을 것입니다."

하였는데, 조조는 따르지 않았다. 7일이 지났을 때 촉에서 항복해 온 자가 말하기를,

"촉 안에서는 하루에도 수십 차례씩 놀라는데, 지키는 장수들이 비록 그들을 참수하여도 안정시킬 수 없습니다."

하였다. 조조가 유엽에게 묻기를,

---

11) 농(隴)을 얻고 나서는 또 촉을 바라는가! : 탐내는 마음이 한이 없는 것을 말함. 후한 광무제(光武帝)가 농서(隴西)의 외효(隗囂)를 격파하고 촉(蜀)의 공손술(公孫述)을 격파하려고 마음먹었는데, 점령지인 영천(潁川) 지방에서 도적 떼가 일어나자, 광무제가 자신의 한없는 욕망을 한탄하여 "농서를 평정하였는데 또 촉 땅까지 원하는가.〔既平隴, 復望蜀.〕"라고 탄식하였다.(≪通鑑節要≫ 32年)

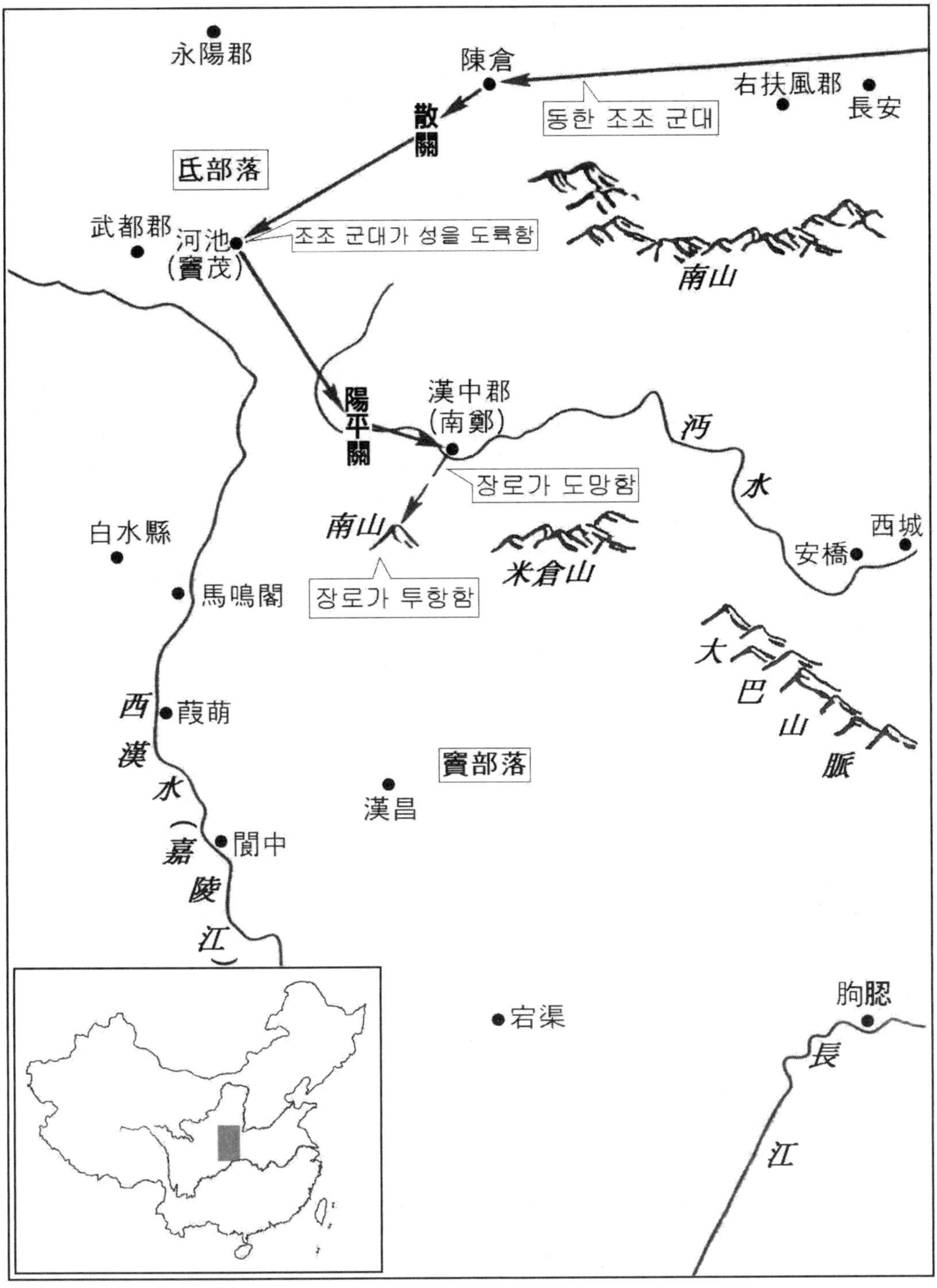

〈지도 41〉 조조(曹操)가 한중군(漢中郡)을 수복함.(215년 3월-7월)

"지금이라도 공격할 수 있겠는가?"

하였다. 유엽이 말하기를,

"지금은 촉 땅이 조금 안정되었으니, 공격할 수 없습니다."

하니, 마침내 돌아갔다. 하후연(夏侯淵)으로 도호장군을 삼아 장합(張郃)·서황(徐晃) 등을 감독하여 한중을 지키도록 하였다.

【병신(丙申 216) 건안(建安) 21년】

○【曹操進爵爲王】

曹操進爵爲王 五月에 魏公操進爵爲王하다

【조조가 작위를 높여 왕이 되다】

5월에 위공 조조가 작위를 진급하여 왕이 되었다.

【정유(丁酉 217) 건안(建安) 22년】

○【曹丕爲魏太子】

曹丕爲魏太子 魏以五官中郎將丕爲太子하다

【조비를 위 태자로 삼다】

위나라가 오관중랑장(五官中郎將) 조비(曹丕)를 태자로 삼았다.

○【法正說劉備取漢中】

法正說劉備取漢中 法正說劉備曰 曹操一擧而降張魯하고 定漢中이어늘 不因此勢以圖巴蜀하고 而留夏侯淵張郃屯守하고 身遽北還하니 今策淵郃才

略컨대 不勝國之將帥라 擧衆往討면 必可克之하니 此蓋天以與我니 時不可失也니이다하니 備善其策하여 乃率諸將進兵漢中하다

【법정이 유비에게 한중을 취할 것을 말하다】

법정(法正)이 유비를 설득하기를,

"조조는 일거에 장로를 항복시키고 한중을 평정하였습니다. 이 기세를 이용해서 파와 촉을 도모하지 않고, 하후연과 장합에게 머물러 주둔해 지키게 하고 자신은 급히 북쪽으로 돌아갔습니다. 지금 하후연과 장합의 재주와 지략을 헤아려보면 우리나라 장수들보다 낫지 않습니다. 군대를 출동하여 가서 치면 틀림없이 그들을 이길 수 있습니다. 이는 하늘이 우리에게 준 것이니, 때를 놓치면 안 됩니다."

하니, 유비는 법정의 계책을 훌륭히 여겨 여러 장군을 거느리고 한중으로 군대를 진격하였다.

【무술(戊戌 218) 건안(建安) 23년】

○ 【漢中益州咽喉】

漢中益州咽喉 劉備屯陽平關하니 夏侯淵張郃徐晃等與之相拒하다 備遣其將陳式等絶馬鳴閣道하니 徐晃擊破之하다 張郃屯廣石하니 備攻之不能克하여 急發益州兵할새 諸葛亮以問從事楊洪하니 洪曰 漢中은 若無漢中則無蜀 益州咽喉요 存亡之機會니 若無漢中이면 則無蜀矣라 此家門之禍也니 發兵何疑니잇고하다 時法正從備北行이라 亮於是表洪領蜀郡太守하여 衆事皆辦이라가 遂使卽眞하다

【한중은 익주의 목구멍이다】

유비가 양평관(陽平關)에 주둔하자, 하후연·장합·서황 등이 그와 서로 대치하

였다. 유비가 그의 부하 장군 진식(陳式) 등을 보내서 마명각(馬鳴閣)의 길을 끊으니, 서황이 공격해 쳐부수었다. 장합이 광석에 주둔하자 유비가 공격하였으나 이기지 못하여 급히 익주의 병력을 출동시킬 때, 제갈량이 종사(從事) 양홍(楊洪)에게 물으니, 양홍이 대답하기를,

"한중은 익주의 목구멍이고 존망의 관건이 달려있는 곳입니다. 만약 한중이 없게 되면 촉도 없게 됩니다. 이는 집 대문의 재앙이니 병력을 출동시키는 것을 어찌 망설이십니까?"

하였다. 당시 촉군태수 법정이 유비를 따라 북쪽으로 갔다. 제갈량은 이에 표문를 올려 양홍에게 촉군 태수(蜀郡太守)를 겸하게 하여 모든 일을 다 다스리게 하였다가 마침내 정식 촉군 태수에 오르게 하였다.

○ 【諸葛亮盡時人之器用】

諸葛亮盡時人之器用

初에 犍爲太守李嚴辟洪爲功曹러니 嚴未去犍爲而洪已爲蜀郡하고 洪擧門下書佐何祗有才策이러니 洪尙在蜀郡이나 而祗已爲廣漢太守하니 是以西土咸服諸葛亮能盡時人之器用也하다

【제갈량이 당시 사람들을 기량대로 잘 등용하였다】

과거에 건위 태수(犍爲太守) 이엄(李嚴)이 양홍을 초빙하여 공조(功曹 : 보좌관)로 삼았는데, 이엄이 건위를 떠나기도 전에 양홍은 이미 촉군 태수가 되었다. 양홍은 문하서좌(門下書佐) 하지(何祗)가 재주와 책략이 있다 하여 추천하였는데, 양홍이 아직 촉군 태수로 있었으나 하지는 이미 광한 태수(廣漢太守)가 되었으니, 이 때문에 서쪽 지방 사람들은 제갈량이 인물들의 기량대로 잘 등용한 것에 대해 모두 감복하였다.

【기해(己亥 219) 건안(建安) 24년】

○ 【子龍一身都是膽】

三月에 魏王操自長安出斜谷하여 軍遮要以臨漢中이어늘 劉備曰

子龍一身都是膽

曹公雖來나 無能爲也리니 我必有漢川矣라하고 乃斂衆拒險하여 終不交鋒하다 操運米北山下어늘 黃忠引兵欲取之러니 過期不還이어늘 趙雲將數十騎出營視之라가 値操揚兵大出이라 雲猝與相遇하여 遂前突其陳하여 且鬪且却하니 魏兵散而復合하여 追至營下라 雲入營하여 更大開門하고 偃旗息鼓하니 魏兵疑雲有伏하여 引去라 雲雷鼓震天하고 惟以勁弩於後射魏兵하니 魏兵驚駭하여 自相蹂踐하여 墮漢水中死者甚衆하다 備明旦自來하여 至雲營하여 視昨戰處하고 曰 子龍一身都是膽也로다하다

【조자룡은 온 몸이 모두 담뿐이다】

3월에 위왕 조조가 장안(長安)에서 야곡(斜谷)으로 진출하여 군대로 요충지를 차단하여 한중(漢中)에 이르자, 유비가 말하기를,

"조공이 비록 왔지만 어찌할 수 없을 것이니, 우리가 반드시 한천(漢川 : 한중)을 차지할 것이다."

하였다. 그리고 마침내 군대를 거두어 험준한 곳을 막고서 끝내 교전하지 않았다. 조조가 북쪽 산 아래에서 군량미를 운반하는데, <유비의 부하 장군> 황충(黃忠)이 군대를 이끌고 그것을 빼앗으러 갔으나 때가 지나도 돌아오지 않았다. 조운(趙雲)이 기병 수십 명을 지휘하여 진영을 나가서 살피다가 무용을 과시하는 조조의 대군과 맞닥뜨렸다. 조운은 갑자기 조조의 대군과 마주치게 되자, 마침내 전진하여 그 진영으로 돌격해 한편 싸우면서 한편 후퇴하였다. 위(魏)나라 군대가 흩어졌다가 다시 뭉쳐서 진영 아래까지 추격해 오자, 조운은 진영으로 들어가서 다시 성문을 활짝 열고 깃발을 눕히고 북소리를 그치게 하였다. 위나라 군대는 조운이 군대를 매복하였을까 의심하여 군대를 이끌고 돌아가자, 조운이 북을 쳐서 하늘을 진동시키고 오직 강한 쇠뇌로 뒤에서 위나라 군대를 향해 쏘았다. 위나라 군대가 놀라서 서로를 짓밟아 한수(漢水)에 떨어져 죽는 자가 매우 많았다. 유비가 다음 날 아침에 직접 조운의 진영에 이르러, 전날 싸운 곳을 살펴보고 말하기를,

"자룡(子龍 : 趙雲의 字)의 온 몸은 모두 담(膽)뿐이로구나!"

하였다.

【劉備有漢中】

劉備有漢中 五月에 操引軍還長安하니 劉備遂有漢中하다

【유비가 한중을 점유하다】

5월에 조조가 군대를 이끌고 장안으로 돌아가니, 유비가 드디어 한중을 점유하였다.

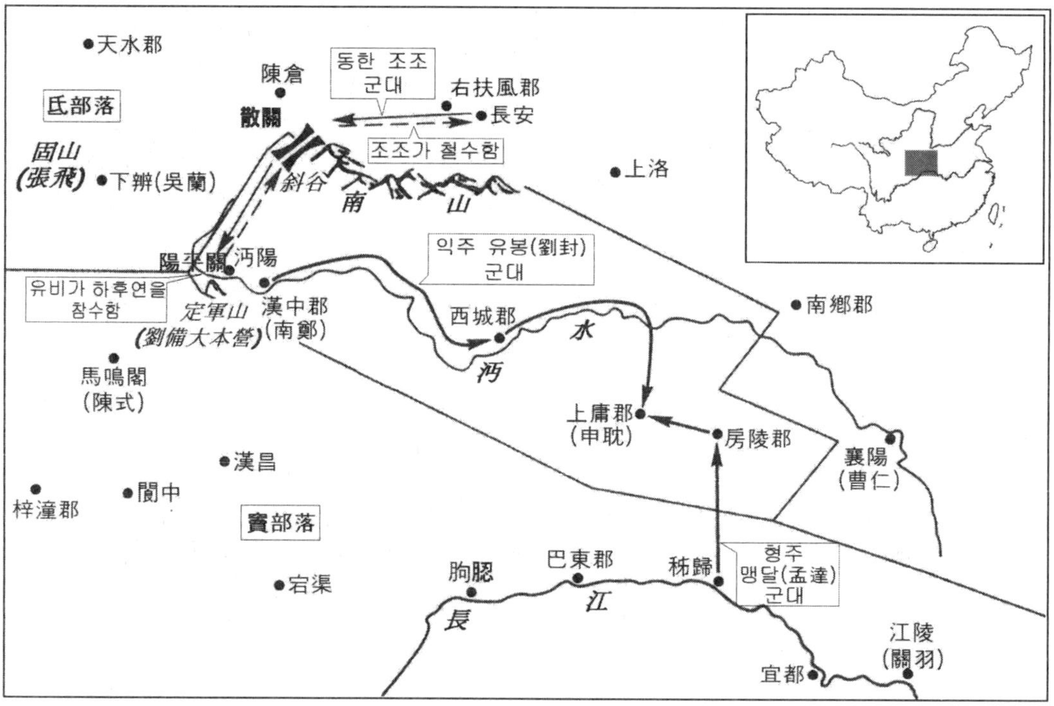

〈지도 42〉 유비(劉備)가 한중(漢中)을 빼앗고 조조(曹操)가 친정(親征)에 실패함.(218년 4월-219년 5월)

○ 【劉備自稱漢中王】

劉備自稱漢中王 七月에 劉備自稱漢中王하고 還治成都하다 關羽自率衆攻曹仁於

樊한대 仁使于禁龐德等屯樊北하다

【유비가 한중왕이라 칭하다】

7월에 유비가 한중왕(漢中王)이라 칭하고, 돌아와서 성도에 도읍을 정하였다. 관우가 직접 군대를 거느리고 번성(樊城)에서 조인을 공격하자, 조인은 우금과 방덕을 시켜서 번성 북쪽에 주둔하게 하였다.

【于禁降於關羽 羽威震華夏】

于禁降於關羽 羽威震華夏

八月에 大霖雨하여 漢水溢하니 禁等七軍皆沒이라 禁與諸將登高避水어늘 羽乘船攻之하니 禁等窮迫하여 遂降하다 十月에 自許以南으로 往往遙應羽하니 羽威震華夏라 魏王操議徙許都以避其銳러니 司馬懿蔣濟言於操曰 劉備孫權이 外親內疏하니 關羽得志를 權必不願也리니 可遣人勸權躡其後하고 許割江南以封權이면 則樊圍自解하리이다하니 操從之하다

劉備孫權 外親內疏

【우금이 관우에게 항복하자 관우의 위엄이 중국에 떨쳤다】

8월에 큰 장맛비가 내려 한수가 범람하니, 우금 등 7군(軍)이 모두 물에 빠졌다. 우금이 여러 장군들과 높은 곳으로 올라가 홍수를 피하였는데, 관우가 배를 타고 공격하자 우금 등은 궁박하여 드디어 항복하였다. 10월에 허도(許都) 이남에서 자주 멀리 관우에게 호응하니, 관우의 위엄이 화하(華夏 : 중원)에 진동하였다.

위왕(魏王) 조조가 도읍을 허도로 옮겨 관우의 예봉을 피하자고 의논하였는데, 사마의(司馬懿)와 장제(蔣濟)가 조조에게 말하기를,

"유비와 손권이 겉으로는 친하지만 속으로는 소원합니다. 관우가 뜻을 얻는 것을 손권은 분명 원하지 않을 것입니다. 사람을 보내어 손권에게 관우 뒤를 밟도록 하고, 강남(江南)을 떼어 손권에게 봉해줄 것을 허락한다면 번성의 포위는 저절로 풀릴 것입니다."

하니, 조조가 그 말을 따랐다.

○ 【呂蒙勸權取關羽】

呂蒙勸權取關羽

初에 魯肅嘗勸孫權호대 以曹操尙存하니 宜且撫輯關羽하여 與之同仇요 不可失也라하더니 及呂蒙代魯肅屯陸口에 以爲羽素驍雄하여 有兼幷之心하고 且居國上流하니 其勢難久라하여 密言於權曰 今令征虜守南郡하고 潘璋住白帝하고 蔣欽將游兵萬人循江上下라가 應敵所在하고 蒙爲國家前據襄陽하리니 如此면 何憂於操며 何賴於羽리오 且羽君臣矜其詐力하여 所在反覆하니 不可以腹心待也라 不如取羽하고 全據長江하여 形勢益張하여 易爲守也리이다하니 權善之하다

【여몽이 손권에게 관우를 잡아야 한다고 권유하다】

과거에 노숙(魯肅)이 손권에게 권하기를,

"조조가 아직도 살아 있으니 우선 관우를 어루만지고 화목하여, 그와 공동으로 대적해야지 친목을 잃어서는 안 됩니다."

하였다. 여몽(呂蒙)이 노숙을 대신하여 육구(陸口)에 주둔하게 되어서는 '관우는 평소 용맹스럽고 웅건하여 동오(東吳)를 합병할 마음을 가지고 있고, 또 우리 오나라의 상류에 있으니, 형세상 우호관계가 오래가기 어렵겠다.'고 생각하여 은밀히 손권에게 말하기를,

"지금 정로장군(征虜將軍) 손교(孫皎)에게 남군(南郡)을 지키게 하고, 반장(潘璋)에게 백제(白帝)에 주둔하게 하고, 장흠(蔣欽)에게 유격병 만 명을 이끌고 강을 따라 오르내리다가 적이 있는 곳에서 응전하게 하고, 저 여몽은 국가를 위하여 전진하여 양양을 점거하겠습니다. 이와 같이 하면 어찌 조조를 근심하겠으며, 어찌 관우에게 의지하겠습니까! 또 관우의 군주와 신하는 그 속임수와 무력을 자부하여 있는 데마다 배반하니, 진심으로 상대할 수 없습니다. 관우를 잡고 장강(長江)을 완전히 차지하여 세력이 더욱 커져서 쉽게 지키게 되는 것만 못할 것입니다."

하니, 손권이 그 말을 훌륭하게 여겼다.

【呂蒙計襲關羽】

呂蒙計襲關羽
孫權求昏於羽

權嘗爲其子求昏於羽한대 羽罵其使하고 不許昏하니 權由是怒하다 及羽攻樊에 呂蒙上疏曰 羽討樊而多留備兵하니 必恐蒙圖其後故也라 蒙嘗有病하니 乞分士衆還建業하여 以治疾爲名이면 羽聞之하고 必撤備兵하여 盡赴襄陽하리니 大軍浮江晝夜馳上하여 襲其空虛면 則南郡可下而羽可禽也리이다하고 遂稱病篤하니 權乃露檄召蒙還하다

【여몽이 관우를 습격할 것을 계획하다】

손권이 일찍이 자기 아들을 위해 관우에게 혼인을 요구했었는데, 관우가 그 사신에게 욕하고 혼인을 허락하지 않으니, 손권이 이로 말미암아 노하였다. 관우가 번성을 공격하게 되자 여몽이 상소하기를,

"관우가 번성을 치면서 수비병을 많이 남겨두었으니, 분명 제가 그 후미를 도모할까 두려워하기 때문입니다. 제가 늘 병이 있으니, 바라건대 군사를 나누어 건업(建業)으로 되돌아가서 병을 치료한다고 명분을 삼는다면, 관우가 그것을 듣고 분명 수비병을 철수하여, 모두 양양(襄陽)으로 달려갈 것이니, 우리의 대군이 강에 배를 띄워 밤낮으로 달려 상류로 올라가서 그 빈 진영을 습격한다면, 남군을 함락시키고 관우를 사로잡게 될 것입니다."

하고, 드디어 병이 위중하다고 핑계를 대었다. 손권이 이에 노격(露檄 : 봉하지 않은 소환장)으로 여몽을 불러 돌아오게 하였다.

【陸遜代呂蒙】

陸遜代呂蒙

蒙至蕪湖하니 定威校尉陸遜謂蒙曰 關羽接境이어늘 如何遠下하여 後不當可憂也잇가 羽矜其驍氣하여 陵轢於人하고 始有大功에

意驕志逸하여 但務北進하고 未嫌於我하니 有相聞病이면 必益無備하리니 今出其不意면 自可禽制리이다하니 蒙曰 羽素勇猛하니 未易圖也라하다 蒙至都하니 權問호대 誰可代卿者오한대 蒙對曰 陸遜意思深長하고 才堪負重이라 觀其規慮컨대 終可大任이나 而未有遠名하여 非羽所忌니 無復是過라 若用之면 當令外自韜隱하고 內察形便이라야 然後可克하리이다하다 權乃召遜하여 拜偏將軍하여 以代蒙하다

陸遜意思深長

【육손이 여몽의 후임이 되다】

여몽이 무호(蕪湖)에 이르자, 정위교위(定威校尉) 육손(陸遜)이 여몽에게 말하기를,

"관우가 국경에 가까이 있거늘, 어찌 후방 멀리 내려오셔서 이후를 걱정하지 않으시려 합니까? 관우는 그 날쌘 기세를 자부하여 사람들을 능멸해 짓밟고, 처음 큰 공을 세우자 뜻이 교만해지고 마음이 안일해 있습니다. 오직 북으로 조조에게 전진하기만 힘쓰고, 우리를 꺼리지 않으니, 병이 있으시다는 말을 들으면 반드시 더욱 대비하지 않을 것입니다. 지금 그가 생각지 못할 때 출동하면 저절로 사로잡아 제압하게 될 것입니다."

하니, 여몽이 말하기를,

"관우는 본래 용맹스러우니, 우리가 쉽게 도모할 수 없을 것이오."

하였다. 여몽이 도읍에 이르자 손권이 묻기를,

"누가 경의 후임을 할 만하오?"

하자, 여몽이

"육손은 사려가 매우 깊고 재주가 중임을 감당할 만합니다. 그의 도량과 생각을 살펴보면 끝내는 큰 임무를 해낼 수 있지만, 아직은 원대한 명성이 없어서 관우가 꺼리는 바가 아니니, 다시 이보다 나은 자는 없습니다. 만약 그를 등용한다면, 그에게 겉으로는 자신의 예봉을 감추고, 속으로 형편을 살피게 한 뒤에야 이길 수 있을 것입니다."

하였다. 손권이 마침내 육손을 불러 편장군(偏將軍)에 임명하여, 여몽의 후임을 하

게 하였다.

【關羽得陸遜書 意大安 撤兵以赴樊】

關羽得陸遜書意大安撤兵以赴樊

遜至陸口에 爲書與羽하여 稱其功美하고 深自謙抑하여 爲盡忠自託之意하니 羽意大安하여 無復所嫌하고 稍撤兵以赴樊이라

【관우는 육손의 편지를 얻고 마음이 매우 안심되어, 군대를 철수시켜 번성에 이르게 하였다】

육손이 육구에 이르자 편지를 써서 관우에게 보내 그 공적의 훌륭함을 칭송하고, 깊이 스스로 겸양하여 충심을 다하여 자신을 의탁한다는 뜻을 표시하였다. 관우는 마음이 매우 안심되어 다시 꺼리는 바가 없었고, 차츰 군대를 철수시켜 번성에 이르게 하였다.

【呂蒙襲羽 爲大督】

呂蒙襲羽爲大督

傅士仁糜芳降吳

遜具啓形狀하여 陳其可禽之要하니 權遂發兵襲羽할새 權欲令征虜將軍孫皎與呂蒙爲左右部大督한대 蒙曰 若至尊以征虜能하면 宜用之하고 以蒙能하면 宜用蒙하니이다 昔周瑜程普爲左右部督에 督兵攻江陵할새 雖事決於瑜나 普自恃久將하고 且俱是督하니 遂共不睦하여 幾敗國事하니 此目前之戒也라하다 權寤하고 謝蒙曰 以卿爲大督하고 命皎爲後繼可也니라하다

【여몽이 관우를 습격할 때 대독이 되다】

육손이 이 상황을 자세히 아뢰어 사로잡을 수 있는 요점을 진술하니, 손권은 드디어 군대를 출동시켜 관우를 습격하였다. 손권이 정로장군(征虜將軍) 손교(孫皎)와 여몽을 좌부대독(左部大督)과 우부대독(右部大督)으로 삼으려 하였는데 여몽이 말하기를,

"만약 지존(至尊 : 손권)께서 정로장군이 유능하다고 생각하면 당연히 그를 기용해야 하고, 제가 유능하다고 생각하면 당연히 저를 기용해야 할 것입니다. 과거에 주유(周瑜)와 정보(程普)가 좌부독(左部督), 우부독(右部督)이 되어 군대를 이끌고 강릉(江陵)을 공격할 때, 비록 일은 주유에게서 결정되었으나, 정보는 자신이 노장임을 믿고 또 같이 군대를 통솔하니, 결국 양쪽이 화목하지 못하여 나라의 일을 거의 망칠 뻔했습니다. 이것은 눈앞에 경계해야 할 것입니다."

하니, 손권이 깨닫고 여몽에게 사례하며 말하기를,

"경을 대독으로 삼고, 손교를 명하여 후속 부대로 삼는 것이 좋겠소."

하였다.

【呂蒙使白衣搖櫓】

呂蒙使白衣搖櫓

呂蒙至尋陽하여 盡伏其精兵𦪇艫中하여 使白衣搖櫓하고 作商賈人服하여 晝夜兼行하여 羽所置江邊屯候를 盡收縛之하니 是故羽不聞知하다 糜芳傅士仁素皆嫌羽輕己한대 羽之出軍에 芳仁供給軍資不悉相及이라 羽言호대 還하여 當治之하리라하니 芳仁咸懼하여 於是蒙令故騎都尉虞翻爲書說仁하고 爲陳成敗하니 仁得書卽降하고 芳遂開門出降하다

【여몽이 백의를 입은 자들에게 노를 젓게 하다】

여몽이 심양(尋陽)에 이르러 그 정예병을 구록선(𦪇艫船 : 대형 군함) 안에 다 숨기고서 백의를 입은 자들에게 노를 젓게 하고, 장사꾼의 옷을 만들어 입혀 밤낮으로 2배 속도로 가서 관우가 강가에 주둔시켜 둔 척후병(斥候兵)을 다 잡아 결박하니, 이 때문에 관우는 보고를 받지 못하였다.

미방(糜芳)과 부사인(傅士人)은 모두 평소 관우가 자기들을 경시한다고 싫어하였는데 관우가 군대를 출동하자 미방과 부사인이 군수 물자를 제대로 공급하지 못하였다. 관우가 말하기를,

"돌아가서 마땅히 죄를 다스리겠다."

하니, 미방과 부사인은 모두 두려워하였다. 이에 여몽은 과거의 기도위(騎都尉) 우번(虞翻)을 시켜 편지를 써서 부사인을 설득하게 하고 일의 성패를 진술하게 하니, 부사인은 편지를 받고 즉시 항복하고, 미방도 마침내 문을 열고 나와 항복하였다.

【呂蒙軍令嚴明】

呂蒙軍令嚴明 撫慰關羽及將士家屬

蒙入江陵하여 釋于禁之囚하고 得關羽及將士家屬하여 皆撫慰之하고 約令軍中호대 不得干歷人家하여 有所求取라하다 蒙麾下士가 與蒙同郡人이라 取民家一笠以覆官鎧러니 官鎧雖公이나 蒙猶以爲犯軍令하니 不可以鄕里故而廢法이라하고 遂垂涕斬之하니 於是軍中震慄하여 道不拾遺하다

【여몽이 군령이 엄격하다】

여몽은 강릉(江陵)으로 들어가 감옥에 갇혀있던 우금(于禁)을 풀어주고, 관우(關羽)와 장병들의 가족을 찾아 다 어루만져 위로해 주고, 약속을 정해 군대 안에 명령하기를,

"민가에 침입하여 물건을 요구하거나 빼앗는 것이 있어서는 안 된다."

하였다. 여몽 휘하의 군사가 여몽과 같은 고을 출신이었다. 그가 민가에서 삿갓 하나를 가져다가 관청의 갑옷을 덮었는데, 관청의 갑옷이 비록 공적인 것이지만 여몽은 그래도,

"군령을 어겼으니, 동향이란 이유로 법을 폐기할 수는 없다."

하고, 결국 눈물을 흘리며 그를 참수하였다. 이에 군대 안에서 두려워하여 길에 떨어진 것도 줍지 않았다.

○ 【孫權定荊州】

孫權定荊州

羽聞南郡破하고 卽走南還하다 數使人與呂蒙相聞이러니 蒙輒厚

遇其使하고 周游城中하여 家家致問하고 或手書示信하니 羽人還에

關羽吏士無鬪心 私相參訊하여 咸知家門無恙하고 見待過於平時라 故羽吏士無鬪心하다 會權至江陵하니 荊州將吏悉皆歸附하다

【손권이 형주를 평정하다】

관우는 남군이 격파되었다는 소식을 듣고, 즉시 남쪽으로 달려 돌아갔다. 자주 사신을 보내 여몽과 소식을 통하게 하니, 여몽은 번번이 그 사신을 후하게 대우하고, 성 안을 두루 돌아다니며 집집마다 위문하고 혹은 직접 편지를 써서 진실임을 보여주었다. 관우가 보낸 사신이 돌아오자, 사사로이 서로 물어서 집안이 무사하며 대우를 받는 것이 평소보다 낫다는 것을 모두 알게 되었으므로, 관우의 관리와 군사들은 싸울 마음이 없었다. 마침 손권이 강릉에 이르자 형주(荊州)의 장군과 관리가 모두 귀순하였다.

【馬忠斬關羽】

馬忠斬關羽 羽自知孤窮하고 乃西保麥城이라가 因遁走어늘 馬忠獲羽及其子

呂蒙疾發卒 平於章鄉하여 斬之하고 遂定荊州하다 呂蒙未及受封而疾發하여 卒하니 年四十二라 權哀痛殊甚하고 爲置守冢三百家하다

【마충이 관우를 죽이다】

관우는 스스로 고립되어 궁박해진 것을 알고 마침내 서쪽으로 가서 맥성(麥城)을 확보하였다가 이어서 도망하였는데, 오나라의 마충(馬忠)이 관우와 그 아들 관평(關平)을 장향(章鄉)에서 사로잡아 죽이고, 마침내 형주를 평정하였다. 여몽은 봉작을 받기도 전에 병이 나서 죽으니, 나이가 42세였다. 손권이 매우 애통해하고, 무덤을 지키는 집 300가구를 두었다.

○ 【孫權與陸遜論周魯呂得失】

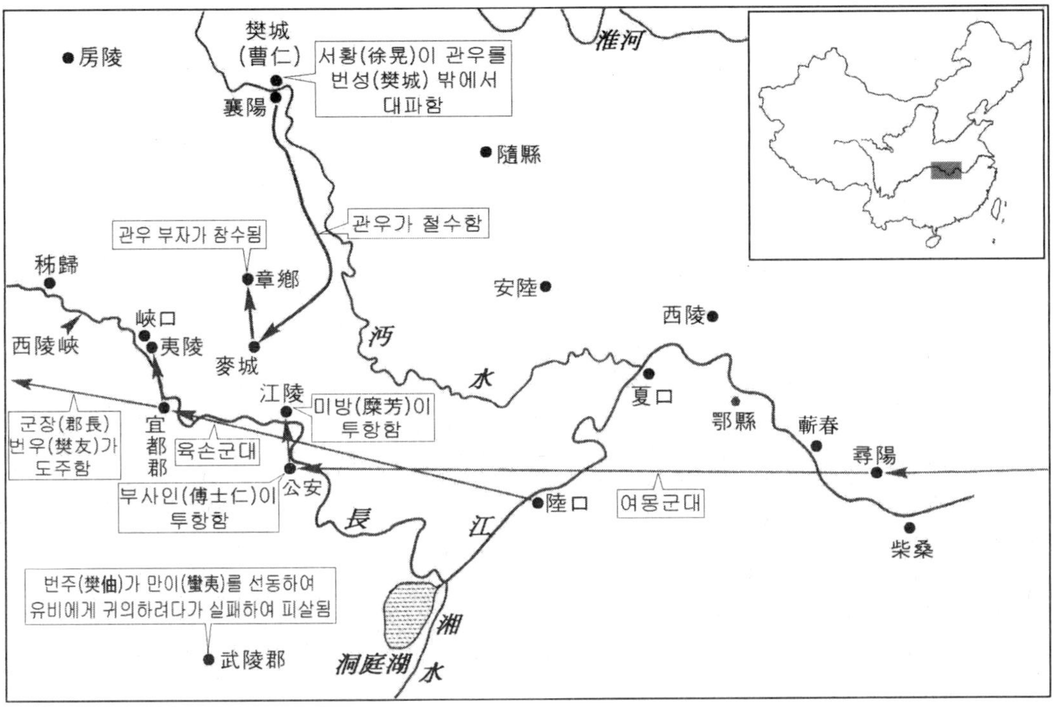

〈지도 43〉 관우(關羽)의 죽음.(219년 10월-12월)

孫權與陸遜論周魯呂得失 權後與陸遜論周瑜魯肅及蒙曰 公瑾雄烈하고 膽略兼人하여 遂破孟德하고 開拓荊州하니 邈焉寡儔요 子敬因公瑾致達於孤라 孤與

公瑾破孟德 宴語에 便及大略帝王之業하니 此一快也요 後孟德因獲劉琮之勢

子敬便及大略 하여 張言方率數十萬衆水步俱下라한대 孤普請諸將하여 咨問所宜하되 無適先對요 至張子布秦文表俱言宜遣使修檄迎之라하되 子敬卽駮言不可하고 勸孤急呼公瑾하여 付任以衆하여 逆而擊之

魯肅勸孫權借玄德地 라하니 此二快也라 後雖勸吾借玄德地하니 是其一短이나 不足以損其二長也라 周公不求備於一人이라 故孤忘其短而貴其長하여 常以比方鄧禹也로라 子明少時에 孤謂不辭劇易하여 果敢有膽而已러니 及身長大에 學問開益하고 籌略奇至하여 可以次於公瑾이나

帝王之起 皆有驅除 羽不足忌

但言議英發不及之爾러니 圖取關羽는 勝於子敬이라 子敬答孤書云 帝王之起에 皆有驅除라 羽不足忌라한대 此子敬內不能辦하고 外爲大言耳라 孤亦恕之하여 不苟責也나 然其作軍屯營에 不失令行禁止하여 部界無廢負하고 道無拾遺하니 其法亦美矣로다

【손권이 육손과 함께 주유·노숙 및 여몽의 득실에 대해 논하다】

손권이 훗날 육손과 함께 주유·노숙 및 여몽에 대해 논하기를,

"공근(公瑾 : 주유)은 웅대하고 담력과 지략이 남보다 뛰어나서, 마침내 맹덕(孟德 : 조조)을 격파하고 형주를 개척했으니, 아득히 높아 필적할 만 한 자가 드물다. 자경(子敬 : 노숙)은 공근을 통하여 나에게 추천되었는데, 나와 함께 사사로이 말할 적에 곧 대략적인 제왕의 일까지 언급하였으니, 이것이 첫 번째 통쾌한 일이다. 뒤에 맹덕이 유종(劉琮)을 잡은 기세를 이용하여 큰소리치기를 '장차 수십만 군사를 이끌고, 수군(水軍)과 보병(步兵)이 함께 내려가겠다.' 하였다. 이 때 내가 널리 여러 장군들에게 요청하여 마땅한 대책을 물었지만 마침 앞서서 대답하는 사람이 없었고, 장자포(張子布 : 장소)와 진문표(秦文表 : 진송)가 함께 '사신을 보내 우호 통문을 마련하여 맞이해야 합니다.'라고 말하였는데 자경은 곧바로 논박하여 불가하다고 말하고, 나에게 급히 공근을 불러 군사를 맡겨 맹덕의 군대를 맞이해 싸우게 하였으니, 이것이 두 번째 통쾌한 일이다. 뒤에 비록 내게 유현덕에게 땅을 빌려주도록 권한 것은 한 가지 잘못이나, 그 두 가지 장점을 손상할 만한 것은 못된다. 주공(周公)은 한 사람에게 완비된 것을 구하지 않았다.[12] 그러므로 나는 그 단점을 잊고 장점을 중시하여 항상 자경을 등우(鄧禹)[13]에 견주었다.

자명(子明 : 여몽)은 젊었을 때 나는 그가 '어려운 일이나 쉬운 일이나 사양

---

12) 주공(周公)은 한 사람에게 완비된 것을 구하지 않았다 : 주나라 주공은 아들 노공(魯公 : 백금(伯禽))에게 "한 사람에게서 완비함을 구하지 말라.〔無求備於一人.〕"라고 훈계하였다. (≪論語 微子≫)

13) 등우(鄧禹) : 계책을 건의하여 후한 광무제에게 중흥의 사업을 개척하게 하였으나 뒤에 적미(赤眉)를 평정하지 못하였다. 노숙이 등우와 비슷한 점이 있어서 손권이 비유한 것이다.

하지 않아, 과감하고 담력만 있을 뿐이다.'라고 여겼는데, 그가 장성하게 되자 학문이 계발되었고, 책략이 남달라서 공근의 다음이라 할 수 있었으나, 다만 언론과 재기가 그에게 미치지 못할 뿐이었고, 계획을 세워 관우를 잡은 것은 자경보다 나았다.

자경이 나에게 답한 편지에 '제왕이 일어날 때는 모두 적들을 몰아 제거해 주는 자가 있었습니다. 관우는 꺼릴만한 자가 아닙니다.'라고 하였지만, 이는 자경이 안으로 판단을 잘하지 못하고, 밖으로 큰 소리를 친 것일 뿐이다. 나 또한 그를 용서하여 구차히 꾸짖지는 않았다. 그러나 그가 군대를 다스리며 군영에 주둔하여 지킬 때에는 명령하면 시행되며 금지하면 그쳐지는 것이 그릇되지 아니하여, 부대 구역 안에는 직무 유기로 죄를 지은 사람이 없고 길에서는 떨어진 것도 줍지 않았으니, 그 법이 또한 아름다웠다!"

하였다.

○【孫權稱臣於曹操】

孫權稱臣於曹操

魏王操表孫權爲驃騎將軍하고 假節하여 領荊州牧하다 權遣校尉梁寓入貢하여 稱臣於操하고 稱說天命하다

【손권이 조조에게 신하라고 칭하다】

위왕 조조는 표문(表文)을 올려 손권을 표기장군으로 삼고, 부절을 주어[14] 형주목(荊州牧)을 겸하게 하였다. 손권은 교위(校尉) 양우(梁寓)를 파견해 공물을 들여보내 조조에게 스스로 신하라고 칭하고 천명(天命)이 조조에게 있다고 말하였다.

【曹操自比周文】

曹操自比周文

侍中陳群等皆曰 漢祚已終은 非適今日이라 殿下功德巍巍하여 羣

14) 부절을 주어 : 원문 '假節'은 황제 사명(使命)의 권력을 행사하는 부절을 수여함을 말함. '假'는 수여한다는 뜻이다. 이 시기에 지방 군정(軍政) 관원에게 3가지 칭호를 부여하였는데, 사지절(使持節)은 중급(中級) 이하 관리를 주살할 수 있었고, 지절(持節)은 관직이 없는 사람을 주살할 수 있었고, 가절은 군령(軍令)을 어긴 자를 주살할 수 있었다.

異氣齊聲 生注望이라 故孫權在遠稱臣하니 此天人之應이 異氣齊聲이라 殿
若天命在吾 吾爲周文王 下宜正大位니 復何疑哉잇고하니 操曰 若天命在吾면 吾爲周文王
矣리라하다

【조조가 자신을 주나라 문왕에 비유하다】

시중(侍中) 진군(陳群) 등이 모두 말하기를,

"한(漢)나라 국운이 이미 끝난 것은 단지 오늘이 아닙니다. 위왕(魏王) 전하의 공덕은 높고 높아 천하 사람들이 기대하여 바라고 있습니다. 그러므로 손권이 멀리에 있으면서도 신하라고 칭하는 것입니다. 이 하늘과 사람의 호응은 변방 사람까지도 이구동성으로 말하는 것입니다. 전하께서는 마땅히 정식으로 보위(寶位)에 오르셔야 하니, 다시 무엇을 망설이십니까!"

하였다. 조조가 말하기를,

"만약 천명이 나에게 있다면, 나는 주(周)나라 문왕(文王)이 될 것이다."

하였다.

○ 【敎化風俗安可慢忽】

敎化風俗安可慢忽 溫公曰 敎化는 國家之急務也어늘 而俗吏慢之하고 風俗은 天下之大事也어늘 而庸君忽之라 夫惟明智君子는 深識長慮하나니 然後知其爲益之大而收功之遠也니이다 光武遭漢中衰하여 羣雄糜沸에 奮起布衣하여 紹恢前緖하고 征伐四方에 日不暇給이로되 乃能敦尙經術하고 賓延儒雅하며 開廣學校하고 修明禮樂하여 武功旣成에 文德亦洽이니이다 繼以孝明孝章이 遹追先志하여 臨雍拜老하
虎賁衛士皆習孝經 匈奴子弟亦遊太學 고 橫經問道하며 自公卿大夫至於郡縣之吏히 咸選用經明行修之人하여 虎賁衛士皆習孝經하고 匈奴子弟亦遊太學이라 是以敎立於上하고 俗成於下하니 其忠厚淸修之士가 豈惟取重於搢紳이리오

亦見慕於衆庶하며 愚鄙汚穢之人이 豈唯不容於朝廷이리오 亦見
棄於鄉里하니 自三代旣亡으로 風化之美가 未有若東漢之盛者也
니이다 及孝和以降하여는 貴戚擅權하고 嬖倖用事하여 賞罰無章하고
賄賂公行하며 賢愚渾殽하고 是非顚倒하니 可謂亂矣니이다 然猶綿
綿不至於亡者는 上則有公卿大夫袁安楊震李固杜喬陳蕃李膺
之徒面折廷爭하여 用公義以扶其危하고 下則有布衣之士符融郭
泰范滂許劭之流가 立私論以救其敗라 是以政治雖濁而風俗不
視死如歸 衰하여 至有觸冒斧鉞하여 僵仆於前이나 而忠義奮發이 繼起於後
하여 隨踵就戮하여 視死如歸하니 夫豈特數子之賢哉리오 亦光武
明章之遺化也니이다 當是之時하여 苟有明君作而振之면 則漢氏
之祚猶未可量也라 不幸承陵夷頹敝之餘하고 重以桓靈之昏虐하
保養姦回 過於骨肉 殄滅忠良 甚於寇讎 여 保養姦回를 過於骨肉하고 殄滅忠良을 甚於寇讎하여 積多士之
憤하고 蓄四海之怒라 於是何進召戎하고 董卓乘釁하고 袁紹之徒
從而構難하여 遂使乘輿播越하고 宗廟丘墟하여 王室蕩覆하고 烝
民塗炭하여 大命殞絶하여 不可復救니이다 然州郡擁兵專地者가
曹操蓄無君之心 雖互相呑噬로되 猶未嘗不以尊漢爲辭니이다 以魏武之暴戾强伉
으로 加有大功於天下하여 其蓄無君之心久矣로되 乃至沒身不敢
畏名義而自抑 廢漢而自立하니 豈其志之不欲哉아 猶畏名義而自抑也니이다 由
是觀之컨대 教化安可慢이며 風俗安可忽哉아

【교화를 어찌 태만히 할 수 있으며 풍속을 어찌 소홀히 할 수 있겠는가!】

온공이 말하였다.

교화는 국가의 급선무인데 세상의 관리들이 태만히 하고, 풍속은 천하의 큰 일

인데 못난 군주가 소홀히 합니다. 오직 명철하고 지혜로운 군자만이 깊이 알고 멀리까지 생각하니, 그런 뒤에야 그 유익함이 크고 공을 세움이 원대한 것을 알게 됩니다. 광무제(光武帝 : 후한 유수)는 한나라 중기의 쇠락한 때를 만나 여러 영웅들이 죽 끓듯 일어날 때 평민의 신분으로 떨쳐 일어나, 전한(前漢)의 전통(傳統)을 이어 회복시키고 사방을 정벌하는 데에 날마다 시간이 부족했지만, 마침내 경학(經學)을 숭상하고 훌륭한 유학자를 초빙하며 학교를 열어 확장하고 예악(禮樂)을 정비하여 밝혔습니다. 이것은 무력의 공적이 이루어지자 문화의 도덕이 또한 흡족하게 된 것입니다. 뒤를 이어 명제(明帝)와 장제(章帝)는 선대의 뜻을 따라 벽옹(辟雍 : 대학)에 행차하여 원로에게 절하고 수업을 받으며 도(道)에 대해 물었습니다. 공(公)・경(卿)・대부(大夫)로부터 군(郡)・현(縣)의 관리에 이르기까지 모두 경전(經傳)에 밝고 행실이 수양된 사람을 선발하여, 호분(虎賁 : 임금과 궁전의 호위 군인)의 위사(衛士)도 모두 효경(孝經)을 익히고 흉노(匈奴)의 자제도 태학(太學)에 유학하였습니다. 이 때문에 위에서는 가르침이 확립되고 아래에서는 풍속이 이루어지니, 그 충성스럽고 후덕하며 청결하고 수양된 선비가 어찌 다만 사대부들 사이에서만 존중받을 뿐이겠습니까! 역시 백성들에게도 흠모를 받았으며, 어리석고 비루하며 지저분하고 더러운 사람은 어찌 조정에서만 용납되지 못할 뿐이었겠습니까! 역시 향리에서도 버림받았습니다. 삼대(三代)가 멸망된 이후로 풍속과 교화의 아름다움이 동한(東漢)처럼 융성했던 시기는 없었습니다.

화제(和帝) 이후에 와서는 귀척(貴戚)이 권세를 멋대로 휘두르고 총애를 받는 자들이 정권을 잡아서 상벌에 분명함이 없고 뇌물이 공공연히 행해졌으며, 능력 있는 자와 어리석은 자가 뒤섞이고 옳고 그름이 뒤바뀌었으니, 난세라고 이를 만합니다. 그런데도 면면히 이어져 멸망하는 데에 이르지 않을 수 있었던 것은 위로는 원안(袁安)・양진(楊震)・이고(李固)・두교(杜喬)・진번(陳蕃)・이응(李膺)과 같은 공경대부가 황제의 면전에서 직간하고 조정에서 간쟁하여 공정한 도리로 한나라의 위태로움을 붙잡고, 아래로는 부융(符融)・곽태(郭泰)・범방(范滂)・허소(許劭)와 같은 재야의 선비가 독자적인 여론을 세워 한나라의 잘못을 바로잡았기 때문입니다. 이 때문에 정치는 비록 혼탁했지만 풍속은 쇠퇴하지 않아 심지어 도끼에 맞아 앞에서 쓰러져 죽더라도 충의로 분발하는 자가 뒤를 이어 나와, 앞 사람의 자취를 따라 계속해서 죽음에 나아가서 죽음 보기를 집에 가는 것처럼 편안하게 여겼습니다. 이것이 어찌 몇 사람만 어질었기 때문이겠습니까? 역시 광무제와 명제・장제가 남긴 교화 덕택입니다.

당시에 만일 명철한 군주가 나타나 진작시켰다면 한(漢)나라의 국운은 오히려 헤아릴 수 없었을 것입니다. 불행히도 쇠락하고 무너진 뒤를 잇고, 거듭하여 환제(桓帝)와 영제(靈帝)가 어리석고 포악해서 간악한 자들을 보호해 기르기를 살붙이보다 더 낫게 하고, 충신과 선량한 자를 모조리 죽여 없애기를 원수보다 더 심하게 하여 많은 선비들의 울분이 쌓이게 하고 천하 백성들의 노여움이 쌓이게 하였습니다. 이에 하진(何進)이 군대를 불러들이고, 동탁(董卓)은 그 틈을 타며, 원소(袁紹)의 무리가 덩달아 환난을 일으켜, 마침내 황제는 도망가고 종묘(宗廟)는 빈터가 되어, 왕실이 무너지고 백성들이 도탄에 빠져서 천명(天命)이 끊어져 다시는 구제할 수 없게 되었습니다. 그러나 주(州)와 군(郡)에서 병사를 거느리고 땅을 독점한 자들이 서로 삼키고 물어뜯었으나 그래도 일찍이 한(漢)나라를 높인다는 것으로 구실을 삼지 않은 자는 없었습니다.

위무제(魏武帝 : 조조)의 사납고 강포한 자질로 천하에 큰 공을 세워서 임금을 무시하는 마음을 쌓은 것이 오래되었으나, 죽을 때까지 감히 한(漢)을 멸망시켜 스스로 즉위하지 못하였으니, 어찌 그 마음속에 바라지 않는 것이겠습니까! 여전히 명분과 의리를 두려워하여 스스로 억제한 것입니다. 이로 말미암아 살펴보건대 교화를 어찌 태만히 할 수 있으며 풍속을 어찌 소홀히 할 수 있겠습니까!

【경자(庚子 220) 건안(建安) 25년】

○【曹操幾平海內】

曹操幾平海內

正月에 魏王操至洛陽하여 薨하다 操知人善察하여 難眩以僞요 識拔奇才에 不拘微賤하고 隨能任使하여 皆獲其用하다 與敵對陳에 意思安閑하여 如不欲戰이나 然及至決機乘勝하여는 氣勢盈溢하며 勳勞宜賞엔 不吝千金이나 無功望施엔 分毫不與라 用法峻急하여 有犯必戮하고 或對之流涕나 然終無所赦하고 雅性節儉하여 不好華麗라 故能芟刈群雄하고 幾平海內하다 操太子丕卽王位하다

勳勞宜賞 不吝千金 無功望施 分毫不與 用法峻急 有犯必戮

【조조가 천하를 거의 평정하다】

정월에 위왕(魏王) 조조가 낙양에 이르러 죽었다. 조조는 인물을 잘 알아보고 통

찰력이 뛰어나 거짓으로 속이기 어려웠으며, 기발한 인재를 알아 발탁할 때에는 신분의 미천을 따지지 않았고 능력에 따라 맡기고 부려서 모두 그 쓰임이 적절하였다. 적과 대진했을 때에는 마음을 편안하며 여유롭게 하여 싸우려 하지 않는 듯 하였으나, 기회를 잡아 승세를 타고 출격할 때에 이르러서는 기세가 넘쳐흘렀다. 공로가 있어 상을 주기에 마땅한 경우에는 천금도 아끼지 않았으나 공이 없으면서 상을 베풀어 주기를 바랄 경우에는 조금도 주지 않았다. 법을 적용함이 준엄하며 급박하여 죄를 범한 자가 있으면 반드시 죽였고, 혹 죄지은 자에 대하여 눈물을 흘리기도 했으나 결코 용서하는 것은 없었다. 본성이 절약하고 근검하여 화려한 것을 좋아하지 않았다. 이 때문에 여러 영웅들을 제거하고 천하를 거의 평정할 수 있었다. 조조의 태자인 조비(曹丕)가 왕위(王位)에 즉위하였다.

○ 【陳群立九品官人之法】

陳群立九品官人之法

尙書陳群이 以天朝選用不盡人才라하여 乃立九品官人之法하니 州郡皆置中正以定其選할새 擇州郡之賢有識鑒者爲之하여 區別人物하여 第其高下하다

【진군이 구품관인의 제도를 확립하다】

상서 진군(陳群)이 한나라 조정에서 인재 선발하는 방법으로는 인재를 다 기용하지는 못한다고 하여, 마침내 9품(品)으로 임용하는 제도를 확립하였다. 주와 군에 모두 중정관(中正官)을 두어 그 선발을 결정하게 할 적에 주와 군의 현인과 인재를 식별하는 안목이 있는 자를 택하여 담당시키고, 인물을 구별하여 그 고하의 등급을 매기게 하였다.

○ 【獻帝禪位於魏王曹丕】

獻帝禪位於魏王曹丕

漢帝使行御史大夫張音持節奉璽綬詔冊하여 禪位於魏王曹丕하니 王卽皇帝位하여 改元黃初하고 大赦하다 十一月에 奉漢帝爲山陽公하고 追尊父操曰武皇帝라하다

【헌제가 위왕 조비에게 제위를 선양하다】

10월에 한나라 헌제(獻帝)가 행어사대부(行御史大夫) 장음(張音)을 시켜 부절을 지니고 옥새·인끈과 조서 책문을 받들어, 위왕(魏王) 조비(曹丕)에게 제위를 선양하게 하였다. 위왕이 황제에 즉위하여 연호를 바꾸어 황초(黃初)라 하고, 크게 사면령을 내렸다. 11월에 한나라 황제를 받들어 산양공(山陽公)이라 하고, 아버지 조조(曹操)를 추존하여 무황제(武皇帝)라고 하였다.

右東漢은 十二帝요 共一百九十六年이라

위 동한(東漢)은 12제(帝), 모두 196년이다.

통감절요증손교주(通鑑節要增損校註) 24권

한기(漢紀)

▪ 소열황제(昭烈皇帝)

在位는 三年이라 壽는 六十三이라

재위는 3년이다. 수명은 63세이다.

名備요 字玄德이니 涿郡人으로 漢景帝子中山靖王劉勝之後라 謚法에 昭德有勞曰昭하고 有功安民曰烈이라하다

常奉密詔하여 討曹操不克하다 後曹丕簒漢하니 遂正位于蜀하고 號曰後漢이라하다

有高祖之風 英雄之器 先主之弘毅寬厚하고 知人待士는 蓋有高祖之風과 英雄之器焉이라 及其擧國託孤於諸葛亮에 而心神無貳하여 誠君臣之至公하니

機權幹略 不逮魏武 古今之盛軌也라 機權幹略이 不逮魏武라 是以基宇亦狹하되 然折而不撓하여 終不爲下者하니 抑揆彼之量必不容己하고 非唯競利라 且以避害云爾하다

이름은 비(備)이고, 자는 현덕(玄德)이니, 탁군(涿郡) 사람으로 한나라 경제(景帝)의 아들 중산정왕(中山靖王) 유승(劉勝)의 후손이다. 시호 법에, 덕을 밝히고 공로가 있음을 '소(昭)'라 하고, 훈공이 있고 백성을 편안히 함을 '열(烈)'이라 하였다.

유비가 일찍이 황제의 비밀 조서를 받들어 조조를 토벌하였으나 이기지 못하였다. 훗날 조비가 한나라를 빼앗자, 드디어 촉(蜀) 땅에서 천자의 자리에 오르고 국호를 후한(後漢)이라 하였다.

선주(先主 : 유비)는 도량이 넓으며 의지가 강하고 마음이 너그러우며 인물을 알아보고 선비를 예우한 것은 대체로 고조(高祖)의 풍모와 영웅의 기량이 있었다. 제갈량에게 나라를 들어 아들을 부탁함에 이르러선 마음과 정신을 의심하지 않아, 참으로 임금과 신하가 지극히 공정하였으니, 고금에 아름다운 전범이다. 기지와 권모가 위 무제(魏武帝 : 조조)에게 미치지 못하였기 때문에 기업(基業)도 협소하였으나, 꺾어도 휘어지지 않아 결국 조조의 아랫사람이 되지 않았으니, 또한 조조의 기량이 반드시 자신을 용납하지 못할 것을 헤아리고서 이익을 다투지 않았을 뿐만 아니라 또한 해로움을 피하였던 것이다.

○ 【遵朱子例 以蜀漢承後漢之後】

遵朱子例 以蜀漢承後漢之後

尹氏曰 蜀漢親承大統하여 名正言順하여 本無可疑어늘 自陳壽志三國에 全以天子之制予魏하여 而以列國待漢이라 故通鑑因之以魏紀年인댄 至綱目하여 始以昭烈承獻帝之後하여 紹漢遺統하고 取春秋之義하여 以示天下하니 萬世之正論也라 愚承師命하여 一遵朱子例하여 而正之于左하다

【주자의 예를 따라 촉한이 후한의 뒤를 계승하게 하다】

윤씨(尹氏)[1]가 말하였다.

촉한(蜀漢)이 친히 대통(大統)을 이어받아 이름이 정당하고 말이 순탄한 것은 본래 의심할 것이 없다. 진수(陳壽)의 ≪삼국지≫에서 온전히 천자의 제도를 위나라에 주어서 열국 제후로 촉한을 대우하였으므로 ≪자치통감≫에서 이것으로 인해 위나라를 기준으로 연대표기를 하였다. 주자의 ≪통감강목≫에서 처음으로 소열(昭烈)로 헌제(獻帝)의 뒤를 계승하여 한나라의 남긴 전통을 이어받고 춘추의 의리를 취하여 천하에 보이니, 만대의 바른 논의이다. 내가 왕봉(王逢) 선생님의 명령을 받아 한결같이 주자의 예를 따라서 아래에 바로잡았다.

1) 윤씨(尹氏) : 송나라 윤기신(尹起莘). 자는 경도(耕道). 저서에 ≪자치통감강목발명(資治通鑑綱目發明)≫이 있다.

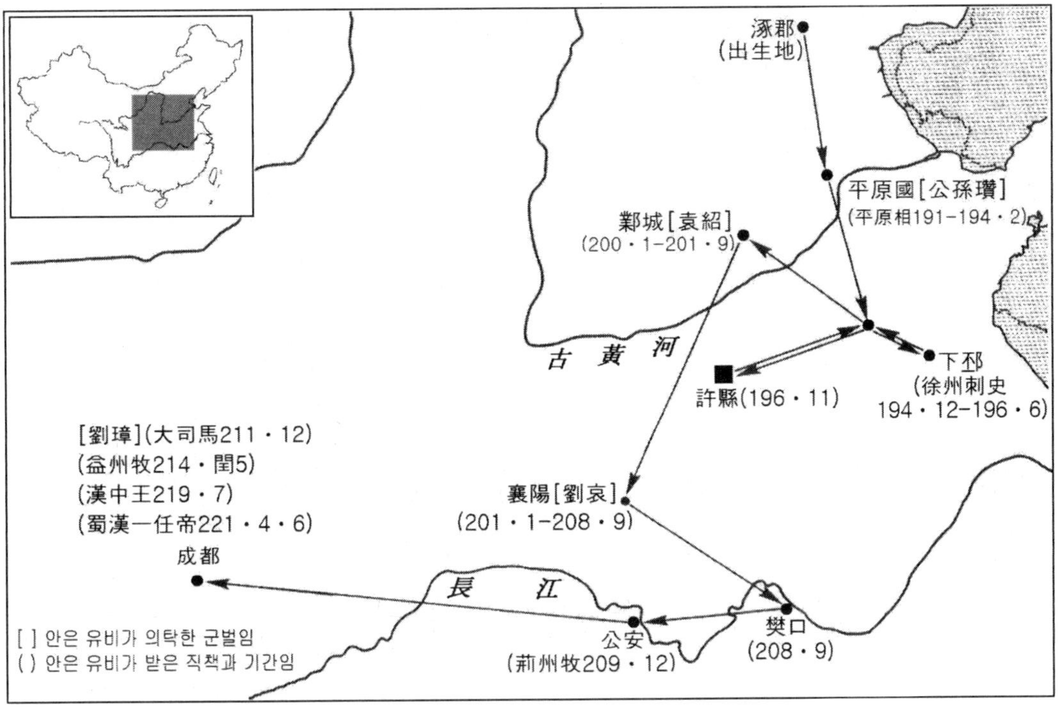

〈지도 44〉 유비(劉備)의 일생 벼슬길.(180년대-220년대)

【신축(辛丑 221) 장무(章武) 원년】

○ 【漢中王卽帝位】

漢中王卽帝位 蜀中傳言漢帝已遇害라하니 於是漢中王發喪制服하고 諡曰孝愍皇帝라하고 夏四月에 漢中王卽皇帝位於武擔之南하여 大赦하고 改元하며 以諸葛亮爲丞相하고 許靖爲司徒하다

【한중왕이 황제에 즉위하다】

촉 지역에 <후한 헌제(獻帝)가 안 죽었는데> '한나라 황제가 이미 살해되었다!'는 말이 전해졌다. 이에 한중왕(漢中王 : 유비)이 초상을 발표하여 상복을 만들고, 시호를 효민황제(孝愍皇帝)라 하였다. 여름 4월에 한중왕이 무담산(武擔山)의 남쪽에서 황제에 즉위하여 크게 사면하고 연호를 바꾸었으며, 제갈량을 승상으로 삼고 허정(許靖)을 사도(司徒)로 삼았다.

○【昭烈不敢以光武爲比 使得紹漢氏之遺統】

昭烈不敢以光武爲比使得紹漢氏之遺統

溫公曰 三代之前은 海內萬國에 有民人社稷者는 通謂之君이라하고 合萬國而君之하며 立法度하고 班號令하여 而天下莫敢違者는 乃謂之王이라하고 王德旣衰하여 彊大之國能帥諸侯以尊天子者는 則謂之霸라하니이다

自漢儒推五德生勝以秦爲閏位在木火之間霸而不王 於是正閏之論興

自漢儒推五德生勝하여 以秦爲閏位하고 在木火之間하여 霸而不王하니 於是正閏之論興矣하니이다 及漢室顚覆하고 三國鼎峙하고 晉氏失馭하고 五胡雲擾할새 宋魏以降으로 南北分治하여 各有國史하고 互相排黜하며 朱氏代唐하여 四方幅裂하며 朱邪入汴하여 比之窮新하며 運歷年紀를 皆棄而不數하니 此皆偏辭요 非公論也니이다 臣今所述은 但據其功業之實而言之하니

周秦漢晉隋唐皆嘗混壹九州故全用天子之制以臨之

周秦漢晉隋唐은 皆嘗混壹九州하고 傳祚於後하여 子孫雖微弱播遷하여도 猶承祖宗之業하니 四方與之爭衡者가 皆其故臣也라 故全用天子之制以臨之니이다 其餘地醜德齊하여 莫能相壹하고 名號不異하여 本非君臣者면 皆以列國之制處之나 然天下離析之際에 不可無歲時月日以識事之先後라 據漢傳於魏而晉受之하고 晉傳於宋以至於陳而隋取之하고 唐傳於梁以至於周而大宋承之라 故不得不取其年號하여 以紀諸國之事하니 非尊此而卑彼하여 有正閏之辨也니이다 昭烈之於漢에 雖云中山靖王之後라하나 而族屬疏遠하여 不能紀其世數名位하니 亦猶南唐烈祖稱吳王恪後하여 是非難辨이라 故不敢以光武及晉元帝爲比하여 使得紹漢氏之遺統也니이다

【소열 황제를 감히 광무 황제에 견주어 한나라의 남겨진 계통을 잇게 하지 못하다】

온공이 말하였다.

삼대 이전에는 천하의 온 나라에 백성과 사직을 가진 이를 통틀어 군(君 : 제후)이라 하고, 온 나라를 합하여 군(君) 노릇하며 법도를 세우고 호령을 반포하여 천하가 감히 어기지 못하는 자라야 비로소 왕(王)이라 하고, 왕의 덕이 쇠퇴한 뒤에 강대국이 제후를 이끌어 천자를 높이는 이를 패(霸)라 하였습니다. 한나라 유학자들로부터 오행의 덕이 상생(相生)·상승(相勝 : 상극)함을 연구하여 진(秦)나라를 <정위(正位)가 아닌> 윤위(閏位 : 비정통 왕조)로 삼고 <주나라의> 목덕(木德)과 <한나라의> 화덕(火德) 사이에 있어[2] <진나라를> 패라 하고 왕이라 하지 않았으니, 이에 정통과 비정통의 의논이 일어났습니다. 한나라가 전복되고, 삼국이 세 발 솥처럼 대치하고, 진(晉)나라가 다스림을 그르치고, 오호(五胡 : 匈奴, 羯, 鮮卑, 氐, 羌)가 구름처럼 일어나서 시끄러웠으며, 송(宋)·북위(北魏) 이후로는 남북으로 나누어 다스려져 각각 국사(國史)가 있었고 서로 배척하였습니다. 후량(後梁)의 주씨(朱氏 : 朱溫)가 당나라를 교대하여 사방이 분열되었고, 후당(後唐)의 주야씨(朱邪氏 : 후당 장종(莊宗) 이존욱(李存勖)의 본성)가 변(汴 : 후량의 서울)에 침입하여 유궁(有窮 : 하나라 찬탈국)과 신(新 : 한나라 찬탈국)에 견주어, 역법과 연대를 모두 버리고 끼워주지 않았으니, 이는 모두 편벽된 말이고 공정한 논의가 아닙니다.

신이 지금 서술하는 것은 다만 공업(功業)의 실제에 의거하여 말하는 것입니다. 주(周)·진(秦)·한(漢)·진(晉)·수(隋)·당(唐)은 모두 일찍이 구주(九州)를 통일하고 국운을 후세에 전하여 자손이 비록 미약해 망명하여도 여전히 조종의 사업을 계승하였으니, 사방 제후와 함께 우열을 다투는 자는 모두 옛 신하이기 때문입니다. 그래서 오로지 천자의 제도를 써서 임하였고, 그 나머지는 땅도 비슷하고 덕망도 같아서 서로 통일되지 못하고 명호(名號)가 다르지 않아, 본래 임금과 신하가 아니면 모두 열국의 제도로 처리하였습니다. 그러나 천하가 쪼개질 즈음에도 세시월일(歲時月日 : 연, 사철, 월, 일)로 일의 선후를 기록하지 않을 수 없습니다. 한나라가

---

2) 진(秦)나라를 … 목덕(木德)과 〈한나라의〉 화덕(火德) 사이에 있어 : 역대 왕조의 운명을 오행상생으로 정한 경우를 살펴보면 진(秦)나라는 목생화(木生火)의 목(木)과 화(火) 사이에 들어 정당한 자리가 없어 정위(正位)가 아닌 윤위(閏位)로 함을 말함. 주나라가 목덕이었으므로 다음 왕조인 진나라는 상생법(相生法)을 쓰면 화덕으로 해야 하는데, 진시황은 수극화(水克火)를 써서 수덕(水德)으로 하였다. 한나라가 주나라를 계승한 상생법 정운(正運)을 쓰게 되자 진나라는 목(木)과 화(火) 사이에 들게 되고 윤위로 대우를 받게 된 것이다.

위나라에 전하여 진(晉)나라가 받았고, 진(晉)나라가 송(宋 : 남조 송)나라에 전해주었는데, 진(陳)나라에 이르러 수나라가 차지하였고, 당나라는 양(梁 : 오대 양)나라에 전해주었는데 주(周)나라에 이르러 대송(大宋)이 이어받았습니다. 그래서 그 연호를 취하여 여러 나라의 일을 기록하지 않을 수 없었으니, 여기를 높이고 저기를 낮추어 정통과 비정통의 구별이 있는 것이 아닙니다. 소열제가 한나라에 대해 비록 중산정왕(中山靖王)의 후손이라 하지만, 친속 관계가 멀어 그 대수(代數)와 이름과 지위를 기록할 수 없으니, 또한 남당(南唐)의 열조(烈祖)가 오왕(吳王) 각(恪)의 후손이라 일컬어지는 것[3]과 같아서 시비를 가리기가 어렵습니다. 그러므로 감히 광무제(光武帝) 및 진(晉) 원제(元帝)[4]에 견줄 만큼 한나라의 남긴 계통을 잇게 할 수는 없습니다.

○ 【昭烈立宗廟】

昭烈立宗廟 立宗廟祫祭高皇帝以下하다

【소열 황제가 종묘를 세우다】

종묘를 세우고 고황제(高皇帝 : 유방) 이하를 협제(祫祭 : 합쳐 제사함) 지냈다.

○ 五月에 立夫人吳氏爲皇后하고 子禪爲皇太子하다

5월에 부인 오씨를 세워 황후로 삼고, 아들 유선을 황태자로 삼았다.

○ 【帳下殺張飛】

帳下殺張飛 帝恥關羽之沒하여 將擊孫權할새 群臣諫者甚衆하되 帝皆不聽하다 車騎將軍張飛는 雄壯威猛亞於關羽라 羽善待卒伍而驕於士大

3) 남당(南唐)의 열조(烈祖)가 오왕(吳王) 각(恪)의 후손이라 일컬어지는 것 : 남당의 열조는 남당의 개국주(開國主) 이변(李昪)을 말함. 이변은 자신이 일컫기를 당태종의 아들 오왕 이각(李恪)의 후손이라고 하였다.

4) 진(晉) 원제(元帝) : 사마예(司馬睿)를 말함. 동진(東晉) 황제. 사마의(司馬懿)의 증손. 민제(愍帝)가 죽어 서진(西晉)이 망하자 건강(建康)에서 황제에 즉위하였다.

夫하고 飛愛禮君子而不恤軍人하니 帝常戒飛曰 卿刑殺旣過差하고 又日鞭撾健兒而令在左右하니 此取禍之道也라하되 飛猶不悛하다 帝將伐孫權할새 飛當率兵萬人하고 自閬中會江州러니 臨發에 其帳下將張達范彊殺飛하고 以其首順流犇孫權하다 帝聞飛營都督有表曰 噫라 飛死矣라하다

張飛有取禍之道

【부하가 장비를 죽이다】

소열제(유비)가 관우의 죽음을 수치스러워하여 장차 손권을 공격하려 하였다. 여러 신하들 중에 간언하는 사람이 매우 많았지만 소열제는 모두 듣지 않았다. 차기장군 장비는 웅장하고 위엄과 용맹함이 관우에 버금갔다. 관우는 군졸을 잘 대우하였으나 사대부에게 교만하였고, 장비는 군자를 아껴 예우하였으나 사졸을 돌보지 않았다. 소열제가 항상 장비를 경계하여 말하기를,

"경은 형벌과 살육이 과분하고, 또 날마다 건장한 사람을 매질하고는 측근에 있게 하니, 이는 재앙을 취하는 길이요."

하였으나, 장비는 여전히 고치지 않았다. 소열제가 장차 손권을 치려 할 적에 장비가 병졸 만 명을 인솔하고 낭중(閬中)으로부터 강주(江州)에 집합하려 하였는데, 출발에 임박하여 부하인 장달(張達)과 범강(范彊)이 장비를 죽이고 그 머리를 가지고 물길을 따라 내려가 손권에게 도망하였다. 소열제는 장비 군영의 도독이 표문을 올렸다는 것을 듣고 말하였다.

"아! 장비가 죽었구나!"5)

○ 【昭烈自將擊孫權】

昭烈自將擊孫權

七月에 帝自率諸軍擊孫權하니 權以鎭西將軍陸遜爲大都督以拒之하다

5) 장비가 죽었구나 : 표문은 그 부대 최고 책임자인 장비가 올려야 하는데 장비의 부하가 올렸으므로 장비의 죽음을 알아챈 것이다.

【소열 황제가 직접 군대를 이끌고 손권을 치다】

7월에 소열제가 직접 여러 군대를 인솔하여 손권을 쳤다. 손권은 진서장군 육손(陸遜)을 대도독(大都督)으로 삼아 그를 방어하였다.

○ 【孫權稱臣於魏】

孫權稱臣於魏

八月에 吳孫權遣使稱臣於魏하고 卑辭奉章하고 並送于禁等還하니 魏朝臣皆賀하되 劉曄獨曰 權無故求降하니 必內有急이라 權前襲殺關羽하니 劉備必大興師伐之리이다 外有彊寇에 衆心不安하고 又恐中國往乘其釁이라 故委地求降하여 一以却中國之兵하고 二假中國之援하여 以彊其衆而疑敵人耳라 天下三分에 中國十有其八하고 吳蜀各保一州하여 阻山依水하니 有急相救면 此小國之利也어늘 今還自相攻하니 天亡之也라 宜大興師하여 徑渡江襲之하여 蜀攻其外하고 我襲其內면 吳之亡不出旬月矣리이다 吳亡則蜀孤하리니 若割吳之半以與蜀이라도 蜀固不能久存이온 況蜀得其外하고 我得其內乎잇가하니 魏主曰 人稱臣降而伐之면 疑天下欲來者心이니 不若且受吳降而襲蜀之後也라하고 遂受吳降하고 遣太常邢貞奉策卽拜孫權爲吳王하고 加九錫하다

天下三分 中國十有其八 吳蜀各保一州

【손권이 위나라에 신하라 일컫다】

8월에 오나라 손권이 위나라에 사신을 보내 신하라 일컫고, 겸손한 말로 문서를 받들고, 우금(于禁) 등을 아울러 보내 <위나라로> 돌아가게 하였다. 위나라 조정의 신하들이 모두 축하하였으나 유엽(劉曄)만은 홀로 말하기를,

“손권이 까닭 없이 와서 항복하니, 반드시 안으로 위급한 일이 있습니다. 손권이 이전에 관우를 습격하여 죽였으니, 유비가 반드시 크게 군대를 일으켜 칠 것입니다. 밖으로 강한 침략이 있으면 대중의 마음이 편안하지 않고, 또

중국이 가서 그 틈을 타서 공격할까 두려워할 것입니다. 그러므로 땅을 바쳐 항복하기를 청하여 첫째는 중국의 군대를 물리치고, 둘째는 중국의 원조를 빌려, 자기 백성을 강하게 하여 적군들을 의심하게 하려는 것일 뿐입니다. 천하가 셋으로 나뉨에 중국이 10에 8을 차지하였고, 오와 촉은 각각 한 주(州)만을 보전하여[6] 산수의 험고함에 의지하여 지키고 있으니, 위급한 일이 있을 때 서로 구제하는 것이 약소국의 이익이거늘, 지금 도리어 직접 서로 공격하니 하늘이 그들을 멸망시키려는 것입니다. 의당 군대를 크게 일으켜 곧장 장강을 건너 습격하여, 촉은 그 밖을 공격하고 우리는 그 안을 습격하면 오의 멸망은 열흘에서 한 달을 넘기지 않을 것입니다. 오가 멸망하면 촉이 고립될 것이니, 만약 오의 반을 갈라 촉에게 주더라도 촉은 진실로 오래 보존하지 못할 것입니다. 하물며 촉이 그 바깥을 얻고 우리가 그 안을 얻는 데야 더할 나위가 있겠습니까?"

하자, 위나라 군주가 말하기를,

"사람이 신하라 일컫고 항복하는데 그를 친다면 천하에서 오려고 하는 사람의 마음을 의아하게 하리니, 잠시 오나라의 항복을 받아들이고 촉한의 뒤를 습격하는 것만 못하다."

하고, 드디어 오나라의 항복을 받아들였다. 태상(太常) 형정(邢貞)을 보내 책문(策文)을 받들고 가서 즉시 손권을 임명해 오왕(吳王)으로 삼고 구석(九錫)을 더해주었다.

【江東將相 非久下人】

江東將相 非久下人

十一月에 邢貞至吳에 吳王出都亭候貞하다 貞入門에 不下車한대 張昭謂貞曰 夫禮無不敬이요 法無不行이어늘 而君敢自尊大하니 豈以江南寡弱인들 無方寸之刃故乎아하니 貞卽下車어늘 中郎將徐盛忿憤하여 顧謂同列曰 盛等不能爲國家並許洛呑巴蜀하여 而令吾君與貞盟하니 不亦辱乎아하고 因涕泣橫流하니 貞聞之하고 謂

豈以江南寡弱無方寸之刃故乎

---

6) 오와 촉은 각각 한 주(州)만을 보전하여 : 오는 양주(揚州), 촉은 익주(益州)를 보전하였다.

其徒曰 江東將相如此하니 非久下人者也로다하다

【강동의 장군과 정승은 남의 아래에 오래 있을 사람들이 아니다】

11월에 형정이 오나라에 이르자, 오왕이 도정(都亭 : 성안의 망루)으로 나와 형정을 기다렸다. 형정이 문에 들어가 수레에서 내리지 않자, 장소(張昭)가 형정에게 이르기를,

"무릇 예는 공경하지 않음이 없고, 법은 시행하지 않음이 없습니다. 그런데 군(君)께서 감히 스스로 높이며 대단해 하시니, 어찌 강남이 미약하다고 한들 한 치 칼날의 변고도 없겠습니까?"

하니, 형정이 즉시 수레에서 내렸다. 중랑장(中郎將) 서성(徐盛)이 분하여 동료들을 돌아보며 말하기를,

"우리들이 능히 국가를 위하여 허(許 : 허창)·낙(洛 : 낙양)을 합병하고 파(巴)·촉(蜀)을 병탄하지 못하여 우리 임금에게 형정과 동맹을 맺도록 하였으니, 또한 치욕스럽지 않은가?"

하고, 이어서 눈물을 줄줄 흘렸다. 형정이 그것을 듣고 그 무리들에게 말하였다.

"강동의 장군과 정승들이 이와 같으니 남의 아래에 오래 있을 사람들이 아니다."

【趙咨稱吳之美於魏主】

趙咨稱吳之美於魏主 / 納魯肅於凡品 / 拔呂蒙於行陳

吳主遣中大夫趙咨入謝하니 魏主丕問咨曰 吳王何等主也오한대 對曰 聰明仁智雄略之主也니이다하다 魏主問其狀한대 對曰 納魯肅於凡品하니 是其聰也요 拔呂蒙於行陳하니 是其明也요 獲于禁而不害하니 是其仁也요 取荊州兵不血刃하니 是其智也요 據三州虎視於天下하니 是其雄也요 屈身於陛下하니 是其略也니이다하다 丕曰 吳王頗知學乎아한대 咨曰 吳王浮江萬艘요 帶甲百萬이요 任賢使能하고 志存經略하여 雖有餘閑하여 博覽書傳하고 歷史籍하고

不效書生尋章摘句 小國有備禦之固 如臣之比 車載斗量

采奇異나 不效書生尋章摘句而已니이다하다 丕曰 吳可征不아한대 對曰 大國有征伐之兵하고 小國有備禦之固니이다하다 丕曰 吳難魏乎아한대 對曰 帶甲百萬이요 江漢爲池하니 何難之有이릿고하다 丕曰 吳如大夫者幾人고한대 對曰 聰明特達者가 八九十人이요 如臣之比는 車載斗量이라도 不可勝數니이다하다

【조자가 위나라 군주에게 오왕의 훌륭함을 말하다】

오나라 군주가 중대부 조자(趙咨)를 보내어 들어가 사례하게 하였다. 위나라 군주 조비가 조자에게 묻기를,

"오왕은 어떠한 임금이오?"

하자, 대답기를,

"귀 밝고 눈 밝고 어질고 지혜롭고 웅대하고 지략을 가진 임금입니다."

하였다. 위나라 군주가 그 실상을 묻자 대답하기를,

"노숙을 평범한 사람 중에서 받아들였으니, 이는 귀가 밝은 것입니다. 여몽을 군졸에서 발탁하였으니, 이는 눈이 밝은 것입니다. 〈당신 나라의 장수〉 우금을 잡고서도 해치지 않았으니, 이는 어진 것입니다. 형주를 빼앗을 적에 군대가 칼에 피를 묻히지 않았으니, 이는 지혜로운 것입니다. 3주(형주·양주·교주)에 웅거하여 천하를 호랑이처럼 노려보니, 이는 웅대한 것입니다. 폐하에게 몸을 굽히니, 이는 지략을 가진 것입니다."

하였다. 조비가 말하기를,

"오왕이 학문을 꽤 아시오?"

라고 하자, 조자가 말하기를,

"오왕은 장강에 띄울 배가 만 척이고 갑옷 입은 군사가 100만 명입니다. 어진 사람에게 맡기고 능력 있는 사람을 부리며, 경략(經略)에 뜻을 두었습니다. 비록 여가가 있어 널리 책을 보고 역사책을 섭렵하고 기이한 일을 채택하지만 서생(書生)이 문장을 찾거나 문구를 적취하는 따위를 본받지 않습니다."

하였다. 조비가 말하기를,

오나라를 정벌할 수 있겠소?"

하자, 조자가 대답하기를,

"대국에는 정벌할 군대가 있고, 소국에는 견고한 방어가 있습니다."

하였다. 조비가 말하기를,

"오나라는 위나라를 어려워하오?"

하자, 조자가 대답하기를,

"갑옷 입은 군사가 100만 명이고, 강수·한수로 해자를 삼았습니다. 무슨 어려워할 것이 있겠습니까?"

하였다. 조비가 말하기를,

"오나라에는 대부와 같은 사람이 몇 명이오?"

하자, 조자가 대답하기를,

"총명하여 특히 통달한 사람이 80~90명이고, 저와 같은 무리는 수레로 싣고 말〔斗〕로 헤아려도 다 셀 수 없습니다."

하였다.

【임인(壬寅 222) 장무(章武) 2년】

【劉備軍於猇亭】

劉備軍於猇亭 二月에 帝自率諸將하여 自江南緣山截領하여 軍於夷道猇亭하다

【유비가 효정에 주둔하다】

2월에 소열제가 여러 장군들을 직접 지휘하여 강남에서 산을 따라 고개를 넘어 이도현(夷道縣) 효정(猇亭)에 주둔하였다.

○ 【吳漢相拒】

吳漢相拒 五月에 帝自巫峽建平連營至夷陵界하여 立數十屯하고 自正月與

吳相拒하여 至六月不決이라 帝遣吳班將數千人於平地立營하니 吳將帥皆欲擊之어늘 陸遜曰 此必有譎이니 且觀之하리라하다. 帝知其計不行하고 乃引伏兵八千從谷中出이어늘 遜曰 所以不聽諸君擊班者는 揣之必有巧故也라하다

【오나라와 촉한이 서로 대치하다】

5월에 소열제가 무협 건평으로부터 군영을 연결하여 이릉(夷陵) 지역에 이르도록 수십 개의 진영을 세웠다. 정월부터 오나라와 서로 대치하여 6월에 이르도록 결판이 나지 않았다. 소열제가 오반(吳班)을 보내어 수천 명을 인솔하고 평지에 군영을 세우도록 하였다. 오나라 장수와 군졸은 모두 공격하고자 했으나 육손(陸遜)이 말하기를,

"이는 반드시 속임수가 있을 것이니, 잠시 살펴보겠다."

하였다. 소열제가 자신의 계책이 시행되지 않는 것을 알고는 마침내 복병(伏兵) 8천 명을 인솔하여 골짜기 안에서 나오자, 육손이 말하였다.

"제군들이 오반을 공격하자는 것을 들어주지 않은 이유는 반드시 속임수가 있으리라고 헤아렸기 때문이다."

○ 【陸遜以火攻拔漢軍】

陸遜以火攻拔漢軍

閏月에 遜將進攻漢軍할새 諸將並曰 攻備當在初어늘 今乃令入五六百里하여 相守經七八月에 其諸要害皆已固守하니 擊之必無利矣리이다한대 遜曰 備是猾虜라 更嘗事多하고 其軍始集에 思慮精專하여 未可干也어니와 今住已久에 不得我便하여 兵疲意沮하니 計不復生이라 掎角此寇는 正在今日이라하고 乃先攻一營에 不利하니 諸將皆曰 空殺兵耳라한대 遜曰 吾已曉破之之術이라하고 乃敕各持一把茅하고 以火攻으로 拔之하여 斬張南馮習等하고 破其四十

備是猾虜 更嘗事多

僅得入白帝城 餘營하니 漢將杜路劉寧等窮逼請降이라 帝升馬鞍山하여 陳兵自繞어늘 遜督促諸軍하여 四面蹙之한대 土崩瓦解하여 死者萬數라 帝夜遁하여 僅得入白帝城하니 其舟船器械와 水步軍資를 一時略

吾乃爲陸遜所折辱豈非天耶 盡하고 尸骸塞江而下하다 帝大慚恚曰 吾乃爲陸遜所折辱하니 豈非天耶아하다

【육손이 화공으로 촉한 군대를 쳐부수다】

윤5월에 육손(陸遜)이 장차 전진하여 촉한 군대를 공격하려 하자, 여러 장군들이 함께 말하기를,

"유비를 공격하는 것은 초기에 했어야 합니다. 지금은 5~6백 리를 들어오게 하여 서로 대치한지 7~8개월이 지나 여러 요해처를 모두 굳게 지키고 있으니, 공격하면 반드시 불리할 것입니다."

하였으나, 육손이 말하기를,

"유비는 교활한 놈이오. 일을 경험한 것이 많고, 그 군대가 처음 집합했을 때에는 생각이 정밀하고 전일하여 침범할 수 없었소. 지금은 주둔한지 이미 오래되었는데 우리에게 유리한 기회를 얻지 못하여 군대는 피로하고 뜻은 막혔으니, 계책을 다시 내지 못할 것이오. 이 도적을 앞뒤에서 몰아치는 것은 바로 오늘에 달려 있소."

하고는 먼저 한 군영을 공격했으나 형세가 불리하자 여러 장군들이 모두 말하기를,

"공연히 병사만 죽일 뿐이오!"

하였는데, 육손이 말하기를,

"나는 이미 그들을 격파할 계책을 깨달았소."

하였다. 이에 명령하여 각 군인들에게 한 줌 띠풀을 잡게 하고 화공(火攻)으로 함락시켜 장남(張南)·풍습(馮習) 등을 목 베고 40여 군영을 쳐부수니, 촉한 장군 두로(杜路)와 유녕(劉寧) 등이 궁핍하여 항복하겠다고 청하였다. 소열제는 마안산(馬鞍山)으로 올라가 군대를 배치하여 자신을 둘러쌌다. 육손이 여러 군대를 독촉하여 사방에서 핍박하자, 흙이 꺼지듯 기왓장이 부서지듯 하여 죽은 사람이 만 명을 헤아

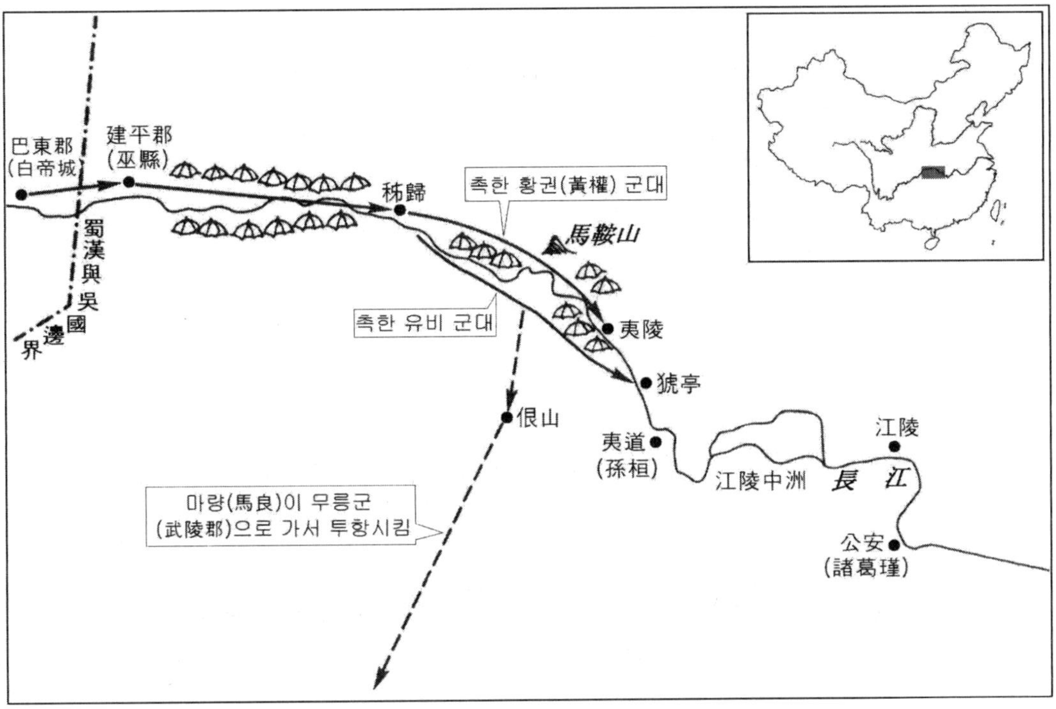

〈지도 45〉 효정(猇亭) 전투.(221년 7월-222년 윤6월)

렸다. 소열제는 밤중에 도주하여 겨우 백제성으로 들어갔다. 배와 무기, 수병과 보병의 군수품을 일시에 거의 다 잃고, 시체가 강을 메우며 떠내려갔다. 소열제가 크게 부끄러워하고 분해하며 말하였다.

"내가 마침내 육손에게 꺾인 치욕을 당했으니, 어찌 하늘의 뜻이 아니겠는가?"

○ 【孝直若在 必能制主上東行】

孝直若在 必能制主上東行

初에 諸葛亮與尚書令法正好尚不同이어늘 而以公義相取하여 亮每奇正智術이러니 及帝伐吳而敗하여는 時正已卒이라 亮歎曰 孝直若在면 必能制主上東行이요 就使東行이라도 必不傾危矣라하다

【효직이 있었다면 주상께서 동쪽으로 정벌하러 가는 것을 반드시 제지했을 것이다】

과거에 제갈량이 상서령 법정(法正)과 좋아하고 숭상하는 것이 같지 않았으나 공정과 의리로 서로 좋은 점을 취하였다. 제갈량은 항상 법정의 지혜와 술법을 신기해하였다. 소열제가 오나라를 치다가 실패할 때에 와서는 당시 법정은 이미 죽었는데 제갈량이 탄식하며 말하였다.

"효직(孝直 : 법정의 자)이 만약 있었다면 주상께서 동쪽으로 정벌하러 가시는 것을 반드시 제지했을 것이고, 만약 동쪽으로 정벌하러 가셨더라도 반드시 위태롭지 않았을 것이다."

○ 【曹丕謂劉備不曉兵】

曹丕謂劉備不曉兵 / 漢兵樹柵連營七百餘里 / 孫權上事今至

初에 魏主丕聞漢兵樹柵連營七百餘里하고 謂群臣曰 備不曉兵이로다 豈有七百里營可以拒敵者乎아 包原濕險阻而爲軍者爲敵所禽이라하니 此兵忌也라 孫權上事今至矣라하더니 後七日에 吳破漢書到하다

【조비가 유비는 병법을 알지 못한다고 이르다】

과거에 위나라 군주 조비(曹丕)는 촉한의 군대가 울타리를 세워 군영 7백여 리를 연결했다는 것을 듣고 여러 신하들에게 이르기를,

"유비는 군대를 알지 못하는구나! 어찌 7백 리의 군영으로 적을 방어할 수 있겠는가? '풀이 빽빽한 고원과 습지의 험난함에 진영을 만드는 자는 적에게 사로잡힌다.'고 하니, 이는 병가에서 꺼리는 것이다. 손권의 승리 상소가 이제 올 것이다."

하였는데, 7일 뒤에 오나라가 촉한을 격파했다는 글이 도착하였다.

○ 【吳王侍子不至, 魏主伐之】

吳王侍子不至魏主伐之

吳王侍子不至어늘 魏主丕怒하여 遂伐之하다

【오왕의 시자(侍子)가 이르지 않자 위나라 군주가 정벌하다】

오왕의 시자(侍子 : 인질로 보내는 아들)가 이르지 않자, 위나라 군주 조비가 노하여 마침내 오나라를 정벌하였다.

○【吳漢復通】

吳漢復通

吳王使使聘于帝어늘 帝遣使報之하니 吳漢復通하다

【오나라와 한나라가 다시 통하다】

오왕이 사신을 보내 소열제에게 빙문하자 소열제가 사신을 파견해 보답하니, 오나라와 촉한이 다시 통하였다.

【계묘(癸卯 223) 장무(章武) 3년】

○【賈詡言吳蜀難謀】

賈詡言吳蜀難謀

攻取者先兵權 建本者尙德化

用兵之道 先勝後戰

初에 魏主丕問賈詡曰 吾欲伐不從命以一天下하노니 吳蜀何先고 한대 對曰 攻取者先兵權하고 建本者尙德化하나니 陛下應期受禪하사 撫臨率土하시니 若綏之以文德而俟其變이시면 則平之不難矣리이다 吳蜀雖蕞爾小國이나 依山阻水하여 劉備有雄才하고 諸葛亮善治國하고 孫權識虛實하고 陸遜見兵勢하여 據險守要하고 汎舟江湖하니 皆難卒謀也니이다 用兵之道는 先勝後戰하고 量敵論將이라 故擧無遺策하나니 臣竊料群臣無備權對하니 雖以天威臨之나 未見萬全之勢也리이다한대 丕不納이러니 軍竟無功하다

【가후가 오와 촉을 도모하기 어려움에 대해 말하다】

과거에 위나라 군주 조비가 가후(賈詡)에게 묻기를,

“내가 명령을 따르지 않는 자들을 쳐서 천하를 통일하고자 하니, 오와 촉

중에 어디를 먼저 쳐야겠소?"

하자, 가후가 대답하기를,

"공격하여 빼앗는 자는 용병의 계책을 우선하고, 근본을 세우는 자는 덕화(德化)를 숭상합니다. 폐하께서 때에 맞춰 선위(禪位)를 받으시어 온 천하를 통치하시니, 만일 그들을 문교(文教)의 공덕으로 편안히 하여 그 변화를 기다린다면 평정하기가 어렵지 않을 것입니다. 오와 촉한은 비록 조그마한 약소국이나 산에 의지하고 물에 막혔습니다. 유비는 웅대한 재주가 있고, 제갈량은 나라를 잘 다스리며, 손권은 허실을 알고, 육손은 군대의 형세를 압니다. 촉한은 험난함에 의거하여 요새를 지키고 있고, 오나라는 강과 호수에 배를 띄우고 있으니, 모두 갑자기 도모하기 어렵습니다. 군대를 운용하는 방법은 승리할 계책을 먼저 세우고서 싸움을 뒤에 하며, 적을 헤아리고서 장수를 논의하기 때문에 거사에 빠뜨리는 계책이 없는 것입니다. 신이 가만히 생각건대, 여러 신하 중에 유비와 손권을 당할 자가 없으니, 비록 천자의 위엄으로 직접 정벌에 임할지라도 모두 완전한 형세를 보지 못할 것입니다."

하였으나, 조비가 받아들이지 않았는데 군대가 끝내 공을 세우지 못하였다.

○ 【諸葛亮受遺詔輔政】

諸葛亮受遺詔輔政 / 若嗣子可輔 / 輔之 / 如其不才 君可自取 / 臣敢不竭股肱之力 / 効忠貞之節 / 繼之以死 / 勿以惡小而爲之 勿以善小而不爲

帝病篤하여 命丞相亮輔太子하고 以尙書令李嚴爲副하여 帝謂亮曰 君才十倍曹丕하니 必能安國하고 終定大事이니 若嗣子可輔어든 輔之하고 如其不才어든 君可自取하라하니 亮涕泣曰 臣敢不竭股肱之力하여 効忠貞之節하고 繼之以死리잇고하다 帝又爲詔敕太子曰 人五十不稱夭라하니 吾年已六十有餘이니 何所復恨이리오마는 但以卿兄弟爲念耳니 勉之하고 勉之하여 勿以惡小而爲之하고 勿以善小而不爲하라 惟賢惟德이라야 可以服人이라 汝父德薄이라 不足效也어니와 汝與丞相從事하여 事之如父하라하고 四月에 帝崩

於永安[7]한대 謚曰 昭烈이라하다 丞相亮奉喪還成都하고 留李嚴鎭永安하다 五月에 太子禪卽位하니 時年十七이라 尊皇后曰皇太后라하고 大赦하고 改元建興이라하다 封丞相亮爲武鄕侯하여 領益州牧하고 政事無巨細히 咸決於亮하니 亮乃約官職하고 修法制하다

汝與丞相從事事之如父

【제갈량이 유조를 받아 정사를 보필하다】

소열제가 병이 위독하여 승상 제갈량에게 명하여 태자를 보좌케 하고 상서령 이엄(李嚴)을 차석(次席)으로 삼았다. 소열제가 제갈량에게 말하기를,

"그대의 재주는 조비보다 10배나 뛰어나오. 반드시 나라를 안정시킬 수 있고, 끝내 큰일을 평정할 것이오. 만약 태자가 보좌할만하거든 보좌하고, 만약 재주가 없으면 그대가 스스로 황제를 차지하시오!"

하자, 제갈량이 눈물을 흘리며 말하기를,

"신이 감히 팔다리의 힘을 다하여 충성과 정직의 절개를 바치고 죽음으로 지키지 않겠습니까!"

하였다. 소열제가 또 조서를 내려 태자에게 명하였다.

"사람이 50세면 요절했다고 하지 않는다. 내 나이가 이미 60세가 넘었으니, 어찌 다시 한스럽겠느냐? 다만 경(卿 : 너)의 형제를 염려할 뿐이다. 노력하고 노력하라! 악이 적다고 해도 그것을 하지 말고, 선이 적다고 해도 그것을 안 하지 말라! 오직 어질고 덕이 있어야 남을 승복시킬 수 있다. 네 아비는 덕이 적어 본받기에 부족하지만, 너는 승상과 함께 일을 하되 아버지처럼 섬겨라!"

4월에 소열제가 영안(永安)에서 서거하자, 시호를 소열(昭烈)이라고 하였다. 승상 제갈량이 영구(靈柩)를 받들어 성도로 돌아가고, 이엄을 머무르게 하여 영안을 지키게 하였다.

5월에 태자 유선(劉禪)이 즉위하니, 당시 나이가 17살이었다. 황후를 높여 황태후라 하고, 크게 사면하고 연호를 바꾸어 건흥(建興)이라고 하였다.[8] 승상 제갈량

7) 崩 : 자치통감(資治通鑑)에는 '조(殂)'라고 하였다. 자치통감의 서법(書法)은 천자로서 천하 전체를 소유하다 죽은 이를 '崩'이라 하고, 분할 통치하다 죽은 이를 '殂'라고 하였다. 유비는 삼분천하의 분할 통치를 한 군주이다.

을 봉하여 무향후(武鄕侯)로 삼아 익주목(益州牧)을 겸하게 하고는 정사를 크건 작건 모두 제갈량에게 결재시키니, 제갈량은 관직을 간략히 하고 법제를 정비하였다.

【楊顒諫孔明自校簿書】

楊顒諫孔明自校簿書 爲治有體 上下不可相侵

亮嘗自校簿書하니 主簿楊顒直入하여 諫曰 爲治有體하니 上下不可相侵이라 是故古人稱 坐而論道는 謂之王公이요 作而行之는 謂之士大夫라하니 故丙吉不問橫道死人而憂牛喘하고 陳平不肯知錢穀之數하고 云호대 自有主者라하니 彼誠達於位分之體也라 今明公爲治에 乃躬自校簿書하여 流汗終日하니 不亦勞乎아한대 亮謝之러니 及顒卒에 亮垂泣三日하다

【공명이 스스로 장부를 처리하자 양옹이 간언하다】

제갈량이 일찍이 스스로 장부를 처리하였는데, 주부(主簿) 양옹(楊顒)이 곧바로 들어가 간언하기를,

"정치를 하는 데에 체제가 있으니, 위와 아래가 서로 침해해서는 안 됩니다. 그래서 옛 사람이 일컫기를, '앉아서 도리를 논하는 이를 왕공이라 하고, 집행하여 시행하는 이를 사대부라 한다.'라고 한 것입니다. 이 때문에 병길(丙吉)은 길에 가로누워 죽어 있는 사람은 묻지 않고 소의 헐떡거림을 근심하였고,[9] 진평(陳平)은 돈과 곡식의 수량을 기꺼이 알려 하지 않고 '본래 담

---

8) 연호를 바꾸어 건흥(建興)이라고 하였다 : 유년개원(踰年改元)을 하지 않은, 즉 당년개원을 한 첫 번째 사례이다. 개원은 천자(天子)가 서거한 그 해에 행하는 당년개원, 서거한 다음 해에 행하는 유년개원이 있는데, 이전에는 유년개원이 행하여졌으나 이때에 당년개원이 처음으로 행해진 것이다. 이 해는 계묘년(223)으로 유비(劉備)가 서거한 장무(章武) 3년인데, 유선(劉禪)은 연말까지 선제(先帝) 유비의 연호인 장무를 사용하지 않고 바로 자신의 연호인 건흥(建興)으로 개원하여 당년개원을 한 것이다. 이리하여 223년에는 촉한(蜀漢)에 연호 두 가지가 쓰여서, 전통적으로 해를 넘겨 개원하는 유년개원이 행해지지 않은 것이다.

9) 병길(丙吉)은 길에 가로누워 죽어 있는 사람은 묻지 않고 소의 헐떡거림을 근심하였고 : 대신은 대체를 다루고 작은 일에 관심두지 않아야 함을 말함. 병길은 한선제(漢宣帝) 때 재상. 외출 할 때 사람들이 싸워 시체가 누워 있었으나 병길은 묻지 않고, 소를 따라가는 사람에 소가 헐떡거림을 보고 병길은 기리(騎吏 : 말 모는 관리)에게 묻게 하기를, "소를 따

당하는 자가 있습니다.' 하였으니,10) 저들은 진실로 지위와 분수의 체모에 통달하였습니다. 지금 명공(明公 : 귀하의 존칭)께서 정치를 하시면서 몸소 장부를 처리하여 땀을 흘리며 하루를 마치시니, 또한 피로하지 않습니까?"

하자, 제갈량이 사례하였다. 양옹이 죽자 제갈량은 사흘 동안 눈물을 흘렸다.

○【遣鄧芝修好於吳】

遣鄧芝修好於吳

臣今來亦欲爲吳 非但爲蜀也

蜀有重險之固吳有三江之阻

九月에 遣尙書鄧芝修好於吳하다 十月에 時吳王猶未與魏絶이라 不時見芝어늘 芝乃自表請見曰 臣今來는 亦欲爲吳요 非但爲蜀也이니다하니 吳王見之曰 孤誠願與蜀和親이나 然恐蜀主幼弱하고 國小勢偪하니 爲魏所乘하여 不自保全耳로라한대 芝對曰 吳蜀二國은 四州之地에 大王命世之英이요 諸葛亮亦一時之傑也라 蜀有重險之固하고 吳有三江之阻하니 合此二長하여 共爲脣齒면 進可並兼天下요 退可鼎足而立이어니와 大王今若委質於魏면 魏必上望大王之入朝하고 下求太子之內侍라가 若不從命이면 則奉辭伐

라 몇 리나 왔는가?" 하자, 연사(掾史 : 하급 관리)가 승상의 앞뒤 질문이 잘못이라고 하였다. 병길이 "백성이 싸우다 죽거나 다친 것은 장안령(長安令)과 경조윤(京兆尹)의 직분이고, 삼공은 음양(陰陽)의 조화를 담당하여 직분에 걱정해야 할 것이므로 물었다." 하니, 연사는 승복하고 병길이 대체(大體)를 안다고 하였다.

10) 진평(陳平)은 돈과 곡식의 수량을 기꺼이 알려 하지 않고 '본래 담당하는 자가 있습니다.' 하였으니 : 재상은 천자를 보좌하며 음양을 다루는 큰일을 하고 작은 일은 각 담단 관원이 해야 함을 말함. 진평은 한문제(漢文帝) 때 좌승상(左丞相). 이 때 우승상(右丞相)은 주발(周勃)이었다. 조회에서 문제가 주발에게 묻기를, "천하에서 1년 동안 소송을 판결함이 얼마나 되오?"하니, 주발은 모른다고 하였다. 또 묻기를, "1년 동안 돈과 곡식의 출입이 얼마나 되오?" 하니, 주발은 또 모른다고 하면서 부끄러워하였다. 문제가 진평에게 물었는데, 진평이 말하기를, "주관하는 사람이 있습니다. 폐하께서 곧 소송 판결에 대해 물으시려면 정위(廷尉)에게 물으시고, 돈과 곡식에 대해 물으시려면 치속내사(治粟內史)에게 물으십시오." 하였다. 문제가 말하기를, "그대가 주관하는 일은 무슨 일이오?" 하자, 진평이 말하기를, "재상은 위로는 천자를 도와 음양(陰陽)을 다스려 사시(四時)를 순응(順應)하게 하며 아래로는 만물의 마땅함을 펴게 하고, 밖으로는 사방 오랑캐와 제후들을 진정시켜 어루만지고 안으로는 백성을 친하게 따르도록 하여 경(卿)·대부(大夫)들에게 각각 그 직책을 맡을 수 있도록 하는 것입니다." 하니, 문제가 훌륭하다고 칭찬하였다.

叛하고 蜀亦順流見可而進하리니 如此면 江南之地非復大王之有也리이다하니 吳遂絶魏하고 專與漢連和하다

【등지를 보내어 오나라와 우호를 다지다】

9월에 상서 등지(鄧芝)를 파견하여 오나라와 우호를 다졌다. 10월에 당시 오왕이 아직 위나라와 단절하지 않은지라 제때에 등지를 만나주지 않자, 등지가 이에 스스로 표를 올려 알현을 요청하기를,

"제가 지금 온 것은 또한 오나라를 위한 것이지, 단지 촉한을 위한 것만이 아닙니다."

하였다. 오왕이 등지를 만나 말하기를,

"나는 진실로 촉한과 화친하기를 원하오. 그러나 촉한 임금이 어리고 연약한데다 나라가 작고 형세가 억압되어 위나라에 기습을 당해 스스로 보전하지 못할까 우려되오."

하자, 등지가 대답하기를,

"오와 촉한 두 나라는 4주(四州 : 荊·揚·梁·益州)의 땅을 소유한데다 대왕께서는 당세에 저명한 영웅이시고, 제갈량 역시 한 시대의 호걸입니다. 촉한에는 겹겹이 험준한 견고함이 있고 오나라에는 삼강(三江 : 송강(淞江)·전당강(錢塘江)·포양강(浦陽江))의 막힘이 있습니다. 이 두 가지 장점을 합하여 함께 입술과 이가 되면, 나아가서는 천하를 합병할 수 있고 물러나서는 세 발솥과 같이 설 수 있습니다. 대왕께서 지금 위나라에 예물을 바치시면, 위나라는 반드시 위로는 대왕이 들어와 조회할 것을 바라고, 아래로는 오나라 태자가 위나라로 들어와 위나라 임금을 모시기를 요구할 것입니다. 만약 명령을 따르지 않으면, 위나라 임금의 말을 받들어서 배반한 오나라를 칠 것이고, 촉한도 〈장강의 상류에서〉 물 흐름을 따라 가능성을 보고 진격할 것입니다. 이와 같으면 강남의 땅은 다시 대왕의 소유가 아닐 것입니다."

하였다. 오나라가 드디어 위나라와 단절하고 오로지 촉한과 연합하였다.

○ 立張氏爲皇后하니 飛之女也라

장씨(張氏)를 세워 황후로 삼았으니, 장비(張飛)의 딸이었다.

▪ 후황제(後皇帝) 상(上)

在位는 四十年이라 壽六十五라

재위는 40년이고, 수명은 65세이다.

諱禪이요 字公嗣니 昭烈帝太子라 魏寇蜀하니 後主禪이 輿櫬詣鄧艾軍門降하다 魏封故漢帝禪爲安樂公하다

이름은 선(禪)이고, 자는 공사(公嗣)이며, 소열 황제의 태자이다. 위나라가 촉한을 침입하자, 후주 유선이 관을 수레에 싣고 등애의 군문에 나아가 항복하였다. 위나라에서는 과거의 촉한 황제 유선을 봉하여 안락공(安樂公)으로 하였다.

【갑진(甲辰 224) 건흥(建興) 2년】

○ 【魏主伐吳無功】

魏主伐吳無功 魏主丕大興軍伐吳할새 留尙書僕射司馬懿鎭許昌하고 爲水軍하여 親御龍舟하고 至廣陵하니 時江水盛長이라 丕臨望하고 歎曰 魏雖有武騎千群이나 無所用之니 未可圖也로다하다 丕御龍舟러니 會暴風漂蕩하여 幾至覆沒이라 乃旋師하다

【위나라 군주가 오나라를 쳤지만 공적이 없다】

위나라 군주 조비가 군대를 크게 일으켜 오나라를 칠적에 상서 복야 사마의(司馬懿)를 남겨 두어 허창(許昌)을 지키게 하고, 수군을 편성하여 친히 용주(龍舟 : 용을 그린 배로 천자의 배)를 타고 광릉(廣陵)에 이르렀다. 당시 장강의 물이 많아 조비가 내려다보며 탄식하기를,

"위나라가 비록 수많은 무장 기병을 소유하였으나 쓸 곳이 없으니, 도모할 수 없겠구나!"

하였다. 조비가 용주를 탔는데 마침 폭풍이 휘몰아쳐서 거의 뒤집혀 침몰할 지경이 되자 마침내 군대를 되돌렸다.

【을사(乙巳 225) 건흥(建興) 3년】

○ 【用兵攻心爲上】

用兵攻心爲上

丞相亮率衆討雍闓할새 參軍馬謖送之어늘 亮曰 雖共謀之歷年이나 今可更惠良規하라한대 謖曰 南中恃其險遠하여 不服久矣라 雖今日破之나 明日復反하리니 夫用兵之道는 攻心爲上이요 攻城爲下며 心戰爲上이요 兵戰爲下니 願公服其心而已하소서하니 亮納其言하다

【군대를 운용할 때 마음을 공략하는 것이 상책이다】

승상 제갈량이 군대를 이끌고 옹개(雍闓)를 토벌하는데 참군(參軍) 마속(馬謖)이 전송하였다. 제갈량이 말하기를,

"비록 함께 일을 도모한 지 여러 해가 지났지만 지금 다시 좋은 계책을 말해주시오!"

하자, 마속이 말하기를,

"남중(南中 : 서남이의 지역)이 험난함과 거리가 먼 것을 믿어 복종하지 않은 지 오랩니다. 비록 오늘 격파하더라도 내일은 다시 배반할 것입니다. 무릇 군대를 운용하는 도리는, 마음을 공략하는 것이 상책이고 성을 공격하는 것이 하책이며, 마음으로 싸우는 것이 상책이고, 군대로 싸우는 것이 하책이니, 원컨대 공께서는 그 마음을 복종시키소서."

하니, 제갈량이 그 말을 받아들였다.

○【諸葛亮七縱七禽】

諸葛亮七縱七禽

七月에 丞相亮至南中하여 所在戰捷이라 由越嶲入하여 斬雍闓하니 孟獲收闓餘衆以拒亮하니 獲素爲夷漢所服이라 亮募生致之하여 既得에 使觀於營陳之間하고 問曰 此軍何如오커늘 獲曰 向者不知虛實이라 故敗어니와 今蒙賜觀營陳하니 若秪如此면 卽定易勝耳리이다한대 亮笑하고 縱使更戰하여 七縱七禽而亮猶遣獲하니 獲止不去曰 公은 天威也라 南人不復反矣라하고 自是終亮之世토록 夷不復反하다

公 天威也 南人不復反矣

【제갈량이 일곱 번 놓아주고 일곱 번 사로잡다】

7월에 승상 제갈량이 남중에 이르러 주둔한 곳마다 전쟁에 승리하였다. 월수(越嶲)를 경유해 들어가 옹개의 목을 베자, 맹획(孟獲)이 옹개의 남은 무리를 거두어 제갈량에게 항거하였다. 맹획은 평소 오랑캐와 한나라 사람들이 두려워한 사람이었는데 제갈량이 생포하도록 공모하였다. 잡은 후에 진영 안에서 살펴보게 하고 묻기를,

"이 군대가 어떻소?"

하자, 맹획이 말하기를,

"앞서는 허실을 알지 못해서 패배하였습니다. 지금 은혜를 입어 진영을 관찰하였으니, 만약 이와 같을 뿐이라면 바로 평정하여 쉽게 이길 것입니다."

하였다. 제갈량이 웃으면서 놓아주어 다시 싸우게 하였다. 일곱 번 놓아주고 일곱 번 사로잡았으나 제갈량은 여전히 맹획을 보내주었다. 맹획이 멈추어 가지 않고 말하기를,

"공께선 하늘과 같은 위력을 지니셨습니다. 남쪽 사람들이 다시는 배반하지 않을 것입니다!"

하였다. 이로부터 제갈량이 죽을 때까지 오랑캐는 다시 배반하지 않았다.

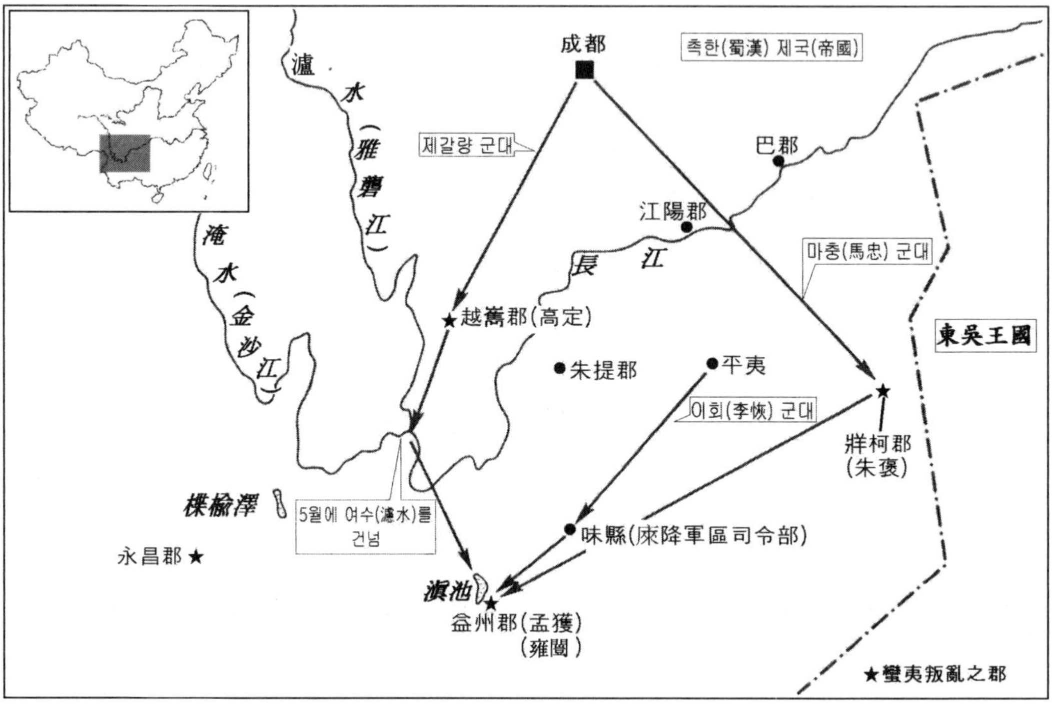

〈지도 46〉 제갈량(諸葛亮)이 맹획(孟獲)을 칠종칠금(七縱七擒)함.(225년 7월)

○ 【長江限南北】

長江限南北 / 魏主臨江觀兵

八月에 魏主丕以舟師自譙循渦入淮하고 十月에 如廣陵하여 臨江觀兵하니 戎卒十餘萬이요 旌旗數百里라 有渡江之志러니 吳人嚴兵固守하고 時大寒하여 冰하여 舟不得入江이라 丕見波濤洶湧하고 歎曰 嗟乎라 固天所以限南北也로다하고 遂歸하다

【장강이 남과 북을 한계 짓다】

8월에 위나라 군주 조비가 군함으로 초군(譙郡)으로부터 과수(渦水)를 따라 회수(淮水)로 들어갔다. 10월에 광릉으로 가서 장강(長江)에 임하여 군대를 검열하니, 군졸이 10여만 명이고 깃발이 수백 리에 걸쳤다. 장강을 건널 뜻이 있었는데, 오나라 사람들이 군대를 삼엄히 하여 굳게 지키고 있었다. 이때에 날씨가 대단히 추워 얼음이 얼어서 배가 강에 들어갈 수 없었다. 조비가 거센 파도를 보고 탄식하기를,

"아아, 진실로 하늘이 강을 가지고 남과 북을 한계 지은 것이로구나!"

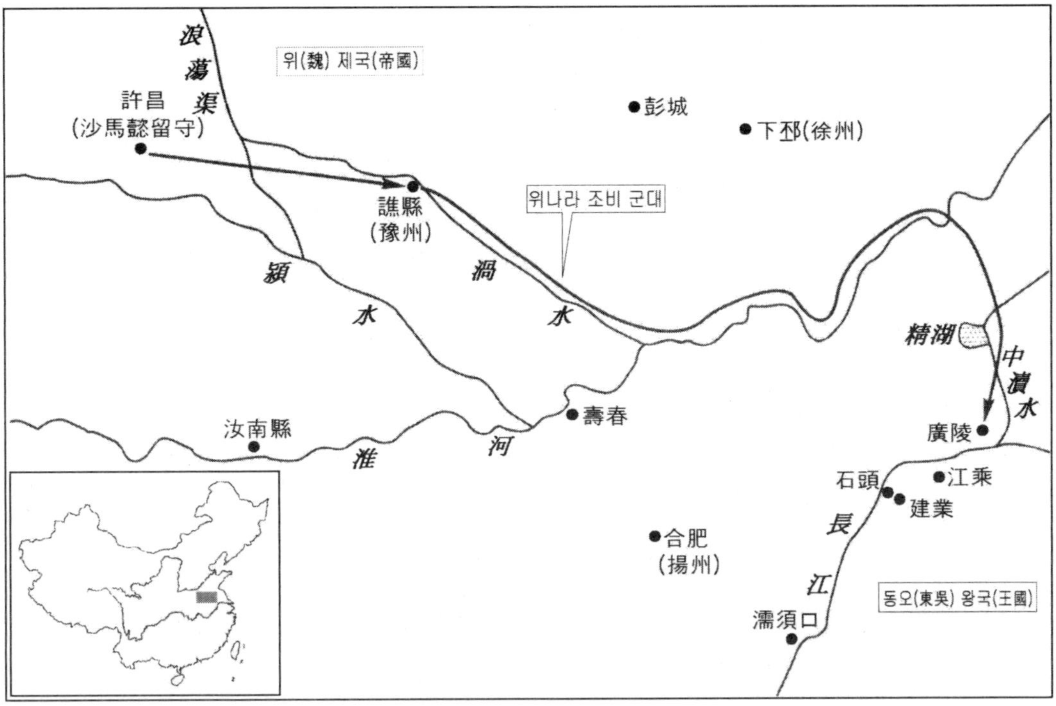

〈지도 47〉 조비(曹丕)의 남방 순행.(225년)

하고는 드디어 돌아갔다.

【병인(丙午 226) 건흥(建興) 4년】

○ 【司馬懿受遺詔輔政】

司馬懿受遺詔輔政

五月에 魏主丕疾篤한대 立叡爲太子하고 丙辰에 召曹眞陳群司馬懿하여 並受遺詔輔政하고 丁巳에 丕殂하니 太子卽皇帝位하다

【사마의가 유조를 받아 정사를 보필하다】

5월에 위나라 군주 조비가 병이 위독하자, 조예(曹叡)를 세워 태자로 삼고, 병진일에 조진(曹眞)·진군(陳群)·사마의(司馬懿)를 불러 유언 조서를 아울러 받게 하여 정사를 보필하게 하였다. 정사일에 조비가 죽자, 태자 조예가 황제에 즉위하였다.

【정미(丁未 227) 건흥(建興) 5년】

○ 【諸葛亮上出師表】

諸葛亮上出師表

三月에 丞相亮率諸軍北駐漢中할새 使長史張裔參軍蔣琬統留府事하고 臨發에 上疏曰 先帝創業未半而中道崩殂하시니 今天下三分에 益州疲敝하니 此誠危急存亡之秋也라 然侍衛之臣不懈於內하고 忠志之士忘身於外者는 蓋追先帝之殊遇하여 欲報之於陛下也니 誠宜開張聖聽하여 以光先帝遺德하시고 恢弘志士之氣요 不宜妄自菲薄하여 引喩失義하여 以塞忠諫之路也니다 親賢臣하고 遠小人은 此先漢所以興隆也요 親小人하고 遠賢臣은 此後漢所以

歎息痛恨於桓靈

傾頹也니 先帝在時에 每與臣論此事에 未嘗不歎息痛恨於桓靈也이니다 臣本布衣로 躬耕南陽하여 苟全性命於亂世하고 不求聞

苟全性命於亂世 不求聞達於諸侯

三顧臣於草廬之中

達於諸侯러니 先帝不以臣卑鄙하사 猥自枉屈하여 三顧臣於草廬之中하시고 諮臣以當世之事하시니 由是感激하여 遂許先帝驅馳러니 後值傾覆하여 受任於敗軍之際하고 奉命於危難之間이 爾來二十有一年矣라 先帝知臣謹愼하시고 故臨崩寄臣以大事也하시니 受命以來로 夙夜憂懼하여 恐託付不效하여 以傷先帝之明이라 故五月渡瀘하여 深入不毛러니 今南方已定에 甲兵已足이라 當奬率

庶竭駑鈍 攘除奸凶 興復漢室 還于舊都

三軍하여 北定中原하고 庶竭駑鈍하여 攘除奸凶하고 興復漢室하사 還于舊都가 此臣所以報先帝하고 而忠陛下之職分也요 至於斟酌損益하여 進盡忠言은 則攸之禕允之任也니 願陛下托臣以討賊興

不效則治臣之罪以告先帝之靈

復之效하사 不效면 則治臣之罪以告先帝之靈하시고 責攸之禕允

等之慢以彰其咎하시고 陛下亦宜自謀하사 以諮諏善道하시고 察納雅言하여 深追先帝遺詔하소서 臣不勝受恩感激하여 今當遠離에 臨表涕零하여 不知所言이로이다하고 遂行하다

【제갈량이 출사표를 올리다】

3월에 승상 제갈량이 여러 군대를 인솔하고 북으로 가서 한중(漢中)에 머물 때 장사(長史) 장예(張裔)와 참군(參軍) 장완(蔣琬)에게 승상부(丞相府)의 일을 통괄하여 머물러 맡게 하고, 출발에 임박하여 상소하였다.

"서거하신 소열제께서 창업을 반도 못 이루시고 중도에 돌아가셨습니다. 지금 천하가 셋으로 나뉨에 익주(益州 : 촉한 지역)가 피폐하니, 이는 진실로 생존하느냐 멸망하느냐 하는 위급한 때입니다. 그러나 모시고 호위하는 신하들이 중앙에서 게으르지 않고, 충성스럽고 지조 있는 선비들이 지방에서 국사에 자신을 잊는 것은 대체로 돌아가신 소열제의 특별한 대우를 미루어 폐하께 보답하고자 함입니다. 진실로 폐하는 각 방면의 의견을 들어 돌아가신 소열제가 남기신 공덕을 빛내시고 뜻있는 선비의 기개를 넓히셔야 하고, 공연히 스스로 천시하거나 합당하지 않은 비유를 끌어내 충성스럽게 간언하는 길을 막아서는 안 됩니다. 어진 신하를 가까이 하고 소인(小人)을 멀리 한 것은 전한(前漢)이 흥기하고 융성한 까닭이며, 소인을 가까이 하고 어진 신하를 멀리 한 것은 후한(後漢)이 기울고 무너진 까닭입니다. 서거하신 소열제께서 살아계실 때에 항상 저와 이 일을 논의하시면서 환제(桓帝)와 영제(靈帝)에 대해 탄식하고 통한해하지 않으신 적이 없었습니다.

저는 본래 서민으로 직접 남양(南陽)에서 밭을 갈며 구차히 어지러운 세상에서 생명을 보전하고, 제후에게 명예와 영달을 찾지 않았습니다. 서거하신 소열제께서는 저를 비천하고 비루하다 여기지 않으시어 외람되이 몸소 왕림하시어 세 번이나 누추한 집에 저를 찾아오셔서, 저에게 당시의 일을 물으셨습니다. 이로 말미암아 감격하여 드디어 서거하신 소열제께 진력을 다할 것을 허락하였습니다. 뒤에 나라가 기울어 엎어질 위기를 당해 전쟁에 패한 때에 임무를 받고 위태로우며 험난한 때에 명령을 받든 것이 이로부터 21년이 되었습니다. 서거하신 소열제께서는 제가 삼가는 것을 아셨으므로 돌

아가시기에 임박하여 저에게 큰일을 맡기셨습니다. 명령을 받은 이래 밤낮으로 우려하면서 부탁하신 일이 효과가 없어 서거하신 소열제의 성명(聖明 : 사람을 보는 지혜)을 손상시킬까 두려워했습니다. 그래서 5월에 노수(瀘水 : 일명 약수(若水))를 건너 불모지에 깊숙이 들어갔습니다. 지금은 남쪽 지방이 평정되었고, 갑옷과 병장기도 충분합니다. 마땅히 삼군(三軍)을 격려 인솔하여 북으로 중원을 평정하고, 저의 노둔한 재능을 다 발휘해 간흉(奸凶 : 조비)을 제거하여 한나라 황실을 부흥시켜서 옛 서울(낙양)로 돌아가야 합니다. 이는 제가 서거하신 소열제께 보답하고 폐하께 충성하는 직분이기 때문입니다.

손해와 이익을 짐작하여 충성스러운 말을 다하는 것은 곽유지(郭攸之)·비위(費禕)·동윤(董允)의 임무입니다. 원컨대 폐하께서는 저에게 적을 토벌하고 한나라를 부흥하는 효과를 맡기시어 효과가 없으면 저의 죄를 다스려 서거하신 소열제의 신령께 고하시고, 곽유지·비위·동윤 등의 태만을 꾸짖어 그 허물을 드러내십시오. 폐하께서도 의당 스스로 도모하시어 좋은 방법을 물으시고 바른 말을 받아들여 서거하신 소열제께서 남기신 조서를 깊이 추구하십시오. 저는 은혜를 받고 감격을 견디지 못하여, 지금 멀리 떠남에 표문을 대하고 눈물이 흘러 말씀드릴 바를 모르겠습니다."

제갈량이 드디어 출발하였다.

○ 六月에 魏以司馬懿都督荊豫州諸軍事하다

6월에 위나라에서 사마의를 도독형예주제군사(都督荊豫州諸軍事 : 형주와 예주의 여러 군사(軍事)를 감독하는 관원)로 삼았다.

【무신(戊申 228) 건흥(建興) 6년】

○ 【諸葛亮不用魏延計 出軍祈山】

諸葛亮不用魏延計出軍祈山

初에 魏以夏侯楙로 鎭長安이러니 至是丞相亮將伐魏할새 與群下謀之하니 魏延曰 聞夏侯楙는 怯而無謀하니 今假延精兵五千이면

直從褒中出하여 循秦嶺而東하고 當子午而北이면 不過十日에 可到長安하리니 楙聞延奄至면 必棄城逃走하리니 比東方相合이 尙二十許日이니 而公從斜谷來면 亦足以達하리니 如此면 則一擧而咸陽以西可定矣리이다커늘 亮以爲此危計니 不如安從坦道하여 可以平取隴右면 十全必克而無虞라 故不用延計하고

亮身率大軍攻祁山

亮身率大軍攻祁山할새 戎陳整齊하고 號令明肅하다

【제갈량이 위연의 계책을 쓰지 않고 기산으로 군대를 출동시키다】

과거에 위나라에서 하후무(夏侯楙)를 시켜 장안을 수비하였다. 지금에 와서 승상 제갈량이 위나라를 치려고 할 때에 아랫사람들과 논의하는데 위연(魏延)이 말하기를,

"듣자니 하후무는 겁이 많고 꾀가 없다고 합니다. 지금 제게 정예 군대 5천 명을 주신다면 곧장 포중(褒中)으로부터 출격하여 진령(秦嶺)을 따라 동쪽으로 가고 자오곡(子午谷)에 이르러 북쪽으로 가면 열흘이 지나지 않아 장안에 이를 수 있습니다. 하후무는 제가 갑자기 이르렀다는 말을 들으면 반드시 성을 버리고 도망할 것입니다. 위나라가 동방에 군대를 집결하는 데는 거의 20여 일이 걸리니, 공께서 야곡(斜谷)으로부터 오시면 또한 충분히 도달할 것입니다. 이와 같이 하면 한 번 출동하여 함양(咸陽) 서쪽을 평정할 수 있습니다."

하였다. 제갈량이 이것은 위험한 계책이니 평탄한 길을 안전하게 따라서 농우(隴右)를 평안히 차지하면 충분히 장악하고 반드시 이겨서 근심이 없는 것만 못하다고 여겼으므로, 위연의 계책을 쓰지 않았다. 제갈량이 몸소 대군을 인솔하여 기산(祁山)을 공격할 때 군대 진열이 정돈되고, 호령이 명확하며 엄숙하였다.

【魏主叡用致人之術】

魏主叡用致人之術

始에 魏以漢昭烈旣崩으로 數歲寂然無聞하니 是以略無備豫러니 而卒聞亮出하고 朝野恐懼하다 於是天水南安安定皆叛應亮하니

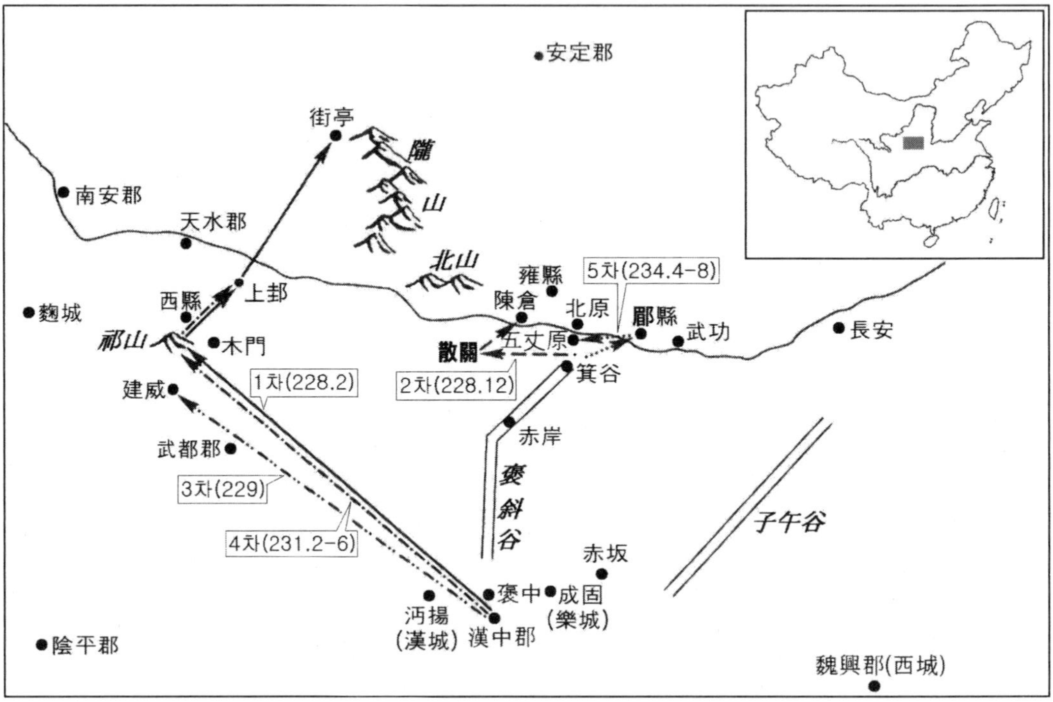

〈지도 48〉 제갈량(諸葛亮)이 다섯 번 북벌(北伐)하고 두 번 기산(祁山)에 출동함.(220년대-230년대)

關中響震이라 朝臣未知計所出이러니 魏主叡曰 亮阻山爲固러니 今者自來하니 正合兵書致人之術이니 破亮必也라하고 乃勒兵馬步騎五萬하고 遣右將軍張郃督之하여 西拒亮하다

【위나라 군주 조예가 사람을 불러들이는 술책을 쓰다】

과거에 위나라는 한나라 소열제가 죽은 후에 몇 년 동안 적막하여 들려오는 소문이 없었으므로 조금도 미리 대비하지 않았는데 갑자기 제갈량이 출동했다는 소식을 듣고 조정과 재야가 두려워하였다. 이에 천수(天水)·남안(南安)·안정(安定)이 모두 배반하여 제갈량에게 호응하니 관중(關中)이 진동하였다. 조정 신하들이 계책을 낼 바를 알지 못했는데 위나라 군주 조예가 말하기를,

“제갈량이 산에 막힌 것을 견고함으로 삼더니 지금 스스로 오고 있다. 바로 병서(兵書)의 사람을 불러들이는 술책에 합치되니, 제갈량을 격파하는 것은

필연적이다."

하고 마침내 군마와 보병과 기병 5만 명을 통솔하고, 우장군(右將軍) 장합(張郃)을 보내 감독시켜 서쪽으로 제갈량을 막았다.

○【泣斬馬謖】

泣斬馬謖

馬謖言過其實不可大用

謖違亮節度 擧措煩擾 舍水上山 不下據城

初에 越巂太守馬謖이 才器過人하고 好論軍計하니 諸葛亮深加器異한대 昭烈臨終謂亮曰 馬謖言過其實하여 不可大用이니 君其察之하라커늘 亮猶謂不然하고 以謖爲參軍하여 每引見談論에 自晝達夜러니 及出軍祁山에 亮不用舊將魏延吳懿等爲先鋒하고 而以謖督諸軍在前하고 與張郃戰于街亭하다 謖違亮節度하여 擧措煩擾하고 舍水上山하여 不下據城이어늘 張郃絶其汲道하고 擊하여 大破之하니 士卒離散이라 亮進無所據하여 乃拔西縣千餘家還漢中하여 收謖下獄하여 殺之하고 亮自臨祭하여 爲之流涕하고 撫其遺孤하여 恩若平生하다 於是考微勞하며 甄壯烈하고 引咎責躬하여 布所失於境內하고 厲兵講武하여 以爲後圖하니 戎事簡練하고 民忘其敗矣하다

【마속을 울면서 목 베다】

과거에 월수(越巂) 태수 마속은 재주와 기량이 남보다 뛰어나고 군대 계책을 논의하기를 좋아하니 제갈량이 매우 특별히 소중하게 여겼다. 소열제가 임종할 적에 제갈량에게 이르기를,

"마속은 말이 그 실상보다 지나쳐 크게 등용할 수 없으니, 군은 잘 살피시오!"

하였으나 제갈량은 여전히 그렇지 않다고 여기고, 마속을 참군으로 삼아 매번 끌어들여 담론하기를 낮부터 시작하여 밤에 이르곤 하였다. 군대를 기산에 출동시킬

때에 이르러 제갈량은 고참 장군인 위연(魏延)과 오의(吳懿) 등을 기용하여 선봉으로 삼지 않고, 마속에게 앞에서 여러 군대를 감독하고 장합과 가정(街亭)에서 전투하도록 하였다. 마속은 제갈량의 절도(節度)를 어기고 거동과 조치가 번잡하고 요란하였으며, 물을 버리고 산으로 올라가서, 성에 내려와 웅거하지 않았다. 장합이 물 긷는 길을 단절하고 공격하여 크게 쳐부수니 사졸이 흩어졌다. 제갈량은 전진해도 웅거할 곳이 없어 마침내 서현(西縣) 천여 호를 빼앗고 한중으로 돌아왔다. 그리고 마속을 잡아들여 하옥시키고 죽였다. 제갈량은 직접 제사에 참석하여 그를 위하여 눈물을 흘리고, 남겨진 자식들을 어루만져 평소처럼 은혜를 베풀었다. 이에 작은 노고를 생각하며 장렬함을 살펴보고, 허물을 자신의 것으로 돌려 스스로 책망하고 실수한 것을 구역 안에 포고하고 군대를 조련하며 무예를 강구하여 훗날을 도모하니, 군대 일이 간편해지고 숙련되었으며 백성들이 그 패배를 잊었다.

○【曹休石亭之敗】

曹休石亭之敗

吳王使鄱陽太守周魴으로 遣人賫牋以誘揚州牧曹休하여 言欲以郡降이라하니 休率步騎十萬以應魴이라가 與陸遜戰於石亭하여 大敗而還하다

【조휴의 석정 패배】

오왕이 파양 태수(鄱陽太守) 주방(周魴)을 시켜, 사람을 파견해 편지를 가지고 위나라 양주 도독(揚州都督) 조휴(曹休)를 꼬여내어 파양군을 가지고 항복하려 한다고 말하게 하였다. 조휴가 보병과 기병 10만 명을 인솔하여 주방에게 응전하다가 육손(陸遜)과 석정(石亭)에서 전투하여 크게 패배하고 돌아갔다.

○【諸葛亮上後出師表】

諸葛亮上後出師表

漢賊不兩立 王業不偏安

丞相亮聞曹休敗하고 欲出兵擊魏하니 群臣多以爲疑어늘 亮上言於帝曰 先帝深慮以漢賊不兩立하고 王業不偏安이라 故托臣以討賊하시니 以先帝之明으로 量臣之才하사 固當知臣伐賊에 才弱敵

坐而待亡 孰與伐之

强이나 然不伐賊이면 王業亦亡하리니 惟坐而待亡으론 孰與伐之리잇고 是故托臣而不疑也하시니이다 今賊適疲於西하고 又務於東하니

兵法乘勞

兵法乘勞라하니 此進趨之時也니이다 高帝明並日月하시고 謀臣淵深이나 然涉險被創하여 危然後安하시니 今陛下未及高帝하시고 謀

曹操用兵 髣髴孫吳

臣不如良平이어늘 而欲以長計取勝하여 坐定天下하시니 此臣之未解也[11]로이다 曹操智計殊絶於人하여 其用兵也가 髣髴孫吳이나 然

曹操殆死潼關 然後僞定一時

困於南陽하고 險於烏巢하고 危於祁連하고 偪於黎陽하고 幾敗北山하고 殆死潼關하여 然後僞定一時耳온 況臣才弱한대 而欲以不

鞠躬盡力 死而後已

危而定之잇가 臣鞠躬盡力하여 死而後已어니와 至於成敗利鈍하얀 非臣之明所能逆睹也니이다하고 十二月에 亮引兵出散關하여 圍陳倉하니 陳倉已有備라 亮不能克하다

【제갈량이 후출사표를 올리다】

승상 제갈량이 조휴의 패배를 듣고 군대를 출동시켜 위나라를 토벌하려 하자 여러 신하들이 대부분 의아해하였다. 제갈량이 후황제(後皇帝 : 유선)에게 다음과 같은 말을 올렸다.

"서거하신 소열제께서 한나라와 적(조조)과는 양립할 수 없고, 제왕의 사업은 한 구석〔蜀都〕에서 편안할 수 없음을 깊이 염려하셨습니다. 그러므로 신에게 적을 토벌할 것을 맡기셨습니다. 서거하신 소열제의 성명(聖明)으로 신의 재주를 헤아리시어 진실로 당연히 신이 적을 치기에 재주가 약하며 적이 강함을 아셨습니다. 그러나 적을 토벌하지 않으면 제왕의 사업도 망할 것이니, 오직 앉아서 망하기를 기다리기보다는 어찌 토벌하는 것만 하겠습니까! 이 때문에 신에게 맡기시고 의심하지 않으신 것입니다.

지금 적이 마침 서쪽에서 피로하고, 또 동쪽에서 군사 작전에 힘쓰고 있습

---

11) 未解 : 호삼성(胡三省)의 '未敢懈怠' 등(≪中白≫ · ≪岳白≫)을 따라 '게을리 하지 못하다.'로 번역한다. 이와 달리 '이해하지 못하다〔未曉〕'로 풀이하기도 한다.

니다. 병법에서 '적이 피로한 틈을 타라.'고 하였으니, 이는 전진하여 달려갈 때입니다. 고제(高帝 : 유방)께서는 총명이 해와 달과 같고 모신들의 지혜가 심원하였지만, 그럼에도 위험을 겪고 상처를 입어 위태로운 다음에야 편안해졌습니다. 지금 폐하께서는 고제에 미치지 못하시고, 도모하는 신하는 장량(張良)과 진평(陳平)만도 못한데, 장구한 계책으로 승리를 취하여 앉아서 천하를 평정하고자 하시니, 이것이 신이 게을리 하지 못하는 이유입니다. 조조는 지혜와 계책이 남보다 특별히 빼어나 군대를 운용하는 것이 손무(孫武)나 오기(吳起)와 비슷하였지만, 남양(南陽)에서 피곤하였고 오소(烏巢)에서 위험하였고 기련(祁連)에서 위태로웠고 여양(黎陽)에서 핍박받았고 북산(北山)에서 거의 패망할 뻔하였고 동관(潼關)에서 거의 죽을 뻔한 후에 거짓으로 한 시기를 평정하였을 뿐이거늘, 하물며 재주가 미약한 신이 위태롭지 않고서 천하를 평정하고자 하겠습니까? 신은 몸을 굽혀 힘을 다하여 죽은 뒤에야 그만둘 것입니다. 성공·실패·순조로움·좌절에 이르러서는 신의 총명으로 미리 헤아릴 수 있는 것이 아닙니다."

12월에 제갈량이 군대를 이끌고 산관(散關)으로 출동하여 진창(陳倉)을 포위하였는데, 진창이 이미 대비하고 있어서 제갈량이 이길 수 없었다.

○【張郃推知諸葛亮走】

張郃推知諸葛亮走

魏主叡召張郃於方城하여 使擊亮할새 魏主叡問郃曰 遲將軍到하여는 亮得無已得陳倉乎아한대 郃知亮深入無穀하고 屈指計曰 比臣到하여는 亮已走矣리이다하고 郃晨夜進道하여 未至에 亮糧盡하여 引去어늘 將軍王雙追之하니 亮擊斬雙하다

【장합이 제갈량이 도주할 것을 추측하다】

위나라 군주 조예가 장합을 방성(方城)에서 불러 제갈량을 격파하게 하였다. 위나라 군주 조예가 장합에게 묻기를,

"장군이 도착하기를 기다린다면, 제갈량이 이미 진창을 차지하지 않겠소?"

하자, 장합은 제갈량이 깊이 들어왔지만 곡식이 없는 것을 알고는 손가락을 꼽아

헤아리며 말하기를,

"제가 도착할 때면 제갈량은 이미 도주했을 것입니다."

하였다. 장합이 밤낮으로 길을 전진하여 아직 도착하지 않았는데 제갈량은 양식이 떨어져 군대를 인솔해 떠났다. 위나라 장군 왕쌍(王雙)이 추격하자, 제갈량이 왕쌍을 격파하여 목을 베었다.

【기유(己酉 229) 건흥(建興) 7년】

○ 【吳稱帝】

吳稱帝 四月에 吳王卽皇帝位하여 大赦하고 改元黃龍이라하고 追尊父堅爲武烈皇帝하고 兄策爲長沙桓王하고 立子登爲皇太子하다

【오왕이 황제라 칭하다】

4월에 오왕 손권이 황제에 즉위하여 크게 사면하고 연호를 바꾸어 황룡(黃龍)이라 하였다. 아버지 손견(孫堅)을 추존하여 무열황제(武烈皇帝)라 하고, 형 손책(孫策)을 장사환왕(長沙桓王)이라 하고, 아들 손등(孫登)을 세워 황태자로 삼았다.

○ 【吳遷都建業】

吳遷都建業 九月에 吳王遷都建業하다

【오왕이 건업으로 서울을 옮기다】

9월에 오왕이 건업(建業)으로 서울을 옮겼다

【경술(庚戌 230) 건흥(建興) 8년】

○ 【蔣琬常足食兵】

蔣琬常足食兵

丞相亮以蔣琬爲長史하다 亮數外出에 琬常足食兵하여 以相供給하니 亮每言호대 公琰託志忠雅하니 當與吾共贊王業者也라하다

【장완이 항상 군대 식량을 충족시키다】

승상 제갈량이 장완(蔣琬)을 장사(長史)로 삼았다. 제갈량이 자주 밖으로 출동해도 장완이 항상 군대 식량을 충분하게 공급해 주니, 제갈량이 매번 말하였다.

"공염(公琰 : 장완의 자)은 충성과 올바름에 뜻을 두니, 마땅히 나와 함께 제왕의 사업을 도울 사람이다."

【신해(辛亥 231) 건흥(建興) 9년】

○ 【諸葛亮敗司馬懿於鹵城】

諸葛亮敗司馬懿於鹵城

二月에 丞相亮率諸軍伐魏하여 圍祁山할새 以木牛運하니 魏遣司馬懿西屯長安하고 督將軍張郃等以禦之하다 三月에 懿留精兵四千하여 守上邽하고 餘衆悉出하여 西救祁山이어늘 亮分兵留攻祁山하고 自逆懿于上邽하다 郭淮費曜等徼亮이어늘 亮破之하고 因大芟刈其麥하여 與懿遇於上邽之東하다 懿斂軍依險하여 兵不得交라 亮引還하니 懿等尋亮後至於鹵城이어늘 張郃曰 彼遠來逆我하여 請戰不得하니 謂我利在不戰이라하여 欲以長計制之也요 且祁山知大軍已在近하고 人情自固하리니 可止屯於此하고 分爲奇兵하여 示出其後요 不宜進前而不敢偪하여 坐失民望也니이다 今亮孤軍

畏蜀如虎

食少하니 亦行去矣라한대 懿不從하고 故尋亮이라가 旣至에 又登山掘營하고 不肯戰하니 賈栩魏平曰 公畏蜀如虎하니 奈天下笑何오하다 懿病之어늘 諸將咸請戰하니 五月에 懿使郃攻無當監何平於

南圍하고 自案中道向亮이어늘 亮使魏延高翔吳班逆戰하니 魏兵大敗라 漢人獲甲首三千하니 懿還保營하다

【제갈량이 노성에서 사마의를 패배시키다】

2월에 승상 제갈량이 여러 군대를 이끌고 위나라를 쳐서 기산(祁山)을 포위하였는데, 목우(木牛 : 소처럼 생긴 운송 공구)로 운반하였다. 위나라는 사마의를 파견하여 서쪽으로 가서 장안에 주둔하게 하고 장군 장합 등을 감독하여 방어하게 하였다. 3월에 사마의가 정예군 4천 명을 머물게 하여 상규(上邽)를 수비하게 하고, 나머지 무리를 모두 출동시켜 서쪽으로 가서 기산을 구원하였다. 제갈량은 군대를 나누어 머물게 하여 기산을 공격하고, 자신은 사마의를 상규에서 맞이하였다. 곽회(郭淮)와 비요(費曜) 등이 제갈량을 막았으나, 제갈량이 그들을 격파하고 보리를 크게 베어 가지고는 사마의와 상규의 동쪽에서 만났다. 사마의가 군대를 거두어 험난한 곳에서 의거하니, 군대가 접전할 수 없어서 제갈량이 군대를 이끌고 돌아왔다. 사마의 등이 제갈량의 뒤를 따라가 노성(鹵城)에 이르자, 장합이 말하기를,

> "저들은 먼 데서 와서 우리를 맞이하여 싸움을 청해도 싸움을 못 하니, '우리들의 이로움이 싸우지 않는데 달려있다.'고 제갈량이 생각하여 장구한 계획으로 우리를 제압하려 할 것입니다. 게다가 기산 지역은 우리의 대군이 이미 가까이 있음을 알고 민심이 절로 견고해지리니, 여기에 멈추어 주둔해야 하고 나누어 기습 군대를 만들어 제갈량의 뒤로 출동할 것을 보여야지, 앞으로 나아가면서도 감히 접근하지 못하여 앉아서 백성들의 기대를 잃게 해서는 안 됩니다. 지금 제갈량은 군대가 고립되고 식량이 적으니, 또한 떠나갈 것입니다."

하였는데, 사마의가 따르지 않고 일부러 제갈량을 따라갔다. 도착한 후에는 또 산에 올라 진영을 파고는 싸우려하지 않았다. 가후(賈栩)와 위평(魏平)이 말하기를,

> "공께서 촉한을 호랑이처럼 두려워하니, 천하의 비웃음에 어찌하시겠습니까?"

하였다. 사마의가 이를 근심하였는데 여러 장군들이 모두 싸우기를 청하였다. 5월에 사마의가 장합을 시켜 무당감(無當監 : 촉의 관직) 하평(何平)을 남위(南圍 : 촉병 주둔지)로 공격하게 하고, 자신은 중도(中道 : 중간 길)를 점거하여 제갈량을 향해 갔다. 제갈량이 위연(魏延)·고상(高翔)·오반(吳班)을 시켜 맞이해 싸우게 하자, 위나

라 군대가 크게 패배하였다. 촉한 군인들이 갑사(甲士) 수급 3천 급(級)을 획득하니, 사마의는 돌아와 진영을 지켰다.

【張郃中矢卒】

張郃中矢卒 六月에 亮以糧盡退軍이어늘 懿遣張郃追之하니 漢兵乘高布伏하여 弓弩亂發하니 飛矢中郃右膝而卒하다

【장합이 화살에 맞아 죽다】

6월에 제갈량이 양식이 다 떨어져 군대를 후퇴시키자, 사마의가 장합을 보내 추격하게 하였다. 촉한 군대가 높은 곳에 올라 복병을 포진시켜 활과 쇠뇌를 어지럽게 쏘아댔는데, 날아간 화살이 장합의 오른쪽 무릎을 명중시켜서 장합이 죽었다.

【계축(癸丑 233) 건흥(建興) 11년】

○【諸葛亮作木牛流馬】

諸葛亮作木牛流馬 丞相亮勸農講武하고 作木牛流馬하여 運米集斜谷口하여 治斜谷邸閣하고 息民休士하여 三年而後用之하다

【제갈량이 목우와 유마를 만들다】

승상 제갈량이 농사를 권장하며 무예를 강마하고, 목우(木牛)와 유마(流馬 : 군량 운반 마차)를 만들어 쌀을 운반하여 야곡(斜谷) 입구에 모아 야곡의 저각(邸閣 : 곡물 창고)을 지었다. 백성을 휴식시키고 군사를 휴양시켜 3년 후에 그들을 썼다.

통감절요증손교주(通鑑節要增損校註) 25권

한기(漢紀)

▪ 후황제(後皇帝) 하(下)

附魏吳晉三僭國年紀라

후황제 유선(劉禪) 하(下)
위(魏)·오(吳)·진(晉)의 참람한 세 나라의 연기(年紀)를 첨부했다.

【갑인(甲寅 234) 건흥(建興) 12년】

○ 【丞相亮與吳同伐魏】

丞相亮與吳同伐魏 春二月에 丞相亮率大衆十萬由斜谷伐魏할새 遣使約吳同時大擧하다

【승상 제갈량이 오나라와 함께 위나라를 치다】

봄 2월에 승상 제갈량이 10만 대군을 인솔하고 야곡(斜谷)을 경유하여 위나라를 칠 때에 사신을 보내어 오나라와 약속하여 동시에 크게 출동했다.

○ 【山陽公卒】

山陽公卒 三月 庚寅에 山陽公卒하다

【산양공이 죽다】

3월 경인일에 산양공(山陽公 : 후한 헌제(獻帝))이 죽었다.

○ 【丞相亮屯田五丈原】

丞相亮屯田五丈原

夏四月에 丞相亮至郿하여 軍於渭水之南하니 司馬懿引軍渡渭하여 背水爲壘以拒之할새 謂諸將曰 亮若出武功하여 依山而東이면 誠爲可憂어니와 若西上五丈原이면 諸將無事矣리라하더니 亮果屯五丈原하다 亮以前者數出에 皆以運糧不繼하여 使己志不伸이라하여 乃分兵屯田爲久駐之基하니 耕者雜於渭濱居民之間이로되 而百姓安堵하고 軍無私焉하다

【승상 제갈량이 오장원에 둔전하다】

여름 4월에 승상 제갈량이 미현(郿縣)에 이르러 위수(渭水)의 남쪽에 진을 쳤다. 사마의(司馬懿)가 군대를 이끌고 위수를 건너, 물을 등지고 보루를 만들어 방어하는데, 여러 장군들에게 말하기를,

"제갈량이 만약 무공현(武功縣)으로 나와 산을 의지하여 동으로 오면 진실로 우려할 만하지만, 만약 서쪽 오장원(五丈原)에 머물면 여러 장군들이 무사할 것이다."

하였는데, 제갈량은 과연 오장원에 주둔하였다.

제갈량은 앞서 몇 번 출동했을 적에 모두 군량 운반이 이어지지 못해 자신의 뜻을 펴지 못하게 되었다고 하여, 마침내 군대를 나누어 둔전을 하여 오래 머물 기반을 닦았다. 경작하는 군인들이 위수 가에 사는 백성들 사이에 섞여 있었으나, 백성들은 안도하고 군사들은 사리사욕을 꾀함이 없었다.

○ 【司馬懿受巾幗之辱】

司馬懿受巾幗之辱

八月에 懿與亮相守百餘日이라 亮數挑戰하되 懿不出이어늘 亮乃遺懿巾幗婦人之服한대 懿怒하여 上表請戰하니 魏主叡使衛尉辛

毗杖節爲軍師以制之하다 護軍姜維謂亮 曰辛佐治杖節而到하니 賊不復出矣리이다하니 亮曰 彼本無戰情이로되 所以固請戰者는 以示武於其衆耳니라하다

【사마의가 여자머리꾸미개의 모욕을 받다】

8월에 사마의는 제갈량과 100여 일 동안 서로 대치하였다. 제갈량이 자주 싸움을 걸어도 사마의는 나오지 않자, 제갈량은 마침내 사마의에게 여자의 머리꾸미개와 부인의 옷을 보냈는데 사마의가 노하여 표를 올려 전쟁을 요청하니 위나라 군주 조예(曹叡)는 위위(衛尉 : 관명)인 신비(辛毗)를 시켜, 부절을 지니고 군사(軍師 : 군대의 고급 참모)가 되어 제지하게 하였다. 촉한 호군 강유는 제갈량에게 말하기를,

"신좌치(辛佐治 : 신비)가 부절을 지니고 이르렀으니, 적이 다시 출동하지 않을 것입니다."

하니, 제갈량이 말하기를,

"저들은 본래 싸울 마음이 없는데, 〈자기 임금에게〉 굳이 싸우겠다고 요청한 까닭은 자기 군대에 용맹을 보이려는 것뿐이다."

하였다.

【孔明食少事煩】

孔明食少事煩 亮遣使者至懿軍한대 懿問其寢食及事之煩簡하고 不問戎事라 使者對曰 諸葛公夙興夜寐하며 罰二十已上은 皆親覽焉이로되 所噉食不至數升이니이다하다 懿告人曰 諸葛孔明食少事煩하니 其能久乎아하다 亮病篤이어늘 帝使尙書僕射李福省侍하고 因諮以國家大計러니 亮曰 公所問者는 公琰其宜也라하다 福復請蔣琬之後에 誰可任고 亮曰 文偉可以繼之니라하다 又問其次한대 亮不答하다

【제갈공명은 먹는 것은 적고 일은 번다하다】

제갈량이 사신을 보내어 사마의의 군대에 이르게 하였는데, 사마의는 제갈량이 먹고 자는 일과 일의 많고 적음만 묻고 군대 일을 묻지 않았다. 사자가 대답하여 말하기를,

"제갈공께서 일찍 일어나고 밤늦게 자면서, 장(杖) 20대 이상의 형벌은 모두 몸소 살펴 시행하지만, 먹는 음식은 몇 되에 이르지 않습니다."

하였다. 사마의는 사람들에게 고하여 말하기를,

"제갈공명이 먹는 것은 적고 일은 번다하다하니, 어찌 오래갈 수 있겠는가!"

하였다. 제갈량이 병이 위독해지자, 후황제는 상서복야(尙書僕射) 이복(李福)을 시켜 문안하여 모시게 하고, 그대로 국가의 대계를 묻게 하였는데, 제갈량이 말하기를,

"공께서 물은 것은 공염(公琰 : 장완의 자)이 그 적임자요."

하였다. 이복이 또 물었다.

"장완(蔣琬)의 후임은 누구를 맡길 수 있습니까?"

제갈량이 말하기를,

"문위(文偉 : 비위의 자)가 뒤를 이을 만하오."

하였다. 또 그 다음을 묻자 제갈량은 대답하지 않았다.

【死諸葛走生仲達】

死諸葛走生仲達 是月에 亮卒於軍中하니 長史楊儀整軍而出하다 百姓犇告司馬懿한대 懿追之러니 姜維令儀反旗鳴鼓하여 若將向懿者하니 懿斂軍退하여 不敢偪하다 於是儀結陳而去하여 入谷然後發喪하다 百姓爲之諺曰 死諸葛走生仲達이라하니 懿聞之하고 笑曰 吾能料生이요 不能料死故也로다하다 懿按行亮之營壘處所하고 歎曰 天下奇才也로다하다 追至赤岸이라가 不及而還하다

(방주: 吾能料生 不能料死 / 天下奇才)

【죽은 제갈이 산 중달을 도주시키다】

이 달에 제갈량이 군대 안에서 죽자, 장사(長史) 양의(楊儀)가 군대를 정돈하여 물러 나왔다. 백성들이 달려가서 사마의에게 고하자 사마의가 추격하였는데, 강유가 양의를 시켜 기를 돌리고 북을 울려 진군하여 사마의에게 향할 것처럼 하였다. 사마의는 군대를 거두어 후퇴하여, 감히 접근하지 못했다. 이에 양의는 진영을 결성하고 떠나 야곡(斜谷)에 들어온 뒤에야 초상을 발표하였다. 백성들은 그 때문에 세속 담론에 말하기를,

"죽은 제갈이 산 중달(仲達 : 사마의)을 패주시켰다."

하니, 사마의는 그것을 듣고 웃으며 말하기를,

"나는 살아 있는 것으로만 생각했지 죽은 것은 생각하지 못했기 때문이다."

하였다. 사마의는 제갈량 진영의 보루가 있는 곳을 순시하고는 감탄하여 말하기를,

"천하의 기재로구나!"

하였다. 추격하여 적안(赤岸)에 이르렀다가 촉한 군대를 따라잡지 못하고 돌아왔다.

○【魏延歎恨己才用之不盡】

魏延歎恨己才用之不盡

初에 前軍師魏延이 勇猛過人하고 善養士卒이라 每隨亮出에 輒欲請兵萬人하여 與亮異道會于潼關을 如韓信故事하되 亮制而不許

魏延常謂亮爲怯

한대 延常謂亮爲怯이라하고 歎恨己才用之不盡하다

【위연이 자기 재주를 다 쓰지 못함을 한탄하다】

과거에 전군사(前軍師) 위연(魏延)은 용맹이 남보다 뛰어나고, 사졸들을 잘 양성하였다. 항상 제갈량을 따라 출동하였는데, 번번이 만 명의 병력을 요청하여 제갈량과 길을 달리하여 동관(潼關)에서 만나 한신의 고사(故事)[1]와 같이 하고자 하였는데, 제갈량은 제재하고 허락하지 않았었다. 위연은 항상 제갈량이 겁낸다고 말하고,

---

1) 한신의 고사(故事) : 한나라 고제(高帝) 2년에 한신과 조참(曹參) 등에게 명하여 위왕(魏王) 표(豹)를 공격하게 하였다. 위나라 땅을 공격하여 함락시킨 뒤에 한신은 사람을 보내어 유방(劉邦 : 고제)에게 병력 3만 명을 청하여 북으로 연(燕)과 조(趙)를 공격하고, 동으로 제(齊)를 공격하고, 남으로 초(楚)의 군량 수송로를 끊겠다고 하자 유방이 동의하였다.(≪漢書 高帝記上≫)

자기 재주를 다 쓰지 못함을 한탄하였다.

○ 【諡諸葛亮曰忠武侯】

諡諸葛亮曰忠武侯

賞不遺遠 罰不阿近

諸軍還成都하니 諡諸葛亮曰忠武侯라하다 丞相長史張裔常稱亮曰 公賞不遺遠하고 罰不阿近하여 爵不可以無功取하고 刑不可以貴勢免하니 此賢愚之所以僉忘其身者也라하다

【제갈량에게 시호를 주어 충무후라고 하다】

여러 군대가 성도로 돌아오니, 제갈량에게 시호를 주어 충무후(忠武侯)라고 하였다. 승상 장사(丞相長史)인 장예(張裔)가 항상 제갈량을 칭송하여 말하기를,

"공께서는 상을 내릴 때에 소원한 사람을 빠뜨리지 않고, 벌을 내릴 때에 친근한 사람을 사사로이 하지 않아, 벼슬은 공이 없이 차지할 수 없었고 형벌은 귀한 세력자라도 면할 수 없었다. 이는 현자나 우자(愚者)가 모두 〈국사에 힘써〉 자기 몸을 잊었던 이유이다."

하였다.

○ 【廖立聞亮卒垂泣 李平發病死】

廖立聞亮卒垂泣 李平發病死

初에 長水校尉廖立이 自謂才名宜爲諸葛亮之副라하더니 嘗以職位游散이라하여 怏怏怨謗無已라 亮廢立爲民하여 徙之汶山이러니 及亮卒에 立垂泣曰 吾終爲左衽矣로다하다 李平聞之하고 亦發病死하다 平常冀亮復收己하여 得自補復하고 策後人不能故也하다

【요립이 제갈량의 죽음을 듣고 눈물을 흘리고, 이평은 병이 나서 죽다】

과거에 장수교위(長水校尉) 요립(廖立)이 스스로 재주와 명예가 의당 제갈량에 버금갈 것이라고 여겼는데, 일찍이 직위가 산관(散官 : 유명무실한 관직)이라 하고, 불만으로 원망과 비방을 그치지 않았다, 제갈량은 요립을 폐하여 평민으로 삼아,

문산군(汶山郡)으로 유배시켰다. 제갈량이 죽자 요립은 눈물을 흘리며 말하기를,

"나는 마침내 옷깃을 왼쪽으로 여미는 오랑캐가 되겠구나!"

하였다. 이평(李平)은 제갈량이 죽었다는 말을 듣고 또한 병이 나서 죽었다. 이평은 평소에 제갈량이 다시 자기를 거두어주어 자신의 과실을 보충할 수 있으리라 기대하였고 후임자는 그렇게 할 수 없을 것을 헤아렸기 때문이었다.

○【蔣琬出類拔萃】

蔣琬出類拔萃

帝以丞相長史蔣琬爲尙書令하여 摠統國事하다 時新喪元帥하니 遠近危悚하되 琬出類拔萃하여 處群僚之右하여 旣無戚容하고 又無喜色하여 神守擧止가 有如平日하니 由是衆望漸服하다

【장완이 무리에서 빼어나다】

후황제는 승상장사 장완으로 상서령을 삼아 국사(國事)를 총괄하여 통치하게 하였다. 당시 막 원수(元帥 : 제갈량)를 잃고 나니 원근 사람들이 위태롭게 여기고 두려워하였다. 장완은 무리에서 빼어나 여러 관료의 위에 있으면서, 이미 슬퍼하는 모습이 없고 또 기뻐하는 기색도 없어서 정신과 행동거지가 평소와 같았다. 이로 말미암아 대중이 신망하고 점차 승복하였다.

【을묘(乙卯 235) 건흥(建興) 13년】

○ 正月에 魏以大將軍司馬懿爲太尉하다

정월에 위나라가 대장군 사마의(司馬懿)를 태위로 삼았다.

○ 四月에 以蔣琬爲大將軍錄尙書事하고 費禕爲尙書令하다

4월에 장완으로 대장군(大將軍) 녹상서사(錄尙書事)를 삼고, 비위(費禕)로 상서령을 삼았다.

【병진(丙辰 236) 건흥(建興) 14년】

○ 【王昶欲使子姪顧名思義 不敢違越】

王昶欲使子姪顧名思義 不敢違越

魏詔公卿擧才德兼備者各一人한대 司馬懿以兗州刺史王昶應選하다 昶爲人謹厚라 名其兄子曰默曰沈이라하고 名其子曰渾曰深이라하고 爲書戒之曰 吾以四者爲名은 欲使汝曹顧名思義하여 不敢

速成疾亡 晩就善終

違越也하노라 夫物速成則疾亡하고 晩就而善終이라 朝華之草는 夕而零落하고 松柏之茂는 隆寒不衰하나니 是以君子戒於闕黨也

毁譽者愛惡之原而禍福之機

하시니라 夫能屈以爲伸하며 讓以爲得하며 弱以爲彊이면 鮮不遂矣니 夫毁譽者는 愛惡之原而禍福之機也라 孔子曰 吾之於人에 誰毁誰譽리오하시니 以聖人之德猶尙如此온 況庸庸之徒而輕毁譽哉아 人或毁己어든 當退而求之於身하여 若己有可毁之行이면 則彼言當矣요 若己無可毁之行이면 則彼言妄矣라 當則無怨於彼요

謗莫如自修

妄則無害於身이니 又何反報焉이리오 諺曰 救寒莫如重裘요 止謗莫如自修라하니 斯言信矣니라하다

【왕창이 자식과 조카들에게 이름을 돌아보고 뜻을 생각하여 감히 어기거나 잘못되지 않도록 하고자 하다】

위나라는 공경에게 조서하여 재주와 덕성을 겸비한 자를 각각 한 명씩 추천케 하였는데, 사마의는 연주자사(兗州刺史) 왕창(王昶)을 선발에 응하게 하였다. 왕창은 사람됨이 신중하고 온후하였다. 형의 아들을 묵(默)・침(沈)이라 이름 짓고, 자신의 아들을 혼(渾)・심(深)이라 이름 짓고는 글을 지어 경계하기를,

"내가 이 네 글자로 이름을 지은 것은 너희들에게 이름을 돌아보고 뜻을 생각하여 감히 어기거나 잘못되지 않게 하고자 해서이다. 대저 사물은 속히 이루어지면 빨리 망하고, 늦게 성취되면 잘 끝맺는다. 아침에 꽃이 핀 풀은

저녁이면 떨어지고, 소나무와 잣나무의 무성함은 엄동설한에도 시들지 않는다. 그러므로 군자(孔子)가 궐당(闕黨)의 동자(童子)를 경계하신 것[2]이다. 능히 굽힘으로 펴게 되며, 양보로 얻게 되며, 약함으로 강하게 되면, 이루지 못함이 적으니, 비방과 칭찬은 사랑과 미움의 원천이고, 재앙과 복록의 기틀이다. 공자께서 말씀하시기를 '내가 남에게 누구를 비방하며 누구를 칭찬하랴!' 하셨으니, 성인의 덕으로도 오히려 이와 같았거늘, 하물며 용렬한 무리로서 가벼이 비방하고 칭찬함에 있어서야 말할 것이 있으랴! 남이 만약 나를 헐뜯거든 마땅히 물러나서 그것을 자신에게서 찾아보아 만약 자신이 비방 받을 만한 행실이 있으면 저 사람의 말이 마땅한 것이요, 만약 자신이 비방 받을 만한 행실이 없으면 저 사람의 말이 경망한 것이다. 마땅하면 저 사람에게 원망할 것이 없고 경망하면 내 몸에 해로움이 없으니 또 어찌 보복할 것이겠는가! 속담에 이르기를 '추위를 벗어남은 가죽옷을 껴입는 것만 한 것이 없고, 비방을 그치게 함은 자신을 수련하는 것만 한 것이 없다.'하였으니, 이 말이 진실하다."

하였다.

【정사(丁巳 237) 건흥(建興) 15년】

○【劉卲作考課法】

劉卲作考課法

魏主叡詔散騎常侍劉卲作考課法하니 卲作都官考課法七十二條어늘 詔下百官議한대 崔林曰 考課之法存乎其人하니 若大臣能任其職하여 式是百辟이면 則孰敢不肅이리잇고 烏在考課哉리잇고하니

2) 군자(孔子)가 궐당(闕黨)의 동자(童子)를 경계하신 것 : 빨리 이루려고 하는 것을 경계함을 말함. 궐당(闕黨)은 공자(孔子)가 살았던 궐리(闕里)를 말하는바, 일찍이 궐당의 동자가 공자의 명령을 전달하는 심부름을 하므로, 혹자가 공자에게 묻기를, "동자의 학문이 진취된 바가 있어서 곁에 두십니까? 〔益者與?〕" 하자, 공자가 이르기를, "내가 그가 자리에 앉아 있는 것을 보고, 그가 선생과 나란히 걸어 다니는 것을 보니, 그는 학문의 진취를 구하는 자가 아니라, 빨리 이루려고 하는 자이다.〔吾見其居於位也, 見其與先生竝行也, 非求益者也, 欲速成者也.〕" 하여, 급진적인 것을 억제케 하는 말을 하였다.(≪論語 憲問≫)

世有亂人無亂法

杜恕曰 明試以功하여 三考黜陟은 誠帝王之盛制也라 然歷六代而考績之法不著하고 闕七聖而課試之文不垂라 語曰 世有亂人而無亂法이라하니 若使法可專任이면 則唐虞可不須稷契之佐요 殷周無貴伊呂之輔矣리이다 今奏考功者는 陳周漢之云爲요 綴京房之本旨니 可謂明考課之要矣니이다하다 議久之不決하니 事竟不行하다

【유소가 고과법을 만들다】

위나라 군주 조예(曹叡)가 산기상시(散騎常侍) 유소(劉卲)에게 조서를 내려 고과법을 만들게 하였다. 유소가 ≪도관고과법(都官考課法)≫ 72조를 만들자, 조서를 모든 관리에게 내려 의논케 하였다. 최림(崔林)이 말하기를,

"고과법은 그 당사자에게 달려 있으니, 만약 대신이 그 직책을 잘 맡아 모든 제후들에게 본보기가 되면, 누가 감히 엄숙하지 않겠습니까! 어찌 고과에 달려 있겠습니까?"

하니, 두서(杜恕)가 말하기를,

"공(功)으로 명확히 시험하여 세 번 고과하여 어두운 자와 밝은 자를 내치고 올려주는 것은 진실로 제왕의 성대한 제도입니다. 그러나 6대(代)[3]를 거치면서도 고과의 법이 드러나지 않았고, 일곱 성인(聖人)[4]을 통해서도 고과하여 시험하는 글이 전해지지 않았습니다. 속담에 이르기를 '세상에 악인은 있어도 악법은 없다.'고 합니다만, 만일 법에 전적으로 맡길 수 있다면 당(唐)·우(虞)는 신하인 직(稷)과 설(契)의 보좌가 필요 없었을 것이요, 은(殷)·주(周)는 재상인 이윤(伊尹)·여망(呂望)의 보필이 귀중하지 않았을 것입니다. 지금 고과 성적을 아뢰는 사람은 주나라와 한나라 때 말한 것과 시행한 것을 진술하고 경방(京房)[5]의 본래 취지를 계승하는 것이니 고과의 요점을 밝힌 것이라고 할 수 있습니다."

---

3) 6대(代) : 당(唐)·우(虞)·하(夏)·은(殷)·주(周)·한(漢).
4) 일곱 성인(聖人) : 요(堯)·순(舜)·우(禹)·탕(湯)·문왕(文王)·무왕(武王)·주공(周公).
5) 경방(京房) : 한나라 경학자(經學者). 고공과리법(考功課吏法)을 지었다.

하였다. 의논을 오래하여도 결정되지 않으니, 일이 결국 시행되지 않았다.

○ 【爲治之要 莫先於用人】

爲治之要 莫先於用人

溫公曰 爲治之要는 莫先於用人이로되 而知人之道는 聖賢所難也니이다 是故求之於毀譽면 則愛憎競進而善惡渾殽하고 考之於功狀이면 則巧詐橫生而眞僞相冒하니 要之컨대 其本在於至公至明而已矣니이다 爲人上者至公至明이면 則群下之能否焯然形於目中하여 無所復逃矣어니와 苟爲不公不明이면 則考課之法이 適足以爲曲私欺罔之資也니이다 或曰 考績之法은 唐虞所爲라 京房劉邵述而修之耳니 烏可廢哉아하나 曰 唐虞之官은 其居位也久하고 其受任也專하며 其立法也寬하고 其責成也遠이라 故鯀之治水에 九載績用不成이라야 然後治其罪하고 禹之治水에 九州攸同하고 四隩旣宅이라야 然後賞其功하니 非若京房劉邵之法의 校其米鹽之課하고 責其旦夕之效也니이다 事固有名同而實異者하니 不可不察也니이다 考績非可行於唐虞而不可行於漢魏요 由京房劉邵不得其本而犇趨其末故也니이다

【정치하는 요점은 인재를 등용하는 것보다 먼저 할 것이 없다】

온공이 말하였다.

정치하는 요점은 인재를 등용하는 것보다 먼저 할 것이 없지만 인물을 알아보는 방법은 성현도 어렵게 여겼습니다. 이 때문에 사람들의 비방과 칭찬하는 말로 인재를 구하면 사랑하는 자와 미워하는 자가 다투어 나와서 선악이 뒤섞이고, 공장(功狀 : 관리의 공적 기록 문서)으로 인물을 고과하면 잔꾀와 속임수가 마구 나와서 진위(眞僞)가 분명하지 못하니, 요컨대 그 근본은 지극히 공정하고 지극히 분명함에 달려 있을 뿐입니다. 남의 윗사람이 된 자가 지극히 공정하고 지극히 분명

하면 여러 아랫사람들의 능력의 유무가 환하게 안중에 나타나서 다시 숨길 수 없겠지만, 만일 공정하지 못하고 분명하지 못하면 고과하는 법은 다만 왜곡되고 사사로이 속이는 자료가 될 뿐입니다. 혹자는 말하기를 '고과하는 법은 당·우 시대에 만든 것이다. 경방(京房)과 유소(劉邵)는 이것을 계승해서 정비하였을 뿐이니, 어찌 폐할 수 있겠는가.'라고 하나, 당·우시대의 관원은 지위에 있는 기간이 오래고 임무를 받은 것이 전권(全權)이었으며 법을 세움이 너그러웠고 완성을 책임지운 것이 컸습니다. 그러므로 곤(鯀)이 홍수를 다스릴 때 9년 동안 공적을 이루지 못한 뒤에야 그 죄를 다스려 벌을 주었고, 우(禹) 임금이 홍수를 다스릴 때에 구주(九州)가 똑같이 잘 다스려지고 사방 거주지에 이미 집지어 살게 된 뒤에야 그 공로를 포상하였으니, 경방과 유소의 법처럼 자질구레한 일을 따지고 아침저녁 사이의 효험을 요구하는 것이 아니었습니다. 일은 진실로 명칭은 같으나 실제는 다른 경우가 있으니 살피지 않을 수 없습니다. 고과법은 당·우 시대에는 행할 수 있었고 한(漢)·위(魏) 시대에는 행할 수 없는 것이 아니라, 경방과 유소가 그 근본을 알지 못하고 말단을 바삐 따랐기 때문입니다.

○ 七月에 皇后張氏崩하다

7월에 황후 장씨가 서거하였다.

【기미(己未 239) 연희(延熙) 2년】

○ 【魏主叡以後事屬司馬懿】

魏主叡以後事屬司馬懿

春正月에 魏主叡寢疾이어늘 司馬懿入見한대 魏主執其手曰 吾以後事屬君하노니 君與曹爽輔少子하라하다 是日에 立齊王芳爲皇太子하고 叡尋殂하다

【위나라 군주 조예가 사마의에게 뒷일을 부탁하다】

봄 정월에 위나라 군주 조예가 병이 심해지자, 사마의가 들어와 알현하였다. 위나라 군주는 그 손을 잡고 말하기를,

"내 뒷일을 그대에게 부탁하오. 그대는 조상(曹爽)과 함께 어린 아들을 보필

하시오."

하였다. 이날 제왕((齊王) 조방(曹芳)을 세워 황태자를 삼고, 조예는 얼마 되지 않아 서거하였다.

○ 魏主芳嗣位하니 年八歲이라 加曹爽司馬懿侍中과 都督中外諸軍錄尙書事하다

위나라 군주 조방(曹芳)이 황위를 이으니, 나이가 8살이었다. 조상과 사마의에게 시중(侍中), 도독중외제군(都督中外諸軍), 녹상서사(錄尙書事)를 더해 주었다.

【신유(辛酉 241) 연희(延熙) 4년】

○ 【鄧艾屯田揚豫】

鄧艾屯田揚豫

魏欲廣田畜穀於揚豫之間이어늘 鄧艾以爲昔太祖破黃巾하고 因爲屯田하사 積穀許都以制四方이러시니 今三隅已定하니 事在淮南이라 每大軍出征에 運兵過半하니 功費巨億이라 陳蔡之間은 土下田良하니 可省許昌左右諸稻田하고 幷水東下하여 令淮北屯二萬人하고 淮南屯三萬人하여 十二分休하면 常有四萬人且田且守요 益開河渠以增漑灌하여 通漕運하며 計除衆費하고 歲完五百萬斛以爲軍資하면 六七年間에 可積三千萬斛於淮上하리니 此則十萬之衆五年食也니 以此乘吳하면 無不克矣리이다하다 太傅懿善之하여 是歲에 始開廣漕渠하여 每東南有事에 大興軍衆하여 汎舟而下하여 達于江淮하니 資食有儲而無水害하다

【등애가 양주와 예주 사이에서 둔전하다】

위나라가 양주(揚州)와 예주(豫州) 사이에 농지를 넓혀 곡식을 저축하고자 하자, 등애(鄧艾)가 말하기를,

"옛날 태조(太祖 : 曹操)께서 황건적을 격파하고 이어서 둔전을 해서 허도(許都)에 곡식을 쌓아 사방을 제압하셨는데, 지금 세 방면이 이미 평정되었으니, 일이 회남(淮南)에 달려 있습니다. 매번 대군이 출정할 때마다 군량을 운반하는 군사가 반을 넘으니, 공력의 비용이 몇 억만입니다. 진(陳)·채(蔡)의 사이는 지형이 낮고 토지가 비옥하니 허창(許昌) 부근의 많은 논을 줄일 수 있으며, 모든 물을 동으로 내려 보내, 회북 지방에 2만 명을 주둔시키고 회남 지방에 3만 명을 주둔시켜서 10분의 2를 나누어 쉬게 하면 항상 4만 명이 한편으로는 농사를 짓고 한편으로는 지키게 될 것입니다. 수로(水路)를 더욱 개통시켜 물 공급을 늘리며, 선박 운송을 소통시키고, 여러 비용을 계산해 제하고, 해마다 5백만 곡(斛)을 완비하여 군자(軍資)로 하면 6~7년 사이에 3천만 곡을 회수 가에 쌓을 수 있습니다 이는 10만 군인의 5년 식량입니다. 이것으로 오나라를 정벌하면, 이기지 못함이 없을 것입니다."

하였다. 태부 사마의는 그것을 훌륭하게 여겨, 이 해에 처음으로 수로를 개척해 넓혔다. 동남 지방에 전쟁이 있을 적마다 크게 군대를 일으켜 배를 띄워 내려가 장강과 회수에 이르니, 물자와 식량은 저축이 있고, 수해가 없었다.

【계해(癸亥 243) 연희(延熙) 6년】

○ 十一月에 帝以費禕爲大將軍錄尙書事하다

11월에 후황제가 비위(費禕)로 대장군 녹상서사를 삼았다.

○ 【曹冏欲彊幹弱枝 備萬一之虞】

曹冏欲彊幹弱枝 備萬一之虞

魏宗室曹冏上書曰 古之王者는 必建同姓以明親親하고 必樹異姓以明賢賢하여 親疏幷用이라 故能保其社稷하니이다

大魏之興이 于今二十有四年矣로되 觀五代之存亡而不用其長策

하니 覩前車之傾覆而不改於轍迹이라 子弟王空虛之地하고 君有不使之民은 宗室竄於閭閻하여 不聞邦國之政이니 權均匹夫요 勢齊凡庶라 內無深根不拔之固하며 外無盤石宗盟之助하니 非所以安社稷하여 爲萬世之業也라 且今之州牧郡守는 古之方伯諸侯니 皆跨有千里之土하고 兼軍武之任하여 或比國數人하고 或兄弟並據로되 而宗室子弟曾無一人間厠其間하여 與相維制하니 非所以彊幹弱枝하여 備萬一之虞也니이다 語曰 百足之蟲은 至死不僵이라하니 以其扶之者衆也일새니 此言雖小나 可以譬大니이다 是以聖王安不忘危하고 存不忘亡이라 故天下有變而無傾危之患矣니이다하다 冏欲以此論感寤曹爽하되 爽不能用하다

百足之蟲 至死不僵

【조경이 줄기를 강화하고 가지를 약화시켜서 만일의 우려에 대비하고자 하다】

위나라 종실 조경(曹冏)이 글을 올리기를,

"옛날 왕자는 반드시 같은 성씨를 세워 친족을 친애함을 밝혔고, 반드시 다른 성씨를 세워 현인을 어질게 여김을 밝혀서, 친족과 소원한 이를 아울러 등용하였으므로, 그 국가를 보전할 수 있었습니다. 대위(大魏)가 일어난 지 지금까지 24년인데 5대(代)[6]의 존망을 살펴보면서도 그 원대한 계책〔長策〕[7]을 쓰지 않으니, 모두 앞차가 전복되는 것을 보고도 전철(轉轍 : 과거 잘못)을 고치지 않는 것입니다. 종실 자제들은 공허한 땅에서 왕노릇하고, 임금은 부리지 못할 백성을 소유하는 것은 종실이 여염집에 숨어서 나라의 정사를 듣지 못하는 것이니 권력은 필부와 같고 세력은 서민과 마찬가지입니다. 안으로는 깊은 뿌리처럼 뽑히지 않는 견고함이 없고, 밖으로는 반석 같은 종실 맹회(盟會)의 협조가 없으니, 국가를 편안히 하여 만대를 위한

---

6) 5대(代) : 하(夏)·상(商)·주(周)·진(秦)·한(漢)의 5대.
7) 원대한 계책〔長策〕 : 같은 성씨 제후를 세워서 왕실을 비호하게 함을 말함.

사업이 아닙니다. 또 지금의 주목과 군수는 옛날의 방백(方伯)과 제후로 모두 천리 땅을 차지하고 군대의 임무를 겸하고 있으면서, 혹은 나라에 견줄 만한 이도 몇 사람이며 혹은 형제가 함께 점거하고 있는데, 종실 자제는 일찍이 한 사람도 그 사이에 참여하여 그들과 함께 서로 견제하지 못하니, 줄기를 강화하고 가지를 약화시켜서 만일의 우려에 대비하는 방법이 아닙니다. 속담에 이르기를 '발이 100개인 벌레는 죽음에 이르도록 쓰러지지 않는다.' 하니, 부축하는 것이 많기 때문입니다. 이 말이 매우 하찮으나, 큰 것을 깨우칠 수 있습니다. 그러므로 성스러운 왕은 편안하여도 위태로움을 잊지 않으며 존립하여도 망함을 잊지 않기 때문에 천하에 변고가 있어도 기울거나 위태로운 근심이 없습니다."

하였다. 조경이 이 논의로 조상(曹爽)을 느껴 깨닫게 하려 하였으나, 조상은 이를 쓰지 못하였다.

【을축(乙丑 245) 연희(延熙) 8년】

○ 【陸遜卒 其子抗代領其衆】

陸遜卒 其子抗 代領其衆

吳丞相陸遜卒하니 其子抗爲建武校尉하여 代領其衆하다

【육손이 죽고 그 아들 육항이 후임이 되어 그 군대를 거느리다】

오나라 승상 육손(陸遜)이 죽으니, 그 아들 육항(陸抗)이 건무교위(建武校尉)가 되어, 후임으로 그 군대를 거느렸다.

○ 八月에 皇太后吳氏崩하다.

8월에 황태후 오씨가 서거하였다.

○ 【黃皓操弄威柄 終以覆國】

黃皓操 弄威柄 終以覆 國

十二月에 大司馬琬尙書令董允皆卒하니 以尙書呂乂爲尙書令하

다 董允秉心公亮하여 獻可替否하니 帝甚憚之하다 宦人黃皓가 便僻佞慧하니 帝愛之라 皓畏允하여 不敢爲非하고 終允之世토록 皓位不過黃門丞이러니 費禕以陳祗代允爲侍中하니 祗與皓相表裏라 皓始預政하고 累遷至中常侍하여 操弄威柄하여 終以覆國하다

【황호가 위세와 권력을 잡아 농락하여 끝내 나라를 전복시키다】

12월에 대사마 장완(蔣琬)과 상서령 동윤(董允)이 모두 죽으니, 상서 여예(呂乂)를 상서령으로 삼았다. 동윤은 마음가짐이 공정하고 신의가 있어, 옳은 일을 권하고 악한 일을 못 하게 하니, 후황제가 매우 꺼렸다. 환관 황호(黃皓)가 아첨하고 영합하며, 말솜씨가 교묘하고 교활하였는데, 후황제는 그를 아꼈다. 황호는 동윤을 두려워하여 감히 나쁜 짓을 하지 못했고, 동윤이 일생을 마치도록 황호의 지위는 황문승에 불과하였다. 비위(費禕)가 진지(陳祗)를 동윤의 후임으로 하여 시중으로 삼으니, 진지가 황호와 서로 표리(表裏)가 되었다. 황호가 드디어 정치에 관여하고, 여러 번 승진하여 중상시에 이르러서 위세와 권력을 잡아 농락하여, 끝내 나라를 전복시켰다.

【병인(丙寅 246) 연희(延熙) 9년】

○ 秋九月에 以姜維爲衛將軍하여 與費禕幷錄尙書事하다.

가을 9월에 강유(姜維)로 위장군을 삼아 비위와 녹상서사를 함께 하게 하였다.

【정묘(丁卯 247) 연희(延熙) 10년】

○ 【司馬懿與曹爽有隙 不與政事】

司馬懿與曹爽有隙不與政事

魏大將軍爽用何晏鄧颺丁謐之謀하여 遷太后于永寧宮하고 專擅朝政하여 多樹親黨하고 屢改制度하니 太傅懿不能禁이라 與爽有

隙하여 稱疾하고 不與政事하다

【사마의가 조상과 틈이 있어 정사에 관여하지 않다】

위나라 대장군 조상이 하안(何晏)[8]・등양(鄧颺)・정밀(丁謐)의 계책을 써서 태후를 영녕궁으로 옮기고, 조정 정치를 제멋대로 하여, 가까운 무리를 많이 배치하고 자주 제도를 고치니, 태부(太傅)인 사마의가 금지시키지 못하였다. 사마의가 조상과 틈이 있어, 병이라 핑계하고 정사에 관여하지 않았다.

【무진(戊辰 248) 연희(延熙) 11년】

○【費禕當國功名】

費禕當國功名

五月에 費禕出屯漢中하다 自蔣琬及禕히 雖身居於外나 慶賞刑威를 皆遙先諮斷하고 然後乃行하다 禕雅性謙素하여 當國功名이 略與琬比하다

【비위의 국정을 맡은 공적과 명예】

5월에 비위(費禕)가 조정에서 나가 한중에 주둔하였다. 장완(蔣琬)으로부터 비위에 이르기까지 비록 몸이 외지에 있어도 경사(慶事)에 포상하는 일이나 형벌(刑罰)에 위엄을 내리는 일을 모두 멀리서 먼저 황제에게 물어 결정하고 난 뒤에야 마침내 시행하였다. 비위는 평소 성품이 겸손하고 검소하여 국정을 맡은 공적과 명예가 대략 장완과 비견되었다.

○【司馬懿謀誅曹爽】

8) 하안(何晏) : 190~249. 하진(何進)의 손자. 공주(公主)와 혼인하고 관직은 상서(尙書)를 역임했다. 사마의에게 죽임을 당했다. 모습이 아름다웠고 얼굴이 희어 사람들이 "분을 바른 하랑[傅粉何郞]"이라고 불렀다. ≪노자(老子)≫・≪장자(莊子)≫를 좋아하고 노자학(老子學)을 원용하여 유학(儒學)으로 들어갔는데 그 학설은 무위(無爲)를 기본으로 하였다. 청담(淸談)을 좋아하여 일시의 기풍을 형성했다. 저술에 ≪논어집해(論語集解)≫ 등이 있다.

司馬懿謀誅曹爽

十二月에 魏太傅懿陰與其子中護軍師散騎常侍昭謀誅曹爽하다

【사마의가 조상을 죽일 것을 모의하다】

12월에 위나라 태부 사마의가 은밀히 그 아들 중호군(中護軍) 사마사(司馬師)와 산기상시(散騎常侍) 사마소(司馬昭)와 조상을 죽일 것을 모의하였다.

【기사(己巳 249) 연희(延熙) 12년】

○【司馬懿殺曹爽】

司馬懿殺曹爽

魏太傅懿以皇太后令으로 閉諸城門하고 勒兵據武庫하고 奏호대 爽與何晏鄧颺丁謐畢軌等陰謀反逆이라하고 於是收爽羲訓晏颺謐軌勝皆下獄하고 劾以大逆不道하여 夷三族하다

【사마의가 조상을 죽이다】

위나라 태부 사마의가 황태후의 명령을 칭탁하여 모든 성문을 닫고 군대를 정돈하여 자세히 검열하고 무기 창고를 점거하고, 아뢰었다.

"조상이 하안(何晏)・등양(鄧颺)・정밀(丁謐)・필궤(畢軌) 등과 은밀히 반역을 도모하였습니다."

이에 조상(曹爽)・조희(曹羲)・조훈(曹訓)・하안・등양・정밀・필궤・이승(李勝)을 잡아 모두 하옥시키고 대역무도로 탄핵하여 3족을 멸하였다.

○【管輅前知何鄧之敗】

管輅前知何鄧之敗

筋不束骨

魂不守宅

魏管輅之舅謂輅曰 爾前何以知何鄧之敗오 輅曰 鄧之行步는 筋不束骨하고 脈不制肉하고 起立傾倚하여 若無手足하니 此爲鬼躁요 何之視候는 則魂不守宅하고 血不華色하며 精爽烟浮하고 容若槁木하니 此爲鬼幽라 二者皆非遐福之象也라하다

【관로가 하안과 등양의 패망을 예견하다】

위나라 관로(管輅)의 외삼촌이 관로에게 이르기를,

“너는 전에 하안(何晏)과 등양(鄧颺)이 실패할 줄 어찌 알았느냐?”

하니, 관로가 말하기를,

“등양이 걸음을 걸을 때는 힘줄이 뼈를 잡아주지 못하고, 혈맥이 살을 제어하지 못해서 일어날 때 몸이 기울어 손발이 없는 듯하니, 이는 귀신의 동작〔鬼躁〕입니다. 하안이 남에게 보이는 기색은 혼이 몸을 지키지 못하고, 피가 안색에 빛나지 않고, 정신이 연기처럼 떠돌고, 용모가 마른 나무와 같으니 이는 귀신의 유혼〔鬼幽〕입니다. 이 2가지는 모두 큰 복의 형상이 아닙니다.”

하였다.

○【何晏淸談】

何晏淸談 粉白不去手 六經爲聖人糟粕

魏何晏性自喜하여 粉白不去手하고 行步顧影하다 尤好老莊之書하여 與夏侯玄荀粲及王弼之徒로 競爲淸談하고 祖尙虛無하여 謂六經爲聖人糟粕이라하니 由是天下士大夫爭慕效之하여 遂成風流하여 不可復制焉하다

【하안이 청담을 하다】

하안은 성품이 자신의 용모를 좋아하여 흰 분을 손에서 놓지 않고 걸을 적엔 그림자를 돌아보아 아꼈다. ≪노자(老子)≫·≪장자(莊子)≫의 글을 특히 좋아하여, 하후현(夏侯玄)·순찬(荀粲) 및 왕필(王弼)의 무리와 다투어 청담(淸談)을 하고, 허무(虛無)를 숭상하여, 육경(六經)은 ‘성인의 찌꺼기〔聖人糟粕〕’라고 말하였다. 이로 말미암아 천하의 사대부들이 다투어 사모하고 본받아, 드디어 풍조와 유행을 이루어 다시 제어할 수 없었다.

○ 魏以太傅懿爲丞相하고 加九錫하니 懿固辭不受하다

위나라가 태부 사마의를 승상으로 삼고 구석(九錫)을 더해주었는데, 사마의는 군

이 사양하여 받지 않았다.

○ 秋에 姜維伐魏攻雍州어늘 鄧艾禦之하니 維軍遂還하다

가을에 강유(姜維)가 위나라를 쳐서 옹주(雍州)를 공격하자, 등애가 그를 방어하니 강유의 군대가 마침내 돌아왔다.

【경오(庚午 250) 연희(延熙) 13년】

○ 吳主立少子亮爲太子하다

오나라 군주가 작은 아들 손량(孫亮)을 세워 태자로 삼았다.

【신미(辛未 251)연희(延熙) 14년】

○ 【司馬師爲撫軍大將軍】

司馬師爲撫軍大將軍 八月에 魏司馬懿卒하니 以其子師爲撫軍大將軍과 錄尙書事하다

【사마사가 무군대장군이 되다】

8월에 위나라 사마의가 죽었다. 그 아들 사마사(司馬師)를 무군대장군(撫軍大將軍), 녹상서사(錄尙書事)로 삼았다.

○ 十二月에 費禕北屯漢壽하니 以陳祗守尙書令하다

12월에 비위가 북으로 가서 한수현(漢壽縣)에 주둔하니, 진지(陳祗)를 수상서령으로 하였다.

【임신(壬申 252) 연희(延熙) 15년】

○ 四月에 吳主殂하니 諡曰大皇帝라하다 太子亮卽位하다

4월에 오나라 군주가 죽으니, 시호를 대황제(大皇帝)라 하였다. 태자 손량(孫亮)이 즉위하였다.

【계유(癸酉 253) 연희(延熙) 16년】

○ 【姜維伐魏】

姜維伐魏 姜維負其才武하고 每欲興軍大擧어늘 費禕常裁制不從하고 與其兵不過萬人曰 吾等不如丞相亦已遠矣라 丞相猶不能定中夏온 況吾等乎아 不如且保國治民하여 謹守社稷이요 如其功業은 以俟能者라하더니 及禕死에 維得行其志하여 乃將數萬人出石營하여 伐魏圍狄道하다

【강유가 위나라를 치다】

강유는 자신의 재주와 무용을 자부하고 항상 군대를 일으켜 대대적으로 출동코자 하였다. 비위가 항상 제재하여 따르지 않고, 그에게 군대를 주되 만 명을 넘기지 않고서 말하기를,

"우리들이 승상(丞相 : 諸葛亮)만 못함이 너무나도 큰데, 승상도 오히려 중하(中夏 : 중원(中原))를 평정할 수 없었거늘 하물며 우리들이야 말할 것이 있겠소! 장차 나라를 보전하며 백성을 다스려 신중히 나라를 지키고, 그 공업(功業)과 같은 것은 유능한 자를 기다리는 것만 못하오."

하였다. 비위가 죽자 강유는 그 뜻을 행할 수가 있어 마침내 수만 명을 인솔하고, 석영(石營)에 출동하여, 위나라를 쳐서 적도현(狄道縣)을 포위하였다.

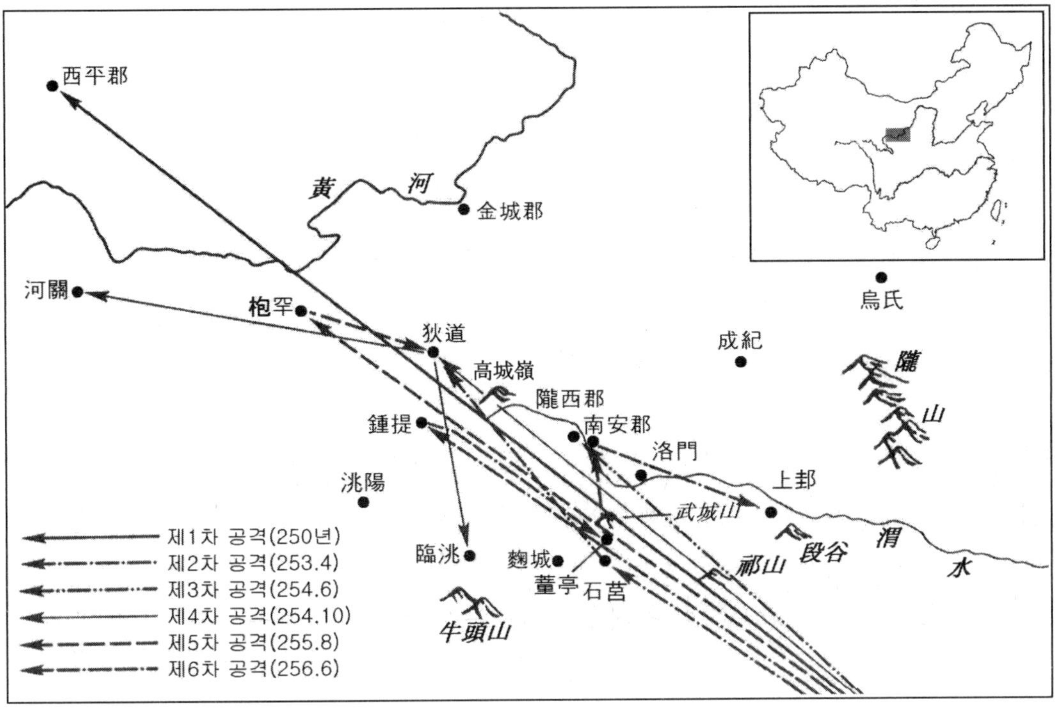

〈지도 49〉 촉한 강유(姜維)가 여섯 차례 농우(隴右)를 공격한 약도(250년대)

【갑술(甲戌 254) 연희(延熙) 17년】

○ 夏에 姜維伐魏라

여름에 강유가 위나라를 쳤다.

○ 【司馬師廢立其主】

司馬師廢立其主 九月에 魏大將軍師廢其主芳하고 迎高貴鄉公髦하여 卽皇帝位하다

【사마사가 그의 임금을 폐위시키다】

9월에 위나라 대장군 사마사가 그 임금 조방을 폐위시키고, 고귀향공(高貴鄉公) 조모(曹髦)를 맞이하여 황제에 즉위시켰다.

【을해(乙亥 255) 연희(延熙) 18년】

○ 【司馬昭爲大將軍】

司馬昭爲大將軍 魏司馬師卒하니 詔以弟昭爲大將軍과 錄尙書事하다

【사마소가 대장군이 되다】

위나라 사마사가 죽으니, 조서로 사마사의 아우 사마소(司馬昭)로 대장군, 녹상서사를 삼았다.

【병자(丙子 256) 연희(延熙) 19년】

○ 春 正月에 以姜維爲大將軍하다.

봄 정월에 강유로 대장군을 삼았다.

○ 魏賜大將軍昭袞冕之服과 赤潟副焉하다.

위나라는 대장군 사마소에게 곤룡포와 면류관의 복장과 붉은 신과 머리꾸미개를 하사하였다.

【정축(丁丑 257) 연희(延熙) 20년】

○ 【譙周作仇國論】

譙周作仇國論 十二月에 姜維聞魏分關中兵以赴淮南하고 率數萬人出駱谷하니 安西將軍鄧艾進兵據之하여 以拒維하다 是時에 維數出兵하니 蜀人愁苦어늘 譙周作仇國論以諷之하다

【초주가 ≪구국론(仇國論)≫을 짓다】

12월에 강유는 위나라가 관중(關中)의 군대를 나누어 회남(淮南)으로 나아간다는 소식을 듣고, 수만 명을 인솔하여 낙곡(駱谷)으로 출동하였다. 안서장군 등애가 군대를 전진시켜서 그곳을 점거하여 강유를 막았다. 이때 강유가 자주 군대를 출동하니, 촉한 사람들이 근심하고 괴로워하였다. 초주(譙周)는 ≪구국론(仇國論)≫을 지어 그것을 풍자하였다.

【무인(戊寅 258) 경요(景耀) 원년】

○ 五月에 魏詔以司馬昭爲相國하여 封晉公하고 加九錫하다

5월에 위나라는 조서하여 사마소를 상국으로 삼아, 진공(晉公)에 봉하고, 9석을 더해주었다.

○ 吳孫綝廢吳主爲會稽王하고 迎立瑯邪王休하다

오나라 손침(孫綝)이 오나라 군주(吳主 : 孫亮)를 폐위시켜 회계왕으로 삼고, 낭야왕(瑯邪王) 손휴(孫休)를 맞이하여 황제로 세웠다.

【경진(庚辰 260) 경요(景耀) 3년】

○ 【魏主髦被創 殞于車下】

魏主髦被創殞于車下

四月에 魏主髦見威權日去하고 不勝其忿曰 司馬昭之心은 路人所知也라 吾不能坐受廢辱이니 今日當自出討之하리라하고 遂拔劍

司馬昭之心路人所知

升輦하여 率殿中宿衛蒼頭官僮하고 鼓譟而出하니 中護軍賈充自外入하여 逆與髦戰於南闕下러니 太子舍人成濟抽戈前刺髦하여

太后下令 罪狀高貴鄕公

殞于車下하다 太后下令하여 罪狀高貴鄕公하여 廢爲庶人하고 使中護軍司馬炎迎常道鄕公璜於鄴하여 以爲明帝嗣하다 炎은 昭之

子也라 昭上言호대 成濟兄弟大逆不道하니 夷其族하소서하다 六月에 常道鄕公이 卽皇帝位하다

【위나라 군주 조모가 창에 찔려 수레 아래에서 죽다】

4월에 위나라 군주 조모(曹髦)는 위엄과 권세가 날로 사라짐을 보고 그 분노를 견디지 못하여 말하기를,

"사마소의 야심은 길가는 사람도 아는 바이다. 나는 앉아서 폐위당하고 모욕을 받을 수 없으니, 오늘 마땅히 스스로 나아가 토벌하겠다."

하고, 드디어 칼을 뽑아 들고 가마에 올라, 전중(殿中)의 숙위군(宿衛軍) 창두(蒼頭 : 노복)와 관동(官僮 : 하인)을 인솔하고, 북을 치며 떠들썩하게 나아갔다. 중호군(中護軍) 가충(賈充)이 밖으로부터 들어와 조모를 맞이하여 남쪽 성문 아래에서 싸우는데, 태자사인(太子舍人) 성제(成濟)가 창을 뽑아 전진하여 조모를 찔러, 조모가 수레 아래에서 죽었다. 태후는 명령을 내려 고귀향공(高貴鄕公 : 조모(曹髦))의 죄상을 공포하고, 폐위하여 서인으로 삼고, 중호군 사마염(司馬炎)을 시켜 상도향공(常道鄕公) 조황(曹璜)을 업성(鄴城)에서 맞이하여 위(魏)나라 명제(明帝)의 후사로 삼았다. 사마염은 사마소의 아들이다. 사마소가 글을 올리기를,

"성제 형제는 대역무도하니 종족을 몰살시키소서."

하였다. 6월에 상도향공이 황제에 즉위하였다.

【임오(壬午 262) 경요(景耀) 5년】

○ 十月에 大將軍姜維가 伐魏洮陽이어늘 鄧艾與戰破之하다

10월에 대장군 강유가 위나라 조양(洮陽)을 치자, 등애가 그와 싸워 격파하였다.

○ 【竹林七賢 崇尙虛無】

竹林七賢 崇尙虛無

魏譙郡嵇康이 文辭壯麗하고 好言老莊而尙奇任俠이라 與陳留阮籍籍兄子咸河內山濤河南向秀瑯邪王戎沛人劉伶特相友善하니

號竹林七賢이라 皆崇尙虛無하고 輕蔑禮法하고 縱酒昏酣하여 遺落世事하다 阮籍爲步兵校尉러니 其母卒에 籍方與人圍碁할새 對者求止어늘 籍留與決賭하다 既而飮酒二斗하고 擧聲一號하여 吐血數升하고 毁瘠骨立하고 居喪에 飮酒無異平日하다 劉伶嗜酒하여 常乘鹿車하고 攜一壺酒하고 使人荷鍤隨之하고 曰死便埋我하라하니 當時士大夫皆以爲賢하여 爭慕效之하여 謂之放達이라 鍾會方有寵於司馬昭라 聞嵇康名而造之러니 康箕踞而鍛하고 不爲之禮어늘 會將去한대 康曰 何所聞而來라가 何所見而去오하니 會曰 聞所聞而來라가 見所見而去로라하고 遂深銜之하다

阮籍居喪飮酒 / 劉伶攜酒荷鍤 / 死便埋我 / 嵇康箕踞而鍛 / 聞所聞而來見所見而去

【죽림칠현이 허무를 숭상하다】

위나라 초군(譙郡) 사람 혜강(嵇康)은 문사(文辭)가 웅장하며 미려하고, ≪장자≫·≪노자≫를 말하기를 좋아하였으며, 기발함을 숭상하며 의협심이 강하였다. 진류(陳留)의 완적(阮籍), 완적의 형의 아들 완함(阮咸), 하내(河內)의 산도(山濤), 하남의 상수(向秀), 낭야의 왕융(王戎), 패인(沛人) 유령(劉伶) 등과 특히 서로 사이가 좋으니, 죽림칠현(竹林七賢)이라고 불렀다. 모두 허무(虛無)를 숭상하고, 예법을 경멸하고, 술에 방종하여 혼몽하게 취하여 세상일을 내버려 두었다. 완적이 보병교위였는데, 그 어머니가 죽었을 때에 완적이 한창 사람과 바둑을 두었다. 대국하던 자가 그만두기를 요구해도 완적은 상대를 붙잡고 내기를 판가름 냈다. 마치고 나서 술 2말을 마시고 소리를 높여 한 번 외치고는, 몇 되의 피를 토하고, 초췌하게 수척하여 뼈만 앙상하게 서있었고, 상중에도 술 마시기를 평소와 다름없이 하였다. 유령은 술을 즐겨, 항상 작은 수레를 타고, 술 한 병을 들고는 사람을 시켜 삽을 지고 따르게 하고서 말하기를,

"죽거든 곧바로 나를 묻어!"

하니, 당시 사대부들이 모두 어질다고 여겨 다투어 사모해 본받아 그것을 방탕 활달함이라고 하였다. 종회(鍾會)가 한창 사마소에게 총애를 받고 있었는데, 혜강의 명성을 듣고 그에게 찾아갔다. 혜강은 두 다리를 쭉 뻗고 앉아서 대장질하고, 예

우를 하지 않았다. 종회가 떠나가려 하자, 혜강이 말하기를,

"무엇을 듣고 왔다가 무엇을 보고 가시오?"

하니, 종회는 말하기를,

"들은 바를 듣고 왔다가 본 바를 보고 가오."

하고, 종회는 드디어 무례를 깊이 한스러워하였다.

○【鍾會勸伐蜀】

鍾會勸伐蜀 魏司馬昭患姜維數北伐하여 欲大擧入寇어늘 朝臣多以爲不可라한대 獨司隷校尉鍾會勸之라 昭諭衆曰 自定壽春以來로 息役六年하여 治兵繕甲以擬二虜라 今吳地廣大而下濕하여 攻之用功差難이니 不如先定巴蜀하고 三年之後에 因順流之勢하여 水陸幷進하니 此滅虢取虞之勢라 今絆姜維於沓中하여 使不得東顧하고 直指駱谷하여 出其空虛之地以襲漢中이면 以劉禪之闇으로 而邊城外破에 士女內震하리니 其亡可知也라하고 乃以鍾會爲鎭西將軍하여 都督關中하다

【종회가 촉을 정벌하라고 권하다】

위나라 사마소는 강유가 자주 북쪽으로 정벌함을 근심하여 크게 출동하여 <촉으로> 쳐들어가고자 하였다. <위나라> 조정 신하들은 대부분 불가하다고 말하였는데, 유독 사예교위 종회만은 그것을 권장하였다. 사마소가 대중에게 유시하여 말하기를,

"수춘(壽春)을 평정한 이래로 6년 동안 전쟁을 쉬면서 군대를 가다듬고 갑옷을 수선하여 두 오랑캐[9]들을 도모하였소. 지금 오나라는 땅이 광대하면서 낮고 축축하여, 공격하기에 공력을 쓰기가 비교적 어렵소. 먼저 파(巴)·촉(蜀)을 평정하고서 3년 뒤에 순하게 흐르는 형세를 따라 수륙(水陸)으

9) 두 오랑캐 : 동오(東吳)와 촉한(蜀漢)을 말함.

로 함께 전진하는 것만 못하오. 이는 〈진(晉)나라가〉 괵(虢)나라를 멸망시키고 우(虞)나라를 차지하는 형세[10]이요. 지금 강유를 답중(沓中)에 얽어매어 동쪽으로 돌아볼 수 없게 하고, 〈우리는〉 곧바로 낙곡(駱谷)을 향하여, 그 텅 빈 땅으로 나가 한중(漢中)을 습격하면 유선의 어리석음으로는 변방성이 밖에서 격파됨에 남녀 백성들이 안에서 두려워 떨 것이니, 그 망할 것을 알 수 있소"

하고, 마침내 종회로 진서장군을 삼아 관중(關中)을 모두 감독하게 하였다.

【黃皓寢姜維備邊表】

黃皓寢姜維備邊表

姜維表帝호대 聞鍾會治兵關中하여 欲規進取하니 宜幷遣左右車騎張翼廖化하여 督諸軍分護陽安關口及陰平之橋頭하여 以防未然이이이다 黃皓信巫鬼하여 謂敵終不自致라하여 啓帝寢其事하니 群臣莫知하다

【황호가 강유의 변방 방어 표문을 묵살하다】

강유는 후황제에게 표를 올렸다.

"듣건대 종회가 관중에서 군대를 정비하여 나아와 〈우리나라를〉 취하기를 획책한다고 합니다. 좌차기장군(左車騎將軍) 장익(張翼)과 우차기장군(右車騎將軍) 요화(廖化)를 함께 보내어 여러 군대를 감독하여 양안관구(陽安關口 : 陽平關) 및 음평의 교두를 나누어 보호하여, 이로써 미연에 방지해야 하겠습니다."

황호(黃皓)는 무당과 귀신을 믿어, 적군이 끝내 스스로 이르지 못한다고 생각하여, 황제에게 아뢰고 그 일을 묵살하니, 신하들 중에는 아는 자가 없었다.

---

10) 〈진(晉)나라가〉 괵(虢)나라를 멸망시키고 우(虞)나라를 차지하는 형세 : 춘추 때 진(晉) 헌공(獻公)이 우나라에 길을 빌려 괵나라를 멸망시키고 돌아오다가 우나라도 멸망시켰는데, 이 고사를 빌어 위나라가 촉나라를 멸망시키고 그 형세를 틈타서 오나라까지 멸망시키는 형세를 말한 것임.

【계미(癸未 263) 염흥(炎興) 원년】

○ 【魏鄧艾鍾會伐蜀】

魏鄧艾鍾會伐蜀

五月에 魏欲大擧兵하여 入寇漢中할새 遣鄧艾督三萬餘人하여 自狄道趣甘松沓中하여 以連綴姜維하고 諸葛緖督三萬餘人하여 自祁山趣武街橋頭하여 絶維歸路하고 鍾會統十餘萬衆하여 分從斜谷駱谷子午谷하여 趣漢中하고 以廷尉衛瓘持節監艾會軍事하다

【위나라 등애와 종회가 촉한을 치다】

5월에 위나라가 크게 군대를 일으켜 한중으로 침입하려 할 때, 등애(鄧艾)를 보내 3만 여명을 감독하여 적도(狄道)로부터 감송(甘松)·답중(沓中)을 향하여 강유(姜維)와 맞닿게 하고, 제갈서(諸葛緖)는 3만 여명을 감독하여 기산으로부터 무가(武街)·교두(橋頭)를 향하여 강유의 돌아가는 길을 끊게 하였다. 종회는 10만여 무리를 통솔하여, 나누어 야곡(斜谷)·낙곡(駱谷)·자오곡(子午谷)을 따라 한중(漢中)을 향하게 하고, 정위(廷尉) 위관(衛瓘)으로 부절을 지니게 하여 감애회군사(監艾會軍事 : 등애·종회의 군대 일 감독 관리)로 하였다.

○ 【劉寔豫言鍾鄧破蜀而不還】

劉寔豫言鍾鄧破蜀而不還

或以問劉寔曰 鍾鄧其平蜀乎아하니 寔曰 破蜀必矣어니와 而皆不還하리라하다 客問其故한대 寔笑而不答하다

【유식이 등애와 종회가 촉한을 격파하고 돌아오지 못할 것을 예언하다】

어떤 사람이 유식(劉寔)에게 묻기를,

"종회·등애가 촉한을 평정할까요?"

하니, 유식이 말하기를,

"촉을 격파함은 필연적이나, 두 사람 모두 돌아오지 못할 것이오."

하였다. 빈객이 그 까닭을 묻자, 유식은 웃으며 대답하지 않았다.

○【姜維等合兵守劍閣】

姜維等合兵守劍閣

八月에 魏軍發洛陽하여 長驅而前하다 維聞鍾會諸軍已寇漢中하고 引兵與廖化張翼董厥等으로 合兵守劍閣以拒會하다

【강유 등이 군대를 합하여 검각을 지키다】

8월에 위나라 군대가 낙양을 출발하여, 곧바로 달려 전진하였다. 강유는 종회의 여러 군대가 이미 한중을 침략했음을 듣고, 군대를 이끌고, 요화(廖化)·장익(張翼)·동궐(董厥) 등과 군대를 합쳐 검각(劍閣)을 지켜서 종회를 막았다.

○【鄧艾入蜀】

鄧艾入蜀

姜維列營守險하니 會攻之不能克하고 粮道險遠하여 欲引還하다 鄧艾上言호대 漢兵摧折하니 宜遂乘之라 若從陰平由邪徑하여 經漢德陽亭趣涪하여 出劍閣西百里하여 去成都三百餘里하여 奇兵衝其腹心하고 出其不意하면 劍閣之守必還赴涪하리니 則會方軌而進하고 劍閣之軍不還이면 則應涪之兵寡矣라하다 遂自陰平行無人之地七百餘里하여 鑿山通道하고 造作橋閣하니 山高谷深하여

艾以氈自裹推轉而下

至爲艱險하고 又糧運將匱하여 瀕於危殆어늘 艾以氈自裹하여 推轉而下하니 將士皆攀木緣崖하고 魚貫而進하여 先登至江油하니

魚貫而進

蜀守將馬邈降하다

【등애가 촉에 들어가다】

강유가 진영을 배열하여 험준한 곳을 지키자, 종회가 공격하였으나 이기지 못하였고, 군량미 수송로가 험하고 멀어 인솔하여 돌아오려 하였다. 등애가 말을 올리기를,

“촉한 군대가 꺾였으니, 이때를 틈타야겠습니다. 만약 음평(陰平)으로부터 좁

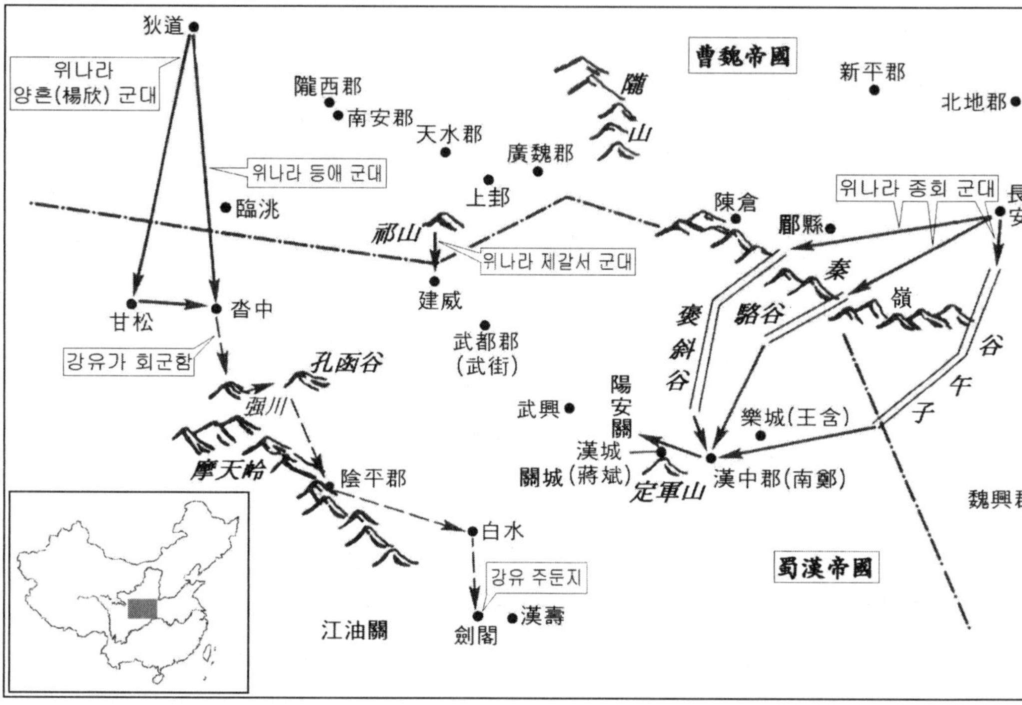

〈지도 50〉 위(魏)나라가 대대적으로 출동하여 촉한(蜀漢)을 공격함.(263년 5월-9월)

은 길을 따라 촉한의 덕양정을 지나 부현(涪縣)으로 향하여 검각 서쪽 100리로 출동하여 성도와 300여리 떨어져서 기습 군대가 그 중심을 찌르고, 의외의 곳으로 출동하면 〈촉의〉 검각의 수비는 반드시 돌아가 부현에 이를 것이니, 종회가 수레 길에 병렬로 전진하고, 검각의 군대가 돌아가지 않으면 부현에 응대할 군대가 적게 됩니다."

하였다. 드디어 음평으로부터 사람이 없는 땅 700여리를 행군하여 산을 뚫어 길을 개통하고 사다리 길을 만드니, 산은 높고 골짜기는 깊어 매우 어렵고 위험하였다. 또, 군량 운송도 장차 끊기려 하여 위태로운 지경에 빠지자, 등애가 담요로 자신을 싸서 밀쳐 떨어져 굴러 내려왔다. 장사들은 모두 나무를 붙잡고 언덕을 오르고, 물고기를 꿴 듯이 일렬로 전진하여, 앞장서 올라가 강유(江油)에 이르자 촉한 수비 장수 마막(馬邈)이 항복하였다.

【諸葛瞻父子死節】

諸葛瞻父子死節

諸葛瞻督諸軍拒艾한대 艾以書誘瞻曰 若降者면 必表爲琅邪王하리라하다 瞻怒하여 斬艾使하고 列陳以待艾한대 艾遣子惠唐亭侯忠出其右하고 司馬師纂等出其左하여 忠纂戰不利어늘 並引還曰 賊未可擊이니이다하니 艾怒曰 存亡之分이 在此一擧어늘 何不可之有리오하고 叱忠纂等하고 將斬之한대 忠纂馳還更戰하여 大破하고 斬瞻하다 瞻子尙策馬冒陳而死하다

【제갈첨의 부자가 절개를 지켜 죽다】

제갈첨(諸葛瞻)이 여러 군대를 독려하여 등애를 방어하자, 등애는 편지로 제갈첨을 꾀어 말하기를,

"만약 항복한다면 반드시 표를 올려 낭야왕(琅邪王)을 삼겠다."

하였다. 제갈첨이 노하여 등애의 사자를 목 베고, 진영을 펼쳐서 등애를 기다리자, 등애는 아들 혜당정후(惠唐亭侯) 등충(鄧忠)을 오른쪽으로 출병하게 하고, 사마(司馬) 사찬(師纂) 등을 왼쪽으로 출병하게 하였다. 등충과 사찬이 전투하여 불리하자 모두 군사를 이끌고 돌아와 말하기를,

"적은 아직 공격할 수 없습니다."

하니, 등애가 노하여 말하기를,

"존망의 분수령이 이 한 번의 출동에 달려 있거늘, 어찌 안 됨이 있는가?"

하고, 등충과 사찬 등을 꾸짖고 그들을 참수하려 하자 등충과 사찬이 달려 돌아가서 다시 싸워 크게 격파하고, 제갈첨을 참수하였다. 제갈첨의 아들 제갈상(諸葛尙)은 말을 달려 적진에 쳐들어가서 죽었다.

○【後皇帝劉禪降魏】

後皇帝劉禪降魏

漢人不意魏兵卒至하니 不爲城守調度라 聞艾已入平土하고 百姓擾擾하여 皆迸山野하니 不可禁制라 譙周請降이어늘 帝乃遣張紹等奉璽綬詣艾降하다 北地王諶怒曰 若理窮力屈하여 禍敗將及이

劉諶先殺妻子而後自殺

어든 便當父子君臣背城一戰하여 同死社稷하여 以見先帝可也어늘 奈何降乎잇가하다 帝不聽한대 諶哭於昭烈之廟하고 先殺妻子而後自殺하다 艾至成都城北하니 帝率太子諸王及群臣하고 面縛輿櫬詣軍門降하다 姜維得帝敕命하고 乃與廖化張翼董厥等同詣會降하다

【후황제 유선이 위나라에 항복하다】

촉한 사람들은 뜻밖에 위나라 군대가 갑자기 이르자 성을 지키거나 물자를 조달하지 못하였다. 등애가 이미 평지까지 들어왔다는 것을 듣고 백성이 동요하여 모두 산과 들로 도망하니, 금지시킬 수 없었다. 초주가 항복하자고 요청하자, 후황제는 마침내 장소 등을 보내어 도장과 인끈을 받들고 등애에게 나아가 항복하게 하였다. 북지왕(北地王 : 후황제의 아들 유심(劉諶))이 노하여 말하기를,

"만약 다스림이 다하고 힘이 달려서 재앙과 패배가 장차 미치려거든 곧 마땅히 아버지·아들과 임금·신하가 성을 등지고 한 번 싸워 함께 국가를 위해 죽어 선제(先帝 : 유비)를 뵙는 것이 옳거늘, 어찌 항복하겠습니까?"

하였다. 후황제가 듣지 않자, 유심은 소열(昭烈)의 사당에서 곡하고, 먼저 아내와 자식을 죽이고서 뒤에 자살하였다. 등애가 성도(成都) 성 북쪽에 이르자, 후황제는 태자와 여러 왕 및 신하들을 데리고, 얼굴을 앞으로 내밀고 손을 뒤로 묶고 널을 들고 군대 문에 나아가 항복하였다. 강유는 후황제의 칙명을 받고, 마침내 요화·장익·동궐 등과 함께 종회에게 같이 나아가 항복하였다.

右漢昭烈及後皇帝禪히 共四十三年이라

이상은 한 소열 및 후황제 유선까지 모두 43년이다.

○ 【張悌豫言司馬氏得政 將克蜀 而爲吳憂】

張悌豫言司馬氏得政將克蜀而爲吳憂

魏之攻蜀也에 吳人或謂襄陽張悌曰 司馬氏得政以來로 大難屢作하여 百姓未服이어늘 今又勞力遠征하니 敗於不暇라 何以能克이

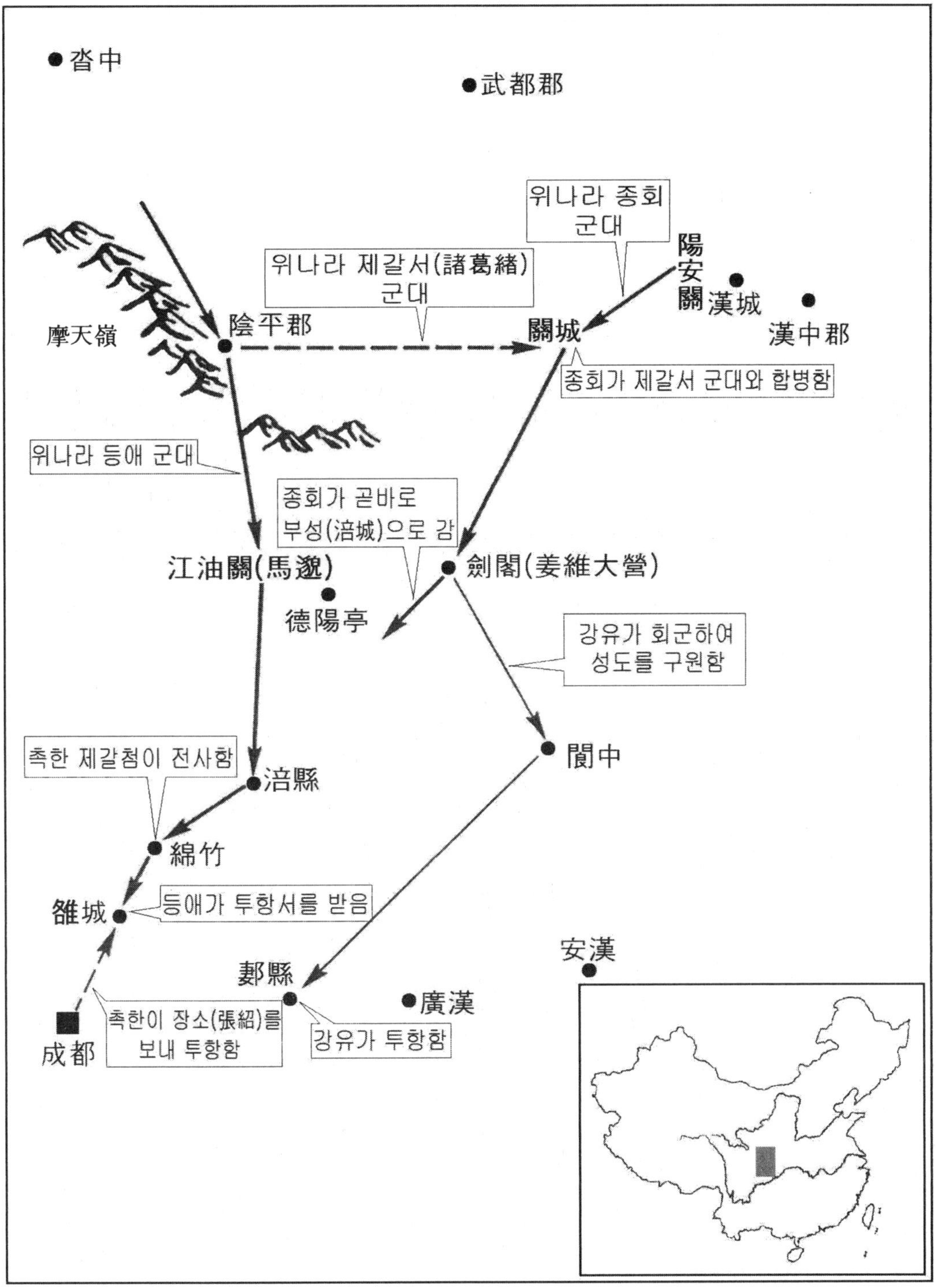

〈지도 51〉 위(魏)나라가 촉한(蜀漢)을 멸망시킴.(263년 10월)

曹操功蓋中夏

리오하니 悌曰 不然이라 曹操雖功蓋中夏나 民畏其威而不懷其德也어늘 丕叡承之하여 刑繁役重이라 司馬懿父子는 除其煩苛而布其平惠하여 爲之謀主而救其疾苦하니 淮南三叛이나 而腹心不擾라 曹髦之死에 四方不動하고 任賢使能하여 各盡其心하여 其根本固矣요 奸計立矣라 今蜀閹宦專朝에 國無政令하니 因危而伐이면 殆無不克이리라 噫라 彼之得志는 我之憂也라하다 吳人笑其言이러니 至是乃服하다

彼之得志 我之憂

【장제가 사마씨가 정권을 얻고 장차 촉한을 이기고 오나라의 우환이 될 것을 예언하다】

위나라가 촉한을 공격할 적에 오나라 사람으로서 어떤 이가 양양(襄陽) 장제(張悌)에게 이르기를,

"사마씨가 정권을 얻은 이래로 큰 난리가 자주 일어나 백성이 복종하지 않는데, 지금 또 힘을 수고롭게 하여 멀리 정벌하니, 순식간에 패배할 것이오. 어찌 이길 수 있겠소?"

하니, 장제가 말하기를,

"그렇지 않습니다. 조조가 비록 공적이 중원을 덮었지만, 백성은 위엄만을 겁내고 공덕은 그리워하지 않았는데, 조비와 조예는 그를 이어 형벌이 번거롭고 부역이 무거웠습니다. 사마의 부자는 번잡하며 가혹한 정무를 없애고 평안하며 은혜로운 정무를 펴서 〈위나라에〉 최고 참모가 되어 괴로움을 구제하였으니, 회남이 3번 반란하였지만 중앙은 소동하지 않았습니다. 조모(曹髦)의 죽음에 사방이 동요하지 않았고, 현인을 임명하며 능력 있는 사람을 부려서 각각 마음을 다하게 하여, 사마씨의 근본이 공고해지고 간악한 계책이 실현되었습니다. 지금 촉한은 환관이 조정을 독점하여 국가에 정치 명령이 없으니, 위태로움을 이용하여 치면 거의 이기지 못함이 없을 것입니다. 아! 저들(사마씨)이 뜻을 얻음은 우리 오나라의 우환입니다."

하였다. 오나라 사람들은 그 말을 비웃었는데, 이에 이르러 마침내 수긍하였다.

○ 【鄧艾乘勝欲取吳】

鄧艾乘勝欲取吳

鄧艾以書言於晉公昭曰 兵有先聲而後實者니 今因平蜀之勢以乘吳면 吳人震恐하리니 席卷之時也라 然大擧之後에 將士疲勞하여 不可便用이니 且徐緩之하여 留隴右兵二萬人蜀兵二萬人하여 煮鹽興冶하여 爲軍農要用하고 並作舟船하여 預爲順流之事하고 然後發使告以利害면 吳必歸化하리니 可不征而定也리이다 今宜厚劉禪以致孫休니 封禪爲扶風王하여 以顯歸命之寵하소서하다 昭使監軍衛瓘喩艾호대 事當須報요 不宜輒行이라하니 艾重言曰 春秋之義에 大夫出疆에 有可以安社稷利國家면 專之可也라하니 今吳未賓하고 勢與蜀連하니 不可拘常하여 以失事機니이다하다

兵有先聲而後實

【등애가 승세를 타서 오나라를 취하려 하다】

등애가 편지로 진공 사마소에게 말하기를,

"전쟁은 먼저 성토가 있는 뒤에야 실상이 있는 것입니다. 지금 촉한을 평정한 형세를 이용하여 오나라를 공격한다면 오나라 사람이 떨어 두려워 할 것이니, 석권할 수 있는 때입니다. 그러나 큰 전쟁 뒤라 장사들이 피로하여 바로 쓸 수 없습니다. 잠시 서서히 늦추어 농우 군대 2만 명과 촉한 군대 2만 명을 머무르게 하여, 소금을 굽고 주조(鑄造)를 일으켜 군대 둔전의 중요한 비용으로 하고, 아울러 배를 만들어 미리 장강을 따라 내려가 동오 공격 준비를 해놓은 뒤에 사신을 보내어 이해관계를 말해주면 오나라가 반드시 귀순하리니, 정벌하지 않고도 평정할 수 있을 것입니다. 지금 유선을 후대하여 손휴(孫休 : 오나라 군주)를 불러오게 해야 할 것이니, 유선을 봉하여 부풍왕(扶風王)으로 삼아 귀순의 은총을 드러내십시오."

하였다. 사마소가 감군 위관(衛瓘)을 시켜 등애를 타이르기를,

"일은 반드시 회답을 기다려야 할 것이요, 바로 시행함은 마땅치 않소이다."

하니, 등애가 난색을 표하며 말하기를,

"≪춘추≫의 의리에 '대부가 국경을 나가서는 사직을 편안케 하며 국가를 이롭게 할 수 있으면, 독단해도 좋다.' 하였습니다. 지금 오나라가 복종하지 않고, 형세가 촉한과 연합할 듯하니, 평소 규정에 구애받아 일의 기회를 놓칠 수는 없습니다."

하였다.

【鍾會密白艾有反狀】

鍾會密白艾有反狀 鍾會內有異志하여 乃與瓘密白艾有反狀하다

【종회는 등애가 모반의 정황이 있다고 은밀히 고하다】

종회는 속으로 반란할 마음을 갖고서 마침내 위관과 함께 등애의 모반 정황을 몰래 고하였다.

【갑신(甲申 264) 위(魏) 함희(咸熙) 원년】

○ 【鍾會謀反以被殺 姜維欲立故漢帝以被殺 鄧艾亦被殺】

鍾會謀反以被殺 姜維欲立故漢帝以被殺 鄧艾亦被殺 正月에 魏詔以檻車徵艾赴京師하다 會所憚惟艾러니 艾父子既禽에 會獨統大衆하여 威震西土라 遂決意謀反하다 丁丑에 矯太后遺詔하여 使會起兵廢司馬昭하다 姜維欲使會盡殺北來諸將하고 已因殺會하고 盡坑魏兵하고 復立故漢帝러니 會衆兵作亂하여 格斬姜維하고 爭前殺會하다 鄧艾本營將士追出艾於檻車하여 迎還이어늘 衛瓘遣兵襲艾하여 斬艾父子하다

【종회는 모반하여 살해당하고, 강유는 옛 한나라 황제를 세우려다 살해당하고, 등애도 피살되다】

정월에 위나라는 조서하여 함거(檻車 : 죄수 호송 수레)로 등애를 불러 서울에

이르게 하였다. 종회가 꺼리는 바는 오직 등애였다. 등애의 부자가 사로잡혀, 종회가 홀로 대중을 통솔하여 위세가 서쪽 땅에 떨치게 되자 드디어 뜻을 결정하여 모반하였다. 정축일(16일)에 <종회가> 태후의 유언 조서를 사칭하여, 종회에게 군대를 일으켜 사마소를 폐위시키도록 한다고 하였다. 강유는 종회에게 북쪽 위나라에서 온 여러 장수를 다 죽이도록 하고, 자기는 그 틈을 이용하여 종회를 죽이고, 위나라 군대를 다 파묻어 죽이고, 다시 옛 촉한 후황제를 세우려고 하였는데, 종회의 여러 군대가 난동을 일으켜 강유를 쳐 죽이고, 앞 다투어 가서 종회를 죽였다. 등애의 본영 장군 사졸들이 쫓아가 함거에서 등애를 꺼내 맞이하여 돌아오자, 위관이 군대를 보내어 등애를 습격하여 등애의 부자를 목 베었다.

○ 【劉禪爲安樂公】

劉禪爲安樂公 魏封故漢帝禪爲安樂公이라

【유선이 안락공이 되다】

위나라는 옛 촉한 후황제 유선(劉禪)을 봉하여 안락공(安樂公)으로 삼았다.

○ 吳主休殂하니 皓卽皇帝位하다

오나라 군주 손휴(孫休)가 죽으니 손호(孫皓)가 황제에 즉위하였다.

○ 晉王立炎爲世子하다

진왕(晉王 : 사마소)이 사마염(司馬炎)을 세워 세자로 삼았다.

【을유(乙酉 265) 위(魏) 함희(咸熙) 2년】

○ 八月에 魏晉王昭卒하고 太子炎嗣爲相國晉王하다

8월에 위나라 진왕 사마소(司馬昭)가 죽고, 태자 사마염이 이어서 상국·진왕이 되었다.

○ 冬에 吳主徙都武昌하다

겨울에 오나라 군주가 도읍을 무창(武昌)으로 옮겼다.

○ 【司馬炎簒魏 魏主爲陳留王】

司馬炎簒魏魏主爲陳留王

十二月에 魏主禪位于晉王하니 王卽皇帝位하고 奉魏主爲陳留王하다

【사마염이 위나라를 찬탈하고 위나라 군주는 진류왕이 되다】

12월에 위나라 군주가 자리를 진왕(晉王)에게 선위하니, 진왕이 황제에 즉위하고, 위나라 군주를 받들어 진류왕(陳留王)으로 하였다.

右魏五主요 共四十六年이라

이상 위나라는 다섯 임금이고 모두 46년이다

○ 【晉主欲矯以仁儉】

晉主欲矯以仁儉

青麻代青絲

時晉主承魏氏刻薄奢侈之後하여 欲矯以仁儉이러니 有司言御牛青絲紖斷이라하자 詔以青麻代之하다.

【진나라 군주가 인자함과 검소함으로 바로잡고자 하다】

당시 진나라 군주(晉主)가 위씨(魏氏 : 위나라)의 각박하고 사치한 뒤를 계승하여, 인자함·검소함으로 바로잡으려 하였다. 담당관이 말하기를 "황제 제사에 쓰는 소의 푸른 비단실 고삐가 끊어졌습니다." 하자 푸른 삼으로 대체하라고 조서하였다.

○ 【晉初置諫官】

晉初置諫官

晉初置諫官하고 以傅玄爲之하다 玄以魏末士風頹敝라하여 上疏曰 臣聞先王之御天下에 教化隆於上하고 淸議行於下러니 近者魏

武好法術而天下貴刑名하고 魏文慕通達而天下賤守節하니 其後綱維不攝하고 放誕盈朝하여 遂使天下無復淸議니이다 陛下龍興受禪하사 弘堯舜之化하시되 惟未擧淸遠有禮之臣以敦風節하시고 未退虛鄙之士以懲不恪하시니 臣是以猶敢有言하노이다하다 晉主嘉納其言이나 然亦不能革하다

【진나라가 처음으로 간관을 두다】

진나라가 처음으로 간관을 두고, 부현(傅玄)으로 간관을 삼았다. 부현은 위나라 말기의 선비 기풍이 무너져 피폐했다고 하여 상소하기를,

"신이 듣건대, 선왕께서 천하를 다스리심에는 교화가 위에서 융성하고, 청의(淸議 : 공평한 논의)가 아래에서 시행되었다고 합니다. 근래에 위 무제(조조)가 법술을 좋아하자 천하가 형명(刑名 : 형벌을 중시함)을 좋아하였고, 위 문제(조비)가 통달함을 사모하자 천하가 절개 지키기를 천시하였습니다. 그 뒤로 기강이 정리되지 않고, 방종·허탄한 자들이 조정에 가득하여, 드디어 천하에 다시는 청의가 없게 하였습니다. 폐하께서는 용같이 일어나 양위(讓位)를 받아 요·순의 조화를 넓히셨으나, 아직 식견이 원대하고 예절이 있는 신하를 천거함으로써 교화·절조를 돈독히 하지 못하시고, 아직 허위·비루의 선비를 물리침으로써 공경하지 않음을 징계하지 않으시니, 신은 이 때문에 감히 말을 올립니다."

하였다. 진나라 군주는 그 말을 아름답게 받아들였으나, 또한 고치지는 못하였다.

【병술(丙戌 266) 진(晉) 태시(泰始) 2년】

○ 【吳還都建業】

吳還都建業 吳主居武昌하니 揚州之民泝流供給이라 甚苦之어늘 陸凱上疏曰 武昌土地危險瘠确하여 非王者之都요 且童謠云 '寧飮建業水언정

寧還建業死不止武昌居

不食武昌魚요 寧還建業死언정 不止武昌居라'하니 以此觀之컨대 足明民心與天意矣니이다하다 十二月에 吳主還都建業하다

【오나라가 건업으로 도읍을 되돌려가다】

오나라 군주가 무창(武昌)에 거처하니, 양주(揚州)의 백성들이 물줄기를 거슬러 올라가 공급하느라고 매우 괴로워하자, 육개(陸凱)가 상소하기를,

"무창은 토지가 위험하고 척박하여 왕자의 도읍이 아닙니다. 또 동요에 말

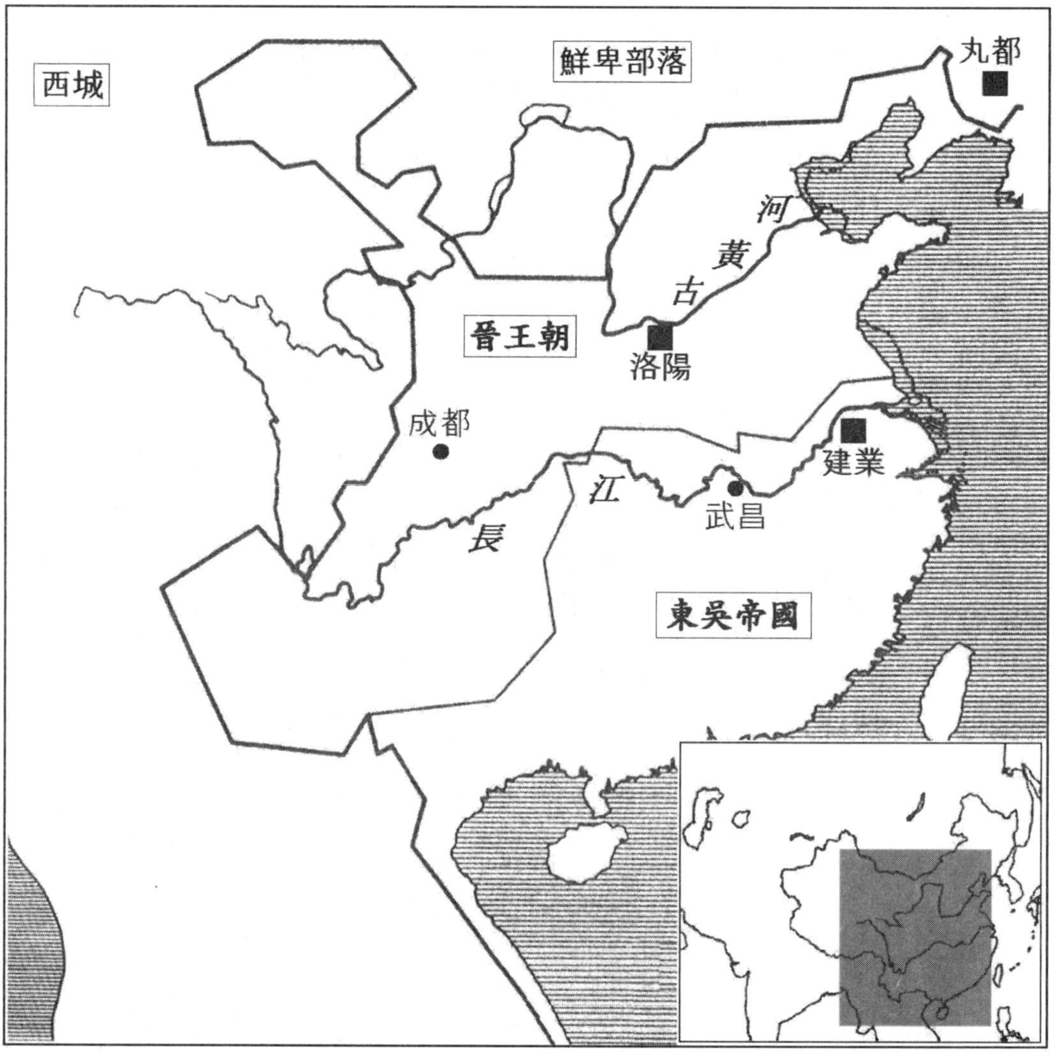

〈지도 52〉 진(晉)과 동오(東吳).(266년)

하기를 '차라리 건업의 물을 마실지언정 무창의 물고기를 먹지 않고, 차라리 건업으로 돌아가 죽을지언정 무창에 머물러 살지 않겠다.' 하였으니 이것으로 살피건대, 충분히 백성의 마음과 하늘의 뜻을 명백히 알 수 있습니다."

하였다. 12월에 오나라 군주가 건업(建業)으로 도읍을 되돌려갔다.

【정해(丁亥 267) 진(晋) 태시(泰始) 3년】

○ 【李密以祖母老 固辭洗馬】

李密以祖母老固辭洗馬 晉以李憙爲太子太傅하고 徵犍爲李密爲太子洗馬한대 密以祖母老로 固辭어늘 許之하다 密與人交에 每公議其得失而切責之하다

李密無彼此於人 常言호대 吾獨立於世하여 顧影無儔나 然而不懼者는 以無彼此於人故也라하다

【이밀은 조모가 연로하다고 하여 세마를 한사코 사양하다】

진나라가 이희(李憙)로 태자태부를 삼고, 건위 이밀(李密)을 불러 태자세마(太子洗馬)[11]를 삼았는데, 이밀이 조모가 연로하신 것 때문에 한사코 사양하자 허락하였다. 이밀은 사람들과 교유할 때, 항상 그 득실을 공평하게 의론하고 크게 책망하였다. 그는 항상 말하기를,

"내가 세상에 홀로 서서 그림자를 돌아보면 짝할 이가 없지만, 두렵지 않은 것은 사람들을 대함에 자신과 차별을 두지 않았기 때문이다."

하였다.

---

11) 태자세마(太子洗馬) : 관직 이름. '洗'은 '先'으로도 쓰고, 국음은 '선'으로 해야 하는데, '세'로 오래 사용하여 굳어졌다.

【무자(戊子 268) 진(晋) 태시(泰始) 4년】

○ 【杜預爲黜陟之課】

杜預爲黜陟之課

晉主詔河南尹杜預爲黜陟之課한대 預奏호대 古者黜陟이 擬議於心하고 不泥於法이러니 末世不能紀遠而專求密微하여 疑心而信耳目하고 疑耳目而信簡書하니 簡書愈繁하고 官方愈僞라 魏氏考課는 卽京房之遺意니 其文可謂至密이나 然失於苛細以違本體라 故歷代不能通也라 豈若申唐堯之舊制하여 取大捨小하고 去密就簡하여 俾之易從也리잇고 夫曲盡物理하여 神而明之는 存乎其人하니 去人而任法이면 則以文傷理라 莫若委任達官하여 各考所統하여 其有優劣徇情하고 不叶公論者는 當委監司隨而彈之니이다 若令上下公相容過면 此爲淸議大頹라 雖有考課之法이나 亦無益也니이다한대 事竟不行하다

取大捨小去密就簡

【두예가 출척의 고과법을 만들다】

진나라 군주는 하남윤(河南尹) 두예(杜預)에게 조서하여 승진과 퇴출의 고과를 만들게 하였는데, 두예가 아뢰기를,

"옛날에는 퇴출과 승진을 마음으로 헤아려 논하고, 법에 구애받지 않았습니다. 말세에는 능히 원대함을 경영하지 못하고, 오로지 정밀만을 추구하여, 마음을 의심하여 듣고 봄을 믿고, 듣고 봄을 의심하여 서류를 믿으니, 서류가 더욱 번잡하고, 관원의 서류 방식이 더욱 거짓되었습니다. 위씨(魏氏 : 위나라)의 고과는 바로 경방(京房)이 남긴 뜻이니 그 글이 지극히 정밀하다고 말할 수 있으나, 가혹하고 세밀함에 결점이 있어 근본 체제에 어긋납니다. 그러므로 여러 시대에 통용될 수 없었습니다. 어찌 당요(唐堯 : 요 임금)의 옛 제도를 펴서, 큰 것을 채택하고 작은 것을 버리며, 정밀한 것 버리고 간편한 것을 향하여 쉽게 따르게 하는 것만 하겠습니까! 대저 사물의 이치를

곡진히 하여 신비롭고 밝게 함은 그 사람에 달려있으니, 사람을 떠나 법에만 맡기면 법의 글로 이치를 손상합니다. 현달한 관원에게 위임하여 각각 통솔하는 바를 고찰하여, 그 우열이 사정(私情)을 따르고 공정한 논의에 맞지 않음이 있는 자는 마땅히 감사에게 맡겨 따라서 탄핵하는 것만 못합니다. 만일 위아래로 하여금 공공연히 서로 과실을 용납하게 하면, 이는 청의(淸議 : 공정한 여론)가 크게 무너지게 됩니다. 비록 고과의 법이 있더라도 또한 이로움이 없습니다."

하였는데, 일이 끝내 시행되지 않았다.

【기축(己丑 269) 진(晋) 태시(泰始) 5년】

○ 【羊祜輕裘緩帶 身不被甲】

羊祜輕裘緩帶身不被甲

羊祜得江漢之心

晉主有滅吳之志하여 以尙書左僕射羊祜都督荊州諸軍事하여 鎭襄陽이러니 祜綏懷遠近하여 甚得江漢之心이라 與吳人開布大信하여 降者欲去에 皆聽之하고 減戍邏之卒하여 以墾田八百餘頃하니 其始至也에 軍無百日之糧이러니 及其季年에 乃有十年之積하다 祜在軍에 常輕裘緩帶하고 身不被甲하고 鈴閤之下에 侍衛不過十數人하다

【양호가 가벼운 가죽옷에 띠를 느슨히 띠고 몸에 갑옷을 입지 않다】

진나라 군주가 오나라를 멸망시킬 뜻을 가져, 상서좌복야(尙書左僕射) 양호(羊祜)를 도독형주제군사(都督荊州諸軍事)로 삼아 양양(襄陽)을 수비하게 하였다. 양호는 원근을 무마하여 강수·한수 지역의 인심을 두텁게 얻었다. 오나라 사람들과 크게 신의를 펼쳐서, 항복한 자가 떠나가려 하면 다 들어주고, 수비·순찰하는 군졸을 줄여 농지 800여경을 개간하였다. 그가 처음 부임하여 왔을 때에는 군대에 100일의 양식도 없었는데, 말년에 이르러서는 마침내 10년의 축적이 있었다. 양호가 군대에 있어서는 항상 가벼운 가죽옷에 띠를 느슨히 띠고, 몸에는 갑옷을 입지 않았고, 방울

을 달은[12] 합문(閤門)의 아래에는 시중드는 호위가 십 수 명을 넘지 않았다.

【경인(庚寅 270) 진(晋) 태시(泰始) 6년】

○ 【陸抗陳時宜十七條】

陸抗陳時宜十七條

衆者勝寡 安者制危

四月에 吳以鎭軍大將軍陸抗都督西陵夷道樂鄕公安諸軍事하다 抗以吳主政事多闕이라하여 上疏曰 臣聞德均則衆者勝寡하고 力侔則安者制危라하니 此六國所以並於秦이요 西楚所以屈於漢也라 今敵之所據는 非特關右之地와 鴻溝以西어늘 而國家外無連衡之援하고 內非西楚之彊이라 議者所恃는 徒以長江峻山限帶封域이니 此乃守國之末事요 非智者之所先也라 臣每念及此에 中夜撫枕하고 臨餐忘食하여 謹陳時宜十七條以聞하노이다하다 吳主不納하다

【육항이 시기에 적합한 17조를 진술하다】

4월에 오나라는 진군대장군 육항(陸抗)을 도독서릉이도낙향공안제군사(都督西陵夷道樂鄕公安諸軍事)로 삼았다. 육항은 오나라 군주가 정사에 결함이 많다고 하여 상소하기를,

"신이 듣건대, 공덕이 비슷하면 많은 자가 적음을 이기고, 힘이 비등하면 편안한 자가 위태로움을 제어한다고 합니다. 이는 전국 시대의 여섯 나라가 진(秦)나라에게 합병된 까닭이고, 서초(西楚 : 항우)가 한나라에게 굴복한 까닭입니다. 지금 적이 웅거한 곳은 함곡관(函谷關) 오른쪽의 땅과 홍구의 서쪽뿐만이 아니거늘, 국가는 밖으로 연횡(連橫)의 원조가 없고, 안으로 서초의 강력함도 못됩니다. 의논하는 자들이 믿는 것은 다만 장강이 띠처럼 둘러싸

12) 방울을 달은 : 원문 '鈴' 또는 '鈴下'는 장군이 방울로 소리를 내어 부른다는 뜻으로, 호위병이나 문지기를 말함.

고 높은 산이 막고 있는 지역뿐이니, 이는 바로 나라를 지키는 말단적인 일이지, 지혜로운 자가 앞세우는 것이 아닙니다. 신은 항상 생각이 여기에 미치면 한밤중에도 베개를 어루만지고, 밥을 대해도 밥 먹는 것을 잊게 되어 삼가 시기에 적합한 17조목을 진술하여 보고합니다."

하였으나, 오나라 군주는 받아들이지 않았다.

【신묘(辛卯 271) 진(晉) 태시(泰始) 7년】

○【吳主信讖文】

吳主信讖文 吳人刁玄詐增讖文云 黃旗紫蓋가 見於東南하니 終有天下者는

黃旗紫蓋見於東南 荊揚之君이라한대 吳主信之하여 大擧兵出華里하여 行遇大雪하여

若遇敵便當倒戈 兵士寒凍殆死라 皆曰 若遇敵이면 便當倒戈라하다 吳主聞之하고 乃還하다

【오나라 군주가 예언 글을 믿다】

오나라 사람 조현(刁玄)이 속여 예언 글을 부풀려 말하기를,

"누런 기와 검붉은 일산이 동남에 보이니, 끝내 천하를 소유할 자는 형주·양주의 임금입니다."

하였는데, 오나라 군주는 그것을 믿어, 크게 군대를 일으켜 화리(華里)로 나가 행군하다가 큰 눈을 만나 병사들이 얼어서 거의 죽게 되었다. 모두 말하기를,

"만약 적을 만나면, 곧 창을 거꾸로 잡겠다."

하였다. 오나라 군주가 그 말을 듣고 곧 돌아왔다.

○ 十二月에 是歲晉安樂公劉禪卒하니 諡曰思라하다

12월, 이 해에 진나라 안락공(安樂公) 유선(劉禪)이 죽으니, 시호를 '사(思)'라고 하였다.

【임진(壬辰 272) 진(晋) 태시(泰始) 8년】

○ 【王濬作戰艦 吾彦爲鐵鎖橫斷江路】

王濬作戰艦吾彦爲鐵鎖橫斷江路 晉王濬爲益州刺史하다 初에 濬爲羊祜參軍이러니 祜深知之라 時晉主與羊祜陰謀伐吳할새 祜以爲伐吳宜藉上流之勢라하여 密表留濬하고 復爲益州刺史하여 使治水軍하고 大作戰艦하다 時作船

木柹蔽江 木柹가 蔽江而下어늘 吳建平太守吾彦取流柹以白吳主曰 晉必有攻吳之計하니 宜增建平兵以塞其衝要니이다한대 吳主不從이어늘 彦乃爲鐵鎖橫斷江路하다

【왕준이 전함을 만들고 오언이 쇠사슬을 만들어 강의 물길을 가로로 차단하다】

진나라 왕준(王濬)이 익주자사가 되었다. 과거에 왕준이 양호의 참군이 되었는데, 양호가 그를 깊이 알아주었다. 당시 진나라 군주는 양호와 은밀히 오나라를 치기를 도모하는데, 양호는 오나라를 치려면 상류의 형세에 의지해야 한다고 생각하여, 몰래 표를 올려 왕준을 머무르게 하고, 다시 익주자사를 삼아 수군을 다스리고 전투함을 대대적으로 만들게 하였다. 당시 배를 만드는 나무의 대팻밥이 강물을 뒤덮고 내려오자, 오나라 건평태수 오언(吾彦)이 흐르는 대팻밥을 가지고 오나라 군주에게 아뢰기를,

> "진나라는 반드시 오나라를 공격할 계획이 있으니, 건평의 군대를 늘려 그 요충지를 막아야 합니다."

하였다. 오나라 군주가 따르지 않자, 오언이 이에 쇠사슬을 만들어 강의 물길을 가로로 차단하였다.

○ 【吳主志益張大 不修德政】

吳主志益張大不修德政 八月에 吳主徵西陵督步闡하다 闡世在西陵이라가 猝被徵하니 自

懼有讒하여 九月에 據城降晉하니 晉以闡爲都督西陵諸軍事하다 十月에 吳陸抗討之어늘 晉主遣羊祜救之不克하다 十二月에 抗遂拔西陵하고 誅闡하다 吳主旣克西陵하고 自謂得天助라하여 志益張大하여 不修德政하고 專爲兼并之計하다

【오나라 군주가 뜻이 더욱 장대해져서 도덕 정치를 강구하지 않다】

8월에 오나라 군주는 서릉독(西陵督) 보천(步闡)을 불렀다. 보천이 대대로 서릉에 있다가 갑자기 부름을 받자, 모함이 있었는지 스스로 두려워하여 9월에 성을 점거하고 진나라에 항복하니, 진나라는 보천을 도독서릉제군사로 삼았다. 10월에 오나라 육항이 그를 토벌하자, 진나라 군주가 양호를 보내어 그를 구원하였지만 이기지 못하였다. 12월에 육항이 드디어 서릉을 빼앗고 보천을 목 베었다. 오나라 군주가 서릉에서 이기고 나서는 스스로 하늘의 도움을 얻었다고 생각하여, 뜻이 더욱 장대해져서 도덕정치를 강구하지 않고, 오로지 합병할 계책만 하였다.

○ 【羊祜與陸抗對境 使命常通】

羊祜與陸抗對境 使命常通

羊祜德信懷吳

晉羊祜歸自江陵하여 務修德信以懷吳人하다 每交兵에 刻日方戰하고 不爲掩襲之計하고 將帥有欲進譎計者어든 輒飮以醇酒하여 使不得言하다 祜出軍行吳境에 刈穀爲粮하고 皆計所侵하여 送絹償之하고 每會衆江沔游獵에 常止晉地하고 若禽獸先爲吳人所傷而爲晉兵所得者는 皆送還之하니 於是吳邊人皆悅服하다 祜與陸抗對境한대 使命常通이라 抗遺祜酒한대 祜飮之不疑하고 抗疾에

豈有酖人羊叔子

彼專爲德 我專爲暴

求藥於祜한대 祜以成藥與之하니 抗卽服之하다 人多諫抗한대 抗曰 豈有酖人羊叔子哉아하다 抗告其邊戍曰 彼專爲德하고 我專爲暴하니 是不戰而自服也니 各保分界而已요 無求細利하라하다

【양호가 육항과 국경을 마주하여 사자를 항상 통하다】

진나라 양호가 강릉으로부터 돌아와서, 도덕과 신의를 힘써 닦아 오나라 사람을 회유하였다. 항상 교전할 때마다 날짜를 정하고 나서야 싸우고 습격할 계획을 하지 않았고, 장수 중에 속이는 계책을 내려는 사람이 있으면 번번이 독한 술을 마시게 하여 말하지 못하게 하였다. 양호는 군대를 출동하여 오나라 지역을 행군하게 되었을 때 곡식을 베어 양식으로 하고, 모두 침해한 것을 계산하여 비단을 보내어 그것을 보상하였으며, 무리들을 모아 강수(江水)와 면수(沔水)에 돌아다니면서 사냥할 때마다 항상 진나라 땅에서 정지하고, 만약 새와 짐승이 먼저 오나라 사람에게 상처를 입고서 뒤에 진나라 군인에게 잡히면 모두 되돌려 보냈다. 이에 오나라 변방 사람들이 모두 기쁜 마음으로 승복하였다. 양호는 육항과 국경을 마주하고 있었는데 사자를 항상 통하였다. 육항이 양호에게 술을 보냈는데, 양호는 그것을 의심하지 않고 마셨으며, 육항이 병들어 양호에게 약을 구했는데, 양호가 조제한 약을 주자 육항이 즉시 그 약을 먹었다. 사람들이 대부분 육항에게 간언하였는데, 육항이 말하기를,

"어찌 사람을 독살하는 양숙자(羊叔子 : 羊祜의 자)가 있으랴?"

하였다. 육항이 변방 수비자들에게 말하기를,

"저들은 오로지 덕을 행하지만, 우리는 오로지 포악을 행한다. 이는 싸우지 않고도 절로 굴복하게 되는 것이니, 각각 나뉜 경계만 보전할 뿐이요, 작은 이익을 구하지 말라!"

하였다.

○ 【王夷甫敗俗傷化】

王夷甫敗俗傷化

晉羊祜不附結中朝權貴하니 荀勗馮紞之徒皆惡之하다 從甥王衍詣祜陳事에 辭甚淸辯이나 祜不然之라 衍拂衣去어늘 祜顧謂賓客曰 王夷甫方當以盛名處大位나 然敗俗傷化는 必此人也리라하다

【왕이보가 풍속을 망치고 교화를 해치다】

진나라 양호(羊祜)가 중앙 조정의 권문(權門)·귀족과 결부하지 않으니, 순욱(荀勗)·

풍담(馮紞)의 무리들이 모두 그를 싫어하였다. 종생(從甥 : 5촌 생질)인 왕연(王衍)이 양호에게 나아가 일을 논의할 때 말소리가 또렷하고 조리가 있었으나, 양호는 그를 옳게 여기지 않으니, 왕연이 옷을 떨치고 갔다. 양호가 돌아보며 빈객에게 이르기를,

"왕이보(王夷甫 : 왕연)가 바야흐로 성대한 명성으로 큰 지위에 처할 것이오. 그러나 풍속을 망치고 교화를 해치는 것은 반드시 이 사람일 것이오."

하였다.

【갑오(甲午 274) 진(晉) 태시(泰始) 10년】

○ 【山公啓事】

山公啓事 晉以山濤爲吏部尙書하다 濤典選十餘年에 甄拔人物하여 各爲題目而奏之하니 時稱山公啓事라하다

【산공계사】

진나라가 산도(山濤)로 이부상서를 삼았다. 산도가 선발을 담당한지 10여년에 인물을 살펴 발탁하여 각각 제목(題目)을 만들어 아뢰니, 당시에 '산공계사(山公啓事)'라 일컬었다.

○ 【陸抗上疏 請守備】

陸抗上疏 請守備 吳大司馬陸抗疾病하여 上疏曰 西陵建平은 國之蕃表라 旣處上流하여 受敵二境하니 若敵汎舟順流하여 星犇電邁면 非可恃援他郡以救倒縣也라 臣父遜이 昔在西陲上言호대 '西陵國之西門이라 雖云易守나 亦復易失이니 若有不守면 非但失一郡이라 荊州非吳有也라하니 臣死之後에 乞以西方爲屬하노이다하다 及卒에 吳主使其子晏景玄機雲分將其兵하다

【육항이 상소하여 수비를 요청하다】

오나라 대사마 육항이 병이 심해지자 상소하기를,

"서릉과 건평은 국가의 울타리입니다. 이미 상류에 처하여 적을 두 지역에서 상대하고 있으니, 만약 적이 배를 띄워 물 흐름을 따라 유성처럼 달려오고 번개처럼 나오면, 다른 군(郡)의 지원을 의지하여 위급한 상황을 구제할 수 없습니다. 신의 아버지 육손이 옛날 서쪽 변방에 있으면서 말을 올리기를, '서릉은 나라의 서쪽 문입니다. 비록 지키기 쉬우나, 또한 다시 잃기도 쉬우니, 만약 지키지 못함이 있으면 한 군(郡)을 잃을 뿐만 아니라, 형주도 우리 오나라의 소유가 못 될 것입니다.' 하였으니, 신이 죽은 뒤에도 서방을 경계하시기 바랍니다."

하였다. 육항이 죽자, 오나라 군주가 육항의 아들인 육안(陸晏)·육경(陸景)·육현(陸玄)·육기(陸機)·육운(陸雲)에게 그 군대를 나누어 거느리게 하였다.

【병신(丙申 276) 진(晋) 함녕(咸寧) 2년】

○ 【羊祜上疏請伐吳】

羊祜上疏請伐吳

十月에 晉羊祜請伐吳曰 先帝西平巴蜀하고 南和吳會하여 庶幾海內得以休息이러니 而吳復背信하여 使邊事更興하니 夫期運雖天所授나 而功業必因人而成이니 不一大擧掃滅하면 則兵役無時得息也라 蜀平之時에 天下皆謂吳當幷亡이라하더니 自是以來로 十

謀之雖多 決之欲獨

有三年矣라 夫謀之雖多나 決之欲獨이라 凡以險阻得全者는 謂其勢勻力敵耳라 若輕重不齊하고 强弱異勢면 雖有險阻나 不可保也니이다 蜀之爲國이 非不險也라 皆云一夫荷戟이면 千人莫當이라하

一夫荷戟 千人莫當

더니 及進兵之日하여 曾無藩籬之限하고 乘勝席卷하여 徑至成都하니 今江淮之險不如劍閣하고 孫皓之暴過於劉禪하고 吳人之困甚

於巴蜀하고 而大晉兵力盛於往時하니 不於此際平一四海하고 而更阻兵相守하여 使天下困於征戍하여 經歷盛衰는 不可長久也라 今若引梁益之兵水陸俱下하고 荊楚之衆進臨江陵하고 平南豫州直指夏口하고 徐揚靑兗並會秣陵하여 以一隅之吳當天下之衆이면 勢分形散하여 所備皆急하리니 巴漢奇兵出其空虛하여 一處傾壞면 則上下震蕩하여 雖有智者不能爲吳謀矣리이다 孫皓恣情任意하여 與下多忌하고 其俗急速不能持久라 弓弩戟楯不如中國이요 唯有水戰是其所便이나 一入其境이면 則長江非復所保라 還趣城池하여 去長入短이면 非吾敵也니 如此면 軍不踰時하여 克可必矣리이다하니 晉主深納之나 而朝議方以秦涼爲憂어늘 祜復表曰 吳平則胡自定이니 但當速濟大功耳니이다하다 議者多有不同하고 賈充荀勗馮紞尤以伐吳爲不可라커늘 祜歎曰 天下不如意事十常居七八로다 天與不取하니 豈非更事者恨於後時哉아하다 唯度支尙書杜預中書令張華與晉主意合하여 贊成其計하다

天下不如意事十常居七八

【양호가 상소하여 오나라를 칠 것을 요청하다】

10월에 진나라 양호가 오나라를 치자고 요청하여 말하기를,

"돌아가신 황제께서 서쪽으로 파·촉을 평정하시고, 남으로 오군(吳郡)·회계군(會稽郡)과 화평하여 거의 천하가 휴식할 수 있었습니다. 그런데 오나라가 다시 배신하여 변방 전쟁을 다시 일어나게 하였습니다. 대저 기회·운수는 비록 하늘이 주는 것이지만, 공적은 반드시 사람으로 인해 이룩되는 것이니, 한 번 크게 출동하여 소멸시키지 않으면, 전쟁이 그칠 때가 없을 것입니다. 촉한을 평정했을 때에 천하 사람들이 모두 말하기를, '오나라도 마땅히 아울러 망할 것이다.' 했는데, 그로부터 13년입니다. 대저 도모함이 비록 많을지라도, 결정은 독단으로 하려해야 합니다. 무릇 험준함으로 온전

할 수 있는 것은 형세가 비슷하고 힘이 대등한 경우를 말할 뿐입니다. 만약 경중이 같지 않고 강약의 형세가 다르면, 비록 험준함이 있더라도 보존할 수 없습니다. 촉한은 험준하지 않은 것이 아니었습니다. 모두 말하기를 '한 사나이가 창을 들면, 천 사람이 당하지 못한다.' 하였는데, 군대를 전진하는 날에 〈촉한은〉 일찍이 울타리의 한계가 없었고, 〈우리 쪽이〉 승세를 틈타 석권하여, 곧바로 성도에 이르렀었습니다. 지금 강수·회수의 험난함은 검각만 못하고, 손호(孫皓)의 포학함은 유선(劉禪)보다 더하고, 오나라 사람들의 피곤함은 파·촉보다 극심하고, 대진(大晉)의 병력은 과거보다 강성합니다. 이때에 천하를 평정하여 통일하지 않고, 다시 군대로 막아[13] 서로 지켜서, 천하 사람들을 정벌·수비에 피로케 하여 청년과 노년 시절을 보내게 하는 것은 오래도록 지속할 수 없습니다. 지금 만약 양주와 익주의 군대를 인솔하여 강과 육지로 함께 내려가고, 형주와 초주의 무리가 전진하여 강릉에 임하고, 평남장군·예주자사는 곧바로 하구(夏口)로 향하고, 서주·양주·청주·연주 군사는 함께 말릉으로 모여, 한 모퉁이의 오나라로 천하의 무리를 당하게 되면, 세력이 쪼개지고 형상이 흩어져 대비하는 것이 모두 급박할 것이니, 〈우리의〉 파·촉의 기습 군대가 그 공허한 곳에 출동하여 한 곳이 기울어 무너지면, 위아래가 동요하여 비록 지혜로운 자가 있더라도 오나라를 위하여 도모하지 못할 것입니다. 손호는 욕정을 방자히 하며 뜻을 멋대로 하여 아랫사람과 시기함이 많고, 그 습속이 성급하여 오래 버틸 수 없습니다. 〈저들의〉 활·쇠뇌·창·방패가 〈우리의〉 중국만 못하고, 오직 수중 전투만이 편한 바이지만, 〈우리가〉 한 번 그들의 경계에 들어가면 장강이 다시 보호하지 못하여 〈저들이〉 다시 성·해자로 향하여 〈저들의〉 장점을 버리고 단점을 쓴다면 우리의 적수가 아니니, 이와 같으면 군대가 때를 넘기지 않고서 반드시 이길 수 있을 것입니다."

하니, 진나라 군주가 그 말을 깊이 받아들였다. 그러나 조정의 논의가 한창 진주(秦州)와 양주(凉州)를 염려하고 있어서 양호가 다시 표를 올리기를,

"오나라가 평정되면 오랑캐는 저절로 평정될 것이니, 다만 빨리 큰 공을 이루어야 할 뿐입니다."

하였다. 의논하는 사람들 중에 동의하지 않는 자들이 많았고, 가충·순욱·풍담이

---

13) 군대로 막아 : 군대가 둔전(屯田)하고 호위함을 말함.

더욱 오나라를 치는 것을 옳지 않다고 하자, 양호가 탄식하여 말하기를,

"천하에 뜻대로 되지 않는 일이 10에 8이나 9를 차지한다. 하늘이 주어도 취하지 않으니, 어찌 일을 지나쳐 버린 자가 뒤늦은 때에 한스러워 하지 않겠는가?"

하였다. 오직 탁지상서 두예(杜預)와 중서령 장화(張華)가 진나라 군주와 뜻이 맞아 그 계획에 찬성하였다.

【무술(戊戌 278) 진(晉) 함녕(咸寧) 4년】

○【晉主欲使羊祜臥護諸將】

晉主欲使羊祜臥護諸將 六月에 晉羊祜面陳伐吳之計하니 晉主善之하고 以祜病으로 不宜數入이라하여 更遣張華就問籌策한대 祜曰 孫皓暴虐已甚하여 於

吳更立令主 長江未可窺 今可不戰而克이어니와 若皓不幸而沒하고 吳人更立令主면 雖有百萬之衆이라도 長江未可窺也요 將爲後患矣리라하다 華深然之어

成吾志者子也 늘 祜曰 成吾志者는 子也로다하다 晉主欲使祜臥護諸將이어늘 祜

功名之際 臣不敢居 曰 取吳不必臣行이요 但旣平之後에 當勞聖慮耳라 功名之際에 臣不敢居니 若事了인댄 當有所付授니 願審擇其人也하소서하다

【진나라 군주가 양호로 하여금 여러 장군들을 누워서 감독하게 하려하다】

6월에 진나라 양호가 임금 면전에서 오나라를 칠 계획을 진술하니, 오나라 군주가 그 말을 훌륭하게 여기고 양호가 병으로 자주 들어옴이 마땅하지 않다고 하여, 다시 장화를 보내 나아가 계책을 묻게 하였다. 양호가 말하기를,

"손호는 포학함이 이미 극심하여 지금은 싸우지 않고도 이길 수 있지만, 만약 손호가 불행히도 죽고 오나라 사람이 훌륭한 임금으로 바꾸어 세우면, 비록 백만의 병력이 있더라도 장강을 엿볼 수 없고 장차 후환이 될 것입니다."

하였다. 장화는 그것을 깊이 옳다고 여기자, 양호는 말하기를,

"내 뜻을 이룰 사람은 그대이다."

하였다. 진나라 군주가 양호로 하여금 여러 장군들을 누워 감독하게 하려 하자, 양호가 말하기를,

"오나라를 탈취하는 데에는 신이 갈 필요가 없고, 다만 평정한 뒤에 임금님의 뜻을 위로해야 할 뿐입니다. 공로·명예의 즈음에는 신이 감히 있지 못하겠으니, 만약 일을 완료하려면 당연히 맡겨 주어야 할 사람이 있어야 합니다. 원컨대 그 적임자를 세심히 고르십시오."

하였다.

○ 【衛瓘欲陳啓太子昏愚而未敢發】

衛瓘欲陳啓太子昏愚而未敢發

十月에 晉以衛瓘爲尙書令하다 是時에 朝野咸知太子昏愚하여 不堪爲嗣라 瓘每欲陳啓而未敢發이러니 會侍宴凌雲臺할새 瓘陽醉하여 跪晉主牀前曰 臣欲有所啓하노이다하니 晉主曰 公所言何耶오하다 瓘欲言而止者三하고 因以手撫牀曰 此座可惜이로이다하니 晉主意悟하고 因謬曰 公眞大醉耶아하니 瓘於此不復有言하다

此座可惜

【위관이 태자가 흐리멍덩하고 어리석음을 진술해 아뢰고자 하였으나 감히 발언하지 못하다】

10월에 진나라가 위관(衛瓘)을 상서령으로 삼았다. 이 때 조정과 재야는 모두 태자가 흐리멍덩하고 어리석어 후계자가 노릇을 감당하지 못할 것을 알았다. 위관이 항상 진술해 아뢰려 하였으나 감히 발언하지 못하였는데, 마침 능운대(凌雲臺)에 진나라 군주를 모시고 잔치할 때에 위관이 술 취한 척하며 진나라 군주의 상 앞에 무릎 꿇고 앉아 말하기를,

"신이 아뢰고 싶은 것이 있습니다."

하니, 진나라 군주가 말하기를,

"공이 말하려는 것이 무엇이오?"

하였다. 위관이 말하려다 세 번 중지하고 이어서 손으로 상을 어루만지며 말하기를,

“이 자리가 참으로 서글픕니다.”

하였다. 진나라 군주는 뜻을 깨닫고 이어서 고의로 말을 막으며,

“공이 정말 크게 취했소?”

하니, 위관이 이에 다시 말을 하지 못하였다.

○ 【晉主焚雉頭裘】

晉主焚雉頭裘

十一月에 晉太醫司馬程據獻雉頭裘어늘 晉主焚之於殿前하고 敕內外호대 敢有獻奇技異服者면 罪之하리라

【진나라 군주가 꿩 머리털로 만든 가죽옷을 불사르다】

11월에 진나라 태의(太醫) 사마정거(司馬程據)가 꿩 머리털로 만든 가죽옷을 바치자, 진나라 군주가 이것을 전각(殿閣) 앞에서 불사르고, 안팎에 조칙하기를,

“감히 기이한 기예와 이상한 의복을 바치는 자가 있으면 그를 죄주겠다.”

하였다.

○ 【羊祜擧杜預自代】

羊祜擧杜預自代

晉羊祜疾篤하여 擧杜預自代어늘 乃以預爲鎭南大將軍都督荊州諸軍事하다 祜卒하니 晉主哭之甚哀하다 南州民聞祜卒하고 爲之罷市하니 巷哭聲相接하고 吳守邊將士亦爲之泣하다

【양호가 두예를 천거하여 자신의 후임으로 하게 하다】

진나라 양호가 병이 위독하여 두예(杜預)를 추천하여 자신의 후임으로 하게 하자, 마침내 두예를 진남대장군, 도독형주제군사로 삼았다. 양호가 죽자, 진나라 군주가 곡하여 매우 슬퍼하였다. 남쪽 주현(州縣)의 백성들이 양호의 죽음을 듣고 그를 위하여 시장을 해산하니 골목에 곡하는 소리가 서로 이어졌고, 오나라의 변방

을 수비하는 장수와 사졸들도 그를 위하여 울었다.

【羊祜好遊峴山 襄陽人建墮淚碑】

羊祜好遊峴山襄陽人建墮淚碑

祜好遊峴山이러니 襄陽人建碑立廟於其地하고 歲時祭祀하다 望其碑者無不流涕하고 因謂之墮淚碑라하다

【양호가 현산에 노닐기를 좋아하여 양양 사람들이 타루비를 세우다】

양호는 현산(峴山)에 노닐기를 좋아하였는데, 양양(襄陽) 사람들이 그 땅에 비석을 세우고 사당을 건립하고 세시(歲時 : 매년 정해진 시기)에 제사하였다. 그 비석을 바라보는 사람들이 눈물을 흘리지 않는 이가 없었고 그 때문에 그것을 타루비(墮淚碑 : 눈물을 흘리는 비석)라고 하였다.

【기해(己亥 279) 진(晋) 함녕(咸寧) 5년】

【劉淵恥隨陸絳灌】

劉淵恥隨陸絳灌

初에 魏曺操分南匈奴爲五部하고 以左賢王豹爲左部帥하다 豹子淵이 幼而雋異하고 博習經史라 嘗謂同門生曰 吾常恥隨陸無武하고 絳灌無文하노니 隨陸遇高帝而不能建封侯之業하고 絳灌遇文帝而不能興庠序之敎하니 豈不惜哉아하고 於是兼學武事하다 及長에 猨臂善射하고 膂力過人이라 爲侍子在洛陽할새 王渾重之하다 齊王攸言於晉主曰 陛下不除劉淵이면 臣恐并州不得久安일까하노이다한대 王渾曰 大晉方以信懷殊俗하니 奈何以無形之疑殺人侍子乎잇가하니 晉主曰 渾言是也로다하다 會豹卒커늘 以淵代爲左部帥하다

【유연이 수하·육가·강후·관영을 수치스러워하다】

과거에 위나라 조조가 남흉노를 나누어 5부로 만들고, 좌현왕 유표(劉豹)를 좌부수로 삼았다. 유표의 아들 유연(劉淵)이 어려서부터 준수하며 특이하였고, 널리 경서와 사서를 익혔다. 일찍이 같은 문하의 학생들에게 말하기를,

"나는 항상 수치스러워하기를 수하(隨何)와 육가(陸賈)는 무략이 없고 강후(絳侯)와 관영(灌嬰)14)은 학문이 없는 것이었소. 수하와 육가는 고제를 만났으나 제후에 봉해지는 업적을 세우지 못하였고, 강후와 관영은 문제를 만났으나 학교의 교육을 일으키지 못하였으니, 어찌 애석하지 않소!"

하고, 이에 무예 일을 겸하여 배웠다. 장성하자 원숭이 팔과 같아 활쏘기를 잘하였고, 체력이 남보다 뛰어났다. 시자(侍子)가 되어 낙양에 있는데, 왕혼(王渾)이 그를 소중해 하였다. 제왕 사마유(司馬攸)가 진나라 군주에게 말하기를,

"폐하께서 유연을 제거하지 않으면 병주(幷州)가 오래 편안하지 못할까 두렵습니다."

하였다. 왕혼이 말하기를,

"대진(大晉)이 바야흐로 신의로 이민족을 회유하는데, 어찌 드러나지 않은 의혹으로 남의 시자를 죽일 것입니까?"

하니, 진나라 군주가 말하기를,

"왕혼의 말이 옳소!"

하였다. 마침 유표가 죽자, 유연을 후임으로 하여 좌부수를 삼았다.

○ **【吳主孫皓剝面鑿眼】**

吳主孫皓剝面鑿眼

吳主每宴群臣에 咸令沈醉하고 又置黃門郞十人爲司過하여 宴罷之後에 各奏其闕失하니 迕視謬言이 罔有不擧라 大者卽加刑戮하고 小者記錄爲罪하니 或剝人面하고 或鑿人眼하다 由是上下離心하여 莫爲盡力하다

---

14) 수하(隨何)와 육가(陸賈) … 강후(絳侯)와 관영(灌嬰) : 모두 한나라 사람임. 수하와 육가는 유방(劉邦)의 모사이고, 강후와 관영은 함께 문제(文帝)를 황제로 세웠다.

【오나라 군주 손호가 얼굴을 벗기고 눈을 파내다】

오나라 군주가 여러 신하들과 연회를 할 때마다 모두 몹시 취하게 하였다. 또 황문랑(黃門郎) 10명을 두어 여러 신하들의 과실을 엿보게 하여 잔치를 마친 뒤에 각자 그 잘못을 아뢰게 하니, 거스르게 보는 것과 잘못된 말이 들춰지지 않는 것이 없었다. 큰 것은 바로 형륙을 가하고 작은 것은 기록하여 죄를 주었는데, 혹은 사람의 얼굴을 벗기거나 사람의 눈을 파내었다. 이 때문에 위아래 사람들의 마음이 떠나서 <오나라 군주를> 위하여 힘을 다하는 사람이 없었다.

○ 【王濬與杜預請伐吳】

王濬與杜預請伐吳

晉益州刺史王濬上疏曰 孫皓荒淫凶逆하니 宜速征伐하소서 若一旦皓死하고 更立賢主면 則彊敵也요 臣作船七年에 日有朽敗하고 臣年七十이라 死亡無日하니 三者一乖면 則難圖也니 誠願陛下無失事機하소서하다 帝於是決意伐吳하고 議明年出師하다 杜預上表曰 羊祜不先博謀於朝臣하고 而密與陛下共施此計라 故令朝臣多異同之議하니 凡事當以利害相校라 今此擧之利十有八九요 而其害一二하니 止於無功耳라 必使朝臣言破敗之形이면 亦不可得이라 直是計不出己하여 功不在身이라 各恥其前言之失而固守之也리이다하다 晉主方與張華圍碁러니 預表適至어늘 華推枰斂手曰 陛下聖武하사 國富兵彊하고 吳主淫虐하여 誅殺賢能하니 當今討之면 可不勞而定이니 願勿以爲疑하소서하니 晉主乃許之하다

【왕준과 두예가 오나라를 칠 것을 청하다】

진나라 익주자사 왕준(王濬)이 상소하기를,

"손호는 황탄·음란·흉포·거역하니, 빨리 정벌하십시오. 만약 갑자기 손호가 죽고 훌륭한 군주로 갈아세우면 강한 적이 될 것입니다. 신이 배를 만든

지 7년에 날로 썩어 부서지고, 신의 나이도 70살인지라 죽을 날이 곧 닥치리니, 세 가지 중에 하나만 어그러져도 도모하기가 어렵습니다. 진실로 원하옵건대 폐하께서는 일의 기회를 놓치지 마소서."

하였다. 진나라 군주가 이에 오나라를 치기로 결정하고, 다음 해에 군대를 출동하기를 논의하였다. 두예가 표를 올리기를,

"양호가 미리 조정 신하들과 널리 도모하지 않고 은밀히 폐하와 함께 이 계획을 시행하였습니다. 그러므로 조정 신하들이 다른 의견을 많이 내게 하였습니다. 무릇 일은 이로움과 해로움으로 서로 따져야 합니다. 지금 이 거사의 이로움은 열에 여덟아홉이고, 그 해로움은 한둘이니 〈잘 안 되어도〉 공이 없음에 그칠 뿐입니다. 필시 조정 신하들에게 파괴하고 패배시킬 형세를 말하게 하면 또한 불가능합니다. 다만 이 계획이 자기에게서 나오지 않아 공이 자신에게 있지 않기 때문입니다. 각각 그들이 이전에 했던 말이 잘못되었음을 부끄럽게 여겨 자신들의 의견을 고수할 것입니다."

하였다. 진나라 군주가 마침 장화와 바둑을 두고 있던 중이었는데, 두예의 표문이 마침 이르렀다. 장화는 바둑판을 밀치고 손을 여미고 말하기를,

"폐하께서는 성스럽고 용감하시어, 나라가 부유하고 군대가 강합니다. 오나라 군주는 음란·포학하여 어진 이와 유능한 이를 죽이니, 지금 그를 치면 고생하지 않고 평정할 수 있습니다. 원컨대 의심하지 마소서"

하니, 진나라 군주가 마침내 그것을 허락하였다.

【釋吳爲外懼 豈非算】

釋吳爲外懼 豈非算

山濤退而告人曰 自非聖人인댄 外寧必有內憂니 今釋吳爲外懼가 豈非算乎아하다

【오나라를 내버려두어 외방의 두려움을 삼음이 어찌 좋은 계책이 아니겠는가!】

산도가 물러나 사람들에게 고하기를,

"본래 성인이 아니고서는 밖이 편안하면 반드시 안으로 근심이 있는 것이

니, 지금 〈우리의 안에 근심이 없으려면〉 오나라를 내버려 두어 외방의 두려움을 삼음이 어찌 좋은 계책이 아니겠는가!"

하였다.

○ 【晉大擧伐吳】

晉大擧伐吳 十一月에 晉大擧伐吳할새 遣琅琊王伷出涂中하고 王渾出江西하고 王戎出武昌하고 胡奮出夏口하고 杜預出江陵하고 王濬出巴東하고 唐彬出巴蜀하니 東西凡二十餘萬이라

【진나라가 크게 출동하여 오나라를 치다】

11월에 진나라가 크게 출동하여 오나라를 치는데, 낭야왕(琅琊王) 사마주(司馬伷)를 보내어 저중(涂中)으로 출동케 하고, 왕혼은 강서로 출동케 하고, 왕융은 무창으로 출동케 하고, 호분은 하구로 출동케 하고, 두예는 강릉으로 출동케 하고, 왕준은 파동으로 출동케 하고, 당빈은 파・촉으로 출동케 하니, 동서로 모두 20여 만이었다.

〔부록〕

주요기사 일람표

▪ 세조광무황제(世祖光武皇帝) 재위 33년

연 도	주 요 사 건	면
25	公孫述建成家國 : 공손술이 성가국을 세우다.	17
	蕭王連破尤來諸賊 : 소왕이 우래 등의 적들을 연달아 쳐부수다.	17
	馮異吳漢等擊諸賊 : 풍이와 오한 등이 적들을 격파하다.	19
	蕭王恤賈復之孤 : 소왕이 가복의 고아를 돌보다.	19
	諸將請上尊號 : 여러 장군들이 유수(劉秀)에게 황제 칭호를 올리겠다고 청하다.	20
	蕭王卽皇帝位 : 소왕이 황제에 즉위하다.	21
	赤眉立劉盆子 : 적미가 유분자를 세우다.	22
	鄧禹爲大司徒 年二十四 : 등우가 나이 24세에 대사도가 되다.	22
	伏湛以循良見用 : 복담이 어진 다스림에 의해 중용되다.	23
	封更始爲淮陽王 : 경시를 봉하여 회양왕으로 삼다.	24
	卓茂仁政 : 탁무의 어진 정치.	24
	褒寵卓茂 : 탁무를 포상하여 총애하다.	26
	光武知所先務 得其本原 : 광무제는 우선 힘쓸 바를 알아서 그 근본을 얻다.	27
	光武定都洛陽 : 광무제가 낙양에 도읍을 정하다.	28
	更始降赤眉 : 경시가 적미에게 항복하다.	28
	鄧禹名震關西 : 등우의 명성이 관서에 떨쳤다.	29
	隗囂稱西州上將軍 : 외효가 스스로 서주상장군이라 일컫다.	30
	馬援老當益壯 : 마원은 늙으면 더욱 씩씩해야 한다고 하다.	31
26	陰識辭加爵邑 : 음지가 봉작과 식읍을 더해주는 것을 사양하다.	32
	以孝廉爲尙書郞 : 효렴을 상서랑으로 삼다.	32
	起高廟於洛陽 : 고묘를 낙양에 세우다.	32
	赤眉殺掠 : 적미가 살육하고 약탈하다.	33
	鄧禹入長安 : 등우가 장안에 들어가다.	33
	糟糠之妻不下堂 : 조강지처는 집에서 쫓아내지 않는다.	33
	彭寵反 : 팽총이 반란하다.	35

32	耿純降盜 : 경순이 도적을 항복시키다.	82
33	祭遵憂國奉公 : 채준이 나라를 위해 애쓰고 공무를 받들다.	83
	隗囂恚憤而卒 : 외효가 성나 분통터져 죽었다.	84
34	隗純降 : 외순이 항복하다.	84
35	岑彭破蜀兵 : 잠팽이 촉한 군대를 격파하다.	84
	來歙被刺 : 내흡이 찔려 죽다.	85
	貴戚斂手以避二鮑 : 귀척도 손을 모아 거두고 두 명 포씨를 피하다.	87
	公孫述使刺客殺岑彭 : 공손술이 자객을 시켜 잠팽을 죽이다.	87
	馬成平武都 : 마성이 무도를 평정하다.	88
	郭伋諫用南陽人 : 곽급이 남양 사람을 등용하는 것을 간언하다.	88
36	吳漢八戰八克 : 오한이 여덟 번 싸워 여덟 번 승리하다.	90
	高午刺公孫述 述死 : 고오가 공손술을 찔러 공손술이 죽었다.	90
	李業等不事公孫述 : 이업 등이 공손술을 섬기지 않았다.	91
	擢用西土賢士 : 서쪽 지역의 어진 선비를 뽑아 쓰다.	92
	任延言忠臣不私 : 임연이 충성스런 신하는 부화뇌동하지 않는다고 말하다.	93
37	不貴名馬寶劍 : 명마와 보검을 귀하게 여기지 않다.	93
	郅惲拒關 : 질운이 성문을 막다.	94
	褒封功臣 : 공신에게 봉작을 주다.	95
	光武隴蜀平後 不言兵 : 광무제는 농과 촉이 평정된 이후로 군대에 대해 말하지 않다.	95
	保全功臣 : 공신을 보호하여 안전하게 하다.	96
	天下少事 : 천하에 사건이 적다.	97
38	梁統更請定律 : 양통이 법률을 정할 것을 다시 청하다.	97
39	韓歆以直諫死 : 한흠이 직간 때문에 죽다.	98
	韓歆死 爲仁明之累 : 한흠이 죽은 것은 어질고 밝은 정치에 결함이 된다.	99
	檢覈州郡墾田 : 주와 군을 조사하여 농토를 개간하다.	100
	張堪爲政 樂不可支 : 장감이 정사를 하니 즐거움을 가눌 수 없다.	101
	徵側忿怨 : 징측이 분노하다.	102
40	徵側反 : 징측이 반란하다.	102

■ **현종효명황제(顯宗孝明皇帝) 재위 18년**

▪ **숙종효장황제(肅宗孝章皇帝) 재위 33년**

■ **효화황제(孝和皇帝) 재위 17년**

■ **효상황제(孝殤皇帝) 재위 1년**

■ **효안황제(孝安皇帝) 재위 19년**

▪ **효순황제(孝順皇帝) 재위 19년**

▪ **효충황제(孝沖皇帝) 재위 1년**

▪ **효질황제(孝質皇帝) 재위 1년**

▪ **효환황제(孝桓皇帝) 재위 21년**

▪ 효령황제(孝靈皇帝) 재위 22년

183	黃巾賊起 : 황건적이 일어나다.	250
184	皇甫嵩請解黨禁 : 황보숭이 당금을 풀어줄 것을 청하다.	251
	發兵討黃巾 : 병사를 동원하여 황건적을 토벌하다.	253
	曹操治世能臣 亂世奸雄 : 조조는 치세의 유능한 신하이고, 난세의 간사한 영웅이다.	254
	斬張梁 戮張角屍 : 장량을 참수하고 장각의 시체를 욕보이다.	255
185	崔烈入錢爲司徒 : 최열이 돈을 바치고 사도가 되다.	255
187	陳寔表正鄕閭 : 진식이 고향에 모범이 되다.	257
189	何進謀誅宦官 : 하진이 환관을 죽일 것을 도모하다.	257
	董卓請收張讓等 : 동탁이 장양 등을 제거할 것을 청하다.	258
	張讓矯詔殺何進 袁紹殺諸宦者 : 장양이 조서를 사칭하여 하진을 죽이고, 원소가 여러 환관들을 죽이다.	260
	董卓廢少帝 立劉協爲帝 : 동탁이 소제 유변을 폐하고, 유협을 세워 황제로 하다.	261
	董卓申理黨人 : 동탁이 당인들을 심리하여 풀어주다.	261
	袁術出犇南陽 曹操變易姓名 : 원술은 남양으로 도망치고, 조조는 성명을 바꾸다.	263

▪ 효헌황제(孝獻皇帝) 재위 31년

190	關東起兵討董卓 推袁紹爲盟主 : 관동에서 병사를 일으켜 동탁을 토벌할 때, 원소를 맹주로 추대하다.	266
	董卓遷都長安 : 동탁이 장안으로 천도하다.	266
	孫堅起兵討董卓 : 손견이 병사를 일으켜 동탁을 토벌하다.	268
	劉虞務存寬政 : 유우(劉虞)가 힘써 관대한 정치를 유지하다.	268
191	孫堅掃除宗廟 大破董卓 : 손견이 동탁을 크게 격파하고 종묘를 소제하다.	268
	公孫瓚大破黃巾 : 공손찬이 황건적을 크게 격파하다.	270
	公孫瓚以劉備爲平原相 : 공손찬이 유비를 평원상으로 삼다.	270
	黃祖殺孫堅 : 황조가 손견을 죽이다.	271
	管寧邴原王烈之賢行 : 관녕 · 병원 · 왕렬의 어진 행실.	271
192	荀彧曹操之子房 : 순욱은 조조의 장자방.	273
	王允使呂布誅董卓 : 왕윤이 여포에게 동탁을 죽이게 하다.	273

200	關羽報效曹操 犇劉備於袁軍 : 관우가 조조에게 보답하고 원소의 군대에 있는 유비에게로 달려가다.	298
	孫策卒 孫權代領江東 : 손책이 죽고 손권이 강동을 이어받아 다스리다.	299
	曹操敗走袁紹 : 조조가 원소를 패주시키다.	301
	袁紹殺田豐 : 원소가 전풍을 죽이다.	301
201	劉備嘆髀肉復生 : 유비가 넓적다리에 다시 살이 붙은 것을 한탄하다.	302
202	袁紹發病薨 : 원소가 병이 나서 죽다.	303
203	袁譚袁尙相攻 曹操及其亂欲取之 : 원담과 원상이 서로 공격하자 조조가 혼란을 틈타서 탈취하려하다.	303
204	曹操破袁尙 : 조조가 원상을 격파하다.	304
	袁譚叛 走南皮 : 원담이 반란을 일으키고 남피로 달아나다.	305
205	曹操斬袁譚 : 조조가 원담을 참수하다.	305
207	劉備三顧孔明於隆中 : 유비가 공명을 융중으로 세 번 찾아가다.	306
	劉備之有孔明 猶魚之有水 : 유비에게 공명이 있는 것은 물고기에게 물이 있는 것과 같다.	307
	孔明臥龍 士元鳳雛 德操水鑑 : 공명은 와룡이고 사원은 봉추이고 덕조는 수감이다.	309
208	劉琮降曹操 : 유종이 조조에게 항복하다.	310
	劉備不背劉表 : 유비가 유표를 저버리지 않다.	310
	長坂之戰 劉備棄妻子走 : 장판 전투에서 유비가 처자를 버리고 도주하다.	312
	魯肅說劉備共拒曹操 : 노숙이 유비에게 조조를 함께 막자고 유세하다.	312
	諸葛亮渡江說孫權 : 제갈량이 강을 건너 손권을 설득시키다.	313
	魯肅諫迎曹操 : 조조를 환영하자는 논의에 노숙이 반대말을 올리다.	316
	周瑜決計拒操 : 주유가 계획을 결정하여 조조를 방어하다.	317
	劉備周瑜共拒曹操 : 유비와 주유가 함께 조조를 방어하다.	319
	周瑜大破操兵於赤壁 : 주유가 적벽에서 조조 군대를 대파하다.	320
	劉備南徇四郡 : 유비가 남쪽 4군을 순행하다.	322
209	孫權以妹妻劉備 : 손권이 누이동생을 유비에게 시집보내다.	323
	周瑜雅量高致 非言辭所能間 : 주유의 도량이 넓고 뜻이 높음은 말로 이간시킬 수 있는 것이 아니다.	323
210	曹操作銅爵臺 : 조조가 동작대를 짓다.	325

215	劉備不許孫權取益州 : 유비가 손권이 익주를 취하는 것을 허락하지 않다.	348
	孫劉分荊州 : 손권과 유비가 형주를 나누다.	349
	曹操克漢中 劉曄勸操取成都 : 조조가 한중에서 승리하자, 유엽이 조조에게 성도를 취할 것을 권하다.	350
216	曹操進爵爲王 : 조조가 작위를 높여 왕이 되다.	354
217	曹丕爲魏太子 : 조비를 위 태자로 삼다.	354
	法正說劉備取漢中 : 법정이 유비에게 한중을 취할 것을 말하다.	354
218	漢中益州咽喉 : 한중은 익주의 목구멍이다.	355
	諸葛亮盡時人之器用 : 제갈량이 당시 사람들을 기량대로 잘 등용하였다.	356
219	子龍一身都是膽 : 조자룡은 온 몸이 모두 담뿐이다.	356
	劉備有漢中 : 유비가 한중을 점유하다.	358
	劉備自稱漢中王 : 유비가 한중왕이라 칭하다.	358
	于禁降於關羽 羽威震華夏 : 우금이 관우에게 항복하자 관우의 위엄이 중국에 떨쳤다.	359
	呂蒙勸權取關羽 : 여몽이 손권에게 관우를 잡아야 한다고 권유하다.	360
	呂蒙計襲關羽 : 여몽이 관우를 습격할 것을 계획하다.	361
	陸遜代呂蒙 : 육손이 여몽의 후임이 되다.	361
	關羽得陸遜書 意大安 撤兵以赴樊 : 관우는 육손의 편지를 얻고 마음이 매우 안심되어, 군대를 철수시켜 번성에 이르게 하였다.	363
	呂蒙襲羽 爲大督 : 여몽이 관우를 습격할 때 대독이 되다.	363
	呂蒙使白衣搖櫓 : 여몽이 백의를 입은 자들에게 노를 젓게 하다.	364
	呂蒙軍令嚴明 : 여몽이 군령이 엄격하다.	365
	孫權定荊州 : 손권이 형주를 평정하다.	365
	馬忠斬關羽 : 마충이 관우를 죽이다.	366
	孫權與陸遜論周魯呂得失 : 손권이 육손과 함께 주유·노숙 및 여몽의 득실에 대해 논하다.	366
	孫權稱臣於曹操 : 손권이 조조에게 신하라고 칭하다.	369
	曹操自比周文 : 조조가 자신을 주나라 문왕에 비유하다.	369
	教化風俗安可慢忽 : 교화를 어찌 태만히 할 수 있으며 풍속을 어찌 소홀히 할 수 있겠는가!	370
220	曹操幾平海內 : 조조가 천하를 거의 평정하다.	373

▪ 소열황제(昭烈皇帝) 재위 3년

▪ 후황제(後皇帝) 재위 40년

지도 목록

〈지도26〉 원술(袁術)이 남쪽으로 수춘(壽春)에 옮겨감.(193년 1월)

〈지도27〉 조조(曹操)가 서주(徐州)로 남하하여 성을 크게 도륙함.(193년 늦가을)

〈지도28〉 손책(孫策)이 강동(江東)을 경략함.(195년 12월)

〈지도29〉 유비(劉備)가 패배하여 여포(呂包)에게 투항함.(196년 6월)

〈지도30〉 조조(曹操)가 동쪽으로 가서 여포(呂包)를 사로잡고 서주(徐州)를 병탄함.(198년 9월-11월)

〈지도31〉 기주(冀州) 연합군이 처음으로 남하하여 좌절함.(200년 1월-4월)

〈지도32〉 관도(官渡) 전쟁.(200년 8월-10월)

〈지도33〉 조조가 원담을 격멸하고 북방 3주(州)를 병탄함.(204년 10월-205년 1월)

〈지도34〉 조조(曹操)가 남하하여 형주(荊州)를 접수함.(208년 9월)

〈지도35〉 적벽(赤壁) 전쟁.(208년 10월)

〈지도36〉 유비(劉備)가 형주(荊州)를 빌림.(210년)

〈지도37〉 유비(劉備)가 익주(益州)에 진입함.(211년)

〈지도38〉 동한(東漢) 왕조(王朝) 9주(州) 및 위국(魏國) 10군(郡).(213년)

〈지도39〉 유비(劉備)가 익주(益州)를 탈취함.(212년-214년 윤5월)

〈지도40〉 손권(孫權)이 형주(荊州)를 찾음.(215년)

〈지도41〉 조조(曹操)가 한중군(漢中郡)을 수복함.(215년 3월-7월)

〈지도42〉 유비(劉備)가 한중(漢中)을 빼앗고 조조(曹操)가 친정(親征)에 실패함.(218년 4월-219년 5월)

〈지도43〉 관우(關羽)의 죽음.(219년 10월-12월)

〈지도44〉 유비(劉備)의 일생 벼슬길.(180년대-220년대)

〈지도45〉 효정(猇亭) 전투.(221년 7월-222년 윤6월)

〈지도46〉 제갈량(諸葛亮)이 맹획(孟獲)을 칠종칠금(七縱七擒)함.(225년 7월)

〈지도47〉 조비(曹丕)의 남방 순행.(225년)

〈지도48〉 제갈량(諸葛亮)이 다섯 번 북벌(北伐)하고 두 번 기산(祁山)에 출동함.(220년대-230년대)

〈지도49〉 촉한 강유(姜維)가 여섯 차례 농우(隴右)를 공격한 약도(250년대)

〈지도50〉 위(魏)나라가 대대적으로 출동하여 촉한(蜀漢)을 공격함.(263년 5월-9월)

〈지도51〉 위(魏)나라가 촉한(蜀漢)을 멸망시킴.(263년 10월)

〈지도52〉 진(晉)과 동오(東吳).(266년)

국역 통감절요증손교주 3

譯者 社團法人 時習學舍

主編	李忠九	韓國教員大學校 講師
校閱	李斗熙	永同大學校 湖西文化研究所 研究員
	李根澤	前)國史編纂委員會 編史研究室長
	權奇甲	雪峰書院 講師
編譯	韓允淑	韓國書家協會 常任理事
	黃容默	서울明德女子中學校 教師
	黃鳳德	成均館大學校 漢文學專攻 文學博士
	宣美賢	成均館大學校 漢文學科 博士課程
	金奎璇	鮮文大學校 教授
	朴鎬京	檀國大學校 漢文教育科 卒
	徐銀善	江南大學校 人文科學研究所 研究員
	金甫省	成均館大學校 大東文化研究院 責任研究員

국역 통감절요증손교주 3

2016년 12월 06일 초판1쇄 인쇄
2016년 12월 17일 초판1쇄 발행

편저자 | 사단법인 시습학사
역 자 | 사단법인 시습학사
발행인 | 김 영 환
발행처 | 도서출판 다운샘

05661 서울특별시 송파구 중대로27길 1(오금동)
전화 02 - 449 - 9172 팩스 02 - 431 - 4151
E-mail : dusbook@naver.com
등록 제17 - 111호(1993. 8. 26)

ISBN 978-89-5817-364-9 94910
ISBN 978-89-5817-310-6 (세트)

값 40,000원

* 이 책의 무단 전재와 복제를 금합니다.